生活与舞台的互文

云南沐村旅游展演艺术的个案研究

◉ 魏美仙 著

艺术学

云南大学出版社

图书在版编目（ＣＩＰ）数据

生活与舞台的互文：云南沐村旅游展演艺术的个案研
究/魏美仙著. 一昆明：云南大学出版社，2009
ISBN 978-7-81112-778-2

Ⅰ．生… Ⅱ．魏… Ⅲ．傣族—民族文化—研究—新平县
Ⅳ．K285.3

中国版本图书馆CIP数据核字（2009）第106912号

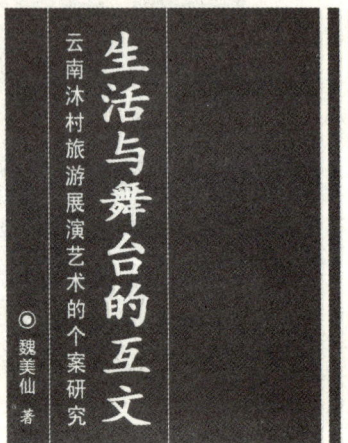

生活与舞台的互文

云南沐村旅游展演艺术的个案研究

◎魏美仙 著

策划编辑：冯　峨
责任编辑：柴　伟
封面设计：卢　斌

出版发行：云南大学出版社
印　　装：昆明佳迪兴隆印刷有限公司
开　　本：787mm×1092mm　1/16
印　　张：21.75
字　　数：380千
版　　次：2009年8月第1版
印　　次：2009年8月第1次印刷
书　　号：ISBN 978-7-81112-778-2
定　　价：49.00元

地址：云南省昆明市一二一大街182号云南大学英华园（邮编：650091）
发行电话：(0871) 5033244　5031071
网址：http://www.ynup.com　E-mail : market @ ynup.com

（总　序）

杏坛拈花

2000 年 9 月，历史将我推到了云南艺术学院院长的位置上。

深感责任重大的我，首先想到的事情是：一所边疆综合艺术院校的生存状态与发展可能是什么。如何不辜负上级组织和广大教职工的厚望，在自己的任期里达到新的发展高度，获得新的办学收成。

在我上任前一年，1999 年，我们刚刚开展过一次活动，就是云南艺术学院的建设发展 40 周年校庆。那一次活动给我留下了悠长的思索：云南艺术学院在历届领导班子努力、一代又一代教职工奋斗和学生们的热情簇拥下走过了 40 年的艰辛道路，取得了桃李满天下的巨大成就，为今后的发展创造了一个历史高度和前进起点。在此基础上百尺竿头，更进一步，就成为新班子新生代的历史任务。在总结经验，盘点家当，为成绩骄傲的同时，我们面临的问题是：本科教育办学有较长历史，但没有研究生教育层次；实践型队伍创作能力强，但理论成果少；历史的错综与道路的曲折，体现在校园建筑的犬牙交错状态与后校园因为缺少投资而闲置荒芜的情况当中；规模小、社会影响力不够而被提议"合并"的悬剑仍在项上……硬件建设与软件建设的迫切性，成为新里程途中首先遇到的关隘。

勒紧裤带，创造条件建设校园。我们设法获得政府的支持，废除了穿过校园、将校园一分为三的不合理的城市规划道路，从而获得了校园被占用的近

20 亩土地；建成了美观、现代、受人交口称赞的 12 000 平方米的四号教学楼；购买了后门外 4 300 余平方米的楼房成为五号教学楼；购买了紧邻校园的倒闭工厂的 20 亩土地，拓宽了校园空间；建设起了 13 000 平方米的现代化学生公寓留学生楼和完成了虽然不豪华但是在云南省属最高专业水准的 12 000 多平方米的展演中心——剧场、展厅、藏画室、陈列室。极大地满足了教学发展的需要，扩大了办学规模，后来顺利通过了 2004 年的教育部的本科教育水平评估，获得了"良好"的等级。

但是，这个等级绝对不仅仅靠这些办学条件的创造，更重要的因素，来自教学、研究、创作展演鼎足而三、齐头并进的发展成果。认识到这些，并在常态工作中变为现实，实在是教师艺术家们、同事们殚精竭虑思考云南艺术学院的生存和发展问题时凝聚起来的群体智慧和在实践过程中付出的共同努力。

我们明确云南艺术学院教学、研究、创作展演三位一体的人才培养模式；建立基点（核心课程）、热点（新学科新领域课程）、特点（传统优势和地域资源课程）的课程结构体系；强调地处边疆、便于与民间艺术互动、与地方经济、文化建设结合的发展立足点；突出教学中的实习、实训、实践、实战、实用环节借以增强云南艺术学院学生动手能力，成为办学亮点；探索云南艺术学院依托地区资源和政府支持能够长足发展、具有不可替代性意义和寓个性价值于共性原则的教学体系；我们开始凝练大舞台（戏剧、舞蹈、音乐）、大美术（国画、油画、版画、壁画、雕塑、公共艺术、视觉传达、平面广告、环境艺术、室内装潢、产品包装……）、多媒体（电影摄影、电视摄影、录音剪辑、电脑辅助设计、广播电视编导与制作、动画绘画、动画制作、摄影广告、电视广告、网络设计）和新交叉（艺术生产与管理、艺术经纪人、艺术法规、民族艺术与人类学、教育与戏剧）4 个学科大类，将综合艺术院校的综合优势、交叉能力发挥到最大。在明确的思路被教学单位贯彻和被艺术教育家、学者们掌握的情况下，成绩巨大。云南艺术学院的学术能力、学科建设能力、专业建设能力和课程设置能力，有了巨大的发展和长足的进步。有了戏剧学、音乐学、美术学、设计艺术学、舞蹈学和艺术学 6 个硕士学位授权点；有戏剧学、音乐学、美术学 3 个已经建成挂牌的云南省级重点学科和艺术学 1 个在建的省级重点学科；有戏剧（影视）文学、和声、绘画 3 个省级重点专业，有"戏剧概论"、"视听语言"、"作曲"、"图形创意" 4 门省级精品课程；有了被国家权威机构组织 5 500 余名专家认真"定性"评审、在学术影响力、社会贡献率的 9 项指标"定量"衡量后、从 2 4300 余份期刊中筛选出来、最后认定的"全国中文核心期刊（艺术类）"的《云南艺术学院学报》作为学术高地与交流平台与国际国内风云对接的窗口；有全省"艺术类师资培训基地"的重托；成为云南省博士学位授权单位、授权点建设单位……硕士点、艺术硕士点、教师硕士课程教育点、艺术本科教育、艺术专科教育、艺术高等职业教育、留学生教育，云南艺术学院的办学，已经逐渐进入了教学、研究、创作展演的良性循环。

我们正在由传统的教学型走向教学研究型大学，而创作展演，是检验教学研究和服务社会、贡献文化产品的关键。

我们的转型发展中，研究平台的建设和锻炼队伍的措施，就显得十分重要。通过研究项目和创作项目来锻炼队伍，检验研究成果，经验证明是一种良好的方法。

2001 年 8 月，我们组织出版了云南艺术学院重点学科丛书第一、第二辑共 20 本，主要分布在戏剧学、美术学和音乐学 3 个学科，还有艺术学。8 年过去，除了不断支持特色教材丛书和精品课程丛书的出版之外，学院各个教学单位和研究单位，也不断支持教职工出版研究和教学成果。我始终认为，一个学校的办学传统和办学成果，一定要有物化形式来承载，否则，在人事代谢、岁月沧桑之后，一所有历史的学校，它的办学成败、优劣、特色和常态，都将会随风而逝，将会成为一种不确定的民间传说。我们积极推动的云南艺术学院特色教材丛书、云南艺术学院精品课程丛书和云南艺术学院重点学科丛书就是重要的物化形式。加上其他不同形式的出版物、制度化的规章制度等等，都成为云南艺术学院办学历史的承载平台，同时会成为学校发展的现实推进器。教材建设、课程建设、专业建设和重点学科丛书建设，就是实实在在的办学核心内容，通过这些建设使师资队伍的建设有了看得见、摸得着的一些措施、手段和重要检验标准。应该说，成效是显著的。把恒常的工作和持续的努力回顾一下，来路的景点集中起来观察，成果丰硕。而且，学科建设的成果扩大到了设计艺术学、电影电视学、舞蹈学、艺术学。不但是艺术史、艺术理论、艺术欣赏、艺术家研究，而且，对艺术人类学、艺术教育学领域的研究也有重要收获。尤其是艺术教育学内容的艺术教育政策、艺术教育规律、艺术发展生态等等的研究，在艺术教育被"艺术考生热潮"推动着迅猛发展、办艺术教育成为办学热点的时候，显得具有强烈的现实针对性。8 年前，我在为重点学科丛书写序的时候，书写的是《必要的基石》，讲述的是学术"兴校、强校、名校"的道理；今天，怀着喜悦的心情，打量我们在学术基石上有了长足发展的教学单位、学科点和专业，抚摸坚实的学术基石上沃土沛然的杏坛，阅读教师们捧献出的杏坛执鞭生涯中产生的研究成果，就像是在欣赏艺术教育的杏坛中争奇斗艳的花朵，芬芳扑面，清新怡人。

身在杏坛 27 年，如果算上自己念师范中文系的 4 年岁月，就是 31 年。从未离开教学岗位和研究领域的我，在与同行探讨教学、交换心得的过程中，自信懂得教师、职工和艺术教育家们的情感方式和情感内容，深知他们的喜怒哀乐，深知耕耘在校园里的教师们那琐屑的辛苦与平凡的伟大，深知杏坛中人那份苦口婆心的后面有多少"三更灯火五更鸡"的自我激励、自我要求、自我敦促的修为。我要在云南艺术学院新的重点学科丛书（第三、四、五辑）出版之际，向云南艺术学院的辛勤园丁鞠躬致敬，感谢他们对云南艺术学院党委和行政一代又一代的领导班子的支持和信任，感谢他们在我学习教育管理、办学育才的这 9 年中用认真教学、热情创造和潜心研究的实际行动对我的认同和帮衬。

阳春三月，花艳南疆。常言：杏花，春雨，江南。但是，我熟悉的是南疆，不是江南。也曾江南看花，花繁春深；更多南疆踏春，春深如海。南疆花香拂面的时候，我往往油然而生一番比较的心思：较之江南的杏花，亭台楼阁，柳丝烟雨，令人生怜；南疆的杏花顶骄阳、远好雨、亭亭于高山野坝，却别有一种倔强的热烈、艳丽的天然，使人生慕。

云南艺术学院的艺术教育家们，就是南疆的杏花了。在繁忙教学工作、管理、服务的间隙，在重要的社会资源分配的末梢和幸运青眼顾盼的盲点，他们的顽强坚持和奋力拼搏，往往比生活在占尽天时地利的中心城市的艺术教育家、艺术学者们付出的多得多。而且，获得的艺术影响和社会名声，还远不如后者。正因为如此，他们是可敬的、为数更多的一群人。中国大地上，更为广阔的艺术空间里，春光是由他们铺就的。

正逢云南艺术学院建校 50 周年的日子，出版重点学科丛书意义特殊。杏坛拈花，不敢微笑，只有回顾的记忆和瞻望的沉思。因为，我不是智者，我只是杏坛执鞭的一个劳作者，和作者们一样。

是为总序。

吴 戈
2009 年仲春于昆明麻园

目录

导

论

一、关于选题

（一）选题缘由

在全球化不仅成为人类的一种生产方式，而且成为人类的一种生活方式的背景下，文化变迁成为人类学研究的重要课题。美国社会学家乌格朋认为，导致文化变迁有四个方面的因素：发明、积累、传播和调适。[①] 在全球化背景下，文化交流和传播导致不同文化之间的冲突和融合成为文化变迁最主要的动因，对全球化和本土化张力中的民族文化发展，主要有冲突论、趋同论、融合论等不同的阐释，因此，民族传统文化是否存在、如何存在以及如何定位是值得思考的问题，可以说，正是对趋同的焦虑使"传承"、"保护"成为时代的关键词。对于各少数民族文化在当代如何发展，有学者认为，在国家认同下，文化融合是其基本形式。[②] 事实上，少数民族发展表现出普遍的双重性：经济趋同于主流社会，表意文化则用重创、强化、诠释、建构等方式呈现出明显的特化特征。[③] 正因为如此，学界对民族文化发展的认识逐渐从单纯的保存向创新转变。在对"原生态"、"传统"等概念进行反思的基础上，转向对少数民族文化的合理利用与现代化发展基点的探寻，对民族文化发展的思考从"能否变"转向"怎样变"。在全球化背景下，民族文化发展最大的难题就是如何使社会系统重新"结构化"，即既接纳现代性又保持民族性的新的"文化整合"。[④] 在这样的开放性视野中，全球化和地方化双向运动中的地方性文化重构现象就成为当下民族文化研究的节点。

全球化与本土化互动中的地方性文化重构突出地展现在普遍发展的大众旅游业中。随着中国旅游市场的飞速发展和西部大开发战略的实施，旅游业得到了各级政府的重视，民族地区着力培育和发展以多姿多彩的文化资源为依托的

---

① 费孝通：《费孝通译文集》（上），北京：群言出版社 2002 年版。
② 吴钦敏：《理性看待我国少数民族文化的兴衰、发展和保护》，《贵州民族研究》2006 年第 3 期。
③ 石奕龙：《经济趋同与表意文化的特化——中国现代化过程中少数民族发展的双重性》，《思想战线》2004 年第 4 期。
④ 郑晓云：《论全球化与民族文化》，《民族研究》2001 年第 1 期。

旅游业，使传统与现代的交锋迅速延伸至民族地区文化的各个层面，"民俗旅游作为一个文化过程，暗示着外部的文化和本土的民俗二者之间的接触和交集，文化间的采借成为必然，民俗的变化也成为必然"。① 在此文化变迁的背景下，地方性文化纷纷开始重构性地发展。在旅游中，民族文化成为向"他者"展示的表演性存在，而展演又往往以民间传统艺术作为主要的表现形式，艺术展演成为旅游地文化展演的重点和最直接的形式。在旅游场景中，展演艺术呈现出全球化与地方化互动中复杂的文化交流图景，其建构过程勾连了国家与民间、传统与现代、自我与他者等复杂关系，这种纵横交错的复杂关系网络正是当今民族文化生存的特殊境遇，成为当代民族文化发展研究的语境，于是，旅游地的文化艺术展演受到了学者不同程度的关注，"保护"、"开发"、"利用"、"复兴"等众多关键词都立足于全球化与地方化的关系，关注地方性文化尤其是艺术文化的发展变迁。

在现代旅游场景中，民族地方性艺术成为变迁的焦点，其建构生成的过程就微观而生动地体现了文化交流语境中一种地方性文化的再生产现象，对它的关注就是在相对较短的时间内通过参与观察体会认识到区域性社会文化——至少是文化表象上的变化，从而有可能在短时期内完成"历时"与"共时"兼而有之的文化表述，丰富人类学的表述空间，为在多元文化主义背景下研究社会文化变迁提供具有解释性的民族志依据。② 这正是本研究的目的所在，即从民族文化生活实际出发对当代民族文化变迁中旅游展演艺术的建构生产实践进行调研，并给予学理的阐释。旅游展演艺术是在新的语境中生成的地方性文化变迁的显性标志，新的语境是其创生的契机又因其不同的地方特性而呈现出形式上的不同，具有较大的差异性，这是各地旅游展演艺术满足旅游者需求的前提。从艺术本身的层面来说，很多学者认为，乡民艺术在现代一直经历着从"民族—国家"到"经济—国家"的去语境化过程，该过程剥夺着乡民艺术本真的生存境遇，而去语境化又正是对语境的重新赋予，在此语境中，乡民艺术开始了积极的建构，传统与现代的张力和二者层叠交错的逻辑带来建构的复杂

---

① 林继富等：《解释民俗学》，武汉：华中师范大学出版社 2006 年版，第 218 页。
② 刘晖：《旅游民族学》，北京：民族出版社 2006 年版，第 65 页。

性和变数。① 正是这些变数和其中的复杂性决定了各地方性民族艺术的不同发展形式，因此，基于民族艺术生存境遇探讨其传承发展是一个合乎实际的逻辑起点。在此前提下，民族艺术怎样在全球化背景中发展就是问题的焦点，对此，有学者提出了"和而不同"的发展机制。② 在上述学者的理论视野中，旅游展演艺术研究的关键就在于"和而不同"机制运作的具体建构过程，只有在"重新结构化"过程即在复杂的关系网络中生成建构过程的具体考察中，分析其中各种复杂力量互动尤其是具体参与的那些"变数"，才能在"重新结构化"中呈现全球化背景下地方性文化的再生产过程，从而揭示地方性文化变迁的逻辑。

基于上述思考，本书选择了红河流域一个傣族村寨的旅游展演艺术为个案进行研究。村落旅游展演艺术是当下旅游艺术展演较为突出的现象，作为旅游场景中一种地方文化的表征和供游客消费的文化商品，它如何在现代和传统的张力中生产，旅游场域决定了它具有什么样的运作逻辑，其动力、机制、方式及其与地方性文化的关联等都是解读的必需层面，而特殊的村落语境框定又怎样把地方性历史传统结构在新的互动场域解构和重构，呈现出地方性文化与全球文化交流互动的充满了"变数"的复杂过程及结果，由此对村落旅游展演艺术是"传统"文化的发明，还是消费市场中的大众文化，抑或是兼具二者身份等问题进行定位性理解，如此，其中的文化身份与认同、地方性文化保留与变迁、文化再生产与产业化等当代民族文化发展中的诸多现象与问题的延伸探讨才能获得必要的基础。

（二）研究现状

旅游展演艺术是文化艺术展演的一种类型，对其研究现状的梳理要从文化艺术展演开始。展演艺术的特点首先在于它以"展演"为存在方式，如此，对"展演"本身的界定可以提供对展演艺术界定的基础。

在一般文化语境中，展演（performance）是文化存在方式的一种表达，国内大多译为"表演"，有学者译为"展演"。③ 虽然展演的具体场景和目的多

---

① 耿波：《从现代性到后现代：中国乡民艺术的"去语境化"》，《齐鲁艺苑》2006 年第 4 期。
② 宋生贵：《传承与超越：当代民族艺术之路》，北京：人民出版社 2007 年版，第 169 页。
③ 李亦园：《民间文学的人类学研究》，《民族艺术》1998 年第 3 期。

样，但一般以"有目的地向观者展示"为最基本条件，"有目的"和"观者"是互相决定的因素，根据二者结合形成的不同语境，展演主要呈现为两种类型，第一种是仪式性展演，第二种是表演理论艺术表演。在人类学、民俗学语境中，文化的"表演"是这样一些活动，我们在这类活动中反思自己，明确自己的本质，以戏剧化的方式表现我们的集体神话，为自己展示其他选择，最终在某些方面改变自己而在另一些方面则保持自己的特色。① 文化的"表演"包括仪式、节日、竞赛，或者那些体现、上演和公开展示群体知识、象征与价值的戏剧性表演等。② 总体上展演是"有目的地"以感性直观的方式对本文化进行戏剧化表达，如仪式、节庆等，它强调日常生活的中断、文化的集中和一定的示范性等特点，目的主要是促进群体社会内部整合。以仪式这种主要的文化展示形式来看，其主要指示之一就是"作为表演行为和过程的活动程式"，③特纳称作"社会展演"，通过它"使过去的重要事件复活，然后与现实的经验和行为结合在一起"。④ 因此，人类学语境中的文化展演更多地指向仪式场景，仪式场景作为文化的结构性场景使文化得到集中展示，从而充分发挥其整合功能。仪式场景综合地展现了歌舞、造型和绘画艺术，表演性艺术常被归到仪式研究中，所以艺术展演总是伴随在仪式展演中，成为传统社会中艺术展演的主要方式。不论是以物的方式静态呈现还是以人的行为实践动态呈现，各种具象化的人工制作物品，各种身体化实践如舞蹈、歌唱、工艺制作，其最初功能大多指向对神的取悦和祈祷，如神话史诗的讲述、各种民间祭祀性歌舞实践等。在民俗学语境中，对各种口传艺术实践的关注发展出了"表演理论"，此类表演具有仪式和类仪式的场景，并集中在对"艺术"活动的探讨上。在因此，民间口承艺术研究中，鲍曼认为，表演的本质就在于它成为一种交流的方式，是一种文化交流，或是一个显著的事件，表演中的形式、功能、意义及其三者

---

① ［美］赫兹菲尔德：《什么是人类常识：社会和文化领域中的人类学理论实践》，刘珩等译，北京：华夏出版社 2005 年版，第 282 页。
② ［美］鲍曼：《民俗界定与研究中的"传统"观》，杨利慧等译，《民族艺术》2006 年第 2 期。
③ 彭兆荣：《人类学仪式理论的知识谱系》，《民俗研究》2003 年第 2 期。
④ ［美］赫兹菲尔德：《什么是人类常识：社会和文化领域中的人类学理论实践》，刘珩等译，北京：华夏出版社 2005 年版，第 64 页。

间的相互关系成为研究中的核心。① 表演不仅注重表演的地点、风格和文本，还关注观众、演员及其他人。它紧密地关注消费者和生产者向自己和他人传达自己形象的各种方式，并假定其生产者和消费者即使不完全相同，至少也是同一个相对同质的社会的成员。② 这种将口承艺术视为一个表演过程的表演理论以"表演"为中心取代了对口承艺术文本化的传统研究，从文本关注走向民俗生成过程的研究，关注艺术在生活中的创造、表演、接受和创作者、表演者、接受者之间的互动及其各种权力关系的交织，突出了文字文本在复现传承历史中所不及的表演优势：身势、表情、语调等场景的"合谋"中生动地传达寓意，甚至包括直觉。③ 民间口承文化的展演体现了传统的自我文化视野中的艺术表演特点，仪式展演和民间口承艺术展演在民族社会中是交叉重叠的，主要是对"局内人"而言，"表演理论"与"仪式表演"相比，在关注对象上更趋近于艺术。"展演的首要特征是视觉性——以图像运动和表演吸引观众"，④ 则对上述两种展演进行了概括和归并，这样，在人类学语境中，"表演人类学"、"表演民族志"等概念被提出。⑤

在关注到"表演"所具有的共通性之后，学者对仪式性展演向非仪式性展演的转换进行了分析，如汉特曼区分了传统仪式展演和现代官方政治仪式展演，认为在仪式——"传统"社会的宗教信仰活动和由官方政权组织的展演之间存在着巨大的差别："仪式和展演包含着完全不同的超逻辑，此处分别将它们称为转化和展现。传统社会秩序中的仪式也许是唯一的文化形式，其目的是通过自身的内部运作进行可预见性的、限定方向的、有控制的变革。这些变革对包含此类仪式的社会秩序产生了直接影响。通过此处使用的仪式来实现转

① [美] 鲍曼：《美国民俗学和人类学领域中的"表演"观》，杨利慧译，《民族文学研究》2005 年第 3 期。
② [美] 赫兹菲尔德：《什么是人类常识：社会和文化领域中的人类学理论实践》，刘珩等译，北京：华夏出版社 2005 年版，第 283 页。
③ 纳日碧力戈：《作为操演的民间口述和作为行动的社会记忆》，《广西民族学院学报》（哲学社会科学版）2003 年第 3 期。
④ [美] 赫兹菲尔德：《什么是人类常识：社会和文化领域中的人类学理论实践》，刘珩等译，北京：华夏出版社 2005 年版，第 297 页。
⑤ [美] 赫兹菲尔德：《什么是人类常识：社会和文化领域中的人类学理论实践》，刘珩等译，北京：华夏出版社 2005 年版，第 313 页。

化的超逻辑是能够对效果进行控制的系统组织超逻辑。"现代展演则是官方思想的面具,"在现代国家里,展演随着官僚制度基础结构的加强而在数量上猛增。展演犹如镜子,反映了国家集权制下社会秩序的巨大幻象。这些幻象掩盖了集权制度塑造、约束和控制社会秩序所具有的巨大力量"。① 因此,他认为展演的内在逻辑是分类与展现,而仪式的内在逻辑则是分类与转化。汉特曼对传统文化展演与现代文化展演以功能为主要指向进行的区分,恰恰在人类学语境中以广义的文化展演实现了二者的贯通,使文化展演从传统的仪式展演走向更加开放的文化展示,其中也包含了现代社会的艺术展演与传统社会的艺术展演之间的区别与分水岭,即传统文化艺术展示以同一文化内的"转化"功能为主,现代文化艺术展演则以"展示"为主要目的。

在此基础上,米尔顿·辛格(Milton Singer)从一个更为开放的角度认为,文化表演包括"西方人通常以此名称所指代的对象,如戏剧、音乐会、讲演,同时又包括祈祷、仪式中宣读和朗诵的内容、仪式与典礼、节庆,以及所有那些被我们通常归类为宗教和仪式而不是文化和艺术的事象"。② 把传统仪式性展演与现代展演彻底地统合在一起,并把现代艺术展演明确地区分出来。现代艺术展演如戏剧、音乐会,是以市场为中介的艺术呈现活动,它强调艺术的非语境化与审美化,是传统的族内文化展演在现代社会的延伸和发展,也是现代社会艺术展演的普遍现象。在近现代社会中,以市场为中介,艺术成为普通的交换物,尤其是随着科技发展中机械复制的开始,文化生产大为改观,以前在不同人群生活中生存和展示的文化艺术就从其生活场域中脱离出来进入市场,转化为对消费者的展示。因而,学界也有三位学者对艺术生产与展示提出了自己的见解。

本雅明首先通过对摄影的分析以及艺术的复制生产论述了艺术从以前的独一无二的原创通过复制进行批量生产成为可能,于是艺术的生产就从手工独创或摹写向机械复制规模生产转化,艺术奠基于仪式上的最初原有的实用价值和其独一无二的"此时此地"形成的灵光与真实性所带来的膜拜价值就被机械

---

① [美]赫兹菲尔德:《什么是人类常识:社会和文化领域中的人类学理论实践》,刘珩等译,北京:华夏出版社2005年版,第284页。

② [美]特纳:《旅游景点的文化表演之研究》,杨利慧译,《民族艺术》2004年第1期。

复制强化的展示价值所取代。① 这是对进入市场交换的以展示为存在方式的艺术的较早思考，他指出了展示中艺术的灵光消逝，但肯定了机械时代的艺术对艺术传播的意义，同时，还对艺术进入展演所需要的转化生产机制进行了分析，阐述了生产中艺术与其他社会因素——如政治——的关系。

戴安娜·克兰在其《文化生产：媒体与都市艺术》一书中，集中对媒体和媒体传播中的都市文化进行了考察，对媒体怎样塑造和构架文化、都市环境对文化的影响和媒体文化的接受中意义的生产以及全球背景下的文化生产提出了自己的见解。在"前言"中作者说，她关注的是文化产品，这些文化产品或者是批量生产的艺术品，或者是表演或展示给受众或观众的电影、电视、文学、戏剧、音乐和造型艺术。② 她认为，理解这些录制产品必须与其生产和消费语境相结合。更值得一提的是，在都市文化研究中，根据贝克尔把都市文化称为"艺术世界"的看法，克兰对生产和消费语境中对媒介技术中文化的关注，为人们提供了有关媒体社会中艺术的不同展演方式。她把艺术世界分解为几种组成成分，并根据这些成分中受众和产生的环境的主导特征区分具有不同特征的都市艺术的社会组织类型：以网络为导向的、以赢利为目的的和非赢利性的。以网络为特征的文化组织是存在于创作者和消费者组成的社会网络以及根植于此语境中的为作品提供生产、传播和展示资源的各种文化组织的结合中；以赢利为目的的文化世界是由以赢利为主的公司组织起来的，创作者的目标在于生产取悦于受众或顾客的作品；以非赢利性组织为中心组织起来的文化组织其目标不在于创造，而在于"保存现有的艺术和种族传统"。③ 她对都市艺术从生成场域、生产目的两方面进行了类型划分，这种类型划分某种程度上也决定了艺术展演的不同特点，打通了传统文化展演与现代跨文化展演之间的

---

① ［德］本雅明：《迎向灵光消逝的年代：本雅明论艺术》，许绮玲等译，桂林：广西师范大学出版社2004年版，第60～66页。

② ［美］克兰：《文化生产：媒体与都市艺术》，赵国新译，南京：译林出版社2002年版，第1页。

③ ［美］克兰：《文化生产：媒体与都市艺术》，赵国新译，南京：译林出版社2002年版，第114～116页。作者认为，文化世界的组成成分包括：文化创造者和以各种方式进行赞助的人、惯用技巧和文化产品的共识、把关者（批评者）、活动得以发生的各种组织、受众。网络指的是艺术家和艺术爱好者形成的圈子，不同的社会网络和文化组织结合形成某种网络为主导的不同的文化世界，各种网络在交叉中产生新的社会网络从而带来新文化风格的出现。

比较研究。

　　在对近现代社会的改变、技术的发展导致艺术生产方式和存在方式改变的探讨中，本雅明和克兰都在社会语境的关联中从生产视角进行了不同的论述，泰勒·考恩则更进一步探讨西方商业社会如何影响了艺术生产。他认为，随着生产的日益多样化，艺术的范畴逐渐模糊化，许多活动介于艺术和文化之间，因此"艺术"和"文化"可用作两个可以互换的术语，它们适用于"使我们感动、扩展我们对世界和自己的认识的人工制品和表演"。① 于是他认为，西方市场经济促进了当代的文化生产，市场机制对艺术的保护传播提供了支持，高雅和通俗艺术的区分也受到经济动机的支持。艺术市场由艺术家、消费者和经纪人或销售商构成，以市场为中介的艺术实践就是生产者、消费者与销售商三者之间关系的互动，艺术由生产者与消费者之间不断进行的对话构成，这种对话帮助双方决定自己需要什么，消费者和赞助人是以艺术家的无声合作者的姿态出现的。② 在艺术成为以市场为中介的生产活动过程中，虽然作者并未明确提出"展演"概念，但对市场支配下艺术的整体分析论述都暗含了艺术成为展演化存在形式的视角。此类展演主要强调一种交换性展示，以传播交流视野中向他者敞开为主要特点，尤其指向那些通过中介机构——如剧院、音乐厅、展览馆、出版社、画廊等——而呈现"艺术为何"的作品和行为。③

　　在文化传播交流中，表演就是一种跨文化传播情景呈现，日常生活被放大、仪式化、戏剧化，成为表演。④ 随着文化交流的日渐深入、广泛，存在于地方性文化各种场景中的艺术成为一种面向他者的文化展演。更多地通过市场机制运作的艺术，展演不仅成其为存在和呈现方式，也是其生存的直接目的和意义。

　　旅游文化展演大多指与当地人真实生活相对的非真实生活实践，旅游艺术

----

① ［美］考恩：《商业文化礼赞》，严忠志译，北京：商务印书馆2005年版，第7页。作者认为，对艺术商业化应该持积极乐观的态度，因为市场经济促进了艺术家的独立，市场拥有各种机制来支持艺术的多样性并培育了大量受众，技术进步也使艺术生产率大大提高，总之艺术在现代资本主义制度中得到了繁荣发展。

② ［美］考恩：《商业文化礼赞》，严忠志译，北京：商务印书馆2005年版，第31页、第20页。

③ 何明等：《回到生活：关于艺术人类学学科发展问题的反思》，《文学评论》2006年第1期。

④ 朱凌飞等：《文化表演：传媒语境中的理解与阐释》，《广西民族研究》2005年第1期。

展演很多时候被包含在旅游文化展演中，被统称为"文化表演"或"观光秀"，① 是指"在特定的时空背景下，借助有关的手段，展示文化主体的才艺、形象，传达某种信息"。② 此类展演的主要特征规定于旅游语境，旅游最根本的特性就是不同文化的相遇，它决定了展演艺术异质与同质的交织，在其实践中体现为艺术本体的非语境化与展演实践的语境化，二者间的张力带来旅游展演艺术在内容、呈现方式、功能意义等方面不同于一般展演艺术的特点。旅游展演艺术作为旅游场景中有意识地用于向游客他者展示自己文化的艺术实践，在直接"展演"目的中包含着经济的、宗教的、娱乐的、文化的、政治的等目的，如博物馆展览、节庆展演、旅游地日常展演等，在旅游场景中，它沟通了前述局内传统文化展演和传播视野中跨文化的市场商业艺术展演，从某种意义上说，是在特殊旅游场景中对传统展演和现代展演的整合，具有通过中介组织机构进行的商业艺术活动与地方性文化展演两种属性，呈现为就地展演与异地展演两种形式，其中就地展演在与旅游地人群的生活互动中呈现出自己的特点。

本书的村寨旅游展演艺术是指随着旅游经济兴起，在各旅游村寨实践的，主要以经济效益为目的、以他者为主要欣赏者，一般由当地人就地展演，突出地方本土特质而作为本地文化表征的艺术活动。它与一般艺术展演同中有异，都是在市场经济操纵下主要以经济效益为动机，以展示为目的，由创作者、消费者、销售者共同构成的艺术实践，包括艺术品的展示和艺术表演，前者以对物的展示为主，后者以对人体为中介的展示为主。

村寨旅游展演艺术的基本特征在自我与他者的关系中生成，关涉自我与他者的主要有：村落展演场景，他者——包括为直接满足他者观赏需要、他者在场、展演他者化（他者化即他者成为建构中内在的视角，包括成为他者的他者和朝向他者的双向运动），自我——本地人，本地文化——三个构成要素，作为村寨旅游场景催生的副产品，在村寨不离本土地实践并作为旅游地文化的表征，决定了其活动主体是当地人展演和游客他者作为消费者，进而带来创作

---

① 杨晋涛：《民族遭遇与民族艺术：变迁社会中的少数民族艺术——以台湾少数民族歌舞艺术为例》，《民族艺术》1998 年第 4 期。

② 徐赣丽：《民俗旅游的表演化倾向及其影响》，《民俗研究》2006 年第 3 期。

者和销售者实践主体身份的复杂性，它大多以本地传统为资源，创作者、销售者与展演者合一，呈现直接的供求关系。主要表现为村寨空间展演与村寨域展演两种类型，前者的村寨生活空间与展演空间重叠交错，展演艺术与村寨文化生活构成整体；后者的展演空间与村寨空间分离但处于"地方"依托关系中，在村寨文化空间关系构造中，"地方"概念是在不断的边界移动中界定的，因此村落展演具有移动性，被权力关系建构为"本地"，在村域、乡域和县域中展演，是边界不断游动中的场景性定义。

在各种地方性旅游中，旅游展演艺术被作为旅游地文化展演的主要类别而呈现，主要行使"文化"展示而不是"艺术"表演的功能，因此，很多研究常常不分彼此地把它统称为文化展演。学界对旅游文化展演的关注主要在两个视阈中——以民族文化为焦点的文化变迁视野和立足于两种文化关系的旅游人类学视野，前者以文化传统和创新关系为主要论题，后者在旅游与民族文化变迁关系视角中展开研究，论题和取向多样化。

在民族文化变迁视野中，在切入角度、关注点、研究取向、研究方法等方面的不同呈现中学者对文化展演进行了或集中或分散、或明确或暗含的讨论，主要呈现为两种类型：

一是文化作为实体的传统文化取向。此类研究以全球背景下传统文化变迁为语境，集中关注展演文化的传统性。对民族文化"传承"、"保护"、"开发"、"利用"、"发展"等问题进行不同向度的探讨，以"传统"作为基本支点，关注在全球化背景下民族文化或"原汁原味"地保留"传统"，或对展演中文化成为"伪文化"、"伪民俗"的警惕与批判，或"合理"开发利用，或"创造性"地发展等等，都是以民族文化旅游开发作为现代文化的代表，以旅游冲击下的民族"传统文化"为审视中心的解读方式，是对"传统""能否变化"以及"怎样变化"这个焦点的不同折射。研究或认为展演中的文化与传统文化相差甚远，不再是"传统"，或认为展演中的文化就是"开发利用"中新价值的创造，文化展演活动就是文化传承保护的有力手段等。此类研究大多是全球化冲击下社会文化转型时期民族文化的实际生存境遇激发起的感性认识和理解，大多是对民族平等、民族团结、文化多样、民族发展等现实需要的回应，对不同地域、不同民族文化相似的现实生存状况进行重复性描述，理论阐释的深度都还有待于开掘。其中，无论是对个案描述还是理论阐释，大多并未把艺术展演作为专门的考察对象，只是在研究视角和阐述的脉络中隐约包含着对民族文化成为一种表演性存在的关注。

二是文化建构取向。此类研究在全球化和地方化矛盾中对民族文化展演在二者互动中的建构进行阐释，超越了第一种对文化事象静态罗列的表述方式，从文化主体的角度出发理解文化展演对地方人群的意义，对文化展演的研究不再局限于以文化事象为主的传统、保护、传承等话题，而转向民族文化传统的"复兴"、"重构"，在传统复兴与重构现象中，文化艺术展演的生成性成为主要关注点，并以此为基础进行了延伸性探讨，对传统"复兴"与特定时期族群身份认同、文化保护传承、文化再生产等一系列文化发展中不同侧面的问题进行了讨论，其中关注市场、政治权力、民间文化等多种力量的互动，使"开发"与"产业化"成为民族文化发展中最具吸引力的话语。

旅游展演生存于旅游场域，旅游人类学在其对旅游与文化变迁的关系探讨中对文化商品化、文化商品的真实性、文化商品的族群认同等问题进行了研究，如格雷本使用"第四世界"的概念描述传统地方性社会，讨论了旅游影响下民族地区艺术品的变化、文化的经济化以及当地艺术传统的复兴问题。[1] 国内研究集中于国外理论的引介和运用相关理论对国内旅游文化表演进行个案研究。旅游人类学对文化艺术展演的研究主要从以下四个方面展开。

一是文化展演的"真实性"问题。对旅游地文化艺术展演的真实性探讨从客源地大众与旅游地人群的关系视角出发，涉及本地文化在展演中的真实再现和游客他者的感受两方面，内含了文化展演与地方"传统"的关系，集中体现在"舞台真实"概念的提出上。[2] 对旅游展演"真实性"的认识是不断深化的，学者在游客与旅游地关系互动中对"真实"的不同层面进行了区分，指出"真实"的感受不仅与旅游地文化的再现和游客的建构有关，而且游客也非同质化的，不同的个体对旅游展演"真实"的感受和理解有

---

① 刘晖：《旅游民族学》，北京：民族出版社 2006 年版，第 18 页。
② 马晓京：《国外民族文化遗产旅游原真性问题研究述评》，《广西民族研究》2006 年第 3 期。

差异。对此问题探讨的成果主要以论文形式表述，同时，在彭兆荣的《旅游人类学》（北京：民族出版社 2004 年版）、刘晖的《旅游民族学》（北京：民族出版社 2006 年版）和张晓萍主编的《民族旅游的人类学透视》（昆明：云南大学出版社 2005 年版）三本著作中相对集中地对文化展演的真实性问题进行了讨论。

二是文化展演中的地方性认同。学者大多认为旅游中的文化展演远远超出了单纯的经济目的而被作为地方性文化的表述方式，交织着地方人群的文化认同。"东道主通过文化表演的形式，表达了其对于民族国家的观念以及地方关于自我认同的理解"。"当个人去思考表演中暗含着的、为国家所强调的文化多样性的时候，就会体现出对认同和民族主义的多种建构"。[1] 弗里德曼在谈到日本阿依努人的文化运动时，认为认同策略不是简单的文化差异呈现，而是全球位置的问题，旅游业的生产和展示已经变成了阿依努人认同的有意识重构中的核心过程，其整个旅游节目是文化认同的更大构成过程借助商品形式的一种展示。[2] 玛格丽特·萨克西安围绕着马来西亚旅游业的发展，对由国家主办的旅游文化表演中表现出来的民族主义问题进行了研究。[3] 本迪克丝的《旅游和文化表演——发明传统为了谁?》以瑞士旅游胜地的个案为例，说明传统发明与展演为当地人身份认同提供了手段。苏珊·露丝也以菲律宾个案为例，说明村寨旅游展演对强化民族身份认同具有重要意义。[4] 相对来说，国内对旅游展演中文化认同的研究无论是个案还是理论阐释都显得较为薄弱。

三是文化展演的意识形态性。旅游文化展演是不同文化相遇时的文化呈现，其中充满了不同文化权力关系的互动，与文化认同密切相连的是其意识形态性。霍尔等西方研究者认为，在西方都市博物馆和展览会上的土著文化

---

① 刘晖：《旅游民族学》，北京：民族出版社 2006 年版，第 239 页。
② [美] 弗里德曼：《文化认同与全球性过程》，郭建如译，北京：商务印书馆 2003 年版，第 164～171 页。
③ 刘晖：《旅游民族学》，北京：民族出版社 2006 年版，第 239 页。
④ 徐赣丽：《民俗旅游与民族文化变迁：桂北壮瑶三村考察》，北京：民族出版社 2006 年版，第 15页。

展示中，展示的分类就是一种文化殖民的体现，[①] 民族志博物馆的功效之一就是将"高级"艺术形式和"低级"艺术形式之间的差异永久化。[②] 金光亿认为，不同形式的生产和消费的民族艺术与意识形态紧密相连，艺术特征也是政治和经济发展的反映。[③] 有学者通过个案研究呈现了后殖民国家的旅游展演呈现出强烈的殖民主义色彩，组织者参与其中，是对国家多元文化的工作，旅游景点超越了地方空间而成为国家的战场，意义被争论，认同被协商。[④] 在国内，文化展演的意识形态性受到了学者不同程度的关注。他们认为，少数民族旅游文化展演某种意义上是主流文化霸权的一种体现。史丹利、萧竞聪在《再现中国文化——深圳中国民俗文化村述评》中认为，深圳民俗文化村的旅游活动中表现了民族主义的意识形态。[⑤] 刘晓春认为少数民族的旅游文化展演是一种权力关系不平等中的被动被看，具有内部殖民色彩，民俗旅游服务于"民族—国家"的现代化诉求，是现代性话语对民间、边缘文化的政治暴力的一种表述。[⑥] 在"被看"的命运中，强势文化对少数民族文化进行了适合主流世界的修改，从而使本地原有文化遭到破坏和异化。

四是文化展演的互动协商性。以文化建构论为出发点，很多学者把旅游场域中的各种关系互动作为旅游展演生成和存在的关系网络，关注其互动协商中的建构。旅游文化表演作为一种交流行为，参与其中的游客和本地人之间进行着积极的互动协商，在协商中本地人的自我、认同、身份等得以建构。[⑦] 其中有政府力量、民间组织团体、学者、旅游机构、当地人等各种主

---

① [英] 霍尔：《表征：文化表象与意指实践》，徐亮等译，北京：商务印书馆 2003 年版，第151～223 页，第 225～287 页。

② [美] 赫兹菲尔德：《什么是人类常识：社会和文化领域中的人类学理论实践》，刘珩等译，北京：华夏出版社 2005 年版，第 318 页。

③ 赵嘉文等：《民族发展与社会变迁》，北京：民族出版社 2001 年版，第 163 页。

④ [美] 特纳：《旅游景点的文化表演之研究》，杨利慧译，《民族艺术》2004 年第 1 期。

⑤ 徐赣丽：《民俗旅游与民族文化变迁：桂北壮瑶三村考察》，北京：民族出版社 2006 年版，第 15 页。

⑥ 刘晓春：《民俗旅游的意识形态》，《旅游学刊》2002 年第 1 期。并参见刘晓春《民俗旅游的文化政治》，《民俗研究》2001 年第 4 期。

⑦ [美] 特纳：《旅游景点的文化表演之研究》，杨利慧译，《民族艺术》2004 年第 1 期。

体力量的参与互动。社会学家科恩对东南亚各国发展"民族旅游"的两难和此过程中少数族群、旅游机构以及各级政府之间的协商互动的复杂关系进行了探索。① 周星通过对贵州黔东南的民族风情村寨旅游个案研究对旅游中民族文化展示作为文化再生产、文化商品化、民族认同等问题进行了探讨并关注了建构中主客双方的互动。② 马翀炜从多种文化互动视角阐述村寨文化展演的建构,揭示文化展演生成和地方文化之间的某种紧张关系。③

对旅游展演在文化互动中建构进行阐述时,学者们关注到了产业化和文化再生产的问题,如对旅游产品和商品的开发模式、措施手段等问题的研究。李蕾蕾等人以个案为基础考察了文化表演的产业化运作模式。④ 宗晓莲把旅游中的文化变迁作为再生产的过程进行研究。⑤ 方李莉以个案资料分析了西部民族文化的当代构成与生产状况,指出西部民族艺术通过"文化重构文化"的再生产图景,其中具体阐述了以地方性文化为再生产的原料,以国家、市场、学界、民间的各种"力"为动力的生产过程,并分析了各种"力"作用的具体方式,⑥ 并以此为基点,对旅游展演的特征进行了分析和描述。格雷本对艺术品涵化的研究涉及旅游展演中艺术品的发展变迁即艺术品涵化的生产过程与传统生产不同的问题,他指出,加拿大的印第安人、阿拉斯加的爱斯基摩人、肯尼亚的康巴人,都在旅游市场中进行着不同于传统的工艺品生产。同时,他还对艺术品生产的特点、功能、前景等进行了论述。⑦ 戴琦对旅游对美国西南部印第安人艺术和工艺品的影响进行了调查研

① 杨慧等:《旅游、人类学与中国社会》,昆明:云南大学出版社 2001 年版,第 20 页。
② 徐赣丽:《民俗旅游与民族文化变迁:桂北壮瑶三村考察》,北京:民族出版社 2006 年版,第 13~14 页。
③ 马翀炜:《文化符号的建构与解读——关于哈尼族民俗旅游开发的人类学考察》,《民族研究》2006 年第 5 期。
④ 李蕾蕾等:《旅游表演的文化产业生产模式:深圳华侨城主题公园个案研究》,《旅游科学》2005 年第 6 期。
⑤ 宗晓莲:《布迪厄文化再生产理论对文化变迁研究的意义——以旅游开发背景下的民族文化变迁研究为例》,《广西民族学院学报》(哲学社会科学版)2002 年第 2 期。
⑥ 方李莉:《从艺术人类学视角看西部人文资源与西部民间文化的再生产》,《民族艺术》2006 年第 1 期。并参见方李莉《西部人文资源与西部民间文化的再生产》,《开放时代》2005 年第 5 期;方李莉:《西部民间艺术的当代构成》,《文艺研究》2005 第 4 期。
⑦ [美]格雷本:《艺术及其涵化过程》,张晓萍编译,《民族艺术研究》2002 年第 1 期。

究，指出旅游不仅未对旅游地的艺术和工艺品制造产生破坏，反而促进了古老的传统得以复兴。① 李蕾蕾等人在对旅游表演的生产机制进行个案考察的基础上，指出旅游演艺是商业和艺术的混合，对艺术性表演与旅游演艺作了十九项差异划分。指出旅游艺术展演体现了如下几个明显的特征：表演内容的"混杂的文化主题、将文化碎片拼贴"，演员的"不强调核心演员，关注集体表演的场面效果"，"室外半室外场地"，道具的"人工制作与自然实物"，观众座位的开放、未设并多与景区融合，观众参与体验多以视觉和感官的身体体验为主而不是精神和意识体验。② 徐赣丽通过个案考察了旅游歌舞表演的建构手法和原则，认为表演歌舞不属于一种文化复制，而主要是按市场规则和商业化原则进行的文化再生产，其中很多传统文化要素发生了功能性转变，③ 同时她对表演的内涵、形式特征、影响等作了初步论述。④

　　以上立足于研究主旨与取向，从问题探寻的不同视角和维度对旅游文化展演研究现状进行了简略梳理，从中可以发现，对旅游展演的研究不论是民族文化还是旅游人类学视野，都是聚焦于当代全球文化背景下地方性文化的变迁及其中各种复杂互动关系的分析，国外已进行了个案考察与理论阐释相结合的综合研究，形成了对旅游展演文化的不同理论关注点。国内旅游业发展较晚，旅游文化展演存在的时间较短，学者的研究主要集中于对其作为民族文化变迁的描述和对国外相关理论的介绍，并初步运用于解释国内旅游文化展演实践。在目前研究的基础上，对旅游文化展演的研究还有待于在以下几方面进一步拓展：

　　第一，个案研究中人类学整体观的落实。人类学的文化研究奠基于文化整体观的基础上，艺术是一种文化，其实践、功能、结构、意义都与其所处的文化密不可分，应该把它当做文化的整合部分来研究。旅游文化展演的生成和存在与地方性文化密切相连，只有践行人类学研究的文化整体观，回到

---

① ［美］史密斯：《东道主与游客——旅游人类学研究》，张晓萍等译，昆明：云南大学出版社2002年版，第195~208页。

② 李蕾蕾等：《旅游表演的文化产业生产模式：深圳华侨城主题公园个案研究》，《旅游科学》2005年第6期。

③ 徐赣丽：《生活与舞台——关于民俗旅游歌舞表演的考察和思考》，《民俗研究》2004年第4期。

④ 徐赣丽：《民俗旅游的表演化倾向及其影响》，《民俗研究》2006年第3期。

地方性文化生活中才能理解它。当代社会中的任何一个地方及其文化都不可避免地具有一定开放度，参与到全球化进程中，旅游文化展演联结着大众消费和地方性文化，是两种文化边界中的关系性生成和存在，在此背景下，文化研究的整体观不仅是地方性文化生活的整体，而且是包含了卷入其中的当代各种权力关系的整体。人类学的个案研究是文化书写的基础，在旅游文化展演研究中，虽然已有对广西南宁民歌节的研究这样突出的个案研究成果，在旅游人类学理论的引入及其运用于个案研究方面，虽然学者们已做了大量工作，但目前对旅游展演的研究大多仍停留在个案的浅层描述上，很多研究虽然关注个案（或称为个案研究），但仍限于通过对地方特色"材料"的运用以表述自己的主题，在理论和田野之间进行着一种倒转性研究，即个案不是研究的基础和事实，而成为论述或说明自己观点的材料，未把展演放在地方具体人群生活中，只是把它分割为研究所需的文化事象，从而影响了对各种地方性文化展演差异的整体性把握及其不同运作逻辑的揭示。因此，对旅游文化展演的研究需要整体观中的个案研究，在扎实的个案支撑中构建相应的理论阐释，整体观的贯通与落实成为实实在在地面向现实生活、回到具体人群鲜活生活流的研究。

第二，要明确具体研究对象。在当代民族文化研究中，明确地以旅游地文化艺术展演作为研究对象的不多，大多被包含在林林总总、大而化之的"民族文化"研究中，成为其中的一个层面或要素，而在对旅游文化展演的专门研究中，不论是集中论述还是略有涉及，又大多集中在共同的文化展演上，很少对其中的展演主体部分——艺术展演——单独进行考察，展演艺术总是被作为文化展演的局部进行研究。部分展演研究对艺术展演的关注已成呼之欲出之势，但总是被放置于笼统的文化展演中，而对问题探讨的实际向度又内在地以艺术为对象和参照，艺术展演成为文化展演研究中始终不断的一根暗藏的主线，却总是掩盖在"文化"中。在人类学语境中，不论是文化还是艺术展演都包含了两个层面内容并呈现两种生存形态——文本以及文本展演，必须对文本符号与其实践方式即作为"文本"的艺术与作为行为"过程"的艺术双重解读，方能揭示展演艺术作为一种文化实践的意义。

艺术展演作为明确研究对象的缺乏或含糊源自对艺术本体自身与一般文化符号不同特性的忽略，这种忽略又决定于研究者理论视野的局限，没有把研究对象作为"艺术"来对待,艺术生存的两个层面上的统一性、完整性被人为地割裂开来,对作为"文化"实践过程的展演艺术的关注遮蔽了对作为"文本"的艺术的关注,如对工艺品的研究没有充分注意到其自身所具有的符号特性。而很多对旅游开发中民族艺术的研究又专注于艺术本体,完全忽略了它是一种文化实践。单纯作为艺术的文本式的研究和作为文化的行为过程的研究都在艺术本体和文化解读之间顾此失彼。解决上述问题除了研究者应该具备相应的理论知识储备外,笔者认为更重要的在于理论视野的转换,注重对艺术展演的"文化"功能及其"艺术"特性的完整性阐述,如此,倡导"回到生活"和"行为研究"以及"艺术"、"文化"双重解读的艺术人类学无疑为旅游展演艺术的研究提供了新的学科视野。[1]

第三,要关注展演艺术的建构生成性。在地方性旅游文化中催生的展演艺术,是在旅游场域中建构生成的,其中充满了各种力量的复杂互动,正是这种互动性决定了其建构过程的地方性运作,也生成了展演艺术自身的特性。作为一种特殊场域生成的文化,对艺术展演的相关特性的把握不在于其已然存在的结果中,对其探寻的逻辑起点应该是其生成过程,这样才能对其建构与发展变迁作出符合事实和逻辑的阐述,学界目前对旅游展演进行的身份认同、意识形态化、保护传承、文化互动生产、文化产业等诸多问题的探讨都必须放在该文化自身生成的文化和实践逻辑中。目前研究中的过程、再生产、建构、表演理论、当代构成、阐释、变迁等关键词的提出表明学者已注意到了旅游展演艺术作为一个文化过程的动态研究,但总体上仍以展演艺术作为既定的文化事实存在为研究起点展开对其特点、功能、意义等的探究,研究者往往从客位观点出发对已然呈现的研究对象进行考察,所作的描述大都建立在对对象静止考察的基础上,只把它看成固定的文本,忽略了展演艺术是一个行为实践过程,所作阐述与旅游艺术展演自身生存实际有着相当的疏离,从而导致理论判断的片面或是武断。

在艺术人类学视野中,对展演艺术生成逻辑的考察就是把其作为一个过程来研究,从具体层面看,展演一方面指"艺术的行为(Artistic action)";

---

① 何明等:《回到生活:关于艺术人类学学科发展问题的反思》,《文学评论》2006 年第 1 期。

另一方面指艺术的情景（Artistic situation）。① 在此过程中，最为重要的要素就是展演艺术的主体，它关联着艺术行为和艺术情景。旅游展演与地方人群生活密切相关，是地方社区"现实的"、"活"的文化，对艺术展演主体及其生活的关注成为解读的一个重要视角，事实上，旅游人类学关注游客对文化展演的感受和理解，在文化变迁中对当地人与表演的关系进行研究，都涉及"过程"研究。但总体上学者对展演生成过程关注不多，更多的研究是把文化展演当成静态的客体性存在，而不是作为文化主体的文化实践活动过程，因此，文化展演与地方人群的关系也未得到充分阐述，使展演对具体人群的有关价值、意义、感受等全都消失了，只停留在见物不见人的描述上。有学者认为，乡民艺术在当代逐渐从民族国家意识导引下的抽象化、符号化、工具化的政治价值开掘中走向乡民生活语境，其中最主要的就是彰显被遮蔽的乡民自身主体意识。② 主体意识是理解文化艺术实践活动的关键，对艺术展演与地方性文化生活的关系思考无疑成为人类学回到"主位"视角的一种最有效的途径。对展演艺术生存的生活语境的关注就是以地方人群及其生活作为理解的基础，把展演艺术当作生活过程放入地方人群生活流中去描述，在与地方文化互动生成的关系阐述中揭示当下地方性文化的运作逻辑，得出趋近对象的解释。

（三）选点与调查

课题立足于对旅游展演艺术的研究，云南旅游业的发展使很多地方都可供作为田野点，本书选择了新平县漠沙镇的沐村作为调查点是基于三个原因。③

一是沐村具有较为典型的地方文化。在新平县境内哀牢山下红河流域生

---

① 王杰文：《仪式、歌舞与文化展演——陕北、晋西的"伞头秧歌"研究》（术语表），北京：中国传媒大学出版社 2006 年版，第 1 页。
② 张士闪：《从参与民族国家建构到返归乡土语境——评 20 世纪的中国乡民艺术研究》，《文史哲》2007 年第 3 期。
③ 沐村是傣雅人聚居的自然村。根据国家现行行政体系划分，"村"指行政村即村委会，自然村称为村民小组，沐村是一个自然村，但聚居较大，人口较多，为便于管理，分为上下两个村民小组，文中的沐村指的是自然聚落，除沐村外，如不特意加以说明，文中提到的"村"指的都是行政村。

活着的傣族，与人们"刻板印象"中泼水欢歌的德宏和西双版纳等地的傣族不同，具有自己独特的文化，被人们称为"花腰傣"。在地方政府的旅游开发中，其文化近年来进入他者视野并受到学界关注，学界认为他们的文化代表了傣族原生型文化，对傣族文化的研究具有重要意义。在傣雅、傣卡、傣洒三个主要人群中，沐村是傣雅人聚居的自然村落，根据学界的看法，沐村是傣雅人聚居的古老村落，有着悠久的历史和丰富的原生文化，是本地傣族传统节日——赶花街——的发源地，具有亚热带傣家独特自然风光，是"典型"的"花腰傣"村落。因此，通过沐村不仅可以对该地傣族独特文化进行了解，在此基础上的旅游展演艺术建构也将呈现出强烈的地方色彩，可以为地方性文化建构提供一个清晰的有代表性的个案。

二是沐村的开发特点。沐村作为民族文化生态旅游村，对它的开发始于2001年，开发历程较短。沐村的傣雅人与本地傣族的其他两个人群分属不同乡镇，都被纳入当地政府的经济发展规划和政治业绩建设中，在艺术展演的研究中，我们可以对其进行同中有异的比较，以对建构中不同"变数"的影响进行说明，呈现展演艺术建构的地方特性。同时，沐村旅游开发基础设施建设、运作模式等开发过程呈现为直观而显性的事实，其中展演艺术的建构处于一个"正在"进行的过程中，便于我们对村落中旅游展演艺术建构的元素、原则、方法、途径、主体等进行溯源式考察，呈现其建构生成过程及特点。同时，根据笔者的直观经验，民族旅游地展演艺术大多是以地方性生活中传统艺术作为展演的主要内容和形式，或据此进行一定的加工改变，而在沐村的传统文化生活中，地方性艺术资源不足以转化为展演，如在可以记忆感知的几十年日常生活中，他们的集体娱乐性舞蹈很少甚至是从未操演，而展演中却生产了大量的舞蹈并以此为展演的中心，呈现出与其他旅游村寨不同的建构特点，因此选择沐村作为田野考察点对村寨旅游展演艺术的建构应该具有更强的阐释力。

三是研究者与研究对象的关系。对人类学研究者的研究而言，学界在对本土与异域的对立划分中对本土学者研究本土文化和研究异文化的利弊进行了争议和探讨，认为利与弊都在于对该文化的"生"、"熟"以及由此产生的文化经验的"远"、"近"对于田野经验的反思性的不同而获至不同的调查结果。根据笔者的经验，这种划分与理解都各有不尽圆满的地方，与田野

中的经验有着一定的背离。就国内研究者来说，对本土少数民族文化的研究
虽然是对"异文化"的研究，但在地域生存格局和主流文化交流渗透的影
响下，"生"、"熟"与"远"、"近"的区分不再是那么界限分明，在当代
文化发展背景中更是如此。有学者对研究者与研究对象的关系类型进行了细
分，认为存在着局外—异文化、局外—本土文化、局内—异文化、局内—本
土文化四种关系模式，而即使完全本土化的"我"也有着"今我"与"故
我"、"家乡的我"与"学术的我"双重身份。① 研究对象与研究者关系的复
杂性使得任何一种研究关系都不可能单纯地在利与弊的区分中提供选择。选
择沐村，是因为笔者在该县县域境内的乡村生活经验与故土的亲切感为理解
"地方性知识"提供了一个重要的基础与对话的平台，在田野点的比较选择
中，沐村最终成了笔者的调查点。

　　对沐村的调查始于 2005 年，此后的四年中，根据展演艺术呈现于游客
的到场这种特殊的呈现方式，笔者随着沐村旅游展演呈现的主要时段与村人
重要生活场景进行着阶段性重点调查与分散的随访性调查，所获资料来自于
2005 年 2 月至 3 月、2006 年 1 月至 3 月、2006 年 10 月至 12 月、2007 年 2
月至 3 月、2007 年 10 月、2008 年 1 月至 2 月等不同时间段的实地调查与随
时的电话访谈，调查范围主要集中于沐村、县乡各级相关政府部门以及相关
文化地域——腰街镇傣卡人的碱村、戛洒镇傣洒人的园村、西双版纳等地，获
得相关文献资料，实地观察、体验、访谈记录，以及影音资料等田野资料。

进　入

　　虽然离老家只是几小时的车程，但在离家的二十多年里，忙于
生活的奔波，回去的次数很少，且每次都是来去匆匆，除了那个小
山村里仍有十多个人深深地牵动着我的悲欢外，家乡的一切从未在
脑海里清晰过。直到周围的人告诉我，你们新平哪里好玩，风景很
好之类，我才在附和声中闪过对它的模糊印象。在别人的描述中，
知道小时候曾经偶一见过的被称为"老摆依"的那些人现在变成了
"花腰傣"，而且成为新平县的主要旅游品牌。在向尊师求学的过程

① 祝秀丽：《家乡民俗研究者的角色冲突》，《民俗研究》2006 年第 2 期。

中，老师提起我老家的"花腰傣"，在艺术人类学的理论探讨中，认为那里沐村新兴的展演艺术值得关注。在老师的导引中，我决定去家乡看看"花腰傣"及其艺术展演。我自信于自己的认识积累和那份来自心灵深处对自己身份的深刻理解，想着自己一定会像他们中的一员，体验他们的悲欢，以他们的方式在我的视角里完成对他们生活的理解。在四年里的大约同一个季节我几次走进沐村，走近村民的生活，完成课题研究。①

第一次去的时候，首先联系在县城工作的朋友，讲明我的意图，请他们帮忙收集"花腰傣"的相关文献资料。在县城逗留了一天后，经由同学介绍到漠沙乡副镇长处，在其介绍下结识了镇文化站站长，他们都不如我想象的那么热情主动地介绍情况，适时正赶上村委会主任和书记拿着沐村规划图与副镇长谈论着，但他们都在讲傣话，我仅能保持沉默，只能从他们的三言两语中获得一点点印象。文献中记载的一切似乎离我很遥远。之后在汤锅摊上，品尝了"花腰傣"饮食，也是我感受本地文化的第一步，后来我发现，学会在酒桌上聊天是在村里调查的一个基本功。副镇长租了一辆微型车，送我去沐村。一路上的自然风光给予的新鲜感和偶尔一见身着民族服装的老奶奶，与十多年前我的一次戛洒游玩经历所给予我的"震撼"相比，没有那样强烈的印象。到村里时是下午四点多，村子里安安静静的，副镇长带着我从田间道路顺着江边走了一圈，只在场边小卖部见到一两个村民，除了一个水泥砌成的台子提醒我村子的旅游开发外，一切似乎都是自然的生活情景。副镇长带我找到小组长，安排我的吃住。黄昏时分，人们渐渐出现在村中路上，用他们的语言互相打着招呼，我的到来没有给他们增添一点异样，想来在旅游开发中，学者、官员、游客等来村里的外地人已经很多了。当天晚上，在组长家里吃饭时，来了几个人，边吃边聊，组长告诉他们我是新平人，他们问我所在村子的位置以确认这是真的，

---

① 调查时间的选择除了方便笔者工作学习外，还基于本书以村里展演艺术为考察对象，本地特殊的气候决定了其旅游业有较强的季节性，旅游中的展演艺术呈现也随之具有季节性。

之后我与他们的关系很快就私人化了，与他们的交流也顺畅起来。以后的日子里，我渐渐扩大了我的熟人范围，但要自然地了解村民的想法还是不容易，他们总是说傣语，经常区隔了我，跟他们聊一些话题时，他们只说一句两句，看起来可说可不说，可回答可不回答，弄得我不知道他们心里是否乐意与我交流。慢慢地，我还是感觉到了他们的温和与质朴使他们不谙于积极主动地与别人打交道，我也逐渐适应了与他们的相处，除了我住的人家以家里一员的感觉带着我参加他们的各种活动外，经常访谈的一些人要去参加一些我没有见过、经历过的活动时也会邀约我同去。以后每一次重访，我就像回到自己的村子一样，绕过县城直接进入村子，直到大哥家说我是"妹子一样了"，二叔说"你二婶在家"，后来杨大姐也说"亲戚一样了"，我整天整天地坐在她的小卖部和她一起翻箱倒柜地看她的服装，她不厌其烦地给我讲述和唱调子，并且坚决不收取我给的误工费。更主要的是人们都仿佛丢掉了原来的羞怯，尽管有时还有语言障碍，但可以和我无拘无束地聊天了，每次见我又来时都用"哪天来的"、"是你"或是"你来了"进行问候。随着我与村里人的关系从调查者逐渐转化为熟人、亲戚关系，彼此的接纳从合作访问转化到以情感为纽带的连接中，这时我的研究也告一段落。

二、理论与方法

选题研究的对象是村落旅游展演艺术，从研究对象的生存实际出发，决定了必须把它放在旅游和艺术两个视阈中进行研究，因此，选题研究的相关理论视野主要是旅游人类学和艺术人类学。

（一）艺术人类学

民族村寨旅游的主要资源是民族文化，而其产品主要是少数民族的歌舞、服饰、食品等易于被搬到另外一个地方的东西，[①] 更重要的是民族旅游

---

① 刘晖：《旅游民族学》，北京：民族出版社 2006 年版，第 255 页。

中对异文化的向往"实质上是立足于旅游者对自身的文化背景对'异文化'的审美意象"。① 而审美意象最典型而集中地体现在艺术产品中，很多旅游地的文化展演主要以艺术展演为中心，沐村的旅游产品也主要以舞台艺术展演为主。因此，艺术人类学不仅是其不可或缺的理论视野，也是其独具效力的研究解释方法。

艺术人类学的研究在人类学研究中一直有自己的一席之地，在不同的文化研究阶段和理论中，对艺术的研究作为人类学研究的组成部分，主要是人类学家文化观建构的佐证，如进化论学者以艺术的搜集来说明其文化进化观，功能论学者则用以证明其功能理论。博厄斯的《原始艺术》以对其文化特殊论的印证对各种地方性艺术和经验进行描述；罗伯特·莱顿在其《艺术人类学》中对地方性艺术的研究作出试图走出文化观的佐证而把艺术作为主要研究对象的努力；格尔茨主张对"地方性知识"的理解，注重艺术实践主体的经验即"主位"研究，尊重各种地方性艺术经验；格雷本在《族群与艺术：来自第四世界的文化表达》中用"第四世界"艺术作为对人类学艺术研究中地方性艺术的一个描述用语，从一个相对平等的多元文化共存视角出发，提供了当代人类学艺术研究起点。随着人类学艺术研究的发展，艺术人类学成为一门自律性分支学科被提到了研究议程上，学界对艺术人类学学科建构进行了积极的探讨。② 在艺术人类学研究视野中，学者首先对艺术人类学研究对象——艺术——进行了思考。有学者认为，作为研究对象的艺术是"两种文化'相遇'后认定为艺术的文化事象"，"呈现为日常生活

---

① 李伟：《民族旅游地文化变迁与发展研究》，北京：民族出版社 2005 年版，第 115 页。
② 何明等：《回到生活：关于艺术人类学学科发展问题的反思》，《文学评论》2006 年第 1 期；何明等：《艺术人类学的学科基础及其特质》，《学术探索》2005 年第 3 期；何明等：《中国当代美学的转型：从美的本质探求到艺术的文化阐释》，《云南民族大学学报》（哲学社会科学版）2005 年第 5 期；黄泽：《人类学艺术研究的历程与特质》，郑元者：《艺术人类学的生成及其基本含义》，徐迎新：《心灵的亲证：中国艺术人类学探寻历程》等，《广西民族学院学报》（哲学社会科学版）2006 年第 4 期。对理论视野下的门类或个案研究参见曹本冶《中国传统民间仪式音乐研究·西南卷》，昆明：云南人民出版社 2003 年版；徐杰舜/问，方李莉/答《从瓷器到窑洞的艺术——人类学学者访谈录之二十三》，《广西民族学院学报》（哲学社会科学版）2003 年第 4 期；王建民：《艺术人类学理论范式的转换》，《民族艺术》2007 年第 1 期。

化的、仪式中的、为展演的三种存在样态"。① 彭兆荣对艺术的界定提供了对不同的地方性艺术研究的一个基本逻辑起点，他认为，目前学者们的研究中对"艺术"的共识有几个指标，即"艺术"是具有展览性质、含有美学价值、融合了特定民族和地域特征且具有历史传统价值的人类技术和技艺的产品。② 学者对"艺术"的认定既包含了对象的某些跨文化共享特征又基于一种临时场景的建构，体现了人类学语境中艺术的开放性与自律性。

学界对艺术人类学学科建构的思考和探讨中，艺术人类学的研究主要关注以下四个问题。

一是回到生活的整体观。这是基于人类学文化研究整体观提出的研究理念和原则，也是艺术研究的方法论。人类学语境中的艺术是一个文化的完整组成部分，文化整体观以及艺术研究整体观的提出和践行始自现代人类学家马凌诺夫斯基，他从其功能论的观点出发说明只有把艺术品放在它所存在的制度布局中，分析它的功能，亦即分析它的技术、经济、巫术、科学的关系，才能给它一个正确的文化定义。③ 将艺术放在文化体系结构中，始终将其与文化的其他组成部分加以联系而进行研究，④ 就是把艺术当做一个文化的整体部分，在文化整体的关联中来研究艺术。人类学对艺术或审美的研究要注重动态变迁的发展观，不能模糊审美要素的时代差异，⑤ 正是基于整体观衍生出艺术人类学研究的当代取向。方李莉认为，艺术人类学研究的本质就是要永远面向田野，在田野中呼吸最新鲜的空气，提供给人们的资料和研究的理论总是鲜活的和充满生机的，⑥ 她通过自己的田野研究成果，说明了当代文化背景中传统艺术及其再生产的变迁过程的复杂性。⑦ 人类学整体观在不同时代的体现就是"回到生活"，⑧ 回到当下正在进行着的生活实践本

① 何明等：《回到生活：关于艺术人类学学科发展问题的反思》，《文学评论》2006 年第 1 期。
② 彭兆荣：《"第四世界"的文化遗产：一个艺术人类学的视野》，《文艺研究》2006 年第 4 期。
③ ［英］马凌诺夫斯基：《文化论》，费孝通译，北京：华夏出版社 2001 年版，第 98 页。
④ 王杰等：《审美人类学的学理基础与实践精神》，《文学评论》2002 年第 4 期。
⑤ 覃德清：《审美人类学：价值取向与方法抉择》，《民族艺术》1999 年第 3 期。
⑥ 方李莉：《艺术人类学研究的当代价值》，《民族艺术》2005 年第 1 期。
⑦ 方李莉：《景德镇民窑》，北京：人民美术出版社 2002 年版。
⑧ 何明等：《回到生活：关于艺术人类学学科发展问题的反思》，《文学评论》2006 年第 1 期。

身，呈现为一种"进行"时的研究，因此对艺术的研究不再限于对静止的某一时段的历史性整体研究，而是以现实地、存在着的艺术和生活为研究的基点。"也就是说，艺术人类学不仅仅对艺术做出理解，它更多的是寻求和把握艺术存在的整体文化格局，深入透析生活和艺术的互动关系，揭示艺术何以产生、何以发展和演变的人类学根据。艺术—符号—生活—群体，这是艺术人类学在研究路径上表现出的学科特质"。①

二是过程性研究。西方艺术史上"艺术"概念的形成主要基于艺术作品即艺术活动的最后呈现之物，这种对艺术本体及文本的关注甚至成为艺术研究的唯一向度。随着艺术研究的发展，艾布拉姆斯解构了封闭的艺术品的概念，明确地提出艺术品包括世界、艺术家、作品、欣赏者四要素，② 接受美学把艺术作品当做未完成结构，只有读者接受的参与才完成整个艺术的创作。在人类学视野中，学者对艺术作为文化过程进行了强调。户晓辉在其《作为过程的艺术》一文中提出：刻绘和制作的过程不是外在的东西，而是作品不可或缺的重要组成部分，它决定着艺术作品的本质和意义，③ 很多艺术研究只是把艺术的一个部分即作品当成艺术的全部而不是进行动态的过程研究。而实际上"在许多人类社会中，艺术创作的过程常常比其最终产品本身要重要得多"。④ 因此，艺术人类学的研究"关注的是人们如何运用自己的文化的各组成要素，而不是这些客观存在的要素本身"。⑤ 格尔认为，不同艺术品的制作过程包含了某一社会特殊的技术系统，艺术品首先表现出某一社会或族群的"技术产品"特征，从而具有特殊的"技术魅力"，所以，艺术的生产和产生过程具有专属性，其魅力既在于艺术品本身也在于技术系统中，该系统"不仅表现出特殊的族群背景和地方知识，也表现出在同一个

---

① 何明等：《艺术人类学的学科基础及其特质》，《学术探索》2005 年第 3 期。

② ［美］艾布拉姆斯：《镜与灯：浪漫主义文论及批评传统》，郦稚牛等译，北京：北京大学出版社 2004 年版，第 4 页。

③ 户晓辉：《作为过程的艺术》，《民族艺术》2002 年第 1 期。

④ ［美］哈维兰：《文化人类学》，瞿铁鹏等译，上海：上海社会科学院出版社 2005 年版，第 423 页。

⑤ ［美］赫兹菲尔德：《什么是人类常识：社会和文化领域中的人类学理论实践》，刘珩等译，北京：华夏出版社 2005 年版，第 27 页。

知识系统中的权力叙事"。① 对艺术作为文化过程研究的一个方面是对艺术的行为研究。梅里亚姆认为，艺术作品与艺术行为不可分，艺术行为又与社会的观念不可分，人类学的艺术不被看成反映其文化的孤立片断，而是"被看作其本身即是进行中的（ongoing）社会文化子系统（social and cultural subsystems）。"② "行为研究旨在通过考察参与者的性情和特定事件的动态过程来发现实物（日常生活中制作和使用的物品——作者注）在特定情况下怎样被创造出来以及为什么会这样，为什么它具有一些特殊的特征，它对于创造者和使用者具有怎样的意义等"。"只有当制造者与使用者同物品构思、制作和使用的过程一起成为调查的对象——而不只是手工艺品才是调查对象，民间艺术研究才能彻底达到它的目的"。③ 对艺术过程的重视意味着把对艺术各个因素及其相互作用的关注，意味着把艺术作为一种"实践"过程的动态性分析和描述。④ 如果把艺术看成一种文化实践而不是一种文本性特征，过程性就体现在主体艺术行为中，因此，有学者明确提出，艺术行为研究是艺术人类学研究的一种可能的方法维度。⑤ 与过程和行为相关的有两个重要构成要素：（1）行为主体。文化的互动生成性正在于主体间性，艺术人类学以行为作为观察和描述的基点，凸现艺术活动的主体"人"，才能使有关艺术创作接受的整个过程及其中的各种互动关系得以呈现，达到对艺术理解的目的。⑥ 麦克尔·欧文·琼斯在谈到"物质行为研究指南"时，列举了艺术家、消费者、评论者以及场景事件，而其中手工艺人成为关节点。⑦ 艺术人类学研究要改变以往以艺术事象为中心而忽略艺术持有者的研究，从主体性被物性所遮蔽的弊端中走出来，真正落实到对主体行为的研究

----

① 彭兆荣：《"第四世界"的文化遗产：一个艺术人类学的视野》，《文艺研究》2006 年第 4 期。
② ［美］梅里亚姆：《人类学与艺术》，《民族艺术》1999 年第 3 期。
③ ［美］琼斯：《手工艺·历史·文化·行为：我们应该怎样研究民间艺术和技术》，游自荧译，张举文校，《民间文化论坛》2005 年第 5 期。
④ 何明等：《基督教音乐活动与艺术人类学阐释——以云南芭蕉箐苗族为个案》，《云南师范大学学报》（哲学社会科学版）2006 年第 3 期。
⑤ 洪颖：《行为：艺术人类学研究的可能的方法维度》，《民族艺术》2007 年第 1 期。
⑥ 何明等：《从实践出发：开启艺术人类学研究的新视域》，《文史哲》2007 年第 3 期。
⑦ ［美］琼斯：《手工艺·历史·文化·行为——我们应该怎样研究民间艺术和技术》，游自荧译，张举文校，《民间文化论坛》2005 年第 5 期。

上。（2）艺术活动场景。有学者认为，对艺术的人类学研究不在于理解艺术品本身的结构及意义，而在于理解艺术作为社会交往互动的一个参与构成部分的意义。① 场景是社会交往的具体中介，主体的各种艺术行为实践都在具体场景中得以展开和呈现。

三是进行文化和艺术双重解读。人类学视野中的艺术具有文化和艺术双重特性，艺术作为文化的整合部分，很多学者都关注到了它不同于一般文化的特殊性，因此，只有区别于一般文化研究的本体性关注的参与才能对它作出完整的理解。在对艺术进行研究的具体路径上，传统艺术人类学研究中，国外的研究主要探讨非西方社会中的审美与文化的关系，② 博厄斯以因纽特人的雕刻为例阐述了艺术具有某些普世性价值，但都是在特定文化和美学体系中的创造，"艺术相互作用的来源，一方面建立在单一的形式之上，另一方面艺术的思想又与形式紧密地结合"。③ 罗伯特·莱顿对原始民族的艺术研究关注到了艺术作为"文化"和"艺术"的双重身份。格尔茨认为："人类学家们所期待探讨的是精神信仰中的种种变异，诸如不同的分类体系，不同民族的亲属结构等等；它们不仅仅是其潜在的形式而且是根植于他们的经历和取证世界观的方式，是那些融入他们的鼓乐、雕刻、圣歌谣谚和舞蹈的内在的东西。"④ "艺术性表现的千姿百态的实质是源于人们对世事方式概念理解的千姿百态，事实上，它们是契合的。"⑤ 并用伊斯兰诗人的艺术实践说明了艺术家在使用符号时，其意义远远超出其作品所示的符号系统的意义，显示了对"艺术"本身和作为"文化"系统的"艺术"双重解读的必要性。艺术人类学研究关注"文化特性，以及对象作为其自身的特性"，⑥ 正如梅里亚姆在音乐人类学研究中强调的那样，音乐有作为音声系统、作为

① 参见 Alfred Gell. Art and Agency: *An Anthropological Theory*, Oxford: Clarendon Press, 1998.
② 程金城：《文艺人类学的理论与实践》，北京：民族出版社 2007 年版，第 21 页。
③ 彭兆荣：《"第四世界"的文化遗产：一个艺术人类学的视野》，《文艺研究》2006 年第 4 期。
④ ［美］格尔茨：《地方性知识——阐释人类学论文集》，王海龙等译，北京：中央编译出版社 2000 年版，第 125 页。
⑤ ［美］格尔茨：《地方性知识——阐释人类学论文集》，王海龙等译，北京：中央编译出版社 2000 年版，第 156 页。
⑥ 户晓辉：《作为过程的艺术》，《民族艺术》2002 年第 1 期。

文化制品、作为社会过程、作为人类经验的几重性，同时，艺术作品与其他文化作品的区别在于艺术行为与其创造的作品直接有关，可以离开文化背景给予探讨。① 对艺术不仅从技术和艺术形式层面进行解释，也应该研究技术和艺术形式背后的文化观念、行为方式等其他相关因素。② 哈维兰认为，艺术是每一个正常的人都必须参与的活动，但它要求一种"特殊的结合"，即形式的符号表现与构成创造性想象力的情感表达的结合。③ 人类学家的共识都是艺术不仅仅只是一种审美的表达，还是一种文化的表达，都强调艺术具有"艺术"和"文化"二重性，因此，艺术人类学的学科取向与研究立场在于：将在一定社会/群体中被认定为艺术的文化事象置于一个特化的内部机制中来讨论其外部关系网络，确定该艺术活动对其文化语境的具体索引性，以及其文化语境对艺术活动的框束性，从而展开对艺术—文化—人之间多种关联性的探讨，④ "对艺术的文化内蕴和文化的艺术表达与呈现作出符合'地方性知识'的理解和阐释"。⑤ 越来越多的学者关注到了艺术具有"艺术"和"文化"的双重身份，都认同对其中任何一方的偏废或是忽略都不可能对它进行合理的解释。王建民提出，艺术人类学或是审美人类学田野作业中要关注人们如何行动、如何思考与体现，而基于艺术作为特定的语汇与表达形式，应该对艺术语言含义与广泛的文化意义和艺术行为（艺术者的意图，艺术活动的生成、功能等）进行理解。⑥ 对"艺术"本体的某些普世性和作为"文化"的地方性进行并置讨论也许正是艺术人类学研究所面临的挑战。

　　四是参与体验的民族志方法。在艺术人类学研究中，基于对艺术本体的

---

① ［美］梅里亚姆：《人类学与艺术》，《民族艺术》1999 年第 3 期。
② 王建民：《艺术人类学理论范式的转换》，《民族艺术》2007 年第 1 期。
③ ［美］哈维兰：《文化人类学》，瞿铁鹏等译，上海：上海社会科学院出版社 2005 年版，第422～423 页。
④ 何明等：《回到生活：关于艺术人类学学科发展问题的反思》，《文学评论》2006 年第 1 期。
⑤ 何明等：《中国当代美学的转型：从美的本质探求到艺术的文化阐释》，《云南民族大学学报》（哲学社会科学版）2005 年第 5 期。
⑥ 王建民：《田野工作与艺术人类学、审美人类学学科建设》，《广西民族学院学报》（哲学社会科学版）2004 年第 5 期。

关注，有学者提出了以"观察—体验"为田野作业的方法论原则。① "观察—体验"之所以作为艺术人类学的研究方法，是由尊重文化持有者的研究立场和艺术自身的特性决定的，艺术具有特定的感性直观性和情感性，艺术符号与人的各种感官体验紧密相连，其所指和能指之间具有复杂的多重关联。从主位出发的研究要求研究者对研究对象所处的文化的贴近与熟知，研究对象的特殊性则要求研究者感官参与的体验。参与观察方法作为现代人类学研究的基本方法得到人类学研究者的不断践行和修改补充，在"科学客观"的田野知识建构中，"像土著那样思考"的参与方式已经显露出了"体验"的一席之地，在阐释人类学中更多地关注"主位"和非理性的意义，开启了对文化的体验，暗合了对艺术的研究。在格尔茨的研究中强调：注重艺术作品地方性差异的存在，注重艺术创作主体的感受感知及表达，注重艺术创作发生的环境、细节、效果的体验与描述，强调艺术的主观性情感象征性表达对人类学文本产生的影响，② 显示了"体验"在人类学艺术研究中的重要性。因此，艺术人类学的田野作业在观照方式上强调："改变以观察获得经验的传统模式而增进为以体验获得意义的崭新实践。应该说这是艺术人类学的一种基本的学术立场和理念。……强调从实践和生活出发，实质是强调对被观察者的生活和文化进行心灵的体验，强调的是互动之中形成的意义。"③ 体验的前提是"当下"的"共域在场"——在艺术活动展开的具体情景和实际关系网络中自觉地观察与反思。④ 为了体验，就要"参与实践"，这是研究者与现实生活得以展开对话的可能前提与过程，也是研究者与对象在文化相遇中建构的交互方式。在艺术人类学研究中，参与观察基础上的体验成为一种基本的方法，不仅要体验符号中的文化，还要体验符号本身，包括研究者对作为研究对象的艺术活动的体验以及艺术行为主体/鉴赏参与群体对

① 何明等：《回到生活：关于艺术人类学学科发展问题的反思》，《文学评论》2006 年第 1 期。
② 黄泽：《人类学艺术研究的历程与特质》，《广西民族学院学报》（哲学社会科学版）2006 年第 4 期。
③ 何明等：《中国当代美学的转型：从美的本质探求到艺术的文化阐释》，《云南民族大学学报》（哲学社会科学版）2005 年第 5 期。
④ 洪颖：《艺术人类学研究的民族志方法讨论》，《清华大学学报》（哲学社会科学版）2007 年第 4 期。

艺术活动的体验，研究者对艺术行为主体/鉴赏参与群体在艺术活动中的体验的体验这样三重体验，[①] 从其具体指向对象可划归为艺术的文化索引性、艺术符号的文化内蕴以及艺术符号本身这样三个层次。乔建认为："艺术人类学是以研究艺术作为其对象的，艺术的普遍特征是美，那么我们在求知之上，还有求美。"美包括有形式、人对它的感觉以及意义。"在寻求美的时候，我们可能运用的感官会更多面化，一方面要看，一方面要听，一方面要感受，一方面还要去触摸"，[②] 只强调"观察"的"视觉"性，不足以深入艺术形式表达的意蕴，意蕴只有通过体验才能被感知和呈现。参与观察已暗示着情感介入对研究者与研究对象的沟通，体验则更强调了情感的投入与分享，研究者与研究对象之间隔阂的消弭，整体性地深入到研究对象的文化经验中，体验艺术经验、感觉、情感、观念等。[③] 在艺术体验中，是"眼到"的观察和"感知"的参与感受再到"心到"的品味，"眼到"强调的是面对面视觉探索的结果，"感知"是在观察的基础上感受和理解，"心到"是心灵的互相交流，艺术的情感、联想、想象等因素只有在"入乎其内、出乎其外"的体验中才能被感知，"入"就是调动研究者主体的能动性，充分激活和发挥其想象力、感受力和感悟能力，调动其艺术经验和能力参与对象理解，"出"则是以反思性眼光进行分析、理解、判断，当然体验并非个人感性的自由发挥，而是受到对象的框定，"出"与"入"是体验与阐释的结合，在"直观"与"理性"的交融中，对研究对象做出"历史和逻辑相统一的解释"。[④] 通过参与体验，让一个个鲜活的艺术主体进入理解视阈，对民族艺术生活流中无数个瞬间的真实细腻生动感人的细节和印象的捕捉，对人们日常生活中具体的个人或集体身体化实践艺术的情景性呈现，揭示艺术活动中看、被看、相看的关系建构过程，以及种种因素的互动和各种人群的体验，最终达到对地方性审美经验和文化的理解。

----

① 何明等：《回到生活：关于艺术人类学学科发展问题的反思》，《文学评论》2006 年第 1 期。
② 邱春林等：《走向田野的艺术研究——中国艺术人类学学会成立大会纪实》，《民族艺术》2007 年第 1 期。
③ 何明：《直观与理性的交融——艺术民族志书写初论》，《广西民族大学学报》（哲学社会科学版），2007 年第 1 期。
④ 马翀炜等：《人类学田野调查的理论反思》，《思想战线》2005 年第 3 期。

　　旅游村寨展演艺术是艺术人类学学科对象之一——"为展演"的艺术，也是艺术人类学从时空遥远的"原始艺术"研究回到现实生活研究取向的体现，同时旅游展演艺术在村寨旅游场域各种力量互动中生成，艺术人类学为其进行建构过程、回到村落生活、关注艺术和文化及其不同参与主体的体验理解等研究提供了方法论和具体研究方法。

　　（二）旅游人类学

　　旅游人类学的研究是对旅游现象进行相关性即跨文化比较研究，它产生于旅游带来各种社会的文化的突然碰撞和变迁，主要研究内容是对旅游者和旅游自身的本质研究、旅游业的出现给东道国地区带来的社会、经济及文化的影响和研究。① 旅游展演艺术是旅游活动中的一个组成部分，它以其符号特征成为旅游中不同文化遭遇中的最前沿，再现了旅游所带来的文化涵化与变迁，也包含着旅游者在旅游中的特殊体验以及旅游中的权力关系，因此，旅游人类学成为对旅游展演艺术研究的重要理论视野。在旅游人类学研究中，对全球化的一种解构的地方特色使人们对"地方"的建构成为一种引人注目的发展趋势。② 虽然地方性并非专指乡村，但它却是一个非常重要的指示范畴，因为乡村可以被看做是与传统文化的发生、与环境建立起来的自然关系以及面对面社群（face to face community）的基本单位，它对地方性具有特殊的说明性。③ 从旅游视野来说，村落是旅游具体发生的拥有地方性文化资源的"地方"，而旅游是介乎于游客和东道主之间的结构性行为，④ 由此村落旅游直观地把"小地方"与"大社会"密切地联系在一起，成为展开旅游村寨文化研究的一个基点，村寨旅游是解读其中展演艺术的一个具体语境。

　　村落是一个地方人群生存的基本地理单元，也是地方文化的基本承载单元，村寨不仅是一个可以想象相对固定边界和地域的地理空间，更是一个鲜明的地域文化丛集。民族文化以村寨为基本生存单元，村寨既是民族文化的

① 张晓萍：《民族旅游的人类学透视》，昆明：云南大学出版社2005年版，第15～16页。
② 彭兆荣：《旅游人类学》，北京：民族出版社2004年版，第69页。
③ 彭兆荣：《旅游人类学》，北京：民族出版社2004年版，第76页。
④ 彭兆荣：《"东道主"与"游客"：一种现代性悖论的危险——旅游人类学的一种诠释》，《思想战线》2002年第6期。

载体又是民族文化的活态展示，在以地方拥有资源为基础的旅游中，村寨成为旅游实践的地方性文化单元。民族村寨旅游建基于民族和村寨两种不可分离的资源基础上，具有乡村旅游和民族旅游的复合特点，直观上，乡村从旅游空间上进行强调，民族从旅游内容上进行强调；事实上，乡村除了作为空间以外更是一种文化情结。在此，村寨和民族合二为一，成为旅游的文化核心。

基于各国乡村的概念及其所具有的不同特点，旅游界对乡村旅游有着不同的界定，国内的乡村旅游界定为"以农村社区为活动场所，以田园风光、森林景观、农业生产经营活动、乡村自然生态环境和社会文化风俗为吸引物，以都市居民为目标市场，以领略农村乡野风光、体验农事生产劳作、了解风土民俗和回归自然为旅游目的的一种旅游方式"。① 乡村旅游至少被强调优美的风景画、别致的风俗画两点，所以，乡村旅游与其说是在乡村的空间旅行，不如说是在乡村的概念中旅游，乡村魅力成为一种体认"价值"。② 马康纳（Mac Cannell）认为，当今的人对都市快速发展感到被异化，渴望过一种简单的自然生活，向往过上一种"简单和温柔"的生活。③ 因此，乡村旅游有度假休闲、田园观光、民俗文化感受等指向，它既是文化旅游又是自然旅游，村寨是乡土社会的"细胞"，地方性乡土文化与特色自然风景都生存于具体村落单元中，对乡村文化的追求与回味最终落实到村寨旅游中。

民族村寨不仅承担了乡村旅游的角色，而且也是民族旅游的载体。刘晖

---

① 王云才等：《乡村旅游规划原理与方法》，北京：科学出版社2006年版，第1页。根据Bernard Lane的界定，乡村旅游是：1）位于乡村地区；2）旅游活动是乡村的、与自然紧密相连，具有地方性和文化传统活动等乡村特点；3）规模是乡村的，即无论是建筑群还是居民点都是小规模的；4）社会结构和传统文化具有传统特征，变化较为缓慢，旅游活动常与当地居民家庭相联系，受当地控制；5）由于乡村自然、经济、历史环境和区位条件复杂多样，乡村旅游具有不同的类型。总体上乡村旅游的本质特征是旅游活动具有乡村性，乡村性指区别于城市、根植于乡村，与较低的人口密度、居住地分散和开阔的空间相联系。由此，乡村旅游的类型主要可分为：1）乡村自然风光旅游；2）农庄旅游或农场旅游；3）乡村民俗旅游和民族风情旅游；4）乡村遗产旅游；5）乡村意境体验旅游。参见同书第5~6页。
② 彭兆荣：《旅游人类学视野下的"乡村旅游"》，《广西民族学院学报》（哲学社会科学版）2005年第4期。
③ ［美］格雷本：《旅游、现代性与怀旧》，张晓萍等编译，《民族艺术研究》2003年第5期。

在对国内外学者有关民族旅游论述的梳理中，对民族旅游的特点进行了分析，认为民族旅游是"游客被异域具有独特的自然生态和民族文化的少数民族所吸引，而前往'异文化'人群中去体验异域风情的一种短暂旅游经历"。它的基本要件之一就是旅游目的地位于少数民族聚居区，旅游资源是特定的地域、特定的人群和特定的文化，民族是文化的民族，文化是民族的文化，旅游地的文化生态环境构筑了旅游发生地的场景。① 因此，民族旅游既是文化旅游又是自然旅游，其特征是民族性、神秘性、乡土性、参与性、原则性。② 刘晖还辨析了民族旅游、少数民族地区旅游、民族文化旅游、民俗旅游等概念的异同，认为民族旅游包含了民族文化旅游和民俗旅游的部分内容，③ 民族风情、民俗、文化旅游都可纳入到民族文化核心中。民族村寨既是民族文化的基本承载单元，又是典型的乡村，乡村旅游与生长着具有乡土气息的异文化旅游都在追求着一种共同的精神回归，就是"乡土情结"，这是乡村旅游需求的根本动机，④ 乡土情结在对自然纯朴、回归自然的生活向往中和对血缘、地缘构筑的地域观念的传统"家"的感受中，最终得以落实在民族村寨上，民族村寨承担了乡村旅游和民族文化旅游这样两种心理需求。沐村是傣雅人聚居的村落，其特殊的旅游资源决定了它既是乡村旅游又是民族旅游，是村寨型少数民族文化旅游，它的旅游内容就是沐村特定的自然风光和沐村"花腰傣"文化，旅游目的包含了对"花腰傣"文化的神秘性、独特性、差异性的求奇、求新、求异的体验和感受，对沐村异域风光的向往中蕴涵着的对乡村纯朴与远古的向往、回归生态自然等心理追求。

根据李伟的观点，我国民族旅游的表现形式主要有民族博物馆、民族文化村（民族风情园）、民族生态文化村（民族生态博物馆）几种，⑤ 生态博物馆或生态村是一种兴起于 20 世纪 70 年代的文化景观保护与展示方式，主要以特定地域某一特定群体的全部文化内涵为展示内容，以社区为基础，以就地保护的方式进行原生态下的"活态文化遗产"的保护和展示，强调社

① 刘晖:《旅游民族学》，北京：民族出版社 2006 年版，第 41 页。

② 刘晖:《旅游民族学》，北京：民族出版社 2006 年版，第 43～44 页。

③ 刘晖:《旅游民族学》，北京：民族出版社 2006 年版，第 41～42 页。

④ 黄洁:《从"乡土情结"角度谈乡村旅游开发》，《思想战线》2003 年第 5 期。

⑤ 李伟:《民族旅游地文化变迁与发展研究》，北京：民族出版社 2005 年版，第 121 页。

区性和活态文化,^① 而民族文化生态旅游村具有保护和开发民族文化的双重
目标,^② 自从 1995 年中国和挪威政府联合在贵州省六枝特区梭嘎乡创建了梭
嘎苗族生态博物馆后,很多就地开发旅游的村寨都采用了"生态村"的概
念,以强调文化的社区保留和旅游地文化的"自然"性,而众多的生态村
在各地现代化经济发展的诉求中,呈现出本末倒置地把文化作为手段而经济
发展摆在首位的开发模式。文化生态村建设的理念是自然地延续村落地方文
化,为突出沐村文化原生性和整合性,基于民族文化生态村的建设理念,沐
村被冠以"民族文化生态村",在政府经济发展诉求中与旅游携手共进,成
为"文化生态旅游村",无论对政府还是沐村人来说,其中旅游发展都成为
最根本的目的与追求。事实上,在民族文化传承保护的各种模式中,生活的
变迁使传统文化无所依附,通过旅游驱动部分再现和重构传统文化,可能是
一种合理的选择,因此各文化生态村几乎都是旅游开发村,无论其被命名
与否。

民族文化生态旅游村既是民族村寨旅游的基本定位也是旅游展演艺术研
究被框定的具体语境。民族村寨旅游使文化展演时空与当地人日常生活时空
交织并置,使展演艺术具有许多情景规定性和不同的运作逻辑。文化建构论
主张文化的存在不是一个不变的实体,它始终处于一种与他者对话的构成状
态中,是一种动态的过程,在对话中文化自身在不断的自我阐释中更新和变
化生成。民族村寨文化现代建构中的"传统文化再造"呈现出复杂态势,
在旅游场域更有各种力量的复杂交错与互动:有政府为了经济政治目的对传
统文化的征用,有村民自身文化需求,他们"从传统文化复兴中找到了自己
在一个开放世界中的表达方式,因而积极地投身于这项活动中。他们尽其所
能通过回忆、创造等方式,恢复重建自己的民族的传统文化",^③ 旅游场景
为族群文化的复制、再造、再生产提供了前所未有的场景和舞台,在文化复

---

① 刘晖:《旅游民族学》,北京:民族出版社 2006 年版,第 358 页。

② 李伟:《民族旅游地文化变迁与发展研究》,北京:民族出版社 2005 年版,第 124 页。根据李伟
的看法,文化生态村强调以下理念:文化遗产原状地保护和保存在其所属社区和环境中;尊重
各族文化;作为为将来而保护某种文化整体的手段,一切有关的文化记忆要原始地保留;地方
政府和当地居民参与。

③ 施惟达:《民族村寨文化的现代建构》,《民族艺术》2004 年第 4 期。

兴中民族身份、认同等建构得以再展现,①而"任何文化的表达与叙述都不能缺少两种根本的引力:族群与地域",② 旅游展演艺术在旅游场域作为一个地方性文化的表征,也被紧紧地吸附在族群与地域这两个引力中,民族村寨正是引力的整体,由此衍生出框定于其中的旅游艺术展演建构的独特过程,也提供了展演艺术合法化的基础。展演艺术建构的旅游场域中,他者不是一种隐性要素,而是从省略缺席转化为显性不可或缺的存在,他者在场决定了旅游展演艺术生成中的共性,地方性文化的差异决定了村寨旅游共性中的个性,也决定了旅游展演艺术建构中不同的地方性运作逻辑。

(三)文化再生产理论

旅游展演艺术是特定时期特定场景复杂关系互动中生成的文化,是一种文化再生产现象,法国社会学家布迪厄的文化再生产理论为其解读提供了分析方法。

布迪厄认为,人类学对文化研究中的整体式研究就是"把文化生产与再生产过程同它的产品当作一个研究的整体,并在这个整体的范围内,深入研究文化生产和再生产过程同文化产品之间活生生的互动关系,同时也研究文化生产和再生产过程的整体结构中,其内在构成因素之间的相互关系,研究文化产品的整体结构中,其内在诸构成因素之间的关系"。③ 说明文化再生产理论在人类学文化研究中过程性动态研究的方法意义。

布迪厄认为,当代社会以文化实践及其不断再生产作为整个社会的基本运作动力,文化在整个社会中具有优先性和决定性意义,因此,文化再生产成为他社会理论的核心观点,是其理论和方法的基础和出发点。他认为,人类文化的发展是社会结构和主体能动性之间的互动,不是彼此决定的关系,文化再生产理论就是用来说明社会文化的动态发展过程,一方面,文化通过不断的再生产维持自身平衡,使社会得以延续;另一方面,被再生产的不是一成不变的文化体系,而是既定时空中各种力量相互作用的结果。为了说明

---

① 杨慧:《民族旅游与族群认同、传统文化复兴及重建——云南民族旅游开发中的"族群"及其应用泛化的检讨》,《思想战线》2003 年第 1 期。

② 彭兆荣:《族性的认同与音乐的发生》,《中国音乐学》1999 年第 3 期。

③ 高宣扬:《布迪厄的社会理论》,上海:同济大学出版社 2004 年版,第 36~37 页。

文化结构和行动的关系，他用了"场域"和"惯习"两个概念。

布迪厄认为，"场域"是"在各种位置之间存在的客观关系的一个网络（network），或是一个构型（configuration）"。① 它有半自主性，有自己的行动主体和行为逻辑，但各个场域之间又互相关联、相互作用，正是在内部和外部的作用中，文化得到发展。"惯习"是由积累和沉积在行动者身上的一系列历史经验所构成，是外在于行动者的客观的共同的社会规则、价值在行动者身上的内化形式，是一种生成性图式和结构，人们据此进行行动和实践，它也时刻受到客观社会条件的制约和塑造。它一方面连接了结构的因素，在一定的结构中形成；另一方面又连接了行动者的主观性，作为"被结构的结构"和"生成结构的结构"的惯习的双重运作，② 则是在场域中进行的。

布迪厄的理论被认为是超越了主观、客观与宏观、微观二元对立的实践理论。该实践理论主要围绕着场域和惯习的关系展开，实践是惯习资本和场域相互作用的产物。他认为，从场域的角度分析必须考虑三个关系：这个场与权力场的关系；场内各种力量间的关系，其相互作用决定了场的变化发展；行动者的惯习。布迪厄正是以场域和惯习分析社会文化动态变迁的过程。社会是由各种场域组成的，各个场域都有自己的运作逻辑，行动者的生活实践就在场域空间运行，在其中依据自己的惯习争夺资源，从而维持或改变场域的结构。场域的灵魂是贯穿于社会关系中的力量对比及其实际的紧张状态，③ 场域既是一种结构性的存在，又是一种建构性的存在，具有随着结构关系的变化而不断进行自我调适的能力。场域为各种资本运作提供了空间，资本的运作又为场域的运作提供了动力，场域形塑惯习，惯习受场域制约，一个实践就是场域和惯习双向运作的过程，不论是场域和惯习都处于建构与被建构的双重运作过程中。总之，人类文化的每一次再生产，都是现实诸多交错复杂的力在各种不同的场域中通过惯习进行互动运行的，场域与惯

----

① ［法］布迪厄、［美］华康德：《实践与反思：反思社会学导引》，李猛等译，北京：中央编译出版社 2004 年版，第 133 页。

② 高宣扬：《当代社会理论》（下），北京：中国人民大学出版社 2005 年版，第 835 页。

③ 高宣扬：《布迪厄的社会理论》，上海：同济大学出版社 2004 年版，第 140 页。

习相互交织存在，发生制约与建构的关系，这种关系以文化实践为中介进行运作，惯习既是具有自律性和稳定性的，又在不同场域中具有新的发展可能和倾向。

布迪厄的文化再生产理论以法国 19 世纪的艺术（文学）为例阐述了"作为直接带有意义和价值的艺术品的经验，是与一种历史制度的两方面协调的结果，这两方面是文化习性和艺术场，它们互相造就"① 的观点，以此说明艺术不是所谓"自主性的"，而是受到现实"历史"关系的作用，因此，对艺术作品的内部分析和外部分析的非此即彼的选择都不能科学地理解作品，关键是要重建作品的"发生公式"，这样就回到了"艺术场"，而"艺术场"的概念可以帮助超越内部和外部阅读之间的二元对立，把结构和历史统一起来。

文化再生产是强调各种关系互动生成的"关系主义"主张，② 成为种种复杂力场中建构的展演艺术动态过程观察和分析的有力工具。旅游场域交织着各种复杂的关系及其互动，该场域的文化变迁尤其是艺术的变迁具有复杂的关系力场，因此，文化再生产理论对旅游背景中文化变迁具有说明和解释的效力，有学者在艺术人类学研究中即主张以场域作为描述和解释的坐标，以惯习作为研究与阐释的指归，③ 宗晓莲、方李莉等学者都以文化再生产为工具分析了旅游中的文化艺术变迁的问题，如宗晓莲通过场域分析各种力量在文化变迁中的作用，指出其合力决定了文化的发展方向。④ 旅游展演艺术的建构作为一种文化再生产，旅游实践就是其特殊的场域，展演艺术就在该场域在各参与主体的惯习互动中生成，与布迪厄主要描述同一社会及同一文化内不同阶层的惯习相类比，在文化交流图景中，各种文化边界的维持区分了各文化具有的不同"惯习"，在艺术场域，原有的生活风尚和爱好作为惯

---

① ［法］布迪厄：《艺术的法则：文学场的生成和结构》，刘晖译，北京：中央编译出版社 2001 年版，第 347 页。
② 朱国华：《权力的文化逻辑》，上海：上海三联书店 2004 年版，第 141 页。
③ 何明等：《从实践出发：开启艺术人类学研究的新视域》，《文史哲》2007 年第 3 期。
④ 宗晓莲：《布迪厄文化再生产理论对文化变迁研究的意义——以旅游开发背景下的民族文化变迁研究为例》，《广西民族学院学报》（哲学社会科学版）2002 年第 2 期。

习的重要表现，也是一种资本，① 因此，本研究把惯习概念主要地用来描述旅游场域"本地人"和游客他者不同的文化类别，指向以族群为主体的文化资本。

在村落旅游中，展演艺术被建构为地方性文化的表征，以地方性文化为特色，村落旅游使它更多地与本地人生活相连并生成意义，在自我与他者之间，他者更多的是一个同质的力量，而每个旅游地艺术展演的差异来自于它与地方生活的密切相连，以此为基点，村落文化生活作为其生成的框束性就充当了展演艺术生成中的文化惯习，而村落旅游语境中各种复杂的权力关系就构成了展演艺术的生成场域，展演艺术的生成就是各种权力关系互动的旅游场域与不同参与主体的惯习相互作用的过程。一方面，惯习通过社会条件或者调节作用将外部强制和可能性内在化，被建构为我们的认知、感知和行动的图式；另一方面，作为建构性的结构又赋予个人在社会世界各个领域的活动以一种形式和连续性，使行动者获得行动的意义和理由。② 旅游场域决定了本地人在艺术展演建构过程中的竞争性，本地人的惯习与旅游场域双向行进的过程正是村落旅游艺术展演的生成过程，是村落中文化再生产的过程，在此过程中，以往艺术文化实践中获得的惯习成为本地人建构中的结构性基础，这种惯习又不断地被旅游展演艺术所形塑，处在旅游场域的结构性生成之中，是历史的、变动的、开放的。布迪厄指出，文学和艺术场域具有其自身的自律性，它使用特殊的象征性符号系统从而以复杂的象征性模式呈现出它自身的运作逻辑。③ 在文化再生产中，存在着艺术场域与其他场域的渗透不断增强和艺术自身场域的特殊性也会不断增强这样两个发展方向，④ 在民族村寨艺术的再生产中，一方面，它成为与其他地方性艺术的一个区分和对其他人群的一个区隔；另一方面，在与其他场域渗透中在旅游场域向其他人群敞开，从而形成共享性和个性双重属性。

----

① 　高宣扬：《当代社会理论》（下），北京：中国人民大学出版社2005年版，第832页。
② 　朱国华：《权力的文化逻辑》，上海：上海三联书店2004年版，第166页。
③ 　高宣扬：《布迪厄的社会理论》，上海：同济大学出版社2004年版，第82页。
④ 　高宣扬：《布迪厄的社会理论》，上海：同济大学出版社2004年版，第84页。

三、路径与框架

旅游研究者认为旅游的内核是文化，民族旅游资源的核心内涵是少数民族文化，村寨旅游的核心则是以村寨聚落为单元的具体人群的文化，这种文化就是人类学语境中一个人群的全部生活方式，是历史地形成的"知识"和现实地展开着的"生活"的综合体。从人类学的角度研究民族艺术，要"从族群看艺术，再从艺术看族群"，① 旅游展演艺术被作为特定旅游场域中提供给游客看的"族群"艺术，要通过它"看族群"，就是要把它与旅游地特定族群文化相联系。在少数民族村寨中，文化的未分化程度高，文化具有很强的整合性，体现为村民共享的民俗。民俗就是民俗文化生活，具有民俗文化和民俗生活双重体现，是地方人群生活的整体。② 民俗不只是停留在文本上的文化遗产，或是存在于人们头脑中的美好回忆，它更是现实的文化操演，是贯穿渗透于每一个俗民日常生活中的"活"的文化。③ 村落是民俗文化传承的生活空间，村落文化呈现为整体的民俗文化生活，民俗是历史知识与传统，也是一系列生活方式的具体形态，是实践着的生活。在村落文化与展演艺术的关系中，沐村展演艺术以村落"花腰傣"文化为特色，而在沐村地方性文化中，地方性文化并非是完整和无差异的，当代文化交流使沐村文化生活处于一种更加多元流动的发展状态中，所以，"花腰傣"文化指向沐村传统民俗文化生活，这些文化或是以深层文化心理形式影响着村人生活，或是仍呈现为生活态，与沐村人当下的生活实践都有着不可割断的关联，在旅游中，"地方"边界主要地在游客与本地人之间构筑，沐村文化被想象为完整的地方性文化。本书中用民俗学中的"民俗生活"概念特指沐村人历史上和当下正在实践着的生活方式，是一个既有历时又有共时、既有符号系统又有生活过程的综合体，它在旅游者的文化参照中被想象为具有独

---

① 徐新建：《节日、礼仪、乐舞与族群凝聚》，《民族艺术》1997 年第 3 期。
② 高丙中：《民俗文化与民俗生活》，北京：中国社会科学出版社 1994 年版，第 169 页。
③ 张跃：《中国民族村寨研究》，昆明：云南大学出版社 2004 年版，第 269 页。

特的差异性。

在旅游消费中，地方村落旅游消费符号的建构和生产与本地生活密切相关，"全球性力量并没有超越文化，而实际上，它正是通过文化在现代社会发挥作用的"。① 在全球和地方互动中，全球化是一个常量，以普遍的均质为特点，二者互动中的文化再生产主要与地方性文化发生复杂关联，正是地方性文化的差异作为复杂的变量形成了互动过程和结果的独特个性。因此，本研究在艺术人类学对艺术整体观和"过程"的强调中考察沐村旅游展演艺术的建构生成过程，以布迪厄的文化再生产理论为指导，以沐村人的"生活"为"惯习"，以沐村旅游开发为具体场域，阐述各种权力互动中展演艺术的"再生产"过程，阐述作为"花腰傣艺术"的"传统"是怎样在特定时期根据现实需要得以"发明"的，民族传统文化生活作为惯习是如何参与旅游场域的互动以生成建构展演艺术的。

旅游展演艺术建构包括文本建构、文本呈现以及意义生成等几个主要环节，在此过程中，与沐村生活发生着切实的互动关联，因此，本书的分析路径是以展演艺术为对象，以展演艺术建构为主线，以沐村"生活"与"舞台"艺术展演关系为核心，纵向呈现艺术建构过程，横向描述艺术建构中的互动关系，通过具体场景呈现参与展演建构的民间、官方和他者等关系互动中沐村旅游艺术展演建构生成的运作逻辑。

全书共由六个部分组成。"导论"部分首先对选题的学术价值和现实意义进行阐述，继而通过相关学科领域对研究对象的关注和对研究状况的简要梳理，指出：对旅游展演艺术的研究转换到旅游和艺术人类学研究交叉的理论视野，以及艺术人类学方法的运用将会对它作出富有阐释力的解释。布迪厄的文化再生产理论有益于对艺术建构过程进行微观考察，对展演艺术的"发明"作出符合自身文化和实践逻辑的说明，在此基础上提出呈现艺术建构过程与聚焦于"生活"与"舞台"关系的纵横交错的具体分析路径。

第一章对沐村历史上和当下的文化生活及其相关特点在口传、田野、文献三方面结合中进行建构性描述，呈现展演艺术研究中重要的"生活"关系面。其中突出沐村文化的地方特性与价值取向，为揭示展演艺术建构中的

① ［英］克朗：《文化地理学》，杨淑华等译，南京：南京大学出版社 2003 年版，第 202 页。

地方文化逻辑作铺垫。同时呈现出旅游开发不但改变了沐村的文化生活空间，而且推助形成了沐村生活和舞台空间并存的格局，成为村落中展演关系生成的基础。笔者所要强调的是沐村旅游展演艺术生存于沐村生活与舞台空间之间。

第二章主要阐述展演艺术文本的生成。指出在村落旅游场域中，展演艺术是为了满足他者的凝视而进行的地方性文化表征，因此，艺术文本建构是以地方性"花腰傣"文化生活为基础，在自我和他者互动中的双向建构与双重视阈的存在。与沐村旅游开发的主导型相适应，拥有各种资源的官方成为文本建构的主要力量。在此基础上，以旅游场域他者的凝视为动力，以本文化精英的跨文化共享为中介，以沐村"花腰傣"文化为指向，以沐村复合文化生活为逻辑，展演艺术文本建构为"花腰傣"文化表征。同时，对以沐村"花腰傣"文化为指向的文本符号建构采用的四种途径和其中的具体方式进行了详细分析，呈现沐村旅游展演艺术文本从生活向舞台的转换生成过程，并在自我与他者视阈的融合中从文化符号转化为"艺术"。

第三章描述艺术展演过程。展演艺术作为在沐村生活中嵌入的新的艺术实践活动，村落的日常生活时空被重置，官方、村民、游客等不同主体在展演艺术与村落生活间进行着互动，在日常展演和节庆展演中以展演与村民生活的不同关联进行着不同角色的建构。日常展演中官方是隐性在场，展演主要由村民与游客的关系构成，村民出入于展演与生活中，其中充满了个体与文化的互动。节日展演中官方的出场使展演时空更多地逸出村落日常生活，村民与游客的关系构成被打破并转化到与官方相对，带来村民对舞台展演体验的滑移，其日常生活中的角色与展演中的角色承担之间形成某种张力。艺术文本对沐村文化生活的表征通过展演实现情景性转化，文本以片断形式叙述沐村生活的同时实现其商品化。

第四章阐述展演艺术的接受。艺术文本在展演中被观众接受，村落成为对其理解的框束性语境，而展演艺术则对沐村生活具有索引性，对展演艺术的理解在与沐村生活的互证中进行，是沐村生活与舞台展演互文关系的实现。不同主体以沐村"花腰傣"生活为参照，在互动协商中对文本和展演活动进行感受和理解。在文本解读中，村民与游客都在沐村文化生活和舞台展演间穿梭，而基于各自不同的文化图式体现出村民的文化直觉和自觉、游客的真实和想象的不同交织。展演活动与沐村生活的互文中，市场、艺术、文化、展演活动等不同层面生成主客双方既相连又相异的功能性意义。

　　最后结论部分在展演艺术建构过程分析基础上对沐村旅游展演艺术进行整体描述。结论认为，展演艺术不是纯文本性存在，村落旅游场域决定了其建构性，其建构过程与村民文化生活紧密相连：它生成于生活向舞台的转化、呈现于生活与舞台的互动、理解于生活与舞台的互文。其中，官方、民间、游客的互动一方面形成展演与沐村地方生活的互文性以及由此生成的"花腰傣"特色；另一方面成为大众旅游消费文化，体现了大众消费文化与地方性文化互动中的共生关系。因此，沐村旅游展演艺术具有地方"花腰傣"文化和大众消费文化双重面孔，是在两者基础上生成又进行了超越的"杂糅"（hybridity）的第三性文化，呈现了全球文化交流中地方性艺术的生存状况和发展趋势。

第一章 沐村生活与舞台展演

一、多元复合的沐村文化

民族文化在历史发展中进行着保持自我与更新自我的运动，云南民族文化呈现出本土性与交融性、复合性特点。现实的沐村文化生活既有傣雅人历史传统文化，也包容了多种文化尤其是主流文化因素，无论是作为一种"知识"还是"生活"，都呈现出一种多元复合的特征。对沐村传统历史文化即"花腰傣"文化的强调来自于特定时期的文化建构。

对"花腰傣"文化的研究，历史上被包含在对同源族群百越人的研究或是对傣族文化的整体描述中，散见于各种文献。据记载，1942 年，西南联大原天津南开大学的邢公畹教授来到漠沙搞社会人文调查，写出了新平第一部风情民俗小说《红河之月》，对"花腰傣"生活进行了反映；朱德普在傣族研究中对红河流域的"花腰傣"也有较多关注。[1] 和其他地方文化一样，在旅游开发前，沐村及其"花腰傣"历史文化主要以民间口述史和行为叙事的方式传承和延续。在村落社会"成文的历史"、"不成文的历史"以及"建构的历史"中，[2] 作为旅游资源的"花腰傣"文化被人们在民间叙事基础上参阅不同的文献资料进行"建构"，挖掘整理成相对固定的文本，凝固了口述史的流动性，与民间体化实践（incorporating）与刻写实践（inscribing）相互补充，[3] 共同述说着"花腰傣"人的历史与文化。

张公瑾认为："傣学界对怒江流域、澜沧江流域的傣文化研究较多，研究成果也比较丰富，对红河流域新平、元江等地'花腰傣'的研究却显得不够，这不能不说在傣文化的研究中是个缺憾。现在大家都来关注'花腰傣'，这是件好事。"[4] 近几年在政府和学界的共同努力下，"花腰傣"文化逐渐走进他者的视野。目前综合性的成果主要有陶贵学主编的三本著作：《中国云南花腰傣

---

[1] 胡阳全：《近十年国内傣族研究》，《云南民族学院学报》（哲学社会科学版）2002 年第 6 期。

[2] 刘朝晖：《村落社会研究与民族志方法》，《民族研究》2005 年第 3 期。

[3] ［美］康纳顿：《社会如何记忆》，纳日碧力戈译，上海：人民出版社 2000 年版。

[4] 陶贵学：《新平花腰傣文化大观·序二》，北京：民族出版社 2004 年版，第 3 页。

文化国际学术研讨会文集》（北京：民族出版社 2003 年版），辑录了 2001 年 2
月召开的"中国云南新平花腰傣文化国际学术研讨会"的参会论文，著者对
"花腰傣"的历史、经济、风俗、宗教、服饰艺术文化的特征及其开发利用等
问题进行了深入的探讨，会议的召开和文集的出版被认为标志着"花腰傣"
文化走向世界。《新平花腰傣文化大观》（北京：民族出版社 2004 年版），是
"一部比较全面、系统地介绍'花腰傣'文化的论著。书中的有些内容，有些
观点虽然还可以商榷，但不失为研究红河流域傣族文化的又一新成果。它从
'花腰傣'的历史渊源、社会制度、宗教信仰、风俗习惯、家庭伦理道德、天
文历法、语言文字、文学艺术、教育医药、建筑名胜等方面，对这一特定地域
内傣族的一个特殊群体的文化做了较为系统的介绍，并以图文并茂的形式展示
出来，编著者为此作过细致的调查和深入的研究，并进行了合理的编排，重点
突出，面面俱到，是一部值得一读的好书"。①该著作对"花腰傣"文化进行了
全方位的描述，力图呈现"花腰傣"文化整体面貌；对一种文化事象的描述
既有历时性的追溯，也有当下性的呈现，在"花腰傣"文化研究中具有填补
空白的意义。《中国云南·花腰傣民间文学作品集》（北京：中国民族摄影艺
术出版社 2007 年版）则多方面呈现了"花腰傣"民间口传文化的风貌，是研
究"花腰傣"文化的珍贵的历史资料。随着旅游开发中"花腰傣"知名度的
提高，学者以论文方式发表了不少研究成果，涉及"花腰傣"文化生活的宗
教、服饰、旅游开发、艺术、饮食等方面，在相关著作中也有了线索式勾勒和
点的呈现，如刀承华、蔡荣男主编的《傣族文化史》（昆明：云南民族出版社
2005 年版）里兼顾到了散居在各地的傣族，其中对"花腰傣"的服饰、饮食、
土掌房、"猫猫舞"略有提及，对植物采集中的食花习俗以及"猫猫舞"的描
述是以上述两部作品为基础的研究。②而熊术新等人的《中国云南两个少数民
族村落影像民俗志：民俗文化在传播中的意义蜕变》（昆明：云南大学出版社
2007 年版）则把沐村作为研究的一个点，对沐村民俗文化的变迁进行了"影
像"描述。

---

① 陶贵学：《新平花腰傣文化大观·序二》，北京：民族出版社 2004 年版，第 3 页。
② 刀承华等：《傣族文化史》，昆明：云南民族出版社 2005 年版，第 94、316 页。书中对"花腰傣"
　相关文化的描述采用《中国云南花腰傣文化国际学术研讨会文集》中王国祥和杨树林的观点。

本书在沐村田野调查的基础上，结合学界建构的"花腰傣"文化，在历史和现实两方面对沐村文化生活进行描述。沐村拥有"典型的""花腰傣"文化，既涵盖了本地傣族文化，又呈现特定"沐村"的现实文化情景，是以沐村为"点"的"花腰傣"文化描述。

在半个多世纪的国家力量不同时期对民族文化改造中，少数民族村寨文化发生着急剧变迁，对"花腰傣"文化，郑晓云总体上进行了一个轮廓性勾勒和初步的定位，认为其传统文化仍然保留得较为完好，而又发生了一些改变，[①] 沐村文化呈现出复合多元的格局。

中国境内红河流域居住着约 15 万傣族，人口约占中国傣族人口的 13%，其中以红河上游的新平彝族傣族自治县和元江两县最多，人口占红河流域傣族的 50% 以上，而新平县境内人口最为集中，约有 5 万人，聚居在从戛洒江到漠沙江，长约 70 公里、宽约 7 公里、面积约 500 平方公里的范围内，是红河沿岸各县区中傣族人口聚居最多的县之一。新平傣族有"傣雅"、"傣卡"、"傣洒"三种自称，因其妇女服饰都有彩带缠绕腰部筒裙的特点被称为"花腰傣"。三种自称既反映了他们居住的地域环境特点，也是不同分支的标志。"傣雅"居住在漠沙，"漠沙"古代傣语称为"勐雅"，意思是"迁徙中遗留下来的人居住的地方"，"傣雅"即居住在勐雅的傣家人，是傣族在迁徙过程中遗留下来的那部分人；"戛洒"古代傣语称"勐洒"，"洒"为"沙滩"之意，"傣洒"意为"居住在江畔沙滩边的傣家人"，主要分布于戛洒、水塘；"傣卡"的"卡"古代泛指除傣族外的其他民族，"傣卡"即为由其他民族演变而来的傣家人，主要分布在漠沙镇的鱼塘、龙河、西尼及腰街镇的曼蚌、峨德、磨刀等地。

通过大量考古发现、史料记载、口碑传说以及今天仍遗留于"花腰傣"中的古风古俗、宗教信仰、服饰特征等，目前学术界的研究成果表明："花腰傣"为古百越族群的一支后裔，与古滇王国有着深远的渊源关系。[②] 从"傣雅"一词的傣语含意及有关勐雅傣族迁徙的传说中，可以证实"花腰傣"先

---

① 郑晓云：《"花腰傣"的文化及其发展》，《云南社会科学》2001 年第 2 期。

② 陶贵学：《中国云南新平花腰傣文化国际研讨会文集》，北京：民族出版社 2003 年版，第 1～58 页、第 140～151 页。

民曾经历过一次集体迁徙的艰辛历程。在春秋战国至西汉时期，随着古滇国的兴盛与消亡，其中的一支贵族后裔相继迁入红河谷地，当时其先遣者提前一两天向前开路，但这支不知道"蕉倒抽芽"现象的贵族后裔看到先遣者开路砍倒的芭蕉林已抽出寸许新芽，认为已无法赶上先遣者，又看到那里美丽富饶，水源丰富，地势平缓，土地肥沃，便在那里生活下来，成了迁徙中被遗留下来的傣雅人。此后生活在这里的人们在历史发展中经历了各民族间的文化融合，在哀牢山下的红河岸边，孕育了具有贵族文化特征的中国傣民族早期文化，并在封闭的自然环境中将它完整地保留了下来。①

沐村所在的红河谷地，河岸平坦，不如周围群山引人注目，那一座座大大小小远远近近的山，被削去一块块皮，在树林、甘蔗、山草、橘子树、芭蕉、香蕉林的不同色彩变换组合中呈现出特有的色块，贴在被人们修成形状不一、高低起伏、坡度大部分是四十度以上的山坡上。红河沿岸是平整的稻田、甘蔗地以及热带果树林。

在斜坡上的漠沙小镇，当地人叫它托竜，从那里可以看到漠沙江由北向南延伸。从托竜往东南出去三公里的地方，是新平漠沙糖厂所在地，当地人叫漠沙或鹤村，一直往前走就到达元江县。往左拐向西北方向顺着一条水泥路行进三公里左右，就是沐村。水泥路是为了适应沐村的旅游开发的需要近几年修建的，从糖厂到沐村之间有鹤村、丙村、德村、能村几个村子，河村小学和村委会设在能村，离沐村百米之遥的上边是小沐村和竜村两个村子。在漠沙江流域这个狭长的小坝子中，村子分布的密度很高。

"沐村"的傣语意思是"大家相聚在一起"，传说这里是傣族青年男女赶花街谈情说爱的地方，是花街节的发源地之一。村落前傍红河上游漠沙江，后依巍巍哀牢山，是红河上游傣族最典型的古村落之一，村中有从山涧流下的泉水环绕在一幢幢土掌房前后，村落掩映在各种热带植物的绿色中。传说这里曾是傣王宫所在地，是红河上游青铜文化遗址之一。1987年，在距沐村约一公里的红河东岸尼村河畔出土了东周时期文物——羊角编钟，成为研究"花腰傣"历史及古滇文化的重要依据之一。距沐村五百余米的古渡口，是红河在漠沙段最重要的古渡口之一，历史上从磨盘山沿尼村河而下过江必经过此渡

---

① 参见陶贵学《新平花腰傣文化大观》一书中的相关描述，北京：民族出版社2004年版。

口，往返商客常落脚于沐村，使沐村成为"花腰傣"与外界接触的窗口，①沐村被政府选为旅游开发地主要与其花街发源地传说的文化地位有关。

图 1-1 远望沐村

村里老人说傣雅从元江来，傣洒从楚雄、大理来，傣卡则从玉溪来。沐村居民主要有四姓：刀、白、陶、杨，最早来到村子的是白姓，陶家从元江过来，现在村里只有五六家，杨家从勒村过来，刀家有从勒村过来的，有从塘村下来的，是不同的刀姓，后和杨家联姻，刀、杨两家在新中国成立前势力大，都有地主。村里现在杨家最多，然后是白家、刀家和陶家。据说最早的寨子在村后路上大芒果树那里，共有四家人，但那里风水不好，人不"发"，村子发展不到二十人就会死人，后来搬到现在的地方才好了。五代以前，因为分家族，人死时如果不是本家族的人就无人相帮，因此，杨家人上门到白家变成白家人，而陶家就"拉一条狗"举行结亲仪式后合并于白家，现在陶白两家在办丧事时是按"一个姓"即作为一家来办，发送死者时陶家顺水走，杨、白、刀三家跟着太阳去，从丧者灵魂的发送方向似乎可以判断各个家族来到沐村的方向。刀家"自己整"，亲戚主要在附近的村里。杨、白、陶三家联姻，杨家势力大，据说是因为人死时不烧，因此后代聪明，目前村里经济条件较好、有一定地位的人家中杨姓较多，如村主任、组长、副组长、老师、服饰生意较好的人家等都是杨姓的人，盖起钢筋混凝土砖房的五家中有三家是杨姓的。

---

① 参见陶贵学《新平花腰傣文化大观》，北京：民族出版社 2004 年版。

据老人说，沐村四周原来有土砌成的两米多高的寨墙，源于蟒蛇与虎崇拜的传说，寨墙上都有蛇虎的印记，祭寨神就是通过将巨蛇"以旧换新"的形式来保佑村寨。[①] 寨门在村子西北面和东面，20世纪80年代后还留存，后来村人建房子伸出去，就把寨门拆了。寨门分为阳门和阴门，阳门是平时人们出入村落的主要通道，阴门则是死人和叫魂时送鬼出去的接口，从哪个门出就从哪个门回来，不能随便进出。二月份第一个属牛日要祭寨门，正月十六拿酒、鸡、鸭、猪献"匹色"，[②] 用红、黑、白三色线把三根公鸡尾巴捆在"达辽"上，再把"达辽"挂在门上，[③] 用叶子包着饭、肉放在门上，"保佑全村平安，牛羊马太阳落山回来，东西不打失"，祭完寨门"才可以做活计"。沐村的自然格局随着时间的流逝发生着变化，老人们记忆中的寨墙已经没有了踪影，原来从村前东南面江边出入的村道现已改为从村边西南面进入，通过新路与附近其他几个村子连在一起。

"花腰傣"人居住的村落大多在哀牢山下的缓坡地带，形成"背靠哀牢山、前依红河水"的村落格局。根据学者研究和文献记载，"花腰傣"人的居住类型第一种是三角落地型，以三颗支撑架支成三脚架为特征，简易、通风、阴凉、防潮湿。第二种是杆栏式两面坡形竹楼，以四颗中柱和八颗边柱构成骨架搭建成"人"字形的双面坡屋面，用山茅草覆盖，多为纯木结构和土木结构，[④] 较完整地保留了傣族远古先民居住文化的固有特征。最典型的是平顶二层楼"土掌房"，整个红河流域使用土掌房最典型的民族是彝族，从"花腰傣"人房屋建筑的发展来看，应该是现在的土掌房受到了彝族的影响又进行了适合自己的改良，彝族的半山坡居住条件使土掌房一般是以天井为界形成上下层错落，并主要以天井作为房屋的采光通道，而"花腰傣"人的居住地由于地势相对平坦，二层之间是平地升起，错落不多，形成一种整齐方正的特点，且由于热带散热透风和采光的需求，每一层的四个墙面上开设的窗户较多，形成整齐划一的三五个并排的方形窗口，使两层方正的楼房更突出敦厚稳

---

① 陶贵学：《新平花腰傣文化大观》，北京：民族出版社2004年版，第16页。
② "匹色"就是寨神。
③ "达辽"是傣族用竹子编制的与鬼神沟通用于避邪的祭器。
④ 陶贵学：《新平花腰傣文化大观》，北京：民族出版社2004年版，第90页。

重的感觉。整个村寨往往是户户连排，排排分布，就像平整的梯田一样。不仅建筑改观了，而且从使用来说，不同于其他傣族的干栏式建筑以楼上为主要居住空间的特点，沐村傣族像其他民族使用土掌房一样，以楼下为主要居住空间，客厅和房主的卧室一般设在一楼。

最早的三角落地式建筑在田间地头还留着影子，用于储存干稻草或临时看护庄稼。杆栏式两面坡型竹楼在沐村附近没有遗存，据说只是在新中国成立初期戛洒、水塘一代有存留。① 沐村现在的房子绝大多数是土掌房，连排布置得较整齐，正如他们歌里所唱的："走进下巷通上巷，走到上巷还有巷。"②

图1-2　沐村土掌房

纵横相连的村巷把村子变成了方形，加上方形的房屋，远望就像一层层黄色梯田，而走街串巷的水流环绕人家房前屋后，朴实敦厚的土楼由此获得了灵性，敦厚与灵性也渗透在其他文化中。现在沐村已有五家建起了水泥房，结构布局和以前大不相同，黄色中增添了白色，据说政府从旅游开发的角度告诉过村民不要建盖此类房子，要保留以前的样式，但村民说："我们也要住好房子。"

沐村生活第一印象

在村里，早上我总是在鸭鹅的大声叫嚷中醒来，它们只有早晚才出现在村中路上，身子摆动得如同在舞蹈。鸭鹅在村人的生活中是留有深刻印象的，村民们用它们的叫声编成的对白是：母鸭说"打打打"，公鸭说"杀杀杀"，大鹅说"告它，告它。"早晨也听到远近鸡

---

① 陶贵学：《新平花腰傣文化大观》，北京：民族出版社2004年版，第90页。

② 陶贵学：《中国云南·花腰傣民间文学作品集》，北京：中国民族摄影艺术出版社2007年版，第452页。

鸣声此起彼伏，鸟儿清脆婉转地歌唱。鸟儿是这里的精灵，阳光铺洒时，它们总是欢快地鸣叫着，尽情地嬉闹玩耍。燕子唧唧地叫着，漫天飞舞在早晚微红的天空中，那样小巧轻盈，偶一抬头就看到它们在电线上站了一排排，如同繁复的音符。

图1-3　村中大道与小巷

沿着村中大道穿行，两边是连排布局的房屋，穿过与大道垂直的小巷，可以走遍村里所有的人家，用脚步似乎就可以编织出村落的图案，整齐、朴实。渠中泉水经过钢管引渡流出，环绕各家房前屋后，增加了村庄的灵性。水泥砌成的几个过水池分散于村中，是夏天村人冲凉的地方。路旁人家正在门前地里摆弄着碧绿的菜蔬。村庄总是那样宁静，一座座方正的碉式土掌房透出自然与温馨。太阳落山时，劳作的村人扛着锄、背着箩、挑着担、背着喷雾器陆续归来，走向自家院门，外出归来的拖拉机、摩托车从身边一响而过。很少看到村民行色匆匆的样子，他们总是不动声色地生活和劳作，似乎一切都已经默契了。天黑之后，路上很少有行人，各家的屋门都关了，村子浸入一片黑暗中，星星显得很繁、很亮，蛙虫鸣叫声此起彼伏，夜空映衬着几棵高高的槟榔树婀娜的身影。房子的建盖不求多规整，显得较随意，木头和梁柱有点歪斜，有些是江水上涨时顺江流下时捞起来用的，房顶上垫的竹子也粗细不匀，窗户有十来个，不一定开得四方匀称，用木条挡着。家中一般陈设简单，在生活的不富裕中显出朴素、整洁。门上、屋内外、墙上墙角，不时会看到挂着、插着竹木的东西和香，那是人们对和超自然界的沟通，是对人们平安富贵的祈求和希望。

村子似睡非睡时，正是人们在某个角落看着电视或喝着小酒，叽叽咕咕用傣语聊着村里或家里的事的时候。专家说"花腰傣"语有六个舒声调和四个入声调，① 各声调之间的调值差距较小，听起来不如汉语那样抑扬顿挫，感觉平缓、柔和，人们表达感情最强烈的方式是说："呃——"，慢慢的，从低音滑升到高音再降落。每次听到这种感叹时，似乎看到他们在空中划出了一道弧线。他们总是讲着自己的语言，如果是稍熟一点的人，讲完话后就会立刻用汉语告诉我大概意思。有时夜深一两点钟还能听到窗外的脚步声、摩托车声，大哥说经常会有的，是喝酒的人回来了。喝酒是村里人一种重要的生活方式，它的含义是吃饭、玩、热闹、聊天等。

我进入村子的当天晚上，就置身于他们熟知的关系中。女主人向我称呼她丈夫是"你大哥"，同样的，我就有了"大嫂"。吃饭的时间一般较长，大哥总要自斟自饮上一两小杯，有时大嫂也喝，来的人不论男女老少——只要十三四岁以上，都会被邀请喝上一杯，后来的人一般都会加入已经进行了很长时间的饭桌。大嫂说吃着吃着人会越来越多呢，果然，在后来的好些日子里，吃饭时人会不断增加，时间也会不断延长。晚上快睡觉时，常有人打电话叫出去喝酒，其实没有什么特别的理由，有人在喝酒，就可以邀约另外的人加入。路过一家门口时，招呼的方式也许就是："喝着呢，进来嘛。"也就在到达村子的那天晚上，吃晚饭时，有人中间进来喝酒，我就有了"二叔"，第二天又有了"隔壁二叔"。在以后的日子里，通过喝酒的方式我有了"杨大姐"、"杨大哥"、"陶大哥"以及不同的"大嫂"们、"大妈"们。大哥常常把着酒杯或酒瓶似是自语又好像是对旁边的人说："糯米饭、干黄鳝、腌鸭蛋、二两小酒天天干是呢。""是呢"常常放在一句话后边作总结，进行强调，也含有"说"的意思。我印象最

---

① 陶贵学：《新平花腰傣文化大观》，北京：民族出版社2004年版，第40页。"花腰傣"语有上阴平、下阴平、阳平、阴上、阳上、阴去六个舒声调；长阴入、短阴入、长阳入、短阳入四个入声调。

深的是年前杀猪的日子，他们说主人家煮好饭菜哪里都不能去，要在家里等着随时有人来吃。我一天下午一共吃了五家人的杀猪饭，在每一家都是编了很多理由才得以逃出来。在年后"扯粑粑"的日子里，① 我又被邀去好几家吃了饭。他们慢条斯理地喝着聊着，他们的聊天活动是伴着饮酒吃菜进行的，一吃就是几个小时。过年前一天，一个老人在酒桌几上对我说："杀猪吃肉，一年好好过几天就得了，其他有活干活，有病等死，农民生活就是这个样子。"并不停地问"三农"问题，说再过十年我们农民的日子应该好过吧？后来我"逃"到杨主任家，他们那里已经喝了很久了。席间几个人不停地用手机和别人通话，对方是他们几个人的熟人，手机在他们手里传来传去，这个说了那个说，故意大声地骂着说"你不来的话我也不来"之类的话。之后他们几个老战友又去勒村一个战友家接着喝。人们不停地轮着劝着喝着，只听见几个人喊"弟兄"，又见两个人抱在一起，有一次还故意在对方脸上亲了一下。这时，他们的温和节制中又增添了几分热情。自然，沐村生活中也有波澜。过年前打扫公共卫生的那天，105 户村民来了 60 多户，还有一些人没有出工，下午用喇叭一喊又来了 20 多户。据说以前有人家的槟榔树被人砍了十几棵，没砍断，一棵槟榔起码结三团的果实，一团五十元左右，损失大。"官们"客观上享有一些村民们没有的社会资源，村民对他们都抱有一些想象（不好的想象，如得了多少好处之类）。村组长去版纳游玩期间有一户人家的苦瓜被别人拔了一亩多。现在苦瓜价格好，有人会去偷苦瓜，晚上种苦瓜的人家要有人到地里守着，为了防蚊虫叮咬，还搭上蚊帐来守夜。村民们的生活就像他们世代相依的漠沙江一样，看似平静的表面也有它该有的波澜。

傣雅人居住的漠沙镇位于新平县城西南面，距县城 67 公里，总面积 492 平方公里，人口以傣族、彝族为主，总人口 37 000 人，其中傣族占总人口的

---

① "扯粑粑"是当地的一个重要习俗，嫁出去的姑娘三年内过年时初一至十几的时间里要带着糯米粉回娘家做汤圆吃，一桌必有一碗汤圆。

64.2%。境内最高海拔2 250米，最低海拔422米，坝区平均气温24℃，山区14℃，属于河谷亚热带气候。主要有稻谷、玉米、甘蔗、香蕉、荔枝、芒果、烤烟等作物。沐村所属的村委会地处漠沙集镇北面，漠沙江西岸，距集镇5公里，包括14个自然村，辖16个村民小组，有651户，2 772人，有傣族、汉族、彝族等民族，主体民族傣族人口占总人口的99.7%，全村总面积32平方公里，最高海拔470米，最低海拔430米，耕地面积有3 309亩，其中水田面积1 810亩，具有丰富的热区资源和水资源，素有热坝"天然温室"之称。①"花腰傣"人作为百越人的后裔，有近水而居的习俗，在戛洒、漠沙、元江一带的河谷地带，气候炎热、雨量充沛，适宜农耕，稻子一年两熟，在种植过程中，保留着较为完整的农耕稻作文化。据说在唐代"花腰傣"人的农耕历史就有记录，②在其生产过程中的择地、犁田、放水、耙田、撒种、育秧、拔秧、薅秧、排灌、收割、堆谷、打谷、入仓等一系列生产环节中保留着山地农耕稻作文化习俗：如犁田时请雅摩献祭念咒，泡田时对水神"匹喃"敬重的"开水"仪式，要宰猪、鸡、鸭献祭，栽秧时要举行"开秧门"仪式，在田边杀鸡献田神，嫁出去的姑娘有不落夫家的习俗，头三年住在娘家，每逢开秧门这一天，要约上一群女伴去婆家帮忙栽秧。谷子收割入仓时，要叫谷魂，把散落在田间地头的谷魂喊回家，让粮仓年年富足，如《请客调》里说的那样："那金灿灿的稻谷，满得从楼上淌到楼下。"③而《回门调》里姑娘母亲对亲家说自己的女儿"亲家得牛一样憨儿媳去，手根不会织布，手尖不会出花，两指不会持针作花样，缝脚不正，绣路不贴。不会转背进纺架纺纱，不会进织花布架，不会上织布机织布；两手不会用梭，四指不会编篾笆。……两指不会分秧，五指不会插秧；两指不会拔稻草，四指不会除杂草。不会带秧笭捉黄鳝，不会挑笭掏竹笋。"④《卡星》（哭丧调）里说"黄谷黄得像金子，红米红得像

---

① 资料来源于沐村所属的村委会介绍。
② 陶贵学：《新平花腰傣文化大观》，北京：民族出版社2004年版，第120页。
③ 陶贵学：《中国云南·花腰傣民间文学作品集》，北京：中国民族摄影艺术出版社2007年版，第442页。
④ 陶贵学：《中国云南·花腰傣民间文学作品集》，北京：中国民族摄影艺术出版社2007年版，第399～400页。

火红"，①《逼婚调》里爹妈说"不会爱女儿如珍珠，不会疼女儿如秧苗"。女儿发誓说"要是我爱的人不死，我愿等三十年秧苗青，五十年谷穗黄"等等，这些都体现了民间口传方式对传统农耕稻作文化的深刻记忆。与此相连的是对水上生计的重视。一是捕鱼。有摸拿、网捕、笼捕、药捕、砍鱼、钩鱼等不同方式，其中妇女用笼子捉泥鳅和鳝鱼成为与众不同的生计劳作方式。二是捞木。在江河涨水的季节，江上游的树木被冲到江里就会随着水流漂到下游，村民用钩子钩住捞起，既可用于建房，也可用于烧柴。其《四季歌》对其农耕稻作生活进行了全面叙述，是"花腰傣"人生活的真实写照。② 而生活中的很多仪式如耕种、婚礼等都反映着稻作文化特点，如婚礼中，新娘家送给新娘的结婚嫁妆里有斗笠、背篓以及一根拴牛的绳子，还有用斗笠敲三下新娘头的习俗都是农耕劳作生活中新娘勤快能干的象征。

在独特的自然条件下，沐村仍维持着最古老的稻作方式。在哀牢山下红河谷地中，最引人注目的就数那层层叠叠的梯田，由于自然条件的限制使它分布

---

① 陶贵学：《中国云南·花腰傣民间文学作品集》，北京：中国民族摄影艺术出版社 2007 年版，第 411 页。

② 《四季歌》中说"正月到来是新春，男女老少齐出门，赶过花街赶新街。正月到来正着忙，男女老少栽秧忙。栽过七天定秧根，栽过二十蓐秧忙。二月到来百花开，秧苗返青人心欢。砍来竹子编竹链，割来青草喂老牛。下到三月河水小，拿着网兜捉小鱼，扛着大网括大鱼，女人在家腌鱼忙。四月到来瓜飘香，香瓜滚满沙滩地，娃娃抱着香瓜乐，知了鸣叫荔枝红。五月稻浪一片黄，收来金糯包竜粑，采来菖蒲祭竜神，老人忙着叫谷魂。到了六月栽晚秋，时节催人忙又忙，男女老少齐下田，追赶时节夺丰收。七月到来云遮天，河水涨起漫沙滩，拿着长钩捞柴忙，河里淌来烧不完。八月到来八中秋，全家老小来团圆，共举酒杯对月饮，土房楼上合家欢。九月将至收割忙，犁翻稻田晒太阳，砍来甘蔗熬红糖，煮糖锅边娃娃欢。十月晚些撒早秋，女人忙着撒鳝鱼，晒干黄鳝待贵客，客人进寨不思离。冬月到来老人忙，忙做嫁妆迎新人，忙酿米酒待客人，米酒飘香醉新人。腊月到来是年终，村村寨寨猪叫声，卜哨上街对调来，卜冒上街弹弦来。"引自陶贵学《中国云南·花腰傣民间文学作品集》，北京：中国民族摄影艺术出版社 2007 年版，第 420～423 页。"赶新街"是正月十五多个民族的开街日，地点在漠沙鹤村。花街是"花腰傣"人男女青年谈情择偶的盛大传统节日，漠沙花街分为上花街和下花街，赶上花街最隆重，在正月十三的沐村赶上花街，在五月初六勒村的粉牛渡口赶下花街。"编竹链"就是制作拦鬼的祭器"达辽"。"花腰傣"人有自己的物候历，根据陶贵学的研究，他们把一年四季根据花开分为攀枝花开时节（正月、二、三、四月份）、凤凰花开时节（五、六、七、八月份）、芦苇花开时节（九、十、冬月、腊月），或是按照红河水的变化分为江河枯季（上年十一月至次年四月）、江河涨浊季（五月至八月）、江河变清季（九月至十一月）。（引自陶贵学《新平花腰傣文化大观》，北京：民族出版社 2004 年版，第 109 页。）现在日常生活中人们大多使用农历。

零散、线条细密，一年四季都在黄绿的
色调中变换着风景，是傣乡最美好的自
然风光。稻作习俗仍部分保留着，开秧
门、叫谷魂等仪式仍在主妇们的劳作中
传承，笔者见过一户人家栽秧时从田中
间先栽一个圆形再往边上栽，村人说这
样可以栽得快和顺。

随着与外界的交往，劳作方式逐渐
多样化，如有 20 世纪 80 年代种辣椒致
富建起新房的人家。从 2003 年开始，
村里作为县乡冬早蔬菜试验基地开始了
苦瓜种植。搭棚的竹竿是村里当兵回来
的小组长带人从昆明呈贡买回来的，整
个压竹、搭棚、育秧、种植、管理等各

图 1-4　新娘的嫁妆：背篓和拴牛绳

环节对村人来说都是新的劳作方式，需要不断地向别人学习。据说最早是附近
村子栽种，后来村里有几家做试验，刚开始时收益较大，于是种植的人家逐年
增多，到 2005 年差不多家家都种，村人都说"整不得吃，苦瓜苦瓜真是苦
啊。"从村民的言谈中感到他们对种苦瓜不适应主要是因为"每天都要打药"。
村人说现在种芭蕉、香蕉不时髦了，村里只有一两家人种香蕉，卖不出去就用
来喂猪，槟榔也不值钱了，20 世纪五六十年代，槟榔是沐村人的骄傲，很值
钱，作为本村姑娘的陪嫁带到别的村去，所以现在凡有槟榔树的村子都有沐村
姑娘。现在沐村槟榔树更多地用做景观，有时树木用于建房。甘蔗的种植与离
村子三公里左右的糖厂的鼓励密切相关，糖厂提供的半价化肥以及提高一定的
单价等一些优惠措施以及甘蔗种在山地与稻田不冲突等原因，部分村民还是在
种，但稻谷生产仍然是沐村最主要的生计。

靠水吃水的生活仍然延续着，每年村民们都在不同的季节到江里捕鱼，除
了拉网以外主要是用电捉鱼，他们用自制的发电装置在江里进行地毯式搜捕，
但鱼越来越少，笔者参加的一次在江上漂流了近七个小时，只捕到一条半斤左
右的鲤鱼、一二两的面瓜鱼和一两只虾，人们回忆着 20 世纪 60 年代江水的清
澈以及捕鱼的收获，感慨着现在鱼越来越少。后来在江边笔者好几次看到过村

里人用轮胎船、塑料瓶串联的船以及漂流船捕鱼，但都收获甚小。此外，村里人还到水浅的尼村河里用各种方式捉鱼和翻石头下的水蜈蚣。腌生鱼至今仍然是村里人用来招待客人的特色菜，水蜈蚣也经常出现在集市上。江边捕捞柴火一直延续，大哥说他家的好几根柱子都是从江里捞起来的，但也有来不及把拴钩的绳系在江边树上，人力拼不过水力致使人被拖到江里淹死的事发生。有的人家在尼村河上把河水围断养鸭，但据说不好卖，没有收入，就没有坚持下去。

对传统生计方式影响最大的是在文化交流中走出这块土地的欲望。村里人说一半以上的人都想出去打工，在其言谈中"打工"代表了一种梦想、对一种富裕生活的向往。村里有去不同地方打工的人，有一家人去戛洒开汤锅店，① 能维持基本生活，两年后因"房租太贵，吃客不多，生意不好做"就回村里种田。很多年轻人在昆明、玉溪、新平一带打工，后来因"在不住"就都回来了，老人说他们只是拿着家里的钱出去玩一圈罢了，"整不得吃"。

"花腰傣"人饮食口味喜吃酸和甜，酸性食品主要以腌制的酸肉（猪肉、鸭鹅肉、鱼肉）和番茄、酸角等作料为主，酸肉是待客的主菜，甜性食品主要以糯米制成的粑粑类食物为主。做法上喜食凉拌和"汤锅"，凉拌中凉拌猪血和狗血是杀猪、狗请客时的必备菜，当地人说不吃这两道菜就像没吃肉一样，凉拌佳肴还有猪脊肉、鱼肉、凉拌蚂蚁蛋、蜂儿、鹅血以及折耳根、韭菜等。材料上喜食野味，主要是吃各种虫类和小火雀等，植物主要是各种野菜和花，他们吃的各种野菜达几十种。顺口溜说"一动就是肉，一绿就是菜"，凡是能吃的都拿来吃。20 世纪 80 年代以前，成年男性个个吸烟筒，现在村里只有三四个人吸。"花腰傣"人喜饮酒，据说他们有很悠久的酿酒历史，以前喝自制的谷子酿酒，男女老少都能饮，据说酒可以祛湿散热，喜饮酒是环境使然。酒是日常和待客必不可少的饮料，男女老少都喝。其饮食习俗今天也是如此，没有太大的变化，变化的是糯食不再作为正餐，野味仍常在饭桌上出现：细芽菜、攀枝花、虾花、折耳根、蕨菜仍是常吃的野菜，干黄鳝、蜂儿、蚂蚁

---

① "汤锅"是本地人对牛、羊、狗等肉的特殊做法，把其所有部位放在大锅里熬煮，捞出切细，再用花椒、八角、芫荽、辣椒等制作的蘸水蘸着吃。这是本地人最喜爱的一种吃法，在赶集、过节时才有人制作。

蛋、水蜈蚣、荔枝虫仍作为美味，酸肉仍是主要的肉菜，请客仍然要杀狗，狗血、狗肉仍要凉拌，十几岁以上的男女都喝酒，男人差不多每顿都喝一点，他们说可以消除疲劳，有客人时，酒则不可或缺，而且喝酒的时间一般都是几个小时。

"花腰傣"人有着浓厚的自然崇拜与祖先崇拜。自然崇拜在"花腰傣"人中较完整地保留着，"在傣族的原始信仰中，世间一切生物非生物都有灵魂。神、鬼、魂常常交织在一起。一般人们把对人有利的魂称为'神'，把对人不利的魂称为'鬼'，有时神和鬼可以交换使用，而神鬼的善恶也可以转换。在人们的生活和生产活动中，它们时时主宰着人们生活的顺逆、生产的丰歉以及人生的祸福。"① 主要有：主管六畜和人的太阳崇拜，其神位设在房屋的外墙上，平时用公鸡献祭，年初一把猪下颌骨挂在神位上献祭。有谷神崇拜，谷神为女性，收粮进仓时用一装粮食的布袋和一束谷穗挂在粮仓的柱子上祭谷魂。天神"匹法"是最大的神，掌管人们生活的全局，无固定神位，除夕日早晨，把长得茂盛的、正在结松果的小松树插在房顶，树下置竹桌作为天神神位，把猪头、粑粑等敬供上。此外，还有风神、山神、土地神、田神等与他们生活密切相关的自然神。

祖先崇拜源于血缘承续和灵魂观念。他们认为，人有三十魂在头、九十魂在身。按照由内至外的顺序首先是家神。家神由家里去世的父母充当，人死后灵魂由"雅摩"指点到"密窝"女神处，其中最好的一个魂回家保佑子孙后代，除了年三十祭献外，结婚生子等重要时刻也祭。主祭人死后，其所设的神位就全部撤走，这样代代相传。其次是寨神。主要标志为村边枝繁叶茂的大树，有的村寨还建有小房子作为寨神的居所，祭寨神称为"等色"，很多文章描写祭神仪式，称为"祭竜"。每年农历二月的第一个属牛日举行仪式，祭前请雅摩念经，祭时杀鸡猪敬献，每户一个男人去树脚吃饭，女人不能去。吃过饭由"伙色"主持祭祀，② 人们把竹编祭器"达辽"蘸上鸡血，拿到田里插

---

① 张公瑾：《傣族宗教与文化》，北京：中央民族大学出版社 2002 年版，第 6 页。
② "伙色"是"花腰傣"村寨每年一次的正月第二个属牛日的祭竜活动中选出的祭祀主持者，汉语一般叫"竜头"。传统社会中"伙色"的产生是靠每户拿出衣服来称，用米填补各件衣服之间的重量差，第二次再称的时候谁家的衣服增加了重量，谁家的男主人就当"伙色"。

着。有学者认为寨神源于祖先崇拜，不同于祭龙，[1] 有学者认为"竜"是"森林"的意思，"竜林"不仅是寨神和勐神所在的树林，有时也是鬼所集中的鬼林、坟地林，[2] "祭竜"叫"等色"，"色"就是汉语的"社"，是表示对土地和五谷的崇拜，因此傣族的"祭竜"活动，既是对寨神勐神的祭祀，也是对各神赖以生存的土地的守护。"祭竜"大多是祭祀村寨保护神，村寨既是血缘共同体又是地缘共同体的承载单元，绝大多数寨神原为氏族的祖先，是村落共同体的象征。[3] 所以寨神源于祖先崇拜与自然崇拜，是地缘与血缘关系的共同建构。第三是勐神。勐神就是坝子神，掌管整个河谷坝子，其神位是大门左墙角竹木搭建的一尺见方的小台子，遇红白喜事或是请客吃饭，有三桌以上的客就必须向勐神献祭，认为这样才能保佑家人有吃有穿。只是因受红河上游特殊的狭窄谷地地域限制，"花腰傣"人只能在适宜聚居的地方形成小聚居，并因明清时期的"改土归流"，勐被进行文化切割，勐神逐渐隐退，但还深存于人们记忆深处，在日常生活中保留着祭仪。

　　还有日常生活中的献鬼叫魂活动。《送魂调》中说："谷魂入粮仓，布魂入布柜，钱魂入宝箱，衣魂入衣柜；酒魂放进酒柜里，菜魂放在菜地里；鸡鸭魂放入厩，猪牛魂放入圈，狗魂放在阳台。各种魂都就位了，我雅摩收扇了。"[4] 说明"花腰傣"人认为万物都有自己的灵魂。他们相信周围到处都充满了鬼魂，大多游荡在外的都是恶鬼，会对活着的人造成伤害，于是如果身体上有什么不适或是家里遭了什么变故，人们都要献祭品给掌管各个方面的鬼以求摆脱。他们认为人生病就是魂离开，于是就要叫魂，边叫魂边在人的手上系上红线或五色线，有时不叫魂也可以拴红线，以示被除邪恶。

　　在沐村，最重大的宗教节日"等色"在"文化大革命"后就没有举行过全村性祭祀仪式，"等色"房只留下几堵倒塌破败的土基墙。现在四十多岁的

① 刘江：《红河流域傣族对自然界的传统认知和阐释——以新平县花腰傣的灵魂观为例》，《云南民族大学学报》（哲学社会科学版）2005年第1期。并参见陶贵学《新平花腰傣文化大观》，北京：民族出版社2004年版，第62页。
② 陶贵学：《中国云南新平花腰傣文化国际研讨会文集》，北京：民族出版社2003年版，第265页。
③ 张公瑾：《傣族宗教与文化》，北京：中央民族大学出版社2002年版，第12－13页。
④ 陶贵学：《中国云南·花腰傣民间文学作品集》，北京：中国民族摄影艺术出版社2007年版，第466页。"雅摩"是"花腰傣"民间宗教女祭司，受周围彝族的影响，村人把她们称作"贝玛"。

人对"等色"的了解都是来自于老一代人的口传记忆以及邻村的祭祀活动，他们对怎样选"伙色"、怎样吃饭、怎样把"达辽"挂到树上和田边地头有着较为一致的叙述。在碱村和园村一带，很多村子保留着"祭竜"活动。勒村一带，至今每年仍然如期举行祭祀仪式，但称衣服选"伙色"的方法被轮流当的方法取代，在树下祭祀完毕后，全村人在村里跳"阿老表"，① 宗教节日日渐世俗化。据说在旅游开发中，政府要求沐村人把这个盛大的祭祀活动恢复起来，作为文化展示，但村人说由于资金（要杀猪、鸡）和没有牵头的人，所以没有做成此事，就连在政府大规模组织的旅游节日活动安排中也未能实现。②

沐村人把自己的宗教信仰叫做"信鬼"，对鬼神的信仰依然在村民生活中体现出重要功能。"等色"房虽已塌毁，但人们对它仍有敬畏之心，没有人家敢于在此进行建盖房屋或堆放东西等，村人说在这个地方养猪养鸡都不行。在村人的房前屋后、屋里屋外、道旁、江边，与寨神、勐神及生活中各种鬼神沟通的用竹木搭建的神位、避邪的"达辽"随处可见，村干部这样说："我们地方是没有三个琵琶鬼不成村，凡是村寨就一定有琵琶鬼。""共产党员不信鬼神，但我们这里不信是不得呢，只要碰到别人献给鬼的东西一定要生病呢。"据学者研究，傣族历史上最早的巫师是女巫，虽然在与父权制伴生的寨神和勐神崇拜中，男巫取代了女巫，③ 但在沐村，日常生活中的宗教祭祀活动雅摩仍是主持，在生活中生病、结婚、发送死人等特定时刻，雅摩还行使着与鬼神沟通的权力，④ "祭竜"之类重大活动由临时赋予巫师角色的男性主持，在沐村，由于该活动早已停止，所以生活中的超自然领域仍是由女性操控。日常劳作中的很多习俗都是原始宗教信仰的体现，如织布中把线绕到纺车上是一件很难做

---

① "阿老表"是彝族民歌中类似朋友、同辈亲戚的称谓，当地人用它指代彝族歌舞。

② 2007年国庆黄金周期间，沐村基础设施第三轮投资改造建成后政府组织大规模活动，其中计划村民小组举行祭竜剽牛活动，但后来没有举行，在宗教日益世俗化的村人生活中，尤其是旅游时政府组织的活动中，宗教仪式成为展演活动，当地人说的没有人愿意当"伙色"并不是祭祀活动没有如期举行的唯一理由，据笔者观察外地游客少也是一个重要原因。

③ 朱德普：《傣族的巫师及其历史演变》，《民族研究》1994年第2期。

④ 雅摩是"花腰傣"民间宗教祭司。沐村现在有七八个雅摩，都是六十岁以上的老人，他们在沐村人生活中还发挥着重要的作用，现代科学知识与村民们的民间信仰是村民们两套并行不悖的知识系统，村民们灵活地在其中穿梭，如看病就往往是双管齐下，田间栽种劳动也是这样做。

的事，今天妇女们绕线时，见到的妇女如果不能参与帮忙，口中也一定要念"给它顺顺呢去"等话语，以示防止破坏绕线的顺利进行。①

1920 年基督教传入漠沙地区，与德国传教士一起创制了"花腰傣"文字的傣雅学者的后代刀老师告诉笔者："漠沙附近信教的有一百多人，主要是女人，教堂能容纳五六十人，一般有三四十人参加每周一次的礼拜，主要集中在鹤村和小沐村，有人听说能得到拯救，就进入，后来因受亲戚和家人影响和生病没有'得救'等就改回来的有百分之三十多，但有的又改回去，二进二出的都有，他们不理解得救的是灵魂。"沐村目前没有基督教信徒，距离沐村百米之遥的小沐村有几个基督教教徒，其中一人告诉笔者："信鬼太麻烦，花钱和时间太多，信教堂（信基督）只要每个星期天去一两个小时就可以了，村里有些人信了教堂，后生病，请雅摩送鬼病就好了，于是又改回来信鬼。"看来其信仰是可以与现实协商妥协并更好地为现实服务的，当地人从现实利益出发，对外来宗教进行了本土化，这体现出"花腰傣"人接纳宗教的灵活性。

少数民族村寨是一个相对封闭的地理空间，年轻人彼此接触和来往的机会不多，很多民族都有独特的寻情择偶的节日活动，沐村人最盛大的节日赶花街就是这类节日。赶花街是汉语的命名，本地人叫"晃垄"，"晃"就是"转"，"垄"就是"竹子成片"，最早的赶花街就是在成片的竹林里逛。各地赶花街的时间并不统一，戛洒一带是农历二月的第一个属牛日，与祭竜的时间一致，人们白天祭竜，晚上赶花街。漠沙一带花街分为上花街和下花街，第一次是在农历正月十三，另一次是农历五月初六。花街是"花腰傣"青年男女相互认识、谈情说爱、挑选情侣的盛会，届时，各村寨的姑娘盛装打扮并特意在身后的秧箩里背上糯米饭、咸鸭蛋、干黄鳝，俗称"秧箩饭"，在村里一个较为老道的妇女带领下来到街上，从街上走过，小伙子也盛装一番后吹着竹笛、弹着"叮咚"（三弦）来到街上，如果双方情投意合就相约到槟榔树、芒果树下，或是小溪边，双双品尝姑娘的秧箩饭，心里播种下爱情的种子，到下花街时再一次给这颗种子浇灌施肥，爱情就成熟了。

除了赶花街外，年轻人还通过"串寨子"、"耍旱田"、"照电筒"等方式

---

① 织布之前根据所编织的布纹把各色线绕在纺车的轴条上是一个很复杂的过程，专家把这一过程叫做拉经线，中央电视台"留住手艺"栏目对"花腰傣"的拉经线作过报道。

寻偶定情，① 两人定下情后，男方父母多方打听姑娘的人品家境后，就托媒人去提亲并测算二人的生辰八字是否相合，《成婚调》中说："十日吉利，百日好时。叫双老会合，测日子找寅虎日，找日子按兔卯日；虎日才管得心，兔日才配人爱。"② 年冲或是月冲都不能结合。定亲时，以男方送女方银镯为定情物，同时还有戒指、花线、布料等，"掏大银镯头给乳母，缝黑衣全套给乳父"。③ 婚前的头一天要请雅摩驱邪送鬼，然后就如《成婚调》中说的那样："高笠帽盖头，低笠帽盖脸。离娘进夫家，近村临寨门。叶包饭摔前，白刺枝打先。恶鬼不能截先，毒鬼不得堵路。到夫家门前，妹举笠帽过头进门，妹戴笠帽盖脸进家。钻过七色八彩线圈套三次，抬双脚踩水浇炭火，做蛋黄饭团让我们接吃，才与哥成婚配。"④ 婚礼一般在夜间举行。婚礼中有哭嫁、在房顶上向新郎泼水、途中找新娘等习俗。到了婆家，婆婆要亲手将新娘家拿来的斗笠给新娘戴上，新娘的伙伴们则要抢斗笠，并用手敲新娘的头。进入新郎家，要在新娘身上自上而下套三次红线并给新娘新郎系上红线，然后新娘从门外将左脚踩在门槛上，新郎从门内将右脚踩在新娘左脚上，主婚者左手持燃烧的木柴，右手用清水把燃烧着的木柴在新娘新郎的脚背上浇熄，以示驱邪。接下来吃蛋饭，用蛋黄和糯米饭拌成饭团在新娘新郎面前交叉三次后让他们吃。入洞房后，新娘与小伴同宿，第二天与小伴一起回娘家，以后由丈夫去接回来在婆家住两三天，直到怀孕或生下第一个孩子再在婆家定居。现在沐村人的"赶花街"、"串寨子"、"照电筒"、"耍旱田"等集体性约会方式在村落的开放过程中不再是年轻人主要的认识和约会方式，他们有更多的机会三五成群地骑摩

----

① 春节前后农闲之时，三五成群的小伙子带着糖果、瓜子等零食到邻村找小姑娘谈情说爱，叫"串寨子"。当秋收完毕，田水干时，各个不同村寨的男女相约到田间用稻草坐在田埂上，用毛巾蒙着面对唱情歌，称为"耍旱田"。夜间男女青年带上电筒，徜徉在村道、小路上、果树林、江边等地，用手里的电筒忽隐忽现地照射对方，如果对方有意，就相约到僻静的地方谈心。这是有了手电筒之后的现代求偶方式，不过采用了古老的男女集体相会的形式。

② 陶贵学：《中国云南·花腰傣民间文学作品集》，北京：中国民族摄影艺术出版社 2007 年版，第 384 页。

③ 陶贵学：《中国云南·花腰傣民间文学作品集》，北京：中国民族摄影艺术出版社 2007 年版，第 385 页。

④ 陶贵学：《中国云南·花腰傣民间文学作品集》，北京：中国民族摄影艺术出版社 2007 年版，第 386~387 页。

托车相约在一起玩耍；发达的集市贸易使"秧箩饭"已经退出了人们的生活，市场上什么都能买到吃；相遇时小调对唱早已消失在年轻人记忆中。而两人定情以后合八字、定亲及赠送礼物、婚礼的程序等基本没有改变，变化的是最近几年每对新人都进行时尚的婚纱摄影以及婚礼中某些细节的省略，老人说"现在结婚没有以前热闹，现在只是杀狗吃，不讲礼"，"以前结婚后几年都不在一起，现在很多年轻人只要订婚就在一起了。"

"花腰傣"人对丧葬仪式很重视，整个丧葬过程要经过停尸、报丧、入殓、火葬、发丧、安葬、叫魂、祭寨鬼等环节。在整个仪式中最突出的有几点：一是生与死界限分明。《送魂调》中说："转过身来做神，转过面来做鬼，背对媒窝下来，面向人间下来；背向回寨子，面向回到家。"[1] 给男性死者剃头要从额头向上倒剃，给女性死者梳头要倒梳发；女儿为死者倒背秧箩装菜；在坟头盛饭的小罐子要用破渔网盖住，表示"把活人和死人分开，人间和阴间分开"；[2] 外人都要打伞，姑娘儿媳要用红、黄、绿、白等色彩纸做成类似圆筒形伞状叫"崩解花"的花圈，有的直接打伞；安葬死者回来后，女儿入席前要抬倒着的小板凳，本家妇女用锅烟子涂抹男人的脸；寨中的门分为阴门和阳门，送丧从阴门出去和回来，不能搞错。二是保留二次葬习俗。不论死日是否是吉日，尸体在丧日就要送到山上火化，有时为防止雨水将骨灰冲走，就用土陶罐将骨灰收取保存，另外再选一个吉日用木板和土坯裹上彩绸布做成死者的替身供在灵堂，供人们祭奠和发丧。出殡的当天要请雅摩来为死者送魂，念两天两夜以上的《送魂调》，"送魂词"描述经过四十多个地方才去到密窝女神所在地。安葬死者后第二天，妇女要拿上参加丧事的男人的衣服为男人叫魂，丧主家的男人们要在村外的一棵大树下祭寨鬼，给本村以前死去的鬼魂吃饭，以免干扰自家死者刚去的灵魂，同时把死者的好魂从那里请回家以保佑全家。死者丧后满月时家人要到坟前祭奠，以后每年大年初一后的几天都要上坟祭奠死者。整个过程充满很多繁复的细节和禁忌。三是全村人一起参与。在把死者火化的那天，全村人要自觉地每家每户捐一点柴火；出殡的第二天，全村

---

① 陶贵学：《中国云南·花腰傣民间文学作品集》，北京：中国民族摄影艺术出版社 2007 年版，第 364 页。

② 陶贵学：《新平花腰傣文化大观》，北京：民族出版社 2004 年版，第 106 页。

妇女要到坟山为男人叫魂，主家要给妇女们办伙食。最后是在整个禁忌严格、现实与神秘超自然相互交织的神秘信仰中，体现全家和全村人共同分担吉凶祸福的思想。主家的女儿和亲戚们往往盛装来参加葬礼，全村人参与进去，一个人的葬礼牵动着全村人和远近亲戚的情感与生活。丧葬仪式中的很多程序和细节至今没有太明显的变化，只是场面显得更为隆重，整个过程更为铺张，与家庭现实生活水平紧密相连。

沐村服饰包括衣服和身体装饰。"花腰傣"女子的服饰华丽独特，学者认为具有古滇国贵族服饰特征，傣雅小调里这样唱："虾花花开紫红花，攀枝花开大红花；卜哨的笑脸像紫薇星，胸前的银泡像水金星；衣襟黑得像蝉羽般光亮，花腰带像七彩瓢虫美丽。都是罗召人家的穿戴，也是布干人家的打扮。双手戴银镯，步履轻盈盈，银铃声声响，响震九重天。"① 在文字记载中，"花腰傣"人自己种棉麻进行纺线，然后用当地特有的植物进行染色，织布、刺绣、剪裁、缝制、装饰等一整套复杂的工艺都是由妇女自己完成。妇女服饰有区分年龄和角色的意义。从年龄上分为少年、青年、中老年装。款式上分为盛装和便装。盛装是年轻女子成年和婚礼时穿的服饰，也是赶花街交友时穿的服饰，体现了人们所说的"华丽高贵"特点。整套服饰包括一顶帽子、帽子上的一串银饰、一件小褂、一件外套、三五条围腰和裙子、一根腰带、一根边边条、一片后片和绑腿。正如其民间叙事诗中朗娥把自己打扮为男子时写的那样："赛香系上三条，外衣穿上三件，宓巾插上三支，一个英俊的卜宰，亲娘也认不出来。"② 这里的"三"不是实数，而是指多，"花腰傣"女性的围腰和裙子都以穿得多为美，而且裙子

图 1-5　等待演出的文艺队员在刺绣

---

① 陶贵学：《中国云南·花腰傣民间文学作品集》，北京：中国民族摄影艺术出版社 2007 年版，第 427 页。

② 陶贵学：《中国云南·花腰傣民间文学作品集》，北京：中国民族摄影艺术出版社 2007 年版，第 330 页。

只能从上往下套穿。村人说在中间穿的意思是强调"用线绣出来的",在外边穿的意思是强调"绸缎很好瞧"。盛装刺绣和银饰多样繁复,穿戴奇特,令人称绝。沐村服饰制作工艺已经省略很多,彩线都是从街上买回来的,不需染布,村人说勒村那边还有自己染布的,但不是用老式染法而是用新式染法。村人大多自己织布自己制作衣服,除了七八家自己制作全部衣服以外,部分人家都只制作衣服的一部分:刺绣和钉银饰。村里随处可以看到三三两两的妇女或是姑娘在谁家门口坐着刺绣。有的是为自己绣,有的是要绣了拿去卖。服饰加工制作变成了手工的流水作业,杨大姐家就雇有一二十人为她刺绣和织布。服饰主要用于姑娘的嫁妆,所以加工的几乎都是盛装,拿到本地市场上卖给那些要嫁姑娘但又没法自己制作服饰的人家。六七十岁以上的老人们一直穿以前的衣服,有的人有十多套,村人说不穿可惜,老人们则说汉族的服饰她们穿不惯,"不穿筒裙就不是傣族了"。手上的饰品以前是银镯和银戒指。以前戒指以戴满十指为美,现在变成各式各样的,大多戴铝制品或是铜制品,耳环则一直喜欢大圆圈形的。

染齿、文身是百越人的文化特征,文身被当地人认可的缘由是"避蛟龙之害",体现了农耕稻作文化的生活特征。据说"花腰傣"人原来男女都文身,在婚配的年龄进行。晋宁石寨山出土的青铜人物服饰,人物身上的文身花纹等均有着百越族群"断发文身"、"雕题染齿"的文化特征,且其服饰的外观、文身的图案与今新平漠沙、戛洒一带"花腰傣"的服饰、文身相似。表明"花腰傣"文化与古滇国文化有渊源关系。由此,不少学者认为"花腰傣"服饰的华丽及其典雅大方的造型,是古滇国王室服饰的遗留,而文身、染齿既是古越人的习性,也是古滇国"滇人"的习性。据此推知,"花腰傣"最早为古越人,且为古滇国王室的一支后裔。[1] 有学者从功能的角度认为文身是成年礼俗的标志,后转化为图腾及装饰性标志。[2] 传统文身的遗留现在所能见到的是傣洒人文身,主要是女性,一般文在手上,五六十岁的人一般文上△〇※等形状,四十岁左右的人一般用汉文刺上自己的姓名和出生日期。在傣雅人中,很少见女子文身,笔者在沐村没有看到过。现在不论是傣雅人、傣洒人还是傣卡人,文身较多的是年轻小伙子,多见文上自己的出生年月、姓名、"我爱你"之类的

① 陶贵学:《新平花腰傣文化大观》,北京:民族出版社 2004 年版,第 3 页。
② 陈华文:《"断发文身"——一种古老的成人礼俗及其标志的遗存》,《民族研究》1994 年第 1 期。

个性和时尚话语。染齿是"花腰傣"人的一个重要习俗，一般是女性染齿，傣洒人最多，至今能看到很多四十岁左右的傣洒人女子染过齿。而附近的傣雅人五六十岁的老年女子都染过齿，四五十岁左右的人据说在政府的介入下有的染了又洗白，现在沐村附近的傣雅人没有染齿习俗，都以齿白为美。

"花腰傣"人最隆重的传统节日是赶花街，现在比较重要的是春节、花街节、端午节、中秋节等。春节应该是受汉文化影响的一个节日，是现在村民生活中最隆重的节日。春节从杀年猪开始，他们把杀猪叫做过年，一般在农历二十七八杀年猪，杀猪日子的选择不能在父母的忌日，在年后很长时间甚至是一年时间，村人都还记得自己家哪一天杀猪以及当时热闹的情况。在那些日子里，人们走村串寨、迎来送往，路边随处可见杀猪时烧烤毛皮留下的灰烬，整个坝子都沉浸在年节的愉快气氛中。每家都请好多客人，几家人一起杀猪的一天，如果"饭菜整得太晚了，客人都被人家抢去了"，他们就会感到没面子和沮丧。杀猪那天主人家什么地方都不能去，要在家里守着饭桌，开着门，哪个进去哪个吃，笔者曾一天之内吃了六家杀猪饭，吃的时候每个人都先夹一点肥肉放在桌子上念着"明年给它有几百斤"之类祈福的话，桌上很少有蔬菜，全是肉菜。在年夜时他们不注重年夜饭的仪式意义，说是鸡已经献给祖先了，那天晚上只是吃猪头肉，邀笔者吃饭的人家都加上一句说"猪头肉已经煨着了"，每户人家的墙左角都用木板供献猪下巴骨给勐神，猪头肉因为与神灵有关而显得贵重。杀猪与献祭的仪式使他们具有和汉族不同的对春节文化的感知，大年夜和初一，笔者都看见村人到外地或去别人家吃饭、干活、玩儿等，村人并没有只是求一家一户团圆或是新年伊始只能开心玩乐等禁忌。这说明春节这个节日的禁忌原本就不严，是从外文化借过来的。笔者在那里过的两个春节都缺少在汉族地方所享有的那种被除旧迎新的文化心理鼓荡起来的欢悦和期待，反而是在杀猪的日子里，感觉到他们的那一份富足和激动，正如一个老人在吃杀猪饭桌上所说的："一头猪，几袋谷子，就是幸福生活了。"

赶花街是"花腰傣"人最盛大的传统节日，由于受民族文化发展中国家主流文化的干预和影响，赶花街只留存在六十岁以上人的记忆中。他们说："赶花街是解放前的事，解放后就没有赶了。赶花街时很热闹，山头人（住在山上的彝族、哈尼族）包着饭下来玩几天几夜呢；姑娘小伙子在一起吃秧箩饭、对歌，有些人会对了哭起来呢。山头人来弹着弦子跳舞。热闹、好玩，个个都去呢。"新中国成立后延续的节日以及到了改革开放后自发恢复的节日是每年春节过后第一个赶集日,当地人叫"开新街",这一天很多人会穿着自己的新装出门,尤其是小姑娘,形成自然的比美赛装。而集会也是青年男女寻找伴侣的最好时机,于是,在当地人的生活中,不论是他们自己还是外人,都把"开新街"附会成了"赶花街"。在戛洒一带开新街和花街节逐渐重合,既是新街又是花街。现在沐村人对花街的记忆主要是20世纪90年代恢复的节日,他们在记忆建构中分享了其原初的意义和快乐,于是一方面作为政府经济发展的台子,另一方面民间百姓也非常高兴,各找各的乐,只要有这个形式和契机,人们就可以往里边填进自己需要的东西,很多时候,政府的目的意在吸引外地人,可往往成为以当地人为主的节日。如果从杀猪日算起,到正月十三赶花街正好是半月年(以半个月为期的年节),《四季歌》里说的"正月到来是新春,男女老少齐出门,赶过花街赶新街。正月到来正着忙,男女老少栽秧忙"。① 村民也说以前是赶完花街才栽秧,说明花街在其农耕稻作文化中具有年度分水岭的意义。

"花腰傣"人的历史以口传为主,有大量丰富的民间文学作品流传。② 其中重要的如叙事长诗《朗娥与桑洛》是傣族叙事长诗《娥丙与桑洛》的异文,还有很多仪式性歌谣、情歌、节日和习俗传说,都是研究"花腰傣"历史文化的重要资料。"花腰傣"人的民歌小调,傣雅、傣洒、傣卡人群风格各异,而器乐曲有葫芦笙独奏曲、塞箫独奏曲、小三弦独奏曲、唢呐曲和锣鼓曲等,民间舞蹈主要有芦笙舞、狮子舞、大鼓舞等。③ 其中芦笙独奏、塞箫和三弦独奏曲,大都是在特定的场合自娱自乐的。沐村老人说以前种糯谷的时候,谷秆就可以吹;砍下竹子做成笛子就可以吹,叫做"必",有七个孔,吹固定的调

① 陶贵学:《中国云南·花腰傣民间文学作品集》,北京:中国民族摄影艺术出版社2007年版,第420页。
② "花腰傣"民间文学作品部分被收集整理为《中国云南·花腰傣民间文学作品集》,由陶贵学主编,中国民族摄影艺术出版社2007年出版,是研究"花腰傣"文化的极为珍贵的资料。
③ 陶贵学:《新平花腰傣文化大观》,北京:民族出版社2004年版,第166页。大鼓舞主要流传于圣村,狮子舞流传于戛洒傣卡人中,称为"猫猫舞",流传于漠沙傣雅人中被称为"跳老虎头"。芦笙舞据说最早是从西双版纳传过来的,流传于水塘、戛洒的傣卡人聚居地,在漠沙主要是彝族自娱性舞蹈,"花腰傣"人不跳。塞箫主要流传于腰街和漠沙的塘村。

子，人人都会吹。说以前有些人是赶花街时唱小调"唱成呢（结婚）"。弹琴唱歌寻友是一个重要的风俗。① 以他者的眼光去看，仪式性歌舞也称为"艺术"活动，《百夷传》里面说父母亡时有"饮酒作乐"、"歌舞达旦"的"娱死"习俗，这种习俗在沐村已经不存在了，只遗存雅摩撵鬼送魂念唱和妇女的《哭丧调》。大鼓舞在沐村丧礼中也很少用了。

手工艺制作的除了服饰以外，还有著名的竹编和陶制土锅。过去对沐村人来说，竹编、服饰制作、制陶都是生计活动，随着沐村生活的当代变迁，上述生计劳作逐渐消失，在他者眼里尤其是在旅游者面前转化为"艺术"活动，本书研究旅游中的艺术活动，故暂且把它们放到艺术娱乐中描述。沐村竹编主要有饭盒、秧箩、谷箩、鱼笼、篱笆等，傣雅人喜爱戴的斗笠则是"山头人"编的。陶制工艺主要制作土锅，跟当地特别的土质有关，陶器用于烹调、盛物。据学者研究，当地女性制陶、泥条盘筑法和露天烧制是最古老的制陶技艺留存，在傣雅、傣卡、傣洒不同人群居住的地方均有以"土锅寨"命名的村寨，说明这项技艺的悠久和出名。沐村的竹编劳动仍在进行，但不是每一户都做，已经有很多人不会做了，而是到市场上买来用。沐村人很少编斗笠，村里人说结村人最会编，十几岁的人都会编，在沐村则有些六七十岁的人还在编，箩筐大多是山头上的彝族编的。在沐村没有土锅制作，他们说是因为土质不好，但因土锅盛物烹调能保持特殊的鲜味，人们仍用它装凉开水和炖煮东西，但用得更多的是从市场上买来的铝和塑料制品。

---

① 其民间歌谣《妹在树下蒙着脸》唱道："妹在树下蒙着脸，唱给那边小哥听，不知那边的小阿哥，给听到我唱的声音。……你唱一句我唱一句，把你我的调子连在一起。""过了这个年龄，永远不会得赶花街，永远不会得听卜冒弹弦，永远不会得跟卜冒对调子。"《约会调》唱："现在唱调又弹弦，欢欢喜喜来约妹；来约小妹唱调子，有心唱调快出门，听见弦音唱起来，听见调子对过来；现在一个唱一句，调子才如瓜藤长。……哪个不会唱调，卜冒说她憨；哪个不会听弦，卜冒说她呆。说她呆如秃嘴鱼，不会吃泥；说她憨如红尾鱼，不会吃沙。"他们把不会对歌唱调的人看做憨笨的标志。《聪明小阿哥》里说："你会唱的歌呀！像弹响三片棕丝摇响九串铜钱，那么好听迷人，永远没人学得会；你高超的技艺呀！比天空中的月亮还要高，永远没人学得到。"《喃哩喃仰》里唱："孤独鸟呱呱叫，山雀声声林中传。阿哥弹琴沿路来，走进石林一片，听到石头相撞声，回音来自石头寨。细细听来，阿妹的声音从家里传来。"引自陶贵学《中国云南·花腰傣民间文学作品集》，北京：中国民族摄影艺术出版社2007年版，第433页、第437页、第447~448页、第451页、第459页。

场 景

2005 年 3 月 5 日那天，风很大，吹落了渡口的树叶，扬起大沙尘，一个老人说："落叶归根落叶知秋，现在也掉叶子说。"下午三点以后江边渡口十来个女人和二十来个男人在放牛，大多是老人，有一两个年轻姑娘。大家在榕树下顺着树根横搭的两根木柴上或是在情人泉的水泥平台的石头上随意就座，情人泉一直不停地淌着小股清泉，不时有人拿瓶子来装水，平台边沿摆放着几个竹杯，供过往行人喝水。有几个妇女坐在渡口台阶上，除了我，平台上大多是男人。两三个男子边放牛边用自制的竹钩针织渔网，有的编鸡笼、秧箩、谷箩等物，三个妇女在刺绣，还有一两个人睡在"木凳"（木头板子随意地搭在树根上）上，用草帽遮住脸。有四个人在打牌，看的人比打的人还多，牌是从树下石洞或有遮拦的地方拿出来的，黑乎乎的，但只要能玩就无所谓了。打完一局，就会有很多人叽里咕噜地进行总结，说说笑笑、指指点点。由于江面的空旷和其他人的安静，加上语调的低平，倒也不显得吵吵嚷嚷。江对面沙地上种西瓜的人家在浇水，右前方的沙滩上，大大小小的牛在嬉戏打架，有时扬起很高的黄灰，有的泡在水里只露出一个头。渡船停在岸边，不是街天，人很少，上面的救生衣黄艳艳的很显眼。白大爹坐在靠江边的石板上在编一个东西，村人说他什么都能编，我见到过他用极薄细的竹片编小葫芦套，他们告诉我今天他在编鸡笼。我在树下坐着，望望四周，看看牌局，一抬眼，他编的鸡笼已从一个底围上了一半，竖条的篾片轻轻跳动着，横条的细竹片柔软地在他手里绕来绕去，听说他耳朵有点背，对外界的喧闹气氛似乎不理会，专心致志地编着，心无旁骛，漠沙江水静静地从他脚下和身边流过，他似乎神入山水，魂在竹片，倾力其上，做着自年轻时就娴熟的技艺，那时我感觉也许对他而言编织已不是纯粹的劳作，而是一种心灵的创造，所以他沉醉，为之心神凝聚，但又是那么悠闲，没有一丝紧迫感，似乎就是在玩耍，他也就是在别人玩耍中制作出卖给游客的艺术品的。五点多，牛回家了，人们也散去，只留下划船的，要划到七八点天黑时分才回家。

传统的艺术娱乐活动如唱歌对调以及舞蹈在沐村几乎没有留下痕迹，民歌里对调子的风俗早已淡出人们的记忆，即使在"串寨子"时也只是"讲讲玩玩"，人们主要的娱乐是看电视，沐村人已经经过了电视的"通过仪式"，全村人几乎家家有电视，没有电视的人家在政府的相关发展规划政策中也获得了赠送品，但不是家家都看，因为收视费使很多人家看不起或舍不得看，于是经常采用集中看的形式。在小卖部或是路边人家，经常有若干人一起看电视或是录像，主要看电视剧和娱乐性节目，有时还放带子听歌。唱歌主要唱流行歌，平时在田间地头，可以听到人们哼唱或是用叶子吹奏，有时也在家里唱。有一种娱乐一直在延续，就是人们聚到一起闲谈，沐村人很喜欢这种方式，请工干活、礼俗往来或是偶尔遇见，人们都会边喝酒边聊几个小时，饭后出门转到谁家也可以聚在一起聊半天。

"花腰傣"生活的哀牢山红河流域，地形气候呈立体变化，从山脚到山顶依次生活着傣族、彝族、哈尼族、拉祜族等民族，民族之间在历史上一直进行着以集市为渠道的文化交流。赶街是以前村人和外界沟通交流的主要方式，到今天仍然如此。以前镇政府在鹤村一带规定十天七天赶一街，20世纪90年代街子频繁了，星期二、四、六有街，村上大约每天都有街赶，人们搭坐摩托车和微型车去，一两元一次。由于天气较热，赶街一般在上午十二点以前。村里人一般赶托竜、鹤村、林村三个街子。他们从街子上买衣物针线，尤其是为制作传统服饰准备的丝线、花边和布料，有时买回街上卖得最多的蕨菜、四叶菜、折耳根叶、水蕨菜等，经常按五毛一堆卖。在逢街的日子，人们会问笔者："不赶街去了？"当笔者告诉他们说不买不卖不去了，他们就说"去玩嘛"。傣雅人把山上的彝族等人称为"山头人"，在用汉语表达时还加上带有更多歧视色彩的"老"字，称河岸的傣卡人为"老傣卡"，"卡"是傣雅人对汉人的鄙称，以前如果有谁跟汉族等其他民族结婚，连去参加婚礼的人都会被村里人耻笑。在其传说中隐含了对汉族的畏惧，其中有个传说说道：原来有芝麻样大小的虫状物，每个都闪着眼欲化为人，汉族怕傣族人多，就想法把虫状物压小，"花腰傣"人就长得不魁梧。村里原来是清一色的傣雅人，20世纪七八十年代时和外界接触很少，1985年以前，村里和其他族的人结婚的只有一两个，都是单位上的人。现在沐村一百多户人家中，除了刀、白、陶、杨四姓外，还通过通婚方式加进了彝族、哈尼族、汉族等人，共有五对，村人还说嫁给汉族算是好的。

　　村民与主流文化的交流主要通过政府的学校教育和征兵。村里当过兵回来的有十来人。小学校现有四个傣族老师，经过一年学前班学生基本会听汉语，以前上学前人们不会听汉语，"现在天天看电视就会了"。尽管"花腰傣"人在历史上与周边民族没有公开主动地交往，但共域居住带来经济文化方面的某些互动在其民歌中得到体现，尤其反复提到与汉族和彝族的互市交往。① 傣语斗笠的命名意思就是"山头人编的帽子"，主要指住在哀牢山上的彝族山苏人，他们说："山苏编傣族戴，就像槟榔树和寄生叶一样，谁也离不开谁。"张公瑾说："这一带的傣族还受到汉族和彝族文化的一些影响，在纯净中又显露出一丝文化交融的风采。"② 这是很精当的评价。村民与邻近糖厂往来密切，糖厂的生存依赖于村民的甘蔗种植。以前村里一般每年有五六人进糖厂当合同工，现村里有糖厂退休的两个合同工。"打弟兄"是一直存在的个人与外界的交往方式，可以在族内也可以在族外"打"，一个人会有好几个弟兄，来往很

----

① "花腰傣"民间歌谣的《哭丧调》中有祈祖先保佑儿孙有钱的话："月头有钱赶汉族人的街，月尾有钱过彝族人的节"，保佑儿孙有衣服穿着去赶街"汉人见了好好瞧，彝家见了夸漂亮。"《送魂调》里有："走到天上汉人死鬼处，彝人死魂所在处。这里不要停，这里不要留。""走到天上红黑街，去天街买梨，去天街买桃。天上也有汉人街，天上也有彝人巷。"《送鬼调》有："来喝酒款汉语，来抽烟唱彝歌"，"汉家绸缎，勐混帛匹，彝人丝线，勐傣彩带，样样都给你们。"《叫谷魂》说："给米酒装满百大缸，汉人下坝有得喝。"《成婚调》说女人长得好看："汉家见汉人爱，傣家见傣家喜。"而夫家送给女方的则有："汉家红柜子，彝家绿斗笠；三打土布在柜，四匹绸缎在箱。傣家友人做褥垫，汉家友人做枕头。"男方则"赠彝家明子，子孙面庞似鸡冠"，婚后生活中夫妻共谋划，有了好的收成，"早谷卖汉家，晚稻卖彝家"。《心爱的男人》中有："他背着挎包更俏了，人人都想跟他好，汉族姑娘见了爱，彝族姑娘见了夸，傣族姑娘看见了，心里就像吃进甜粑粑。"《挑花歌》里说："三日赶汉街，五日赶彝街。郎背花包站街头，上街的人看着爱；郎背花包路上走，回家的卜哨看着想。"《约会调》说在花街时单身才得玩："过了这个年龄，永远不会得赶花街，永远不会得听卜冒弹弦，永远不会得跟卜冒对调子。永远不会得赶新街说汉话，永远不会得在街上说彝话。"卜冒身着卜哨送的新衣、挎着卜哨送的筒包："汉人看见个个喜欢，傣人看见人人喜爱；汉人看见个个跟着来要，傣人看见人人跑着来抢"，"汉人见了围着看，傣家见了人人赞；汉人见了跟着跑来要，傣家人见了跑来要。"《送祝米调》中祝孙儿："上外地说汉话，学堂讲彝语。彝语通畅，傣话流利。"这些描述中体现了"花腰傣"人与周围彝族、汉族的文化交往。引自陶贵学《中国云南·花腰傣民间文学作品集》，北京：中国民族摄影艺术出版社 2007 年版，第411~412 页、第 357~358 页、第 377 页、第 385 页、第 386 页、第 388 页、第 466 页、第 467 页、第 451 页、第 431 页、第 444 页、第 405 页。

② 参见陶贵学《新平花腰傣文化大观·序二》，北京：民族出版社 2004 年版，第 4 页。

密切。① 大哥有好几个糖厂弟兄，隔三岔五几个一起来或带着从新平来的人来吃"傣味"。村人经常和糖厂人打弟兄，在大哥的《云南少数民族村寨日志》上，2005 年 2 月 5 日记着"云新公司制炼车间×师傅等 6 人来×家做客，晚 9 点离开"。3 月 1 日那天记着"×和云新公司员工×今天打弟兄，糖厂李师傅拉一条狗、一只公鸡来，云新公司来 28 人参加祝贺，×亲戚朋友有 20 个人参加祝贺，从下午 6 点到晚上 10 点结束"。村人在亲戚相帮的关系之外，"弟兄"关系构成一种互补，把陌生的关系变成亲戚关系，他们说的"弟兄一样了"，就是说"亲戚一样了"。

在当代民族国家意识形态不断替代地方性知识的改造过程中，国家力量深刻地嵌入了民间日常生活中，地方性文化逐渐消解，而电视广播等媒介以前所未有的速度和广度深刻地改变着沐村人感知和体验世界的方式和结构。从沐村所拥有的现代化设备来看，2007 年 2 月前，村里共有摩托车二十四辆，座机电话十四部（有两三家交不起费又停了），手机五十多部，家家有电视（只是很多人家因交不起收视费而不看了），有三辆微型车（两辆面包车、一辆货车）、二十五辆农用车（其中四辆翻斗车、二十一辆拖拉机和微耕机），两台碾米机，一台榨米线机，几十台抽水机。现代传媒进入村落后，村落文化经历了一个从建构到解构再重构的复杂过程，通过传播多样的异质文化，村落中建构起一种多元的文化格局。② 从某种意义上，中国少数民族群文化身份的重构存在着三种在场关系："'原初文化家园'的在场"、"汉文化的在场"、"中国的在场"，而今天中国境内的各少数民族族群"整体性的未被污染的本原性民族文化家园，根本不存在"。③ 但是，在以传统农耕为生活和生产主导方式的基础上，"不同地区不同表现形式的村落文化现状，无论是承载的内容还是外表的形式，历史延续的传统文化仍是各个少数民族村落文化的主流"。④ 体现

① "打弟兄"是当地的传统习俗，是传统社会中村里人和外村及族外人个人交往的一种主要方式，通过特定的仪式与一个或者几个人建立"兄弟"般的关系，来往很密切，尤其是逢年过节时。现在"花腰傣"地方仍然很盛兴。
② 谭华：《大众传播与少数民族社区的文化建构——对现代媒介影响下的村落变迁的反思》，《湖北民族学院学报》（哲学社会科学版），2007 年第 1 期。
③ 姚新勇：《文化身份建构的欲求与审思》，《读书》2002 年第 11 期。
④ 杨宗亮：《云南少数民族村落文化建设探索》，成都：四川大学出版社 2007 年版，第 123 页。

在村民的日常交往、思维定式、伦理信仰以及文化娱乐等方面。总体上，在沐村历史发展中，其文化不是单纯的"传统"，而是呈现一种复合性特征，多元中的文化认同来自于族群实践及其本身的文化记忆与认同。

沐村文化事实说明文化并非是完全的旧质或是新质的存在，而总是在新旧交替中实现发展的，其中，不论是自然交流还是特定时期有意识的建构，总是在历史和现实条件互动中完成的，"花腰傣"人以及沐村人的文化生活总在异质文化因素的影响中发生着变迁。文化变迁或是再生产以历史地形成和存在的文化为基础，而现实地建构的文化又影响着文化的发展走向。从这个意义上，沐村文化交流的传统和格局对今天沐村文化再生产有着基础性意义。

沐村复合变迁的文化生活中，价值取向因个体的多样而表现得千差万别，但目前的现实仍呈现出以传统文化为基础的特点。

第一是血缘与地缘的归属感。民族村寨聚落由两个要素构成：共同的地域与共同的祖先，从而使其群体心里归属感以地缘与血缘结合为基础，体现出族性与家族性的耦合性特征。[①] 沐村人的认同体现出明显的族性与地域性耦合的特点。前面已述，"花腰傣"人有从祖先家神到寨神和勐神的信仰，其中蕴涵着地域的渐次延伸和不同的祖先崇拜。寨鬼是村寨最大的善鬼，是傣族村寨的象征，据说是砍草立寨者死后的亡灵，所以他们的祖先崇拜和地域崇拜是叠合的。沐村人有着自己的村寨观念如对寨神的敬重，本地有很多顺口溜对不同村寨文化特点进行描述，这也是人们对村寨文化认同的体现，如说"沐村人耍花样"，村里人解释说沐村人会做衣服，别村的人不像他们村子的人一样"会整"；沐村人穿衣服讲究花样翻新，"穿个大短裤也可以在村子里走"，与其他村寨不一样。在傣雅人、傣卡人杂居的村落，以前人们各穿各的服饰，现在都穿汉族的，但是在"等色"时就合在一起。他们说村子只有一个，神只有一个，可以看出以村落为中心的文化取向。总之，村落成为人们认同的界限，他们用"本地"这个概念进行地域和文化叠合的描述，"本地"在不同的地域层次中使用，具有相对性。

在族性上，沐村人与其他族群和其他傣族人群有着严格的区分，对周围

---

① 陈德顺：《民族地区村落家族的特性分析》，《云南民族大学学报》（哲学社会科学版）2006 年第 2 期。

"老山头人"的区隔与鄙视一直存在，老人们维持自己服饰文化的理由就是"不穿不是傣族，不斜着穿不是傣族"。各个"花腰傣"人群彼此有着严格的区分，傣雅人、傣卡人居住在江两岸，彼此的距离很近，但彼此是区隔的，傣雅人与那些"老傣卡人"以前从不通婚，直到今天与外族人通婚的也是少数，而且主要是出去打工和在单位工作的人。据说三个人群的语言也不尽相同，有时整句话都听不懂。沐村人直到现在很多人不说"我们傣族"或"我们花腰傣"而只是说"我们傣雅"。沐村人常说园村"只有一棵槟榔树，其他的都是从我们这里拿去栽的，他们一样都不有"。虽是旅游开发后的评价，但以传统文化中对自我与他者的认识为基础。新平县文联主席陶先生认为，傣雅人与傣洒人无法进行对比，因为所围绕的文化中心不一样，没有地域性关联，交流很难发生，就没有形成相应的对比和不同的认识。对碱村人，沐村人说："碱村人靠种甘蔗富起来，房子都是水泥房，城里人来就是看我们的，要是看那种规划好的，人家城里比这些地方漂亮多了。"当其他远离本村的人在旅游的各种比赛中获奖时，他们会为本村或邻近村寨的人感到惋惜和遗憾，这是族性和地域性结合中的村落文化认同的体现。

沐村人关系最亲近的是"亲戚"，"弟兄"关系被转化为"亲戚"关系，成为类血缘关系。"是亲戚呢"总是用来描述人与人之间应有的亲密关系。现在沐村人还保留着亲戚之间非常频繁的迎来送往的各种礼节，经常有各种劳作中的合作帮助和生活中的参与共享。

当地域穿越了村寨甚至坝子时，"本地"人就以地域来区分，江对面的彝族，山上的彝族、哈尼等族也成了"本地人"，沐村旅游中他们前几年一直奉行本地人不收门票，而对于谁是本地人，他们说"看得出来的"。对于年节时政府组织收取门票的事，村人在经济之外的一个反对理由就是"亲戚来了都进不来就整不成了"。外地人主要是指来自新平、玉溪和昆明等地的人，与旅游开发定位的以昆明、玉溪等近距离中心城市为主的旅游客源市场一致。他们描述中"本地人多"或是"只有本地人"指的就是没有新平以外地域的人。笔者第一次进入村子时，饭桌上大哥向其他人介绍笔者是老师时，他们表现了与己无关的客气，当说到是新平人时，一直到笔者村子的位置在他们的地域范围中可以准确确定位置时，笔者立刻成了可以接近和理解的"本地人"。来到村里的人，只要你住在谁家，就与那家人有着亲密关系，一个台湾来的游客说他来两次都住在同一户人家，其实他想换一家住，但他说只能住在第一次住的人家，因为在第一次交道中已成为那家人的亲戚式朋友，再到其他家住就显得看不起那家人。笔者也感到不仅住家把自己当做他家人去参加一切他家的活动，而且凡打过交道的人家对笔者也总显示出格外的亲热。

沐村人的文化取向在族性、血缘和地缘共建的基础上有不同的参照，总体上由内到外延伸和扩展，最主要的是本家族，然后是村子，之后延伸到坝子。当村落处于一个开放状态中的时候，地缘逐渐被侵蚀，血缘则更加得到突出，"是亲戚呢"成为最好关系的概括。在旅游开发中，"花腰傣"才在与外来者交流中进行自我指称。

第二是实践活动中的集体性。群体性是民族意识的外在表现，[①] 在地域和血缘建构的价值取向中，已蕴涵了沐村文化的集体性，集体性不仅是一种价值观念，而且在沐村人生活中，处处展现着以集体性为取向的实践活动，年节、人生仪礼、生产、娱乐等都以集体性行为为主见。前面已述，丧葬仪式至今仍保持着全村人共同参与的习俗，"串寨子"、"照电筒"等年轻人谈情说爱和娱乐活动往往集体出动；而像孩子满月、扯粑粑、结婚、杀猪、打弟兄、入学、帮工等活动都是大量请客，集体参与共同分享。在笔者所参与的一次婚礼中，主家杀了十多条狗、一头牛、三头猪、几十只鸡，请了一百桌客人，动员了主家所有的亲朋好友，是一次盛大的集体性活动。至今沐村人还有集体劳作而后共享成果的活动，如到河里摸鱼、抓水蜈蚣，既是劳动也是人们的娱乐，有收获后共同分配或是一起煮了吃。帮工是沐村人劳动的主要方式之一，虽然包产到户，但一家人的活计从来都是集体完成的，在那些赶时间和季节完成的活计中，如栽种、收割、建房等，总是要以换工的形式请很多亲戚和熟人帮忙，主家办好伙食，让来帮忙的人一起热热闹闹地吃，劳累被分解在集体参与中。三年前，二叔家一间房子要塌了，就请了十二个人帮忙整一下，村里不成文的惯例是每工每天二十元，二叔说请小工一百多块钱可以整完，但是请人帮忙办伙食要花两三百块钱，但他选择了请人帮忙。吃晚饭时有二十六七个人，摆了四桌，请来帮忙的人的家属也来了，帮忙人的亲戚弟兄一共四个人也来加入。在

---

① 李静等：《民族意识的内在体验和外在表现研究——一项关于民族意识的内在体验和外在表现的调查》，《广西民族研究》2005 年第 3 期。

大哥家吃饭时经常吃着吃着人就多了，路过的进来就加入到饭桌上。对村里的五保户，村里人为其砍柴，过年时轮流着捐给肉菜酒盐等物。

　　村民饭后聚在某户家中或其门前聊天是经常的事。沐村人逛马路、串门、看电视都有自己的方式——一群人参与。沐村很多人因交不起收视费而不在自己家里看电视，于是小卖部就成为公开的电视房，经常有十来个男女老少在看。有一两次村里放电影，人们大多提前到场，全村像过年一样热闹。沐村人的"本地"概念在生活的很多方面展开，呈现出集体性。

图 1-6　集体生活：准备婚宴

　　第三是交流互动中的和融性。和融性指民族文化善于接纳与交流。沐村文化的和融性很突出。口传文学中记录了沐村文化与周围族群文化进行不断交流借取的事实。据说傣雅村子在整个漠沙坝子从红河下游向上分布，一直到塘村附近共有八十个寨子，因此今天塘村公路旁有"八十寨"这个村子，成为傣雅人、傣卡人的分界，八十寨是傣雅人、傣卡人共同杂居的寨子，从该村子往上至腰街是傣卡人的聚居地。离沐村三公里的地方，是整个勐雅坝子的中心。1924 年，德国传教士在此地传教，建成了学校、医院、教堂等构成的文化交流中心。这里也是以前镇政府所在地，现在镇政府搬迁到托竜后，此地仍有新平县的支柱产业之一——糖业——的主要生产地糖厂的存在带来的片区繁荣，每周一次的赶集仍然使附近村子连成一体，整个傣雅人群以此为文化中心进行相关价值判断，各个村子以此为中心形成文化的对等关系，如沐村人的婚姻圈就是以此为中心与勒村、竜村、线村进行，而不往塘村方向发展。沐村人认为沐村和附近勒村、竜村、线村一样好，"在哪里在惯了就哪里好"。但是也有一定的倾斜，其他地方房子的更新显而易见地呈现出了经济上的优势。历史上勒村一带就是繁华之地，是《明史》中记载的万夫长刀瓮建勐创业的中心，[①]如今也有每周一次集聚各村人的赶集交流。很多人认为如果把政府的旅游开发放到勒村集市村子，可能发展会比现在的沐村好得多，因为那里已经有了赶集相聚的习俗，而且在要道上。以此为中心，各种文化在这里交汇传播，使傣雅文化形成了一种善于接纳的气度。在今天的鹤村、勒村一带，新元路的贯通使经济的发展胜过处于交通死角的沐村，但沐村文化也表现出更多的接纳吸收的态度，不用想象如今的大象渡口旁历史上商贾云集、络绎不绝的繁荣景象，就是近现代发展中它与文化中心的距离和交往，也足以使沐村人历史中秉承下的文化气度再一次彰显，沐村人就在习俗与接纳中转化着文化，实现着文化的均衡。新中国成立后深层次的交流主要是政府对沐村的治理和教化，如征兵，当兵是沐村人异地接受主流文化最主要的途径，当兵回来的人经过汉文化的洗礼而在村子里拥有双重文化身份，现在沐村主要的基层干部几乎都是当兵回来的。而改革开放后，大众传媒以及日渐开放的生活方式带来了沐村人因接受主流文化而发生的快速变化。文化变迁指文化内容的增加或减少引起文化结构的变化，如模式、风格等，其中很多是文化突变，量的积累和质的变化是"两种或两种以上的文化特质或要素通过接触、结合产生新文化结构的飞跃过程"。[②] 文化接触是突变的条件，在接触中吸收、融合、整合为新质文化。在文化接触中，除了外力作为强大的推动力外，自身的适应性及自身的需求将是影响文化交流变迁的内在原因。沐村人以前在传统文化的延续中，不论与周围和中央政府如何互动文化接触都没有现在这么广泛和深入，民间传统知识保证了村落文化生活的整合，在自己文化里，他们觉得游刃有余，一旦走出去，他们心里总有不适之感和犹豫。二叔和大哥叔侄俩的经历就是这样。他们作为当兵回来的少数与汉文化接触最多的人，根据当时的政策被安排在政府部门工

① 朱德普：《红河上游古代傣族的"勐"》，《中南民族学院学报》（人文社会科学版）1998年第1期。
② 司马云杰：《文化社会学》，北京：中国社会科学出版社2001年版，第142页。

作，大哥说法院领导的小车都停在他家的门口了，可是他没有去，他只是说："那个时候不像现在，哪点都不想去。"二叔则是"自卫还击"回来后已经到了武装部上班，后来二婶生病就回来照顾，然后就没有再回去，旁人都取笑他"娶不着媳妇就回来了"。对放弃了进入主流文化的机会，他们今天讲述时透着隐约的遗憾，自己也说不清楚为什么就没有成为"公家"的人。在整个沐村几乎没有通过考试进入学校，毕业后分配到工作单位的人，村里人说："读书小娃读到初中就跑回来了，可能是读书太苦了。""现在生活好，忙着回来玩了。"而其中的原因是对自己的文化的依赖感太强，与别的文化有距离感，文化上的不适应是显而易见的。现在沐村人在接纳中表现出对主流汉文化的趋同与认同。2006年，大哥的儿子考上了某艺术院校，尽管赶考的钱是贷款来的，但每次有人一起喝酒时，大哥总是说儿子是"我们村里第一个大学生了，我们管不了了，全靠自己，不要读半天，花了钱还回来拿锄头把就让人笑话了"，言语中露出自豪和担忧。儿子临走的前几天，请了好几桌客为儿子举行隆重的欢送仪式。从两代人面临两种文化时不同的选择，我们可以深切地感受到社会生活的变化在沐村人心中留下的不同印记。在沐村，笔者时常惊异于他们接受新事物的速度，这种速度又很快就在传统习俗中整合，成为一种风俗，不可改变，直到下一轮创新的开始。如摩托车的风行，年轻小伙子一有条件就会买摩托车，摩托车既是交通工具更是一个玩具；一家人安装了太阳能，其他人家有条件的就安装，并且安装同一个牌子的；对政府渠道所提供的各种现代化生活用具他们更乐于接受，如微耕机，人们愿意卖了传统劳作中重要的牛而购买使用它，摇摇摆摆地行驶在田间地头；杀年猪时，当过兵的二叔用火锅在桌子上煮菜，其他肉菜都是按照传统方法做好，尽管被邀来的人都不知道怎么吃，连二叔自己也没怎么整明白，但同桌的一个老人还是说这个很好，如果有条件他也要整一个。自从沐村的路修好后有了微型车和摩托车等交通工具，沐村人赶集就再也不用步行了，笔者曾邀约住家女人清晨一起走到三公里处的集市，可是一路上她掩饰不住的不自在，害怕被别人看到，回来时村里人就笑着说让我们走路回来，菜由他们帮带回家。走路的时代过去以后，谁要是再走路那肯定是有悖风俗的，所以要被嘲笑。而至今傣洒地方还保留着很多传统元素，如四十岁左右人的染齿、文身、戴圆形大耳环、保留穿传统服装的习惯，① 在交通要道上的戛洒文化变迁的速度反而没有傣雅人快。在旅游开发中，当地文化人对沐村人的感觉和评价是："特别易于接受新事物，对旅游开发的热情很高，参与中的表现就可以看出他们很投入。"无论是演员还是村民，都似乎融入了新的生活方式，傣洒人则在旅游开发中表现出可有可无的态度，好像与自己无关。② 笔者的感受也如此，面对外来者时沐村人显示出更多的是平和与接纳。从 2006 年一幅时尚婚纱摄影的广告打在村里墙上后，婚纱摄影就成为村里的时尚，有条件的人家都要去拍，并且和婚礼的摄像一起刻成碟在电视里播放，成为结婚的人向外人展示最多的东西。沐村人的善于接纳真是令人惊叹。村子里总是可以感受到最时尚和最古老的奇妙混合，两种东西似乎是并行不悖的。正如他们对待自古以来就极为严肃神秘的宗教一样，在生活中的功能意义可能是一切文化的出发点，因此只要对生活有用，就可以接受。即使最年长的妇女在政府的安排下也在游客面前拿起了话筒唱着最古老的宗教仪式调子，而雅摩在念经驱鬼时也充满了世俗化色彩，在他者的眼光中做出各种姿势和表情语言的调整，只是为了让他者拍出更好看的姿势。③《傣雅之梦》的大型舞蹈表演用一次性买断的方式征用了村民的田地，依田地的层状做成三台露天广场，村里人告诉笔者，如果田地多还是划算呢，被征用田地的人家在旅游服务中被优先考虑。村里有的人家放弃了对土地的耕耘举家到外地打工。

---

① 尽管傣洒人的服饰也不尽然是传统的样子，但是从四十岁左右的妇女斗笠和绑腿的使用、裙式服装的穿戴、锥形发髻的梳裹等仍然可以看到传统服饰的形制特点。

② 笔者在与新平县文联主席陶先生的谈话中，对"花腰傣"文化进行了扎实的田野调研的陶先生这样认为。

③ 笔者观看了沐村人一次婚礼头天男方家请雅摩驱鬼的仪式。笔者赶到时仪式已经开始了，雅摩的主要祭具——带一长尖刺的铁环、单面圆形皮鼓、一把红色绸扇子——放在雅摩左边的背箩里，身上左边的小秋箩里装着米，用毛巾盖住，雅摩身着民族服装，右手持扇，在一个篾桌前面朝门外念唱，一直唱到下午五点多。篾桌上有谷子，谷子上有米、糖、白布，旁有鸭蛋、米、糖、水果、酒烟等物，米上插着香。桌前地上插有两炷香，还有献品，左边放煮熟的鸡鸭。旁边坐着几个老年妇女，说是陪着雅摩并帮她换香，每次换两根。当笔者出现时，原来闭着眼睛念诵的雅摩睁眼看了看笔者，并停下念诵向旁边的人询问笔者的身份，因为沐村的雅摩都是新郎的祖辈，无法为他操持仪式，就从附近的村子里请了一个年轻一点的父辈雅摩来，所以她不认识笔者。当知道了笔者身份并看到笔者拿出相机时，雅摩立刻摆好自己的各种法器——把它们摆到都可以看得见的角度，整理一下衣服，一本正经地念诵起来，过了一会儿，还要求笔者按照她指定的姿势给她拍照。

与笔者所熟悉的其他民族村落相比，他们对待土地的灵活态度让人有点吃惊，正因为善于接纳，"今天的'花腰傣'文化是一种以自己的民族文化为基础的、融合了现代文化的复合文化"。①

第四，以"和"为特色的沐村文化。人们对傣族的"刻版印象"是"柔情似水"，轻盈的舞蹈、飘逸亮丽的紧身衣裙、款款的言语、悠扬柔软的葫芦丝、温柔展翅的孔雀等都在他者的印象中生成柔性的文化特点。"花腰傣"人有着与其他傣族不同的文化特点，柔中有韧，舒展而内敛，体现出平和随意又执著坚韧的刚柔相济的平衡和谐。

平坝和山地结合的生存环境是形成、塑造其文化特点的因素之一。沐村处于狭小的河谷地带，其平坝农耕稻作与山地劳作紧密结合，至今沐村人种甘蔗、香蕉、砍柴等都是在陡坡上劳作，环境的艰苦培养了其吃苦耐劳"刚"的一面。传统日常生活中，主要角色是妇女，当地文化人以妇女为主要参照对自我文化的感受是柔中有刚，他们说当地的妇女吃苦耐劳，也有好脾气，是柔中有刚。在"花腰傣"文化中，男性和女性审美的某些一致性体现着"和"文化的特征，他们的文化推崇的不是力美，不强调人体的动觉，而是追求和谐有度。浴村的槟榔树是一道美丽的风景，也是其被选为生态村的原因之一，槟榔树外皮坚硬，里边柔软，老人说小姑娘就像槟榔树一样，内柔外刚。对男性的要求也不是刚烈英武的力感，而是说"你帅得——细芽菜一样，英俊又可爱，亭亭玉立妹心田"（《赞伙子》）。"脸俏如梨叶，面滑如青叶；脸庞艾草叶，下巴尖稻叶"（《成婚调》）。② 而且还有很多对男性肤色如"白鸭"、"芭蕉心"的描述，可以感觉到他们对男性的温稳与平和的审美需求。另外，当地文化人编制自己的舞蹈符号时也极力突出"柔中带脆"的特点。传统生活中，女性是社会生活的主角，她们不仅承担家庭内外活计，也操控着村里宗教信仰——村里的雅摩在日常祭祀中发挥着重要功能。男性无疑也是家庭的支撑，在女人无力完成的方面起到至关重要的作用，如犁田耙田、江上捕鱼等，所以在劳作中被淹死在江里的大多是男人，他们解释说龙女很丑，龙王要找男

---

① 郑晓云：《"花腰傣"的文化及其发展》，《云南社会科学》2001年第2期。
② 陶贵学：《中国云南·花腰傣民间文学作品集》，北京：中国民族摄影艺术出版社2007年版，第456页。

人做女婿。① 男人还以"打弟兄"的方式建立家庭对外交往关系。如果说传统文化是以妇女为参照的"和"，在现代民族国家场域，男性以其更多地接触主流文化的优势享有更多的资源，在以前人们所称的"女人当家做主"的基础上，承担起重要的角色，如各级村官。在家庭生活中，男女分工协作，建构着特定时期家庭的平衡和谐。家庭中孩子和大人间由于宗教观念而有很多禁忌，如孩子的名字不能与父亲的名字重复；孩子结婚时驱鬼祝福仪式中请来的雅摩不能越辈，孙子辈只能请父辈的人念诵；如果父亲没有和最初的恋人结婚，后来生下的女孩不能与原来的情人同名，认为否则孩子会生病，等等，但生活中人们既按照传统风俗教育又以自然随意的态度对待孩子，一百多户人家的村子里几乎听不到大人对顽皮孩子的训斥，孩子不愿接受学校教育家长也不勉强，孩子总是和大人一起在饭桌上吃饭；婚前的孩子不论男女很少被要求像大人一样干活，孩子们承受的压力不大。孩子和长辈互相尊重，小辈对长辈也很孝顺。此外沐村邻里关系较为和谐，家庭尤其是妯娌关系的和谐也是与笔者熟悉的其他地方所无法相比的。在身体行为和婚姻关系中，身体的暴露和婚前性自由与严格的婚后夫妻关系相平衡。当地气候炎热，男男女女至今仍一起沐浴，但却没有人们想象的性开放。如果未婚先孕，要受到严厉的惩处。② 老人说要用鸡蛋大小的"曼勒果"打她，会让他们家几代人都不得好过。他们说"人们认为傣族很开放，其实没有性开放"，"耍旱田"时"只是讲讲玩玩，没有越轨行为"。旅游中被想象为远古东方情人节的花街节是其传统生活中青年男女择偶的节日，老人说"要吃几次秋笋饭才成呢"，③ 并不是人们想象中的一

---

① 这种说法来自于村里人对村前漠沙江对岸左边山脚下一个洞穴式深水漩涡的传说。在江边渡口与村民闲聊时好几个人对笔者讲述过，还有一次在江上漂流时，同行的村里人在洞口再次向笔者讲述。

② 杨世华：《花腰傣习惯法初论》，《学术探索》2003 年第 4 期。文中讲到关于女子未婚先孕要受到严厉的处罚：女子不得在寨子里生产，男方在村外搭一个棚子以便女方生产，满月后才能回寨子；满月后男子需买一条狗、一只鸡、一只鸭以备"撵寨鬼"或是"洗寨子"之用。婚后通奸怀孕也要"撵寨鬼"或是"洗寨子"。

③ 在"花腰傣"传统节日赶花街时，小姑娘把用秋笋带去的糯米饭、干黄鳝和咸鸭蛋送给相中的小伙子吃以示定情，叫做吃"秋笋饭"。

见钟情式的浪漫与放纵。可见他们善于在自然人性与禁忌约束间维持平衡。① 沐村人之间喜欢保持一种适度而亲密的距离,含蓄有致。在一起玩的年轻小伙和姑娘有你拉我扯的闹腾,笔者住家的男主人不避讳笔者的在场而为女主人揉腿捶背,但更多的时候,是一起在场的关系结构中身体的适度距离,关系场提供的是亲密,身体距离提供的是适度。在请客吃饭的宴席上,如果超出人们认为的人数,就立刻增加新的一桌,决不会彼此拥挤在一起坐。

"花腰傣"刚柔兼济、含蓄内敛的"和"也是周围彝族他者对其文化的印象。一次在饭桌上,彝族人说去到他们地方,人们会很热情,每一家都会邀约你进去喝酒,沐村人不接话,当笔者解围说沐村人也很热情时,彝族人说"这里人不熟是不会请的",同桌的村人才开口附和说:"那倒是呢。"与彝族的热情洋溢和豪爽相比,"花腰傣"人有更多的含蓄。在传统生活中,"花腰傣"人没有大幅度动作的肢体语言,如舞蹈,日常生活中很少看到村民急匆匆地走或跑,他们总是不紧不慢地行走。其歌唱也以平稳轻柔的一音一拍的旋律节奏为主,其语言中有六个声调,具有轻柔温婉、起伏有致的语音特征。人们认为"傣族性格温和,家庭和睦,夫妻子女之间亲爱相处,极少吵架打骂孩子",邻里和睦,团结互助,善良勤劳、整洁爱美,以不斗为美德。② 在"花腰傣"地方,民间群体暴力如械斗几乎没有,沐村人说他们村子"解放以来都没有因为犯法而去劳教的(其他村子有个别的)","我们不犯法,也没有大的成就,所以富不起来"。当他们感叹自己不善积极经营而生活总是平平淡淡的现状时,从某种角度而言也正显示了"花腰傣"文化的平和与内敛的特征。

---

① 《元江志稿》(三十卷,民国十一年铅印本)里记载说:"附郭僰夷及各乡种(夷)人,均多自由婚配。先得男女同意,然后禀命父母,通媒妁致礼成婚。"民国八年,禁革夷民陋俗"一、男女婚配,宜禀由祖父母或父母主婚,无祖父母及父母者,可由其他亲属主婚。""二、凡夷民女子既嫁,须满月后始许归宁,少则一二日,多则半月必返回夫家。"引自丁世良、赵放《中国地方志民俗资料汇编·西南卷》(下)北京:北京图书馆出版社 1991 年版,第 802 页。由此可见,"花腰傣"人婚俗中一些文化禁忌是受到汉文化影响的结果,在沐村,很多老人都丝毫不避讳主动向笔者讲述自己失败的婚姻,都说是父母包办的结果。

② 国家民委"民族问题五种丛书"之一"中国少数民族自治地方概况丛书"《新平彝族傣族自治县概况》,昆明:云南民族出版社 1986 年版,第 51、53 页。

二、沐村展演生成

（一）展演生成背景

2001 年在沐村历史上是个特殊的年份，这一年，沐村被县政府确定为"花腰傣文化生态村"并进行建设，虽然作为文化村旨在保护传承地方"花腰傣"文化，但在建设实践中以旅游开发为目的，沐村变迁的目标不是"生态性"而是"旅游性"。① 沐村建设活动很多都是由旅游局分管，文化局似乎是一个配角，从乡上调入县文化局工作的人说，漠沙人都以为他进入的是旅游局，很少有人知道他在文化局工作。

从总体上看，政府旅游开发是沐村旅游展演生成的背景。在中国，20 世纪 90 年代后随着整个国家的经济发展和产业结构的调整，旅游业成为支柱产业之一得到各级政府的重视，大众旅游消费在中国兴起，旅游者的足迹和当地人的旅游开发几乎遍及全国每一个远离都市的角落，民族地方的异域风光和独特文化使其成为颇具吸引力而又便利的旅游地。在云南，文化大省建设的目标极大地动员了全省拥有的各民族文化资源，于是在各级政府的发展规划中，民族旅游开发成为一项最重要的经济发展规划。"花腰傣"文化作为玉溪独特的民族文化资源得到了市、县、乡三级政府的重视。沐村的旅游开发首发于政府意志的操作。在政府的发展规划中，成立了相关管理部门和机构：1994 年 4 月成立政府直属单位新平旅游开发总公司、新平县旅行社；1996 年 1 月成立新平旅游（事业）局，1999 年 12 月 12 日，旅游开发总公司更名为"新平旅游开发服务中心"；2002 年 3 月，成立旅游产业发展领导小组；2005 年 2 月设立新平县旅游咨询服务中心。从这一系列机构的设置变换中可以看到沐村旅游开发与政府的关系。

在机构设置中，与沐村相关的一系列旅游规划相继展开。1998 年 12 月至 1999 年 3 月，由中国科学院地理研究所旅游规划研究中心、云南省地理研究

---

① 熊术新等：《中国云南两个少数民族村落影像民俗志：民俗文化在传播中的意义蜕变》，昆明：云南大学出版社 2007 年版，第 61 页。

所、玉溪市旅游局、新平县旅游业发展与布局总体规划领导小组、新平县旅游事业局完成了新平县旅游资源普查，1999 年底完成了《旅游资源普查表》，2000 年 1 月完成了《旅游业发展与布局总体规划》、《花腰傣民族风情园可行性研究报告》和《哀牢山生态旅游开发项目可行性研究报告》。2001 年，玉溪市旅游局邀请云南师范大学旅游与地理科学学院和云南师范大学旅游规划与开发研究中心的专家到新平进行玉溪市《红河谷—哀牢山旅游带开发规划》工作，2002 年完成了规划的内容。调查认为，"花腰傣"的民俗风情是新平最为突出的优势旅游资源，也是最能体现玉溪市红河谷—哀牢山旅游带文化风貌的优势旅游资源，于是确定浴村和园村作为"花腰傣"文化生态旅游村与碱村"花腰傣"民俗文化传习馆为"花腰傣"文化集中展示的三个主要景点。新平县以《红河谷—哀牢山旅游带开发规划》为依据，2003 年成功举办了"首届花腰傣花街文化旅游节"，2004 年 6 月，再次邀请云南大学旅游研究所的专家实地考察后，于当年 12 月写成了《新平县园村花腰傣文化生态旅游村开发》和《新平县沐村花腰傣文化生态旅游村开发》两个修建性详细规划，意在为两个景区深度开发、提档升级打下基础，但在后来的开发实践中没有得到实施。

除了各种调查、规划外，在旅游形象设计和打造中的重要环节——宣传——几乎也是由政府包揽。1999 年，"花腰傣"民族服饰手工艺品在昆明召开的全国旅游交易会参展。2000 年，"神秘哀牢之旅"新平采风活动和"聂耳杯"全国摄影大赛举办；同年 2 月，在新平召开"中国云南·新平花腰傣文化国际学术研讨会"，同时利用元旦、春节及新平县县庆，组织了省、市七家大旅行社在春城晚报、滇池晨报、文摘周刊、玉溪日报等媒体进行"千禧年新平'神秘哀牢——花腰傣之乡'之旅"旅游线路推介活动。2001 年，新平县旅游事业局借助中央、省（内、外）、市、县的电视台、报刊、广播、互联网等媒体，借助国际、国内旅游交易会平台，展开多层次、多角度的宣传。2002 年，旅游事业局组织的"新平花腰傣风情图片展"在国内几个大中城市巡回展出，香港凤凰卫视、省内多家电台、报刊和杂志进行了宣传报道，印制了两万份《新平导游图》发放到各景区（点）。2003 年，县旅游事业局以举办"首届'花街'文化旅游节"为契机，邀请云南天鸟文化传播有限公司通过电视、广播、媒体、报刊、招贴画等多种方式为新平"花腰傣'花街'文化旅游节"做策划和宣传；旅游节期间，云南电视台、玉溪电视台、云南日报、玉溪日报等媒体深入新平旅游景区进行实况采播报道。2004 年节庆前，通过各种新闻媒体进行多层次、多渠道宣传，邀请省、市及省外一些媒体来新平采访、踩线，编排专题旅游节目，制作全面反映新平县丰富旅游资源、旅游产品和线路的电视专题片以及 VCD 风光盘，在主要客源地加强宣传；在新平县政务信息网主页上，设计"花腰傣"网页，增扩图片内容，汇总旅游信息，实行动态促销；积极配合好市旅游局驻昆联络处搞好冬春季节旅游宣传促销工作，对新平旅游景点、线路安排、旅游接待设施的具体情况进行重新整合，制作新平县旅游宣传图册。2005 年，新平县旅游局邀请云南电视台"非常大不同"栏目到新平拍摄"花腰傣"民族系列专题节目，栏目组分别到漠沙、戛洒、南碱对"花腰傣"民族歌舞、民族服饰、民族风情、文身、编织、刺绣以及"花街节"盛况等进行了拍摄；同年邀请还云南电视台"发现玉溪·自驾车之旅"摄制组一行十四人到新平拍摄自驾专线游；为拓展省外客源市场，邀请广东省东莞电视台到新平采风报道，宣传"花腰傣"风情以及哀牢自然风光；配合市旅游局参与昆明《大观周刊》"发现玉溪"春、夏、秋、冬游的专刊制作，组织县内各涉及旅游的企业参与配合，把新平县的特色餐饮和特色商品向外推介；组织各涉及旅游的企业和旅行社参加市旅游局主办的六州市旅游产品采供会，编制并出版印刷《花腰傣之乡——新平体验游》旅游画册五千册，投放到全县各宾馆酒店和旅游景点进行宣传；组织人员参加 2005 年"中国昆明国际旅游交易会"，印制了五千份《哀牢山—红河谷专线游》宣传册到交易会上发放。①

　　在近几年里，以沐村为代表的"花腰傣"文化旅游开发几乎是政府主导下的行为，在 2006 年和 2007 年，按照政府发展规划对沐村建设和旅游活动进行了较大的投入，在基础设施的完善方面上了一个台阶，有关专家认为，这为沐村从民族文化旅游向休闲度假型旅游提供了重要基础。② 在后来的发展中，县委、县人民政府高度重视县域文化产业的发展，把县域文化产业发展纳入经济社会发展规划，以科学发展观为指导，结合县域文化产业的发展实际，突出

① 以上资料源于新平县旅游事业局提供的《旅游志稿》。
② 同在沐村进行田野调查的旅游研究专家在与笔者的交谈中表达了这一看法。

地方文化产业特色，实施全面非均衡性开发建设，这既是县域文化产业发展实际的需要，也是县域经济社会发展的要求，它必将推动新平县文化产业的长足发展。这是县政府"十一五"规划中的纲领性意见，其中优势机遇中有"独特的花腰傣民族文化资源优势"，发展重点和布局中有"文化旅游业、民族文化产品加工业"，而主要支撑建设项目全部都以"花腰傣"为对象，还明确了发展对策和措施。

地方政府通过旅游开发实现着双重功能，一方面作为使当地人现代化发展诉求得以实现的父母官，其意图在于给其辖区的人民带来利益；另一方面作为行政系统中的各级部门，要向上级展现其功绩，以示谋其事的尽职。政府的行政区划本身就是一种权力，沐村是在市、县、乡三级政府的相关规划中被推出的，县域作为市的资源，乡域作为县的资源，客观地讲，漠沙的开发优势远没有戛洒好，在政府部门的规划和宣传中都是以戛洒为重点，在哪里投资与开发是各乡级政府在市县政府竞争的结果，因此，沐村是在与园村和碱村的各地方性代表中作为漠沙的选点被推到县域旅游大潮中的，成为市、县、乡各级政府旅游经济发展的前沿，选择沐村是政治力量较量的结果，由此，沐村从一个不为外人所知的小山村被推到众多他者面前。当地其他村寨的人和文化工作者都认为漠沙坝子的其他傣族村落比沐村漂亮干净的很多，只是县上选定沐村而已，而据说县上主要考虑到它是传说中花街节的发源地。漠沙的开发选点沐村，主管领导能力的高下被村民从村落建设和发展角度进行评价，村民抱怨沐村发展不好时都在政府身上找原因：如政府不重视，把资金力量都投到戛洒去了，"漠沙仗不着领导，如果某领导还在任，漠沙早就发起来了"，漠沙政府不重视，戛洒政府亲自"派小姑娘到昆明宣传呢"，等等，村民一直把旅游开发的希望寄托在政府身上。

（二）沐村展演空间

在村寨中，随着旅游者的到来建构了一种最主要的自我（村民为代表的本地人）与他者（游客）关系，从 2001 年起在沐村人的自我与他者显性关系构成中带来村落空间格局的变化与村容的改变。村寨旅游使村落空间和舞台展演空间往往是交错并置的，或二者合一，或二者交错重叠，园村就属于后者，而沐村则属于前者。

自 2001 年始，旅游开发使村子变成了"花腰傣文化生态旅游村"，很多村民不知道这个名称及其含义，但村子的变化实实在在地呈现在眼前，经历了四五年的改造，随着本地政府主管领导的更换，在不同领导争取到的不同的投资与建设中，村落发生着改变。

最早一轮投资的时间村民只有不太清晰的记忆，据官方记载是 2003 年开始一期投资，[①] 说明了官方操作中民间记忆的模糊性，很多村民不知道这些村子的变化是怎么开始的，他们只看到结果呈现。

2006 年以前，首先是村口出来百米远的公路上盖起了寨门，支撑的柱子做成绿竹样，"绿竹"上内外门头各搭上一顶硕大的绿色斗笠；村里的大路变成了水泥路，一段时间后多处出现塌陷，翻出了小碎石；一片片的田地和牛圈彻底消失，平整出了一片用碎石铺就的场地作为停车场，靠东北边建起了一个舞台；台后路边槟榔树林中，砍掉一些树平整出了一块遮阴的歌舞表演地，后来从土场变成水泥地，中间用小石子镶成一圈白色的圆形图案，在中间嵌入"傣雅"二字。以舞台为中心，村人把停车场一片称为歌舞场。从歌舞场出去延伸到江边的路上铺了一小段水泥路，往右岔路铺成卵石，穿过槟榔林绕田回到去江边的路上。渡口铺上了水泥，砌成了水泥台阶，江边用石头砌起铺成一条几米宽的大道，江边树下的泉水被命名为"情人泉"，放置在修建的水泥台子中，台上有几块大石头供放牛和摆渡人休息，顺着台阶上来的江边修了两所简易的砖石小屋，一边用来让摆渡人在里面做饭吃的，一边用来摆放漂流船的。古驿道变成了一条毛石路，和村中大道相接的地方，牛圈消失之后建起了外观仿土掌房的混凝土调查研究基地。村前左右两边各修一个用卵石砌盖的公厕，歌舞场边陆续盖起了两家小卖部，老奶奶们把各种小玩意摆到场边卖，歌舞广场成了村里人活动的中心。在游客的光临中，"傣家乐"、"有住宿餐饮，价钱合理"、"吃饭请进"等牌子挂在树上或墙上，这些以前从未听到的词语成了村里人可以理解和言说的东西。制作服饰的人家增加了，村里随时可以见到服饰的加工制作点。但是，总体上看，村落格局的改变中并没有增添村落外观的景观特点，旅游景点建设不突出。2006 年第三期投资给沐村带来很大的

---

① 《旅游志稿》中说："2003 年 11 月启动沐村花腰傣民族文化生态村一期开发建设，投入资金 311 412.84 元，工程于 2004 年 1 月竣工。修建了游道 900 米，休息凳 34 个，休息桌 33 张，旅游厕所 2 个，江边码头游道 322 米，整填停车场 2 个，旅游信息标牌 6 块，民族歌舞广场等。"

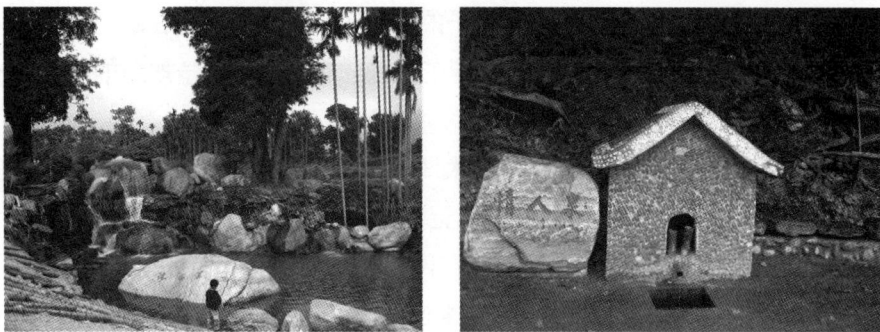

图1-7 新建的景点：沐浴瀑与情人泉

改观。该轮投资源自本地政府对沐村开发的决心，本地政府和百姓都认为傣雅这边才是"花腰傣"文化的代表，要把漠沙建为"花腰傣"文化"核心区"，于是加大力度建设开发中的沐村，在社会主义新农村建设、农业综合治理、民族团结示范村等资金项目的集中投入中，沐村寨门的斗笠被刷成淡黄色，与日常生活中经常使用的斗笠颜色一致。村子入口从村南改为顺着公路一直往村后走，从第二次搬迁牛圈平出的停车场和公路交界的地方入口，村口竖起一块上面书写了村名的大石头，进入村子首先是停车场左边清澈的流水在参差有序的横布巨石中流淌并形成瀑布，其中一块巨石上刻着"沐浴瀑"三个字，旁边点缀着槟榔树，水里装有灯光设备，晚上绿色的灯光把树林照得亮绿，并映射着潺潺流水。村中大道重新铺设，原先碎石铺就的歌舞广场铺成水泥格嵌草的圆形广场，广场在卵石的高低错落的铺设中形成一圈圈蔓延开的圆形，圆心在电源控制下内层可以喷出流水，流水顺着场上四面八方的几条低洼石子沟渠流开又汇聚到场边两道圆形沟渠，从舞台侧边流入大沟渠。场边的小卖部拆了，在广场南面修建了两家"标准"农家乐，农家乐前广场边上是茅草盖顶的文化长廊，长廊延伸到广场西边，与"花腰傣"文化展览馆相连，展览馆北边是文化长廊的延伸。在村东南的田野里，平出了几百米三层依地势呈梯级分布的广场。从村子到江边的大路全铺成石子路，并以"花腰傣"妇女服饰上的纹饰作为图案，突出三角形和鼓起的圆形银泡。槟榔林里的枯枝腐叶被清除，铺上大卵石，并砌起了石桌、石凳。江边以前石头砌平的大道铺成了水泥观江大道，情人泉处的石头台子不见了，用卵石砌成一所小房子，泉水从里边流出，江边的简易屋子被翻盖成两层竹楼，有人在里边卖饮料茶水，对面的沙滩

上偶尔可见的彩旗把一片沙滩
打上了旅游空间的印记。村落
的变化还在于，只要在村里，
无论看与不看，村民都知道歌
舞场的热闹，音响放起来时四
村八寨都能听到。几乎不变的
音乐和解说每个人都耳熟能
详，当听到有声音说"请欣
赏"时，人们知道村里又来了
一些自己不认识的人。

　　村落格局的改变并非直接
为了本地人，它与沐村人的
"传统"一起产生召唤力量，
等待着游客的到来，开始展
演。村落的一切变化首先都是
为他者准备的，为他者制造出
一个展演村落文化的舞台空

图1-8　仿妇女服饰图案的村道

间，舞台展演空间的设置与村民生活空间有着一致的方面，是两个空间的重叠
交叉，如原来的公共空间和未变的私人空间，很多变化对村民们来说在没有游
客的时候也是他们生活的一部分，即使有展演，村民日常生活也与它并行不悖
地在村里展开，舞台空间也是生活空间，是并置存在的，在游客他者到来与否
中进行着转换。而在村落生活空间被舞台空间所代替、覆盖的变化中，贯穿着
展演空间与村民日常生活空间的争夺。在村民的日常生活中，每一块空间地域
都有明确的归属和属于自己生活的用途，而舞台空间的强行介入，打破了村落
生活中原有的空间格局，不仅是村落的路口的简单移位、景点、路况的改善变
换，更多的是两种空间转换中村民生活必需空间消弭中的某种紧张：歌舞场、
停车场的建设迫使牛圈搬迁，牛圈搬迁不仅占用了一些田地，而且远离村子，
有着安全隐患；歌舞场、停车场的建设涉及部分村民田地被占用。尽管在政府
力量干预下紧张得以部分化解，但如果旅游效益不好，村民的生计无法替代，
紧张将持续甚至加剧。在心理上，原来的村落格局具有神圣性，如婚丧等重要

事情，村里人还是从原来的村口而不从新建的村口出入，尽管那很方便。

图1-9　新建的歌舞广场

空间是生产性的，村落空间中展演空间的生成是一种社会关系即展演关系的生成，沐村空间格局的改变是"一个古老的民族村落，开始进入以价值交换为核心的现代性空间"。① 意味着村落文化生存方式的改变。村落空间的改变潜在地确立了旅游场域中本地人与他者看与被看的展演关系，舞台成为转化的机制与区隔。在沐村展演关系建构中，包括自然生活转换为展演和有意识的展演，自然生活转化为展演是指沐村的文化生活在展演空间中发生了质的转化：原来的生活是自然流动的，是为村民自己，而在展演空间中，沐村生活成为他者眼中的一种展示，是直接服务于他者的；有意识的展演以艺术展演为主。村落展演空间的构筑使地方传统生活中艺术活动与村民生活混融一体的局面被打破，嵌入了逸出村民日常生活的展演化艺术生存方式。沐村共有三个集中表演歌舞艺术的舞台及其展示工艺文化的一条文化长廊和一座展览馆，集中于这五个地方展演的内容主要是被称为"艺术"的歌舞、服饰以及其他手工艺品即艺术展演。

传统民族村寨文化整合性较高，村民们共享整个村落文化空间，在其中延续着自己地方性文化生活。沐村文化在主流文化的不断渗透和改造中发生着变

---

① 熊术新等：《中国云南两个少数民族村落影像民俗志：民俗文化在传播中的意义蜕变》，昆明：云南大学出版社2007年版，第61页。

化，在全球化背景下，沐村文化更增强了开放的态势，尽管这样，沐村"花腰傣"人的文化生活仍保持着强烈的地方性。沐村旅游的就地开发，使村落生活空间发生了极大改变，村落布局局部重新安排，在展演空间与生活空间的交叉重叠中，潜在地生成了沐村的展演关系，使沐村旅游展演艺术成为沐村生活空间与展演空间中的双重存在，与村落生活空间紧密相连。

第二章　文本生成：生活向舞台的转化

一、村落生活与展演表征

(一) 他者凝视与地方性表征

当代社会生活已经表现为巨大的景观,"直接存在的一切全都转化为一个表象"。① 这种视觉性表征重塑着人们的经验和记忆,成为当下人们思考、感觉和行动的方式。视觉性表征使凝视在当代社会无所不在,当代社会在看与被看的视觉权力运作中处于福柯意义上的全景敞式的凝视中。因此,凝视不仅是主体对物或他者的看,也是作为欲望对象他者对主体的注视,是主体的看与他者的注视的一种相互作用,是一种统治和控制力量,是看与被看的辩证交织,是他者的视线对主体欲望的捕捉。② 当代全球化和地方性互动进程中,对文化他者的凝视——穿梭于异文化的旅游——无所不在,旅游中的凝视就是主体的看与他者的注视的相互凝视。约翰·厄里在其《旅游者的凝视》中,指出当今大众旅游中旅游者的凝视指向那些与通常所遇到的东西不同的富有特色的东西,旅游凝视更突出视觉性;旅游者的凝视通过符号建立等,因此,凝视是旅游经验的中心,视觉支配或组织了体验的东西,③ 旅游凝视穿越文化边界,以建构性机制生产着新的异文化。

在民族村寨旅游中,凝视主要聚焦于那些被称作"艺术"的文化展演上。有学者认为,现代旅游中越来越多地包含着对"艺术品"的审美需求,甚至"艺术之旅"已成为现代旅游中的一种类型。④ 因此,"在许多少数民族社区中,人们用具象化的形式,着意恢复和重新创造富有特点的民族文化,阐释文化遗产,并进而以此作为谋求更重要社会地位的象征性手段,艺术正在作为表

---

① [法] 德波:《景观社会》,王昭凤译,北京:北京大学出版社 2006 年版,第 3 页。
② 拉康等:《视觉文化的奇观:视觉文化总论》,吴琼编,北京:中国人民大学出版社 2005 年版,第 8 页。
③ [英] 鲍尔德温等:《文化研究导论》(修订版),陶东风等译,高等教育出版社 2004 年版,第 393～394 页。
④ 彭兆荣:《旅游人类学》,北京:民族出版社 2004 年版,第 207 页。

达政治意愿、展现族群性的手段，被越来越多的族群更娴熟地加以运用"。①
这是他者和自我互动中旅游艺术展演得以生成的基础，沐村旅游展演艺术正是
旅游开发中他者的凝视下"花腰傣"文化的表征。

　　表征是用各种符号来代表概念、观念、情感，表征的实践就是概念、观
念、情感等"在一个可被传达和阐释的符号形式中具体化"。② 表征的运作过
程就是文化意指实践，是文化的建构，而表征的形式或结果就是文化产品。表
征的特征是对观念系统的再现，是对身份认同的表现（presentation），或建构
一种有误的再现（misrepresentation），与意识形态、权力、话语和主体性密切
相关，所以文化的表征是一种复杂的意识形态关系的最集中的再现。③ 沐村旅
游展演艺术建构就是创建了具体符号形式表达和再现沐村"花腰傣"文化的
对他者进行的表征实践。

　　他者的凝视与地方性表征是旅游中的共生关系，凝视是表征的动力，表征
是为了满足旅游凝视。地方性是在全球化的同质化过程中的诉求和表征，在旅
游实践中，地方是一个名副其实的关系构造，既是一种具体的有形的"物化
结构"，也是一种抽象的无形的"意化结构"，④ "现代游客在旅行前，通过广
告、网络、电视、宣传画册、报刊等媒介获得旅游目的地的信息，并形成对
'他乡'的期待。旅游目的地也会根据游客的期待和目的地所引导的'期待'
营造目的地，使其尽可能的符合游客脑海中的'异者幻想'"。⑤ 在民族村寨旅
游的凝视场景中，看与被看的双方基于各自的需求相互建构，彼此成为欲望对

① 庄孔韶：《人类学通论》，太原：山西教育出版社 2003 年版，第 554 页。
② ［英］霍尔：《表征：文化表象与意指实践》，徐亮等译，北京：商务印书馆 2003 年版，第 10 页。
霍尔认为表征是通过语言生产意义，"表征意味着用语言向他人就这个世界说出某种有意义的话
来，或者有意义地表述这个世界"。语言用于表征世界主要有三种理论：反映论、意向性、构成主
义。文中主要通过对受索绪尔影响的符号学方法和福柯的话语方法两种主要模式探讨了构成主义理
论，构成主义就是社会的行动者们使用他们文化的、语言的各种概念系统以及其他表征系统去建构
意义，使世界富有意义并向他人传递有关这世界的丰富意义。参见第 25～26 页。
③ 邹威华：《后殖民语境中的文化表征——斯图亚特·霍尔的族裔散居文化认同理论透视》，《当代外
国文学》2007 年第 3 期。
④ 彭兆荣：《（后）现代性与移动性：生态环境所面临的挤压——兼论旅游人类学视野中的"旅游文
化"》，《中共桂林市委党校学报》2005 年第 2 期。
⑤ 刘晖：《旅游民族学》，北京：民族出版社 2006 年版，第 137 页。

象，其中，他者的凝视对本地人具有召唤性，使本地人进行积极的文化表征以供他者凝视。沐村独特的"花腰傣"地方文化资源是吸引游客的关键，沐村旅游就是为了满足游客对"花腰傣"文化的凝视，因此，表征中的符号都突出"花腰傣"特性，艺术符号制作突出与本地文化生活的关联，把那些能指符号嵌入到地方叙事结构中，使它成为地方文化的表征，为游客大众所接受和理解。

沐村旅游开发以前，以国家为主的凝视意在对其进行收编同化，而基于地缘关系的彝族、哈尼族等他者的凝视，因彼此都没有对对象的欲望性而缺乏生产性力量，沐村文化建构处于一种不自觉的表征实践中。旅游中他者的凝视作为一种权力运作在沐村旅游中具有生成性动力意义，是对沐村文化转化为大众文化的阐释与建构，旅游者凝视中产生的召唤性激发了本地人进行文化的自我表征。对沐村的凝视与文化表征从政府开始，它是以为本地人谋发展和代表游客消费需求的双重视角，动员了媒体、专家学者、文化工作者、村民等各种力量进行自上而下的表征实践。

沐村展演艺术对沐村生活的表征是突出"花腰傣特色"的选择性表征。霍尔认为，差异是意义的根本，"花腰傣"文化的"差异"正是沐村旅游的基础，当地人力图使他们的展演显得仿佛就是他们仍在延续的日常生活，通过自然化这种表征策略，来固定"差异"并永远保住它。① 因此，突出沐村"花腰傣"文化，反映他们不同于其他地方的生活就是展演所要承担的直接目的。沐村文化生活处在不断的历史变迁中，并非完全呈现出不同于其他民族的异质性，恪守着人们想象中与其他民族不同的"花腰傣"地方性文化生活，相反，它呈现出复合多元的特点，在民族国家几十年的影响中，它不再是单纯的异文化而更多地走向主流文化的特殊亚文化，并在全球化背景中加快了变迁的速度。有学者指出，民间更希望艺术保留自己原来的风貌，政府希望增加吸引力带动经济的发展，本地学者则希望既尊重历史又挖掘亮点。② 在沐村，政府、本地学者都是沐村的代言人，为吸引他们共同的他者游客，对那些能够体现"地方特色"的已经消失和正在消失的"传统"进行了深入挖掘。

---

① ［英］霍尔：《表征：文化表象与意指实践》，徐亮等译，商务印书馆2003年版，第227~280页。
② 王萍：《旅游人类学视角下的剑川石宝山歌会》，《生态经济》2005年第2期。

沐村当下的混合型文化不能满足他者对"花腰傣"文化旅游的需求，但它却是沐村展演艺术建构的文化生活逻辑。沐村人的行为片断从其自然生活环境中被抽出用作重构展演整体的素材，以两种方式进入展演场域：一是生活形态的文化直接进入，于是那些在生活中已然消失或正在消失或尚存的文化事象就被吸收进去，如已消失的情歌，沐村人不会唱就向其他村的师傅学；村里那些祭仪中一直念唱的调子也脱离了宗教仪式由雅摩或四五十岁的妇女在展演中演唱；传统服饰和吹树叶直接被放进展演中，有时还把沐村周围村子的东西也收集进来，如圣村的大鼓舞、塘村的跳老虎头，偶尔还加上周围哈尼族的棕扇舞。二是生活内容的进入。沐村生活中没有的艺术形式如舞蹈，则根据沐村生活进行加工，其中沐村人典型而直观的传统生计劳作方式成为主要展示内容。来源于生活的艺术形式直接呈现着沐村生活的独特性，而根据沐村人生活加工的舞蹈也鲜明地反映着沐村"花腰傣"人的农耕稻作文化，田里洗脚、插秧、薅秧、犁田、耙田、挑担、割稻、纺线、织布、各种方式的捕鱼、"森"和"森笼"等各种捕鱼工具、养鸭、放鸭、赶鸭、捡鸭蛋、砍甘蔗、削甘蔗、摘芒果等劳作生活细节都在舞蹈中被直观地呈现出来，[1] 有时还把婚俗编成舞剧进行展示。沐村历史文化生活中原有"艺术"形式直接进入（或照搬进入，或适当加工）和相关生活内容的进入，是舞台展演艺术对沐村生活的表征，而沐村复合文化生活又为整个展演艺术实践与意义生成提供了基础。

（二）展演表征中的权力关系

文化表征充满着权力的运作，权力渗透在文化生活中并且"审查和生产各种事物，它带来愉悦，形成知识，产生话语。它应被看做一具通过整个社会机体运作的生产网"。[2] 在此，权力就是各种关系。沐村展演艺术文本制作也是各种权力关系互动的结果。有学者对旅游开发中的官方、学者、民间及其市场（游客）几种主要力量的互动进行了分析，[3] 认为在各地方旅游场景中，几种力量具体互动情形因地方文化的差异而呈现出不同状况，各种权力互动在展

----

① "森"是"花腰傣"人的一种捞鱼网兜，"森笼"是瓶状鱼篓。

② ［英］霍尔：《表征：文化表象与意指实践》，徐亮等译，北京：商务印书馆2003年版，第50页。

③ 方李莉：《从艺术人类学视角看西部人文资源与西部民间文化的再生产》，《文化研究》2006年第1期。刘晖：《旅游民族学》，北京：民族出版社2006年版，第231~246页。

演艺术建构的不同环节也是有区别的，从而形成地方性文化生产中的变量和差异，呈现展演艺术的地方性。

展演艺术建构中主要的力量是官方。少数民族地区的现代化转型中，国家压力要大于其内部动力，并在 20 世纪 80 年代以后变迁因素日益多元化。中国旅游产业发展的一大特征就是政府的广泛干预，也是中国旅游业能够迅速发展的重要原因。在政府与市场的关系中，政府处于主动地位，主导旅游产业的发展。① 沐村旅游的整个旅游开发计划都是由市、县、乡三级政府制定和执行的，在景点设施规划和文化产品设计规划中，政府是主导性的。政府在产业结构调整而发展的旅游业中选择了沐村，然后聘请有关专家进行资源评估和制定详细规划，认为沐村的核心旅游产品主要为服饰、歌舞、傣式沐浴等，并设计规划了可以作为展演艺术的内容和形式。② 在政府"十一五"规划中要发展文化旅游业，"开拓文化旅游表演项目，专业文艺团体着眼于文化旅游业的兴起，编创一批有地方文化特色并适合旅游观光的表演项目"。民族文化产品加工业实行"一村一品"中的"秧箩工艺村"、"土陶工艺村"、"纺织工艺村"、"民族饮食村"等都以"花腰傣"文化为依托。

沐村人在旅游中激发起对自己文化的自觉，但沐村生活中原有传统艺术资源不足以直接转化为旅游大众消费艺术，虽然村里人在不断变迁的生活中已经熟悉了大众文化，具有了大众文化欣赏口味，如通过媒体传播的流行音乐、舞蹈、小品等，但是，作为普通的大众文化消费者，他们并不具备运用大众文化形式表述本地生活的艺术创造能力。因此，其展演艺术文本制作主要是以政府力量进行的。沐村艺术展演最早没有制作相对规范的文本，具体符号和形式的选择主要在文化部门——县文化馆和乡文化站——的指导下进行。文化工作者认为，沐村最亮丽的就是服饰，所以在就地取材的自然转化中，服饰及其相关的斗笠、秧箩成为展演内容；文化站和村委会共同操作，请其他村寨的老艺人传授民间小调；沐村人没有自娱性舞蹈，为了达到政府的文化汇演目的，文化

----

① 刘晖：《旅游民族学》，北京：民族出版社 2006 年版，第 240～245 页。作者在文中引用王大悟、魏小安的观点，界定了政府主导型战略是按照旅游产业自身特点，在以市场为主配置资源的基础上充分发挥政府的主导作用。

② 云南大学旅游研究所：《新平县大沐浴花腰傣文化生态旅游村开发修建性详细规划》（评审稿），2004 年，第 25 页。

工作者为村民编成了简单的"台步"——在游行中走过主席台前的简单走步性舞蹈表演。在旅游中，以"台步"为基础，凭着"'文革'中演过戏"的舞台经验，中年妇女参与进行简单的"台步"表演，迎接游客。后来，文化馆和文工团（后来为了宣传"花腰傣"文化改为"花腰傣艺术团"）工作者根据原有的"台步"和"花腰傣"文化特点，编创了不同的舞蹈符号，在每一次大型展演前下乡辅导村民，把舞蹈教给村里参加展演的人。舞蹈音乐的选择制作，或根据本地小调，或根据被公认为傣族音乐的符号进行一些剪辑加工，使它与舞蹈节拍和舞姿结合起来，或是先选音乐再编创舞蹈。作为文化工作者的一项任务，是部门工作业绩体现，因此舞蹈节目制作具有群体性，谈到哪个舞蹈和符号是由谁编创的，人们都说不清楚，只说"当初编的时候就是大家一起编的"。在村子里，人们都说是县上的人编的或是教的。

代表官方制作沐村展演艺术文本的，是拥有局内与局外人双重眼界的人，不论是"花腰傣"还是其他民族，共同的地域生活和县域文化活动使他们熟悉"花腰傣"文化，其中文化站站长、文工团副团长及其几个编创者和演员都是来自漠沙的傣雅人，他们熟知自己的文化，又受过主流文化艺术创造和表演的训练，具有在跨文化经验中进行本地文化表征的能力。

很多学者谈到民族文化当代复兴现象中，民间草根力量是不可忽视的主体力量，在沐村，村民自身需求也成为展演生成的根本性力量。展演艺术最直接的动机在于沐村人对经济利益的追求，为此，村里人积极地投入到艺术展演制作中。旅游市场中利益的驱动极大地激发了村民对服饰和其他工艺的制作的积极性，即使没有政府主导，直接进入市场交换的服饰等工艺制作也在自发地进行着，如小葫芦、竹饭盒、秧箩、斗笠、服装等，都成为沐村旅游展演中主要的艺术品。对服饰和工艺品的制作，沐村人拥有自主权，村民根据传统和自己的理解加工出一套套各具特色的服饰和各种小工艺品，政府力量的参与主要体现在其中引导市场性变迁，使服饰等工艺制作更适应旅游展演的需要上，如县城的服装设计师设计加工出适应舞台展演需要的简约方便的服饰以及加工各种手机包、提包等。

文化工作者制作的文本呈现在展演中之前要经过沐村人的排练，舞台呈现的是经过沐村人二次加工的文本。在排练中，村民根据自己的理解在实践中对舞蹈进行加工改编，更主要的是，不是每个村民都直接从编创人员那里接受文本，很多因各种变动而逐渐加入到展演队伍中的人都是通过向老队员进行学习的人，其理解能力、实践能力以及审美观念都会造成已有符号变形，这样，文本制作中也就包含村民意志的有限表达。文艺队员多次表达过：有些动作他们觉得不好看，就按照他们觉得好看的改动一下；有些动作他们觉得不易学，就把它变得容易跳一点。同时，在对给定文本学习的基础上，他们会根据已得到的艺术经验，结合自己的生活实际进行文本制作，如文艺队员中被称为"文艺骨干"的一个女孩编创了舞蹈《小卜哨》，基本语汇是模仿文化工作者的制作，通过对句段的组合排列进行改变，制作出一个新节目。民歌小调从民间艺人那里学来后怎么唱就是演员自己的事，最初展演时村人都说听不懂，后来又说听得懂一些，原来是因为演员根据古语意思用现在的傣语进行演唱。有时官方也为民间小调提供现代音响伴奏。

在舞蹈节目制作中，官方统领了依据本地生活文化和大众游客口味进行制作的原则和方法，并提供了模式化的文本符号，村民则在其中进行局部的选择、修改和补充，使文本更加适合自己展演的方便和审美情趣。在问及某一节目来源时，不论在文化馆（站）还是村文艺队那里，都会强调说是"我们编的"，问到一些动作符号为什么与版纳傣族相同时，文化馆的人说"可能是她们（文艺队员）自己编的，我们没有编过"。服饰制作虽然是村民的自主行为，但官方提供的各种服饰展演机会使村民从中得到启示，从而把这种启示又加进自己下一次设计创作中。① 2005 年县庆过后，县庆中创作演出的一些音乐和舞蹈成了沐村艺术展演的节目。官方的文化工作者和政府负责人以及村民制作展演艺术文本时都在与游客参照中成为"本地人"，有自觉的文化意识。

居伊·德波在对现代传媒影响下的社会文化进行描述时说："在真实的世界变成纯粹影像之时，纯粹影像就变成真实的存在。"② 媒介景观成了生活的决定性力量。媒体在沐村旅游文化形象宣传中建构了对游客充满诱惑力的景观，当地村民成为景观中的部分，"花腰傣"艺术文本在大众传媒展示中建构

---

① 在一次政府组织的服饰设计展示中，来自县城的服装设计师以其对主流文化的谙熟在服饰中加入了许多时尚元素，在料、色、型制、配件的选择上都给村民的服装制作带来了新的启示，一个村民告诉笔者："像那样的我也会整呢，还省事，只是原来没有想到，以后再参加比赛就会整了。"显然他把展演中的服饰作为制作模仿的对象。

② ［法］德波：《景观社会》，王昭风译，南京：南京大学出版社 2006 年版，第 6 页。

起"花腰傣"社会的"景观"，对沐村社会生活的真实进行了遮蔽。在以影像为中介的游客与本地人关系中，制造了游客的消费欲望，这种景观消费帮助游客建构自己的"花腰傣"文化"刻板印象"以及由此激发实地旅游的动机。面向他者的展演文本制作进行了他者化即参照文化他者的口味进行改造和把自己有意地建构为他者的他者。文化的他者和他性是文化不可缺少的要素，在旅游场域，他者成为一个在场要素而使他性成为不可省略的显性存在。官方与村民制作的艺术文本不是为自己，而是为来到村里的他者制作，游客才是展演艺术最终的完成者。虽然他者并未直接参与制作，但始终是一个潜在的参与者，对沐村"花腰傣"生活的强调就是为满足他者的凝视从而通过自己日常生活中的大众审美经验对他者的口味进行揣摩并掺入，文本的异和同正是旅游凝视异质和同质交织的需要。文化工作者的跨文化经验使他们知道怎样迎合游客，村民对主流大众艺术文化有感知，部分地熟悉了大众文化编码法则，也可以进行一定的加工。①

在沐村展演艺术文本建构中，官方、村民和游客都是参与性力量，官方和村民各具有不同的资源优势，作为主要的力量在文本的不同方面进行建构，基于本地人的利益需求把文本定位在沐村"花腰傣"文化的展示上。游客作为旅游市场的消费代表以一种不可缺的隐性力量牵引着沐村展演艺术文本建构的他者化，使其向大众文化符号转化。

二、村落生活与文本建构

（一）文本建构途径与方式

在沐村旅游场域，艺术文本在自我与他者双重视阈中被建构为地方性文化

---

① 文艺队演唱小调的一名演员从玉溪一个旅游公园的展演队回来，据说是因为在那个公园服务要签好几年合同，而他不愿意那么长时间没有个人自由，就回到自己的村里，后来进入沐村文艺队。对小调的改编就是他的创意，在没有展演的时候，面对着熟悉的他者——笔者，他总是喜欢用各种熟悉的流行歌曲乐调描述本地生活内容，虽然同伴们经常打击他说："那些不能用来表演，有什么意思？"但他还是抑制不住地唱给笔者听，如用《北京的金山上》、《大理三月好风光》、彝族民歌等曲调描述花街节、自然风光、男欢女爱等本地风俗生活。

表征，以本地"花腰傣"文化生活为主要内容，以"花腰傣"身份为核心贯通着游客消费文化与本地文化之间的紧张与互动。文本建构的表征过程即通过什么样的符号系统来意指"花腰傣"文化，体现出村寨资源开发利用的具体模式。有学者认为，在文化开发利用中，有直接利用、整合提升、历史复原等三种主要类型，① 这些也体现在沐村展演艺术文本生成中，在以下途径和方法中具体展开。

首先是本地传统艺术符号的复制与变形作为身份标志。旅游点的艺术展演是为迎合游客体验异文化的心理期待制作出来的，其目的不重于显示形式技巧而是突出地方性文化展示。符号选择运用中，族性的彰显就成为核心，于是，沐村村民历史和现实生活中的传统艺术符号作为不证自明的族性标志进入展演场域，成为沐村人自我身份建构的主要方式和具体表达。同时，在他者的凝视中，展演场域的传统艺术符号能所关系发生转换，重新生成，导致符号复制中的形变。

米克·巴尔认为，看的行为根本上是"不纯粹的"，它受感官控制，感官活动是相互渗透的，因此，不能把文学、声音和音乐排除在视觉文化的对象之外。② 在视觉文化最广泛的意义上，听觉符号也被包含在其中，成为人们凝视的对象。

沐村展演中有以前村民生活中流传的小调演唱、树叶吹奏、锣鼓乐、服饰、竹编等呈现的本土特色，③ 还有特意以小调的名称"梨梨飞罗柳"和表演者的名字"阿腊"、"阿塞"或是"腊妹"、"洒陶"等傣语报幕进行的族性强调。④ 民歌小调除情歌外，还有用于驱邪祝福仪式如叫魂时念唱的《拴红线调》，拴红线、跨红线及其伴随的叫魂调子在展演中用于迎客时生成了新的含义：扫去旅途奔波和劳累，把傣家人的欢乐、祝福送给远道而来的客人；未婚

---

① 任冠文：《论民族文化旅游资源的开发与保护》，《广西民族研究》2006 年第 1 期。
② 拉康等：《视觉文化的奇观：视觉文化总论》，吴琼编，北京：中国人民大学出版社 2005 年版，第 133 页。
③ 展演中也有周围村子集中过来的宗教性舞蹈，如狮子舞，主要流传于塘村；大鼓舞，主要流传于圣村。此类舞蹈主要在镇上组织的花街节时展演。
④ 阿腊、阿塞是"花腰傣"人以家中大儿子为参照的男孩子傣语排行名。

青年早日找到意中人，成家者家庭和睦，事业有成。① 《酒调》原来在村民生活中用于人际伦理关系的处理，展演中《酒调》用传统"森骚调"谱写，词是文化工作者在与他者的关系想象中创作的，② 与生活中的《酒调》相去甚远。③ 用古语演唱的情歌小调走出了村民生活中谈情说爱的场景，在语言变迁中，只有特意向民间老艺人学习的村民才听得懂，展演中转化为族性标志。部分舞蹈的音乐以本族小调为基础用现代乐器加工合成，如《迎宾舞》和《嘎巴》的音乐，为适合舞蹈，节奏轻快了，并加入丰富的变奏，与传统小调风格迥异。传统小调在村民不同的生活情景中即兴创作演唱，这样的文化生活场景在沐村变迁的生活中不再呈现，展演中只有预先排练好的小调演唱。资料记载"花腰傣"有芦笙、塞箫、三弦、唢呐、锣鼓等乐器，而且锣鼓曲分布较广，④ 沐村只传下三弦，成为展演中小调演唱的伴奏乐器；锣鼓在村民生活中只偶尔用于丧葬仪式，展演中的锣鼓曲由文化工作者编制，在《迎宾舞》（《大众舞》）或是《田歌》、《农忙》等舞蹈中伴奏，鼓点节奏是适应舞蹈表演需要创作的，老一辈村民都否认现在的鼓乐和传统的相似，他们说演出中"用磁带放音乐的是文工队的，用鼓敲的就是我们的"，这表明记忆中鼓乐是存在的。"猫猫舞"只在政府组织展演的前几年上演，后来逐渐被放弃了，在沐村附近只有勒村的一个小组偶尔表演，称为"狮子舞"，当地人叫"跳窝色"，"窝色"的意思是"老虎"，据说已流传了一百多年了，文体队每晚都组织表演，自娱自乐。大鼓舞主要在圣村的一个小组保留着，用在丧葬或是节日中演出。⑤ 很多傣雅人并不把两者视为自己的传统文化，沐村的一个八十多岁的老人说"不知道是从哪里传来的"。学者考证虎曾经是傣族的图腾，⑥ 那么，不管舞蹈因文化的类似而借用还是"花腰傣"自己的创造发明都有着其文化

---

① 新平县旅游局：《花腰傣之乡——新平体验游》，昆明：云南大学出版社 2008 年版，第 4~14 页。
② 《酒调》歌词为："好日子到来了，傣雅家乡最好玩，傣族姑娘来敬酒，心里喜欢干一杯。"
③ 《酒调》是"花腰傣"传统小调，歌词大意是："十月好日子，是个丰收日，亲家一起喝酒，要喝双杯酒，酒瓶要用金银做。喝得脸像鸡冠红，喝得月亮照村庄，喝得月亮下了山。亲家一起喝酒，不要喝一下就走，要一直喝到天亮。"与他们的日常生活密切相关。
④ 参见黄富《中国民族民间器乐曲集成·云南卷·新平县卷》，新平彝族傣族自治县文化局、玉溪地区群众艺术馆编，1988 年。
⑤ 程斌：《原始宗教情结下的花腰傣民俗体育文化探析》，《体育文化导刊》2007 年第 8 期。
⑥ 朱德普：《傣族的虎图腾》，《民族研究》1995 年第 6 期。

心理依托。类似的大鼓舞主要在彝族中流传，称为"跳花鼓"。"猫猫舞"和大鼓舞的演出不以村落为单位，而是以"合心"组为结构，几个人合心就凑在一起，类似于民间分层化的乐团组织，如彝族地方的鼓号班一样，如此，笔者认为"猫猫舞"是从其他民族融合而来的艺术形式。

"花腰傣"的他称以其妇女服饰特点而得名，有学者认为服饰不仅是自己与其他民族以及傣族内部各支系间的区别标志，而且还有很多文化含义，所以"花腰傣"文化是一种服饰文化。[①] 因此，妇女服饰是展示沐村地方"花腰傣"

图 2 - 1　服饰制作展示

传统文化的亮点，它既是歌舞艺术展演的重要组成部分，也有单独的服饰展演。傣雅妇女服饰以黑色为主，在底色上用红、黄、白、绿、蓝等色刺绣而成的花纹图案和钉制的布条、金片、银泡、芝麻铃、镶嵌的小珠子、花线球和花线穗等进行装饰，[②] 做工精细繁复，穿戴独特。在沐村人现实生活中，傣雅妇女服饰的穿着实用功能只体现在六七十岁的老人身上，其余主要是作为象征符号。在童装、盛装、便装、老年装的区分中，服饰成为妇女一生中不同角色的标志。一套完整的盛装由包头、帽子、褂子、外套、腰带、围腰、后片、边边条、筒裙、绑腿以及耳朵和手上的装饰组成。在日常生活中，女孩到十二三岁

---

① 郑晓云：《"花腰傣"的文化及其发展》，《云南社会科学》2001 年第 2 期。
② 芝麻铃是形似芝麻壳的装饰，和银泡一样，在传统社会中都是银制的，现在都是用铝制品代替。

时父母就给一套盛装，作为成年的标志；裙子和围腰都以穿得多为美，裙子只能从头上往下套，是财富和高贵的象征；结婚时女孩必须身着盛装，这是变迁的生活中不变的对一生幸福和吉祥的心理祈求；盛装也是丧礼时穿的服饰，是民族伦理道德规范的符号。生活中妇女的首饰以圆环为主，首饰主要是街上买来的铝铜制戒指和手镯，文艺队姑娘的首饰都是从市场买来的，呈现出主流文化影响下更多的个人审美趣味。进入展演的服装刺绣和银饰较多、有后片和边边条的盛装，其中蕴涵的财富、地位、角色等象征意义已经淡出，转化为"花腰傣"族性象征符号和大众眼里"美丽"的代名词，游客总是要求表演者穿起服饰并把与身着服饰的女孩合影当做沐村旅游的纪念。在适应展演需要中，服饰做了改动，主要是精简了形制和做工。考虑到穿戴方便和舞台效果，文艺队女孩的裙子直接做成叠状的一条，并直接做成斜状，各色花边条直接镶在裙上，代替几层裙子围腰叠加形成的层层花边，金线镶嵌取代了刺绣。男子服饰在生活中已不可见，队员的服饰是根据村里人的记忆制作的无袖黑色镶边小褂、宽裤腿黑裤和暗红圆筒形帽子，衣服边沿用各色"钻石"镶嵌再挂一串短芝麻铃，[①] 芝麻铃掉后姑娘们镶上金线和一圈粉红、绿、黄、紫等如鸡冠样凸起的齿状花边，她们认为这种比原来的更漂亮。改变了的服饰除了用于展演外，与村里人的日常生活无关。在花街节表演时，官方为了突出本地文化也要求演员穿传统的服饰。为满足游客凝视的审美需求，绑腿经常和服饰分离，秧箩、斗笠等日常生活用具原来不是服饰的必然组成部分，现在则成为展演中服饰不可缺少的部分，被强化为族性符号。

各种竹编是"花腰傣"生活中不可缺少的器物，村里很多人都有竹编技术，现在村民的竹编有买来的也有自己编的，传统竹编有秧箩、斗笠、饭盒、鸡笼、鱼篓、黄鳝篓、谷箩、摇篮、竹鞋等用具，江边树下和人家门前常可见有人在编背箩、鸡笼、鱼篓等。村里人以前生活中的必需品进入展演场域后，无论是场边老奶奶摆出的秧箩、斗笠、黄鳝篓、饭盒等竹编制品，还是成为服饰一部分的斗笠和小秧箩，都成为主要的工艺品，斗笠更成为舞蹈中重要的道具，在上面贴上蝴蝶样五彩绸带装饰，举在头顶拿在胸前身侧轻轻一摇就是一个舞姿。有村民用槟榔树叶剪成扇子，有的还在扇子上画上各种图案，作为特

---

① "钻石"是各种颜色的玻璃珠子，本地人习惯称此为钻石。

色工艺品出售。

村民生活中传统艺术符号进入展演作为艺术的本地文化身份标志，是无须与他人协商的"花腰傣"身份确证，这增强了本地人的文化自觉，使本地历史文化得到了激活并在与游客互动中重构了其能所关系，导致了符号形式的局部改变，而很多符号在村民日常生活中的功能逐渐减弱缓解了它进入展演时的紧张。

其次是同源人群艺术符号的移植与加工强化身份认同。改革开放前沐村人只在傣雅人中通婚往来，很少与傣洒、傣卡等人群交往，以文化资源进行各种交换的旅游场景激发了沐村人向同源人群进行文化认同的自觉意识，他们有意识地向德宏、西双版纳、元江等地傣族进行认同，在自觉的族群认同中，文化工作者为丰富本地的被看符号，本着突出族性吸引游客的原则向本族其他人群借用文化资源成为沐村展演艺术符号生成的重要途径，人们有意移植其他人群乐舞符号并通过适当加工转换为"花腰傣"艺术符号，在认同与个性中保持着一定的紧张。

舞蹈的音乐是县文化工作者编舞时选定的，具有浓郁傣族风格的音乐选取体现着本地人向其他傣族自觉的认同，《漠沙江情》、《竹林深处》、《竹楼情歌》、《傣乡情韵》等很多舞蹈的音乐直接采用或合成于家喻户晓的傣族同名或更名乐曲，以1、5、3、2四个音为主的旋律特征和葫芦丝演奏、伴奏都是傣族音乐符号的"刻板印象"，有些音乐符号形式中连本地人也听不懂的傣语演唱本身就成了族性符号。移植的乐曲在与本地风土相关联的命名中，如漠沙江、傣雅、槟榔，以及与异于傣族其他人群的舞蹈符号结合中，转化为"花腰傣"的艺术符号。①

舞蹈是展演中主要的艺术形式，在村民的记忆中，沐村和附近傣雅村子都很少有集体自娱性和仪式性舞蹈供转化为舞台展演形式，于是县文化馆的人编排了集体舞蹈。《傣雅银铃操》据县文化馆的人说原来是市里让元江人编给新平的人跳的，参加演出多次获奖后改编成适应广场文化的舞蹈形式，也成为沐村展演的主要节目。

舞蹈符号中的三道弯造型以及对双手摆动的强调，是向其他地方傣族舞蹈

---

① 参见附录七。

图 2 - 2 反映捕鱼生活的舞蹈

符号借鉴的结果。三道弯造型,双手摆动中的掌形、叶形手形,立掌、托掌、对立掌、曲掌、翻腕双掏掌、内曲外掌、掏翻腕、摆手、垂手、提腕掌等手位,双抱翅、双合翅、合抱翅以及顺、侧、高、平展翅的手臂等动作,钩踢步、点步、摆步、各种踮步的基本步法,① 已定型为人们认同的傣族典型舞蹈符号,在以上专家们命名的舞蹈动作名称中可以看到傣族舞蹈是以孔雀为模拟原型并受到了南传上座部佛教的熏染。② "花腰傣" 人在以上舞蹈符号借用中,冠形、嘴形、爪形动作的舍去,手臂的高位以及亮翅、合展翅等动作和身体旋转的忽略,使身体、双手摆动的弧度减小,既降低了动作难度,也为从对孔雀的模拟转换到对本地人栽种、捕鱼、养鸭劳作生活的模仿拓展了空间。符号借用与模拟本地生活的舞蹈符号创作相结合,使其舞蹈符号转化出新的形式,生成了与其他地方舞蹈符号相异的更为内敛的肢体语言符号,呈现出 "花腰傣" 特色。舞者稍微提肩和手肘,手肘向外手背向上由后往前或由内侧向外划弧伸出,配合着身体的弧形摆动和两脚的钩踢、摆、点、踮,在不同的方向和空间划出不同的动作与造型,成为展演中的 "花腰傣" 典型动作,身体在相对较

---

① 岳亚明等:《傣族舞蹈教程》,昆明:云南大学出版社 2004 年版;张志萍《傣族舞蹈教程》,北京:中央民族大学出版社 2000 年版。

② 聂乾先:《以本民族的舞蹈语言表现本民族的题材——"民族舞蹈作品" 的基本特征》,《民族艺术研究》2005 年第 2 期。

小的空间占有中展示出内敛的肢体语言，呈现着与其他地方的差异。

旅游开发大大加强了人们与同源人群认同的趋势，以利于在民族国家现代化诉求中占有优势位置，获得较好的经济利益。围绕这一目的临时制作的身份符号，既要与同源文化进行认同模仿，试图分享同源人群借以走进主流社会的有利资源，以增加自己的资源优势，正如本地文化工作者所言"我们将计就计，人家说我们是傣族，我们就整点泼水活动，把渡口改为大象渡口"之类。但因为同样的目的又要竭力突出自己的个性，在认同与自我强化中保持着一定的紧张，于是本地具有鲜明族性的传统符号形式被选取，在有意向傣族其他人群认同以共享某些资源时又竭力突出与其他人群的不同。① 在沐村人学会"我们傣族"这样称呼的过程中，展演乐舞符号也鲜明地呈现出傣族其他人群的特色，但不论村民还是文化工作者都否认向其他傣族借鉴，编舞者说他们从未去过版纳、德宏等地，只是从电视和碟片上看见过他们的舞蹈，他们一再强调说："我们跟版纳的不同，他们的是大动作，只有几个动作，单调；我们的是小份动作，动作多，新鲜；（其他）傣族的强调柔，我们的是柔中带刚，我们生活中就是这个样。"他们强调与傣洒人聚居的戛洒镇的村落舞蹈展演也不重复，除了有些动作不同外，戛洒那边的道具主要是土锅而不是渔具。沐村除了一个小学老师有朋友在版纳而率亲戚去玩过以外，绝大部分村民没有去过版纳，旅游开发中政府曾组织村干部去过版纳考察，他们的记忆中主要是有关农家乐的情况，对两地的食物异同留有深刻印象，歌舞未曾出现在他们的描述中。演员和村里人对舞蹈有自觉的认同："是我们的，是我们平时的生活；我们学会了就是我们的。""有游客说和版纳的有点像时，我们就说都是傣族嘛。"原因是以本地日常生活实践加工形成的舞蹈符号融合了借用的乐舞符号，使其发生了形变，凸显了自我身份。

再次是本地生活的符号化模拟与创造突出自我特色。在旅游展演中，沐村人进行"傣族"和"花腰傣"身份的双重书写，以同源人群文化资源和本地文化资源的整合为基础，于是艺术符号的生成途径主要是在整合其他文化资源

---

① 文艺队有《泼水欢歌——西双版纳三跺脚》、《西双版纳民族民间歌舞二：竹竿舞》、《葫芦丝（国乐精粹）》、《蛮猛傣族民间孔雀舞》、《绿野风情——西双版纳原始森林公园》等碟片，流露出了他们向其他傣族认同的意识。

基础上以本地生活为原型进行加工创造。现有符号的呈现显得单薄或与其他傣族人群的雷同，远远不能满足游客凝视的需要，于是县乡文化工作者和沐村人一起根据"花腰傣"传统日常生活实践加工提炼出一系列动作视觉符号，这些符号以其生活劳作为原型进行模拟，把稻作民族捕鱼、栽种、编织等劳作中的肢体语言提升为供凝视的视觉符号。

传统生活中妇女行走在细窄的田埂上时，为保持身体平衡要有节奏地前后摆动双手；老人说小姑娘成年时要学会肘侧外、双手前后摆动的"好看"的"稍息"行走姿势。妇女外出要戴上斗笠防晒，"有时还背上一个略呈梯形的长方体背篓，挎于左边，左手自然扶于篓上，右手随轻盈的步履，柔和地前后摆动。若是几人同行，必定是排成单行队列，姿势一致，步伐一致，甩手一致，连腰肢的扭动也一致，好似舞台舞蹈表演，甚为优美"。① 于是，妇女一手扶担另一手前后摆动款款行走的身姿就成为舞蹈符号"田埂步"；"花腰傣"妇女勤劳能干，爱干净，当妇女从田里栽种、收割、抓鱼回来时要洗干净脚上的泥，于是有了双手掌形在身前，掌心向内，提肘时同时上下摆动模拟洗脚动作的符号"洗脚步"；"花腰傣"人靠水吃水，人们大多对整条河流了如指掌。鱼是沐村人的重要食物，每年从江里捕捞上来做成腌鱼。泥鳅和黄鳝用特制的篓子罩回来，烧熟、剖开、洗净、抹盐、挂干，就成了有名的干黄鳝。原来主要用网捕鱼，在尼村河水干时用围塘的方式把水舀干再抓鱼。现在鱼越来越少了，捕鱼方式和工具多样化了，人们坐在用轮胎、塑料饮料瓶、白塑料桶串联成的"船"上用电捉鱼成为主要的方式。于是姑娘挑着鱼篓、小伙舞着"森笼"走着不同的步态以及姑娘两手端"森"弯腰做出捞鱼摸虾的样子，并把网到的鱼虾放入身后秧篓就成为舞蹈符号；黄鳝、泥鳅是"花腰傣"人的传统美食，捉黄鳝、泥鳅是"花腰傣"妇女勤劳能干的标志，于是有了弯下腰、双手轻握拳伸开食指和中指在胸前交错地捉黄鳝和泥鳅以及捉到后放入身后秧篓的动作符号。由于对于捕鱼生活的重视，就有了《嘎巴》中"拿网抓鱼去"，《田歌》中"反映姑娘们怎样在田间地头捕鱼"，②《农忙》里挑着一团

---

① 国家民委"民族问题五种丛书"之一"中国少数民族自治地方概况丛书"《新平彝族傣族自治县概况》，昆明：云南民族出版社1986年版，第54页。

② 沐村文艺表演时报幕词中的话。

团黄鳝篓、拿着鱼篓和"森"等道具直观地再现捕鱼生活，以及《迎宾舞》中几个主要动作是叙述捉泥鳅、没捉到和捉到后放进秧箩里的生活情景的舞蹈。

图2-3 仿捉泥鳅的舞蹈

本地有美食文化顺口溜："糯米饭，干黄鳝，腌鸭蛋，二两小酒天天干。"说明了鸭子在"花腰傣"生活中具有重要的作用，赶花街时定情的秧箩饭中的腌鸭蛋是美好爱情的象征，婚礼时的鸭蛋拌饭成为婚姻幸福美满的标志，祭水鬼时献白鸭，是平安吉祥的寄托。于是有了人们一列走出、两手手背向上由内向外侧划出的对鸭子行走的模拟以及两手臂在胸前平伸同时向左或右摇摆赶鸭子的动作，有了手握鸭蛋、装进秧箩、伸出食指数鸭子的动作符号。其他如插秧、卷袖子、砍削甘蔗、织布、挑担等指称性符号的加工创造，都是对"花腰傣"日常劳作生活的模拟与叙述。

沐村人说："我们没有彝族那样的娱乐舞蹈，其实我们走路、衣服上刷刷响动都是舞蹈。"艺术符号模拟本地生活实践中的生成还受制于其他因素。服饰对舞蹈展演有一定制约性，编舞者说因为"花腰傣"的裙子厚重束身，只能考虑小弧度动作；参与展演的都是村民，动作不宜复杂难学；都是集体形式，编排时要考虑集体舞蹈的特点等。基于反映本地生活并受制于生活实际，展演的舞蹈符号风格从其他傣族的 S 型三道弯的柔软舒展的纵向空间延伸转变为以双手前后左右上下"摆"动为主的横向空间占有的刚柔相济。①

在模拟中，沐村人生活中的自然物象也被符号化了。傣语赶花街的含义与发达的竹编工艺一起说明了竹子在村人生活中的地位，于是有了反映竹在沐村人生活中意义的舞蹈《竹林深处》、《竹舞》和《跳南嘎》，② 展演中姑娘们婀娜的身姿、舞动的手臂都让人想象到迎风摇曳的竹子。槟榔树作为村子的一个看点，也是旅游开发中政府选点的一个因素。歌舞场边成林的槟榔树是歌舞场的组成部分，不仅可为观众遮阴纳凉，也易于勾起他们对"花腰傣"男女青年槟榔树下谈情说爱的浪漫想象。槟榔不仅以前在村民生活中具有重要地位，直到现在它仍是中老年人的嗜好品，现在仍出现在老奶奶的地摊上。槟榔树是盖房子的主料之一，槟榔叶剪成的扇子摆在了商品摊上，掉在地上的槟榔枯叶用于杀年猪时盖着猪来烧烤。槟榔树给沐村人的印象是深刻的，于是在展演中就有舞蹈《槟榔情》。沐村后靠哀牢山，前依漠沙江，漠沙江是村人生活的中心，舞蹈《漠沙江情》就是一个表达。竹和槟榔叶不仅被加工为工艺品，还与江水一道直接成为视听符号。鱼篓、黄鳝篓、鸭蛋、甘蔗、斗笠、秧箩等本地日常生活中的生产工具和物品也作为道具进入展演，成为"花腰傣"的舞蹈符号，歌舞场边树上挂着漆成绿色叫"森笼"的鱼篓成为舞台装饰，在《傣乡情韵》里做道具使用，有时被放在地上，有时被拿在手里甩来甩去。黄鳝篓经常三五个拴在扁担的一边挑着，舞者一只手扶着担子，另一只手前后柔软地摆动就成为使用最多的符号。

村民的生活实践是生成模拟性艺术符号的基础，对符号具有框束性，同时人们有意建立符号与村民文化生活语境的关联，强调它作为本地文化的表征。在与生活实践的互文中，符号的索引性增强，于是，展演中艺术符号的能所关系建立，地方性得到建构，实现了为文化赋形的目的。③

----

① 聂乾先：《以本民族的舞蹈语言表现本民族的题材——"民族舞蹈作品"的基本特征》，《民族艺术研究》2005 年第 2 期。聂先生认为傣族是水的民族，其典型的舞蹈语言 S 型三道弯的柔媚似水表现了傣族的民族性格气质和文化审美观念。

② 陶贵学：《中国云南新平花腰傣文化国际学术研讨会文集》，北京：民族出版社 2003 年版，第 176 页。文中说"'跳南嘎'是表演性舞蹈。'南嘎'意为小卜少手持竹器跑。"

③ 何明等：《回到生活：关于艺术人类学学科发展问题的反思》，《文学评论》2006 年第 1 期。何先生对人类学语境中文化与艺术关系的阐释提出了文化对艺术的框束性和艺术对文化的索引性观点。

图2-4　文艺队员

最后是他者化中的碎片补充。在现象学和存在主义哲学传统中，他者是赋予主体以意义的主体自我形象建构要素。[①] 旅游展演中的他者是不可省略的显性在场要素，参照他者眼光建构自我文化表达，形成沐村展演艺术建构中的他者化，也体现出沐村当下生活变迁中村人对主流文化的适应，于是，一些碎片化符号进入展演作为补充。[②] 碎片化符号指无助于整合为彰显"花腰傣"身份的符号形式。艺术展演在消费社会中的大众亲临沐村时进行，而旅游的典型模式是对本地市场的需求和旅游动力要强调民族特征和不同的生活方式，而无忧无虑的旅游以及同质化的现代市场的建构又要求本地抑制民族差异和传统文化。[③] 为满足旅游者求同求异交织的消费心理，沐村展演艺术以一些碎片化符号形式进行点缀填充以实现异中求同。

旅游场景中文化进行时空移位以整合为旅游资源是普遍现象，如在桃坪羌寨，汉族、藏族和羌族举行节日仪式时的文化活动被超越时间和空间地共同呈

---

① ［英］卡瓦拉罗：《文化理论关键词》，张卫东等译，南京：江苏人民出版社2006年版，第117页。

② 罗钢等：《消费文化读本》，北京：中国社会科学出版社2003年版，第291页。碎片化是后现代文化现象，指人们受到了多种知识和信息的轰炸，但又不能转化为一种有意义的整体的经历，指主体性的分裂、身份的破碎、思想和情感的分裂等。

③ 罗钢等：《消费文化读本》，北京：中国社会科学出版社2003年版，第531页。

现在游客面前。① 沐村周围的哀牢山上生活着彝、哈尼等民族，基于地域关系，展演艺术建构临时利用了彝族、哈尼族的艺术符号，如彝族的《马缨花》、《烟盒胡琴调》，哈尼族的《棕扇舞》，傣族的《多情的小卜哨》的舞蹈音乐使用带有彝族民歌风味的《多情的巴乌》，演出结束时播放《远方的客人请你留下来》等，既体现多民族生存的地域特点，又考虑到舞台效果。沐村展演的集体舞蹈的队形编排，是对主流文化舞台表演形式的借鉴。菱形、平行四边形、三角形、圆形、梯形、十字形等基本队形既突出整齐又寻求变化，如服饰、斗笠、红鞋、手臂的整齐摆动，转身时前后装饰摆动中红白视觉感受的突出等，还辅以演员前后进入的动静有致、反复出场的节奏变化等来吸引游客的目光。报幕词撰写，称演员为"先生"，《酒歌》用傣语、汉语轮番演唱，演员的红舞鞋和长筒丝袜，音响设备的使用等都是受到主流文化的影响。

他者化鲜明地体现在对"服饰独特，佩戴浪漫，美学价值极高，具有现代感"的介绍中，而"鸡枞篾帽迷你裙，轻歌曼舞秧箩裙"。"傣雅妇女白皙而修长的形体，戴着那顶举世无双、翘边斜戴的鸡枞篾帽，衬托了少女多少羞涩的妩媚，那无袖露脐的黑短褂，恰恰是现代少女追求的时髦。还有那翘起一角，斜边撩人的筒裙，要比当今国际时尚的超短裙'迷你'百倍"。"引领当今国际时尚"。诸如此类的话语，② 是本地自我在迎合大众对他们"浪漫、典雅"的文化想象和"现代"、"国际"的大众趣味中的他者化。③ 同时还有反映各种生活图景的照片装裱后在文化长廊和展览馆里悬挂展出，以其处理过的情景、色彩、光线、构图再现"花腰傣"人"诗意"的生活。

具有其他族性标签和似乎来路不明的碎片化艺术符号形式的补充在沐村"花腰傣"展演艺术符号中融入了大众审美趣味，如舞台展演形式构筑的特定时空带来艺术符号的相对脱域化，一定程度上消解了其地方性特点。展演艺术在集本地特色和大众趣味于一身的建构中，人们试图在二者紧张中寻找平衡。

---

① 路瑜等：《桃坪羌寨羌族传统音乐文化之当代化研究》，《西南民族大学学报》（人文社科版）2005年第6期。

② 以上对服饰文化的宣传介绍用电脑打印后贴在村子的墙上，落款是"漠沙河村委会新平红河源旅行社"。傣雅人的斗笠形似正在开放的鸡枞菌子，当地"花腰傣"以外的人把它俗称为"鸡枞帽"。

③ 云南大学旅游研究所：《新平县大沐浴花腰傣文化生态旅游村开发修建性详细规划》（评审稿），2004年。其中对沐村旅游形象的定位是"浪漫"、"典雅"。

那些用傣语演唱、用三弦弹奏的调子最能呈现"花腰傣"特性，但游客听不懂，舞台表演形式又显单薄；向其他人群认同并移植其艺术符号形式又冒着消失自己个性的危险，于是，根据本地人生活实践加工创造，并通过借用中的变形生成地方性艺术符号成为主要的建构方式，以满足游客对地域"花腰傣"文化展演的要求与期待。有学者认为，对一种文化的理解以对该文化内容的熟知和训练为前提，因此"要引用或创建一种在得到普遍认可的展示和表现文化景观的符号语言系统，即使这种语言不是统一的，但却可以被这一场景中的人们所认识"。① 碎片化补充中蕴涵着被大众分享的符码结构，为游客把艺术符号转化到自己熟悉的文化中与前理解相融从而达成理解提供了可能，沐村展演艺术建构中对傣族其他人群艺术符号的借用、本地生活的艺术符号化和舞台集体歌舞形式的采用都是让游客能够接受和理解的大众审美趣味的要求和体现。正如学者对中国的"与国际接轨"是由西方他者的透镜折射出中国对自我的认识中蕴涵的确立标准承认差异与消除标准铲除差异相互交织的复杂努力一样，② 沐村人的"时尚"、"国际"、"现代"等话语体现出主流社会中的游客他者被作为沐村人定义自我的参照，是本地人"确立标准、承认差异，与消除标准、铲除差异相互交织的复杂努力"，呈现出全球地方互动中的文化景观。

本地文化的他者化是全球和地方彼此转化的中介，是全球文化交流中地方文化展示的必然倾向，既体现了文化认同的多样和流动性，又真实地反映了沐村人当下文化生活状况即他者寻找和想象的纯粹"花腰傣"生活已经不存在。年轻人更多地接受了主流文化的影响，在工艺品制作中，原来村民随便剪裁一下用于祛热和驱小黑虫的槟榔叶片被摆出来成为最廉价的工艺制作品，在沐村旅游中可以就地发挥实用功能，也可以作为纪念品。村里一个初中毕业的女孩，在形状和花纹图案的设计中运用了本地传统风格，也动用了她所熟知的主流文化中学校教育所赋予她的一些文化符码，她制作的扇子有圆形、葫芦形、鸡心状，比老人们剪裁的四方形多了许多形状的变化与丰富，更主要的是扇面

---

① 张国洪：《中国文化旅游：理论、战略、实践》，天津：南开大学出版社2001年版，第60页。
② 包亚明：《游荡者的权力：消费社会与都市文化研究》，北京：中国人民大学出版社2004年版，第13页。

用彩笔涂画了各种植物花卉、动物和文字，栩栩如生的蝴蝶、蜻蜓、公鸡、小鸟、蜜蜂以及色彩缤纷的花草更多地来自于家乡四季葱茏所赋予的那份灵感，而其中的一个兔子形状酷似卡通片中的邦尼兔子，"吉祥如意、富贵、极乐世界、福、天马、喜乐"等各种文字的书写体现了主流文化的影响；花卉图案在沐村传统中是写意式的几何抽象，她则采用了写实方法逼真地再现。可见其创作既受到本地文化滋养又更多地走向主流文化，是二者之间的交融共生。更小的孩子文化底色模糊，手边最方便的文化是他们最易模仿的对象，制作中取决于他所处的场景，[1] 沐村文化的他者化趋势在年轻人身上更加突出。

沐村展演艺术符号在旅游消费者与本地人互动协商中实现被赋予的"花腰傣"潜质，整合为"花腰傣"艺术文本，来自两方面力量：一是传统进入、同族借用、生活提升三种途径中不同资源的选择和符号的采用建构的族性为核心统一了相对游离的符号，不同艺术符号的选择与组合形成以"花腰傣"为核心的由内向外蔓延的层级结构，各符号在族性的强调中与其未进入该文本前发生断裂，产生形变，重组为"花腰傣"艺术文本。拿借用的音乐来说，叶纯之认为音乐提供了一种可舞性，当它和舞姿结合时减少了不确定性，其节奏成了舞蹈的音响解说，它调动观众的听觉和视觉深化了舞蹈；而音乐存在于听众想象与联想上的意象通过舞蹈化为现实，在视觉中加以认识、区分和强调，舞蹈解释并补充强化了音乐。[2] 沐村展演艺术文本建构中音乐与舞蹈符号结合，成为"花腰傣"文化正在于二者的互相补充强化：模拟本地生活的舞蹈成为音乐的视觉形式，使音乐对象化；音乐在与舞蹈结合中视觉化、场景化。因此，傣族其他人群音乐舞蹈符号的借用在与模拟本地生活的符号整合中发生形变，成为"花腰傣"符号。二是艺术符号区别于一般文化符号的表意性。

---

[1] 笔者提供一个例子。一个在镇上上过幼儿园的四岁女孩和一个小学一年级的七岁女孩在画画，她们已经画好一幅名叫《快乐的动物》的画，画面上有正面和侧面两只兔子的简笔勾勒。当笔者观看她们作画并表示出关注和赞赏时，她们决定画一个公主，相互用傣语交流着在哪里画什么，进行着构思和布局，同时很自然地下笔，因为有笔者在场，从单位上退休对汉文化接触较多的爷爷用汉语进行着提示，意思是让她们画得更好一点，更像一点，更有特色一点，但小女孩全然不顾，最后她们从墙上挂着的姑姑的婚纱照得到启发，边看照片边画，画了公主的样子：突出长裙拖地、佩戴"新娘"花朵标志的样子。

[2] 于平：《风姿流韵：舞蹈文化与舞蹈审美》，北京：中国人民大学出版社 1999 年版，第 18 页。

"在音乐中指涉性基本完全消失：音乐可以暗示（暗含某义），但极少用于直接指涉某物，就连音乐的主导主题也只具象征和暗示性，而不具指涉性"。① 所以艺术符号具有"通过创造性地玩弄一个可辨认的形式而表达意义的能力"。② 艺术符号的指称性带给人们"花腰傣"文化"真实"性感受，而表意性在能指所指组合的开放空间中生成多样化意指能力，提供了符号与文化生活事实之间疏离和结合的多个向度与多种可能性，形成文本的开放性、多义性，从而实现文本一定的去语境性，为他者理解本地文化提供多种可能，也使符号的不同组合成为可能，带来文本的局部更新。

沐村展演艺术文本建构中，在本地人和他者的双向建构中，本地艺术符号征用、其他艺术符号借用创造及其作为地方性文化表征的强语境性和符号意指性的去语境张力中，多样变形的符号选取及其意指活动的双重运作部分消解了自我与他者间内在张力，文本得以整合，建构起逸出村民日常生活实践的"花腰傣"展演艺术文本。

（二）艺术文本生成

在艺术人类学视野中，各种地方性艺术不适宜用客位的共性概念去框束，从历史的角度看，艺术是与我们的身体和我们的日常生活相关的，艺术的价值快乐都需要整合进我们的日常生活中去。③ 艺术不仅是满足审美需求，而且是实现着一个综合功能，传统民族艺术原本就是满足人们生存所需，"满足生存需求，是文明之初艺术的根本职能，也是人类艺术起源的原生性动因"。④ 如此，"艺术"的建构只是一个对艺术界定的不同知识系统的分类问题抑或说是命名问题。所谓歌舞艺术，并不成为本地人的认知范畴，是主流社会认知体系凭借经济实力解构少数民族的认知体系，并以客位分类取代诸位分类的产

---

① ［美］赫兹菲尔德：《什么是人类常识：社会和文化领域中的人类学理论实践》，刘珩等译，北京：华夏出版社 2005 年版，第 307 页。

② ［美］赫兹菲尔德：《什么是人类常识：社会和文化领域中的人类学理论实践》，刘珩等译，北京：华夏出版社 2005 年版，第 309 页。

③ 参见［美］舒斯特曼《生活即审美：审美经验和生活艺术》，彭锋等译，北京：北京大学出版社 2007 年版。

④ 何明：《乐舞：竹在审美表现中的多重功用》，《民族艺术研究》1996 年第 4 期。

物。① 在沐村传统文化中，没有与主流文化直接对应使用的"艺术"概念，被我们称为"艺术"的那些东西是沐村人生活的一部分，但现在沐村文化已是复合性的，唱歌、跳舞、表演等已成为他们喜闻乐见的艺术形式，这些语词也成为很多村民的日常用语，他们对主流社会的"艺术"已有了认知，展演中"艺术"分类的起点必须从沐村现实文化中开始。

在艺术的生成及其认定中，理查德·舒斯特曼指出："艺术既不是一种自然现象也不是一种普遍现象，而只不过是一种特殊的社会历史体制。""正是社会历史的体制背景使得一个现成品成为艺术，使得一个现成品得以与其一般的非艺术的类似物区别开来。"② 美国当代著名美学家迪基所主张的"艺术习俗"对艺术的界定中，首要的"艺术习俗"是由观众和演员共同分担的。③ 他们都同时指出了对"艺术"的认定是在具体语境中进行并与艺术行为主体相关。艺术定位从某种意义上说是依据"场景定义"，即根据进入该场域的本身的占位——其处于关系结构中的关系提供的认知框架进行分类认知的结果。④ 从符号来说，艺术生成的主要标志是符号从集体性情感向个体性情感以及表达情感的形式从概括性形式向具体性形式转变，在形式上趋向于艺术形式。⑤ 沐村文化符号转化为"艺术"就在于符号是依照"趋向于艺术形式"的形式制

---

① 杨晋涛：《民族遭遇与民族艺术：变迁社会中的少数民族艺术——以台湾少数民族歌舞艺术为例》，《民族艺术》1998 年第 4 期。

② [美] 舒斯特曼：《生活即审美：审美经验和生活艺术》，彭锋等译，北京：北京大学出版社 2007 年版，第 4 页、第 8 页。作者认为，艺术的很多矛盾及其争论来自于其构成在自然主义和历史习俗主义对立中的选择，相反，二者是相互依存的。自然主义的观点不能充分说明构成艺术实践和决定艺术接受的那种社会体制和历史习俗，社会历史观点不能适当解释艺术实践和体制得以发展起来的目的，不能解释艺术对于人类有何益处和为何非西方、非现代文化也从事那种似乎像艺术实践一样的实践。在对历史习俗主义尤其是现代体制对艺术的构成性进行分析时作者认为："博物馆、画廊和其他艺术机构不只是展示艺术，它们也有助于创造出一种社会空间，没有这种空间艺术就不可能被适当地构成艺术。而且它们的构造根本不是建立在美的、令人满意的形式，或者令人愉快的审美经验之上。"

③ 胡健：《艺术习俗：一种界定艺术的理论框架——论迪基的艺术习俗论》，《思想战线》2004 年第 2 期。

④ 洪颖：《艺术人类学行为研究的主要范畴刍论》，《民族艺术》2007 年第 2 期。作者认为"场景定义"是艺术人类学研究的一个重要范畴。

⑤ 汪晓云：《从仪式到艺术——中国戏剧发生学》，《民族艺术》2005 年第 4 期。

作，再通过展演场景中本地人和游客对"艺术"展演的认定进行转化的，而其最基本的动力是他者的凝视。

凝视是一种权力运作中的分类，有学者认为，博物馆殖民地文化展览是按照展览者的知识体系进行定义和分类建构起来的，其中充满了符号的和机构的权力关系。①他者的凝视是一种阐释和建构的动力和方式，它把对象从一种服务于日常生活的功利性存在过滤为纯粹感官的体验和满足，在感官愉悦中超越日常生活，实现他者分类中的审美化，把文化符号分离提升为艺术符号。在其中，对游客来说实现了本地文化从他们的变为我们的，②对本地人来说把"自己"的变为"他们"的，展演艺术就是在他者和本地人化生为熟与化熟为生的双向辩证运动中的建构。当然，在凝视的运作中，一切地方性文化的独特意义都被"看"的消费欲望取消了。

村落旅游中的凝视首先来自于政府机构，正如博物馆让人们把一个符号"看成"艺术一样，村落文化符号在文工团、文化馆这类机构的权力运作中引导人们把它"看成""花腰傣艺术"，在游客凝视之前文化符号就已进入了"艺术"的话语系统中，具有让它成为"被看"的艺术潜质。在旅游者和本地人的相互凝视中，旅游者是看的主体，在对村落视觉性符号凝视中，以自己的知识体系对所遭遇的凝视对象进行分类，力图把陌生的文化对象在凝视的瞬间转化为自己熟悉的文化类别，纳入自己的文化理解中。安妮·E.库姆斯在人们争论青铜器来源时说："没落的概念作为一个审美原则被唤起，来抚慰对这些不顺从的物品的焦虑，这些物品拒绝遵从令人放心的熟悉的分类学解决办法。"③也就是说，是西方人把贝宁青铜器"看成"艺术，说明人们对异文化理解中化生为熟的普遍文化心理运作。来自主流文化的旅游者，已经拥有了主流文化的艺术观念和分类前见如音乐、舞蹈、工艺等，并都有关于那些艺术的经验积累，当他们来到沐村时，就依其艺术经验对看到的文化符号进行分类和定义，根据对象与其艺术分类标准的吻合程度把它们编入自己对艺术理解的相关类别中。这个化生为熟的过程是他者充满权力的凝视对"花腰傣"艺术的

① ［英］霍尔：《表征：文化表象与意指实践》，徐亮等译，北京：商务印书馆2003年版，第185页。
② ［美］费斯克：《理解大众文化》，王晓珏等译，北京：中央编译出版社2001年版，第202页。
③ ［英］霍尔：《表征：文化表象与意指实践》，徐亮等译，北京：商务印书馆2003年版，第222页。

建构，于是他们看到了"花腰傣音乐"、"花腰傣舞蹈"、"花腰傣工艺"等"艺术"现象，村落展演在游客凝视中实现文化符号功用性和审美性区分。贝克尔认为："民间艺术品并不被使用的人看成'艺术'，如果它进入以审美判断为中心的环境，就能够成为'艺术'，所以，'艺术性'并不包含在事物本身之中，而是存在于事物与艺术世界之间的关系中。"① 当文化进入展演关系时，就脱离了本地日常生活功能性向审美性转化，在他者观念和当地表征中艺术化。在当代消费社会中，视觉性文化越来越突出，凝视日益成为人们与世界的关系图式，在凝视中人们与异文化相遇并进行着文化的交流互动，凝视发生时，被凝视的文化在凝视的权力关系运作中随着凝视者的消费欲望而发生改变，被凝视者日常文化生活多样化的实践活动就被转化为展演性的呈现。

在旅游场景中，"被看"并非完全是被动的，而是对他者凝视的积极回应。在他者和政府的凝视中，展演文本被制作成对沐村生活的模仿，本地人在其中进行了化熟为生的文化运作。"陌生"是一种带有普遍意义的审美特性，它有意地造成对象与现实生活的差异，以便激起审美主体的新鲜感。② 对那些类似于生活的符号，沐村人在"展演"中实现了"陌生"化，从生活转化为"艺术"，在村里反复展演的过程中被接受。在一批批来来往往游客一轮轮的凝视中，在政府部门和本地村民对凝视回应的生熟交织转换中，艺术符号就逐渐在看与被看中定型为可看的"花腰傣"艺术。

从表征沐村生活的各种文化符号向舞台展演"艺术"转换，呈现为三种具体方式。

首先是以惯例生成的艺术符号。有学者注意到了即使是传统的文化符号延续下来，交融在其中的某些审美活动也会获得某些"惯例"意味，成为客观存在的审美尺度。③ 沐村展演艺术建构中来自传统的文化符号已然地暗含了审美的"惯例"，并在进入展演时发生了朝向"艺术"的变化，在展演中自然转化为"艺术"，这既是凝视者分类的结果也是符号自身所具有的某种属性。为

① ［美］霍尔等：《文化：社会学的视野》，周晓虹等译，北京：商务印书馆2002年版，第262页。
② 梁一儒等：《民族审美心理学》，北京：中央民族大学出版社，呼和浩特：内蒙古大学出版社2003年版，第179页。
③ 陈元贵：《从仪式的惯例到审美的惯例——审美尺度的客观性》，《广西民族学院学报》（哲学社会科学版）2006年第4期。

了让符号成为艺术性的，人们有意按艺术惯例制作，表现为制作者制作符号时的主观故意以及动用那些已被凝视为艺术的符号资源。沐村符号建构中的县文工团和文化馆工作人员都是主流文化中从事"艺术"活动的，他们制作符号的目的就是以"艺术"吸引游客，那些具有与人们认定的艺术标准相吻合形式要素的符号就被作为艺术得以选择。如三弦、锣鼓及仪式性调子的传唱，《酒歌》的创作，舞蹈音乐的合成等；而在借用中，听觉符号主要选取了具有浓郁傣族风格的音乐符号，动作符号也选用定型为人们所认同的傣族舞蹈的典型符号，编舞者在这些动作符号的借鉴中把对"花腰傣"生活实践模拟的动作符号拉进了傣族舞蹈的惯例中而成为"花腰傣舞蹈"符号。

其次是日常符号艺术化。沐村来源于日常生活的符号与其生活实践紧密相连，在实用中兼顾审美性，符号意义与符号形式并重。进入展演中，符号生活中原有实用性功能消失，转化为纯粹的审美符号。如服饰，在当地人记录的《云南少数民族村寨日志》中，从 2004 年 12 月 29 日至 2005 年 2 月 27 日之间在"生计活动"一栏中就有十六天记着几个妇女在一起绣花做针线活，也就是说，服饰工艺的制作在沐村人分类中属于生计活动，但妇女服饰的各组成部分、色彩、构图、穿戴、装饰以及服饰使用的功能性中也蕴藏着本地人的审美观念。服饰意象的抽象变形中创造了有意味的形式，这一个从写实再现向象征表现创造过程中，装饰性质和形式美超越了原本的象征性而促成服饰艺术观念的建构。[1] 服饰中蕴涵着被认定为"艺术"的潜质，在他者的凝视下就从村民原来生活场景中脱域而出成为观赏性愉悦性为主导的艺术符号，本地人也在迎合他者的凝视中对服饰进行了艺术化处理即排除其实用性功能，突出其审美感受和意义。

为迎合他者审美想象，在符号形式方面进行了减少性和增加性改动。展演中的服饰只是采用了外表精美的盛装形式，并不再有完整性：外套不穿了，只穿褂子以突出姑娘们窈窕的身姿，也为了在热带环境中更加凉快；绑腿不打了，换成了长筒丝袜。传统服饰制作和穿着费工麻烦，展演中色、形、质基本保留了传统服饰的符号特点但形制简化了：褂子为了单独穿，袖口开得小了；

① 邱萍：《论少数民族服饰艺术观念的构建——广西少数民族服饰研究》，《贵州民族研究》2006 年第 5 期。

在上衣、帽子、腰带、边边条和后片不变的基础上，裙子和围腰合二为一，少了叠加的裙子和围腰，金线代替了刺绣，色彩没有了以前的丰富和层次变换，质地也显得单薄得多。"花腰傣"妇女喜戴首饰，传统社会中银镯子戴得越多越好，两只手臂都戴到臂弯，镯子上雕有龙、青蛙和各种花卉，表演队的女孩则根据时尚和个人审美趣味选择各种装饰品。这种简化以旅游者走马观花地看的审美趣味取代传统文化意义而实现，展演中的服饰成为"花腰傣"姑娘"美丽、浪漫"的想象性符号。服饰的另一种改变是增加性的，如为男队员制作的服饰，据老人们回忆，原来的裤腿很宽，头上缠黑包头，与展演中制作的服饰有差异。同时，生活中不是服饰完整组成部分的符号因他者的认同和强化成了服饰的必要部分。斗笠在传统文化中不是服饰的组成部分，老人说以前女人有三件宝：斗笠、秧箩和背箩，背箩挎在左边，太阳落山回家时斗笠放在背箩里，秧箩挎着，右手摆着，走到家门口三件都要取下来挂好。人们说小姑娘出去干活戴上斗笠，是为了遮阴纳凉，防止皮肤被晒黑。不结婚的姑娘不戴斗笠，结婚时，斗笠、秧箩一起由娘家送给。由此可见，斗笠、秧箩都是生产生活用具，是一个女人成熟、勤快的标志。秧箩还用于在丧礼时装着能结果的树叶由女儿倒背出去送给死人，是丧葬仪式中的一个器具。在展演中，斗笠和秧箩成为服饰的重要装饰和组成部分，秧箩蕴涵着男女青年赶花街时吃秧箩饭的浪漫情怀，斗笠则成为外人眼中主要的审美符号，有时还当做舞蹈表演的道具，在游客的凝视中已经和服饰融为一体。村里商品摊上的斗笠和秧箩还装饰上五颜六色的绸带和丝线，比生活中作为工具的小了很多。文化工作者认为，如果孔雀与凤尾竹是西双版纳的代表，那么凤凰花和斗笠就是"花腰傣"的代表。正如学者所指出的：连续性重复就会使新东西变得神圣，[①] 在外界他者的不断凝视中，斗笠、秧箩等符号经过他者的想象与认同，不仅取得了作为"花腰傣"服饰必要部分的合法性，而且也成了艺术符号。在他者的消费欲望引起的想象以及本地人对此迎合的互动中，"花腰傣"服饰进行了增减和意义转化，从一般符号转化为艺术符号。村里很多人家柜子门上贴着一排排穿着有斗笠、秧箩的民族服饰的妇女照片，和展现在村人眼前的各种宣传图片一样，被凝视的服饰在村人眼里也具有功利超越性而获得了主流"艺术性"，成为自

---

① ［美］霍尔等：《文化：社会学的视野》，周晓虹等译，北京：商务印书馆2002年版，第96页。

己观赏的对象。

最后是加工符号艺术化。根据"花腰傣"生活实践加工而成的符号实现艺术化比原有符号的艺术化拥有更充分的运作条件。一是文化工作者制作时的意图和原有艺术符号的借用赋予它艺术惯例特性，从而被认定为艺术符号；二是加工的符号原本就与村民日常生活无关，对他者和本地人来说呈现的都成为艺术符号。

根据文化工作者说的"生活中的劳作行走就是舞蹈"，他们根据"花腰傣"人的生活加工文化符号时就有意在"舞蹈"概念中运作，在向其他傣族人群舞蹈符号的借用中转化为对自己生活劳作模拟的符号，把生活中的劳作姿态凝视为动作意象，进而固定为舞蹈动作，在与借用符号的整合中生成"花腰傣"舞蹈艺术符号。每天走路、伸手抓举之类的"自然"动作总是散漫、零碎和不起眼的，而在舞蹈中，这些普通的身体动作被界定、构造、苦心经营、夸张、重复并且与其他动作相协调，更集中融合和井然有序，从而发展出舞蹈，这种舞蹈的手势、姿势、动作和动作性质正是其日常活动特有的一些特征。① 在沐村展演舞蹈的建构中，日常生活就是这样提升为舞蹈动作的，即以反复夸张的动作姿势过渡到舞蹈动作。

在文化工作者"舞蹈"编创制作的观念中，动作意象符号与劳作拉开了距离，增强了符号的舞蹈特性。在舞蹈编创中，舞蹈动作的生成发展是核心，而舞蹈动机则是编舞的起点，舞蹈动机产生的途径中"功能动作的图式化"和"自然物态的情状化"是对生活和自然物态的模拟，② 在沐村舞蹈编创中充分运用和突出了这两个动机，在此动机支配下形成的舞蹈动作符号以"花腰傣"人生活实践为语法在反复中组合成"花腰傣"的舞蹈符号。根据沐村文化生活特点，动作符号从动态、动速、动律、动力等几个方面都与村民生活劳作动作相呼应。加工的符号在凝视中直接变成观赏性存在，在其他人群已定型的音乐和舞蹈符号的渗透下，其艺术性得到增强。在舞蹈动机产生途径中，

① ［美］迪萨纳亚克：《审美的人：艺术来自何处及原因何在》，户晓辉译，北京：商务印书馆2004年版。
② 于平：《风姿流韵：舞蹈文化与舞蹈审美》，北京：中国人民大学出版社1999年版，第220~221页。功能动作是指在日常生活和生产中存在的带有直接物质功利目的的动作，反映社会生活、塑造社会生活形象的舞蹈动机捕捉首先关注功能动作。

"音乐节律的视觉化"是一个重要的途径，在音乐节律的召唤中，通过人体的内模仿调动身体呼应，从而产生一种视觉化的由人体的运动构成的音乐节律即动作节律，也是傣族人群风格图式的变异化。[①] 对生活中劳作动作的模拟和自然风光加工的符号从实际的劳作中被抽出，与生产劳作形成了似与不似的关系，成为动作意象，在音乐和动作结合中，劳作符号在他者和本地人眼里就变成了动人的舞姿；在他者和本地人的共同凝视中成为洗脚步、田埂步、鸭子步等舞蹈符号；舞台上呈现的生活中的生态意象如竹林、槟榔树、江水、凤凰花等也在想象中成为艺术符号。

舞蹈符号不是直接来自于生活的，经过了生活到符号的加工，然后在展演中呈现，符号制作中大多采用模拟的方法再现"花腰傣"人日常生活图景，再以"花腰傣"人各种日常劳作工具直接进入作为道具，在符号的组合中叙述性地展开本地生活内容和情境，同时，在借用的舞蹈、音乐符号中蕴涵了本地人和外地人基于"傣族"人群的舞蹈音乐符号的认知和前理解，这样，符号就从不同的方向指向了"花腰傣"人生活图景，在舞蹈、民歌小调、音乐、服饰、工艺品等各种艺术类型的共同展演中，在舞台特定的时空与本地人特别编制的解说词的串联中，把日常生活叙事转换为艺术叙事，展演成为"花腰傣"的"艺术"活动。

在旅游者凝视与本地人制作中，沐村展演艺术文本得以建构。一部分是舞台歌舞展演，在特定时间和场地向游客呈现民族歌舞文化，是村落展演艺术的核心，以集体舞蹈为主；另一部分是舞台展演的外围和延伸，有服饰、秧箩等作为商品的工艺品展示和台下迎接游客的《拴红线调》、《酒歌》演唱和舞台

---

① 于平：《风姿流韵：舞蹈文化与舞蹈审美》，北京：中国人民大学出版社 1999 年版，第 222 页。

演出结束之后播放的歌曲《远方的客人请你留下来》。①

三、小　结

　　沐村展演艺术文本建构于特定旅游场域，他者的凝视作为其生成性动力，召唤着本地人为满足他者的凝视进行地方性表征，在凝视和表征共生过程中，官方、民间、文化人、游客等各种力量进行着不同形式的互动：官方是建构的主导力量，以其绝对的资源优势尤其是权力资本对沐村开发布局规划，而其文化代表——文化馆和文工团（艺术团）的文化工作者——以其对主流大众文化形式的熟悉和相关训练对沐村文化的大众化展演实践形式进行创造，开始文本的制作，沐村村民在不断变迁的文化生活实践中通过电视传媒对大众文化中的艺术实践形式已有感知的基础上参与进展演文本的制作中，对官方制作的文本进行着局部的修改和补充。在作为地方性群体文化的表征中，地方力量的多样化使文本制作中集体性增强。游客作为市场消费者，以其旅游在场和文本制作中的隐性在场对艺术文本产生影响，因为文本最终的实现有待于游客的到场和参与。在各种主体力量互动的旅游场景中，本地文化表征中的地方特性与大众消费市场的同质性是形成文本建构的主要张力。

　　在艺术文本建构中，沐村文化生活的现实境遇使文本符号的征用和组合既要体现出地域文化的特性即"花腰傣"特点又要适合旅游大众消费需求，在

---

① 写有"漠沙镇沐村文艺队排练专用　2004年3月1日"的碟片上（文艺队员说2005年也用此碟）音乐顺序为：《美丽的地方》、《竹林情歌》、《傣乡韵》、《小卜哨》、《漠沙江情》、《彝山情》、《漠沙江美》、《银铃舞》、《傣族小调》。2006年用CD－R编排的新的节目顺序是：一、《云之南》二、《傣乡情韵》三、《竹林深处》四、《小卜哨》五、《竹楼情歌》六、《银铃操》七、《嘎巴》八、《赶集》九、《南嘎》十、《竹舞》十一、《傣乡韵》。在花街节展演中就会增加一些新的节目，2004年增《金凤子》、《有一个美丽的地方》；2005年增《绸花情》、《马德庆闷老》、《正月小花红艳艳》、《狮子舞》、《马梨树叶山间落》、《梨梨飞罗柳》、《咕咕鸟　声声叫》、《大鼓舞》、《满山满箐小溪流》、《少愁那浓玛》、《泰国侨胞与小卜哨共舞》；2006年增有《凤凰花》、《帕吉亚》（《帕织秋》）、《辣妹小调》、《筷子舞》、《花腰风》、《傣乡情》、《烟盒胡琴调》、《漠沙可爱的家乡》、《马缨花》、《棕扇舞》，有时还包括《婚俗表演》、《大鼓舞》、《狮子舞》、《棕扇舞》等，可见他们展演的基本文本具有相对稳定性，这是形成"花腰傣"文化艺术风格和特色的方法之一。

对沐村本地生活的反映中，不同艺术符号的选择是以"花腰傣"特色为核心在自我与他者的关系想象中进行的。基于沐村地方文化生活变迁中文化的复合性及其文化资源实际，沐村旅游展演艺术文本的建构采用了本地传统艺术符号的复制与变形、同源人群艺术符号的移植与加工、本地生活的符号化模拟与创造、他者化中的碎片补充等不同途径与方法进行符号的生成，而其中通过"展演"方式在游客他者的凝视和本地人的共享中进行符号向"艺术"的转化，以大众主流文化中对"艺术"符号特质的规定和沐村展演符号呈现的"艺术"特质的暗合为转化基础，在自我与他者视野中的生活和舞台展演转换间实现本地人从生活到"艺术"的转熟为生和游客从异域生活到舞台"艺术"的转生为熟的共同运作，以惯例生成、日常符号和加工符号艺术化三个途径实现选取的符号"艺术化"，从而生成沐村艺术符号。

　　艺术符号整合为一个相对完整的展演艺术文本，实现其被赋予的"花腰傣"潜质，是在他者和本地人的协商共谋中缓解其间紧张关系而得以实现的。张力的消解来自于两方面力量，一是符号作为沐村"花腰傣"文化表征中族性对符号的统一。传统进入、同族借用、生活提升三种途径中不同资源的选择和符号采用立意都是"花腰傣"特点，当选取的符号在村落展演中呈现时，自我与他者的共域在场类似于本雅明所言的"此时此地"，使不同艺术符号的选择与组合形成以"花腰傣"为核心的由内向外蔓延的层级结构，各符号在族性的强调中与其未进入该文本前发生断裂，产生形变，重组为"花腰傣"艺术文本，如向其他傣族借用的音乐舞蹈符号在与本地生活提升的符号结合中就形变为"花腰傣"艺术符号。二是艺术符号区别于一般文化符号的表意性，即"人们对音乐的分类方式也许不同，但每个人在听到音乐时都能够识别音乐"。[①] 艺术符号的指称性显示了文化经验的特殊性，带给人们"花腰傣"文化的"真实"性感受，使地方特色得以凸现，而表意性在能指所指组合的开放空间中生成多样化意指能力，提供了符号与文化生活事实之间疏离和结合的多个向度与多种可能性，形成文本的开放性、多义性，人们不同的想象理解在符号组合的间隙中成为可能，从而实现文本一定的去语境性，为他者理解本地

---

① [美]赫兹菲尔德：《什么是人类常识：社会和文化领域中的人类学理论实践》，刘珩等译，北京：华夏出版社 2005 年版，第 312 页。

文化提供多种可能，同时，也使符号的不同组合成为可能，带来沐村展演文本的局部更新。事实上，游客在观看艺术文本展演时并不了解每个动作符号与当地文化语境的关联，艺术符号只是提供了他们想象和理解本地文化的可能性。

沐村旅游展演艺术文本建构是旅游场域多种力量的协商共谋，自我与他者双重视域的存在使其建构中贯穿着本地文化与游客消费文化间的紧张与互动。在本地人和他者的双向建构与本地艺术符号征用、其他艺术符号借用创造及其作为地方性文化表征的强语境性和符号意指性的去语境张力中，多样变形的符号选取及其意指活动的双重运作部分消解了自我与他者间内在张力，文本得以整合，建构起逸出村民日常生活实践的"花腰傣"展演艺术文本。

一、舞台展演与生活时空

根据旅游人类学的研究，游客与东道主互动的形式主要有三种：当游客向当地居民购买物品与服务之时；当游客与当地居民在旅游景点相遇之时；在信息交换过程中双方发生面对面的交往之时。[①] 由此看来，沐村旅游中，艺术展演呈现时村民与游客的互动包容了所有互动类型，当游客来到村里时，既是在景点的相遇，很大程度上又是面对面的交往，同时也是购买物品和服务之时，三者是同时进行的。对舞台展演与旅游地人民生活的关系，学者关注到了展演对地方人群日常惯例的冲击，[②] 在沐村，游客与村民的互动主要在以舞台为中心的艺术活动与村民之间展开，村民生活时空被展演活动覆盖或分割，使村民生活呈现出以舞台为中心的艺术活动与日常生活的两分与融合。

舞台展演是艺术文本的呈现，是艺术"行为"的主要构成，又是沐村生活和展演时空转换并置的开始。展演时空并非是给定的，而是在游客到来时村里人和游客一起在文本呈现的具体展演过程中得以建构的，是"展演"还是"生活"在不同人群的参与和认识中进行情景性转化，根据展演与沐村生活时空的不同关系，沐村艺术展演分为日常生活展演和节日展演两种类型。

（一）日常展演

日常生活中的舞台展演，是在沐村人的日常生活中随着游客的到来进行的展演活动，展演不渗入绝大多数村民的日常生活，村落时空以村民为主体，游客只是被暂时嵌入，游离在村民生活之外，村民生活与展演有明显的界限与距离，展演时空对村民生活挤压度较小，村民可以按部就班地进行着自己的生活。

日常生活中的展演由排练和正式展演组成。排练是舞台演出的预演，是艺术文本向展演转换的一个必备环节，与正式舞台展演相比，不同只在于随意性

---

① 刘晖：《旅游民族学》，北京：民族出版社 2006 年版，第 107 页。

② 徐赣丽：《民俗旅游与民族文化变迁：桂北壮瑶三村考察》，北京：民族出版社 2006 年版，第 175～186 页。

和缺少游客观众，是对沐村人的展演。

正式的舞台展演，是在沐村人与游客之间进行的，其展演时空的生成体现出二者之间的互动关系。沐村展演完全取决于游客的到场，有时几天甚至几十

图 3 - 1 日常展演中的舞蹈

天都没有一场表演，尤其是天气炎热的季节。笔者第一次进入村子的时候，过了十来天都没有游客来，没有看到文艺队的一次表演和村民的工艺品展示出卖。在展演时间的选择上沐村人是被动的，一切都取决于游客，有五六个以上的游客就可以表演。在游客眼里，沐村就是一个旅游空间，是展演化的，艺术展演则选定一个特定的空间。2004 年以前没有固定的表演场地，据村人说用一些木板搭起来作舞台，哪里方便就在哪里演，2004 年建起歌舞广场，艺术展演就集中于歌舞广场，包括舞台和场边商品贸易。舞台展演在游客多或需要显得隆重一些时就在新建的舞台上，游客少时一般都在槟榔树下的平地上。工艺品展示主要在各小卖部和歌舞场边，有时也延伸到村里其他地方，如开小卖部的人家把服饰在自家窗口和门前挂出来，写上"出租"和"出售"字样，2007 年基础设施建设粗具规模后，集中在文化长廊和展览馆里。在游客到来决定是否展演时，有时是游客指明了要看表演，有时是文艺队主动问游客是否看表演，一般团队旅游中随来的导游会安排观看表演。一场展演通常的程序是文艺队负责人从县城旅行社处得知何时会有多少游客到来，年长的妇女们根据游客要来的消息先摆出各种工艺品，在游客即将来到村子时，文艺队员中的几

个人端着酒杯拿着红线去门口迎接游客，游客进寨门时随着敬酒表演《酒歌》，随着拴红线和跨红线唱《拴红线调》，游客进村后，已布置好的展演空间会吸引他们直奔舞台周围，那里响着音乐，摆着五颜六色的东西，一看就知道那里是村子的中心，游客进到歌舞场地坐在凳子上，演出就开始了。一场演出一般选择五六个节目，游客多就多表演几个，游客少就少一点，小调演唱和吹树叶一般穿插在其他节目中间，《迎宾舞》或《傣雅银铃操》一般放在最后，作为大众性节目吸引游客加入共舞，《远方的客人请你留下来》则播放于舞台展演结束后作为尾声，这时游客往往和身着"花腰傣"服饰的表演队姑娘合影留念或单独为她们拍照。舞台展演的舞蹈节目一般不固定，由文艺队员尤其是负责人随机挑选，从一份节目词中我们可以了解他们台上展演的节目安排和演出程序。①

舞台展演过程是表演主体与展演内容相遇并使其呈现出来成为具体可感的行为实践和欣赏主体与展演内容相遇进行感知理解的行为实践，因此，对展演过程的呈现集中于展演者和观赏者的行为描述上。

在游客到来前，文艺队在表演场地摆好音响，换好服装，有时姑娘们也会在游客到达时去换衣服，后来镇上规定了每周上班的那几天必须穿演出服装来。在场地上队员们站在音响旁，队长坐在那里控制着音乐，很大程度上也由他决定演什么节目，有时队员们共同商量决定，当队员没有情绪跳或认为这个舞蹈不好跳时就会改换节目，不过这不经常发生。他们在没有入场开始正式表演时，总是用傣语轻声说笑着，上台时就较严肃起来，稍微收敛一下，舞蹈中时常会发出不自然的微笑，在队员相互面对的时候彼此对笑，有的还咬一咬嘴唇，如果谁的动作稍微错了一下，他们就会笑得更厉害，退场时走得较快。台下的人则观看或准备下一个节目。走出场地中心他们又开始松懈下来，把上台产生的"不好意思"释放出来，话就讲得大声点，几个节目表演过程都如此反复。台下观看的演员在每个节目结束时就开始鼓掌，以显示参与其中的身份。吹树叶和唱小调主要由阿腊表演，姑娘跳舞时，他会在场边走来走去，唱小调一般不用伴奏，报幕完他就直接走进场地，在场地中走来走去地唱；吹树叶时则报幕完他就在场边的荔枝树上随手摘下一串树叶，扯下一片放在嘴里吹

---

① 参见附录二。

图 3 - 2 小调演唱

着走进场地；偶尔人多时为了助兴，会让他表演爬槟榔树，他走到场边的槟榔树林，快速脱掉鞋子，这个动作常常引得姑娘们笑起来，他抓住一棵树飞快爬上，爬到一半就下来了，又引起姑娘们大笑。有时报幕的阿塞也唱小调，阿塞和不同的女孩（因为流动大）用带有本地口音的普通话报幕，一次，下午两点多演出时，他们一起说开始语："各位来宾，大家——"，接下来他说"中午好"，姑娘说"下午好"，游客没太大反应，可能觉得这不是个问题，可下边的文艺队员都笑起来。当他们报出"阿腊（阿塞）先生"时，很多队员也会窃笑，有时还跟着重复"先生"二字。有一次，阿塞报幕说"下面请我们的阿腊先生为大家唱梨梨飞罗柳（一段情歌小调）"时，报出名后队员都学他重复歌名，可能觉得这听不懂的傣语有点新鲜。小伙子的节目较少，一般是唱歌和吹树叶，其余时候他们主要是观看和搞好后台服务，如做准备、拿道具和控制音响等，如果旁边有他们熟悉的人在看的话，他们会与看的人聊得不亦乐乎，阿腊有一次还因为与别人相互打闹而跑到另一边去。最后一个节目一般是《迎宾舞》，这时阿塞就会站在大鼓前，把鼓槌高高抡起，把鼓敲得很响，队长则站在旁边敲锣，阿腊合镲（有时也会由二叔和杨老师代替，二叔说有一天阿腊喝醉酒的时候是他代替的），姑娘们陆续地进入队伍，这时跳得比其他节目更随意一些，因为动作相对简单，而且是参与性节目，她们主要是吸引游客参与进来，而主要不是自己表演，观者的目光不再直视在她们的整个表演姿态上，而是在参照中进行模仿，参与的人不多，但观看的人也知道这是最后的节目，心思不再集中于表演。阿塞的鼓点通常是一下一拍，在动作转换处故意使劲地敲 │×│×× ××│×，似乎是他敲得最得意的地方，最后再在 │×│×× x.x│×这里有力地结束，然后报幕人说"今天的演出到此结束"，这时小伙子们有时换上《远方的客人请你留下来》，有时换上听熟了的其他音乐并收拾演出的东西，姑娘们则常常应邀跟游客合影并回答游客的一些问题或是给游客做导游带他们到江边走一走。一次，一个游客用手机给一个姑娘拍照，几个姑娘围过去看，叫着"呃——"，同时笑起来。大多数时候他们散在场边，坐在石凳上乘凉、打扑克、吃凉粉、继续绣花或者回家去。

对参与展演的游客来说，如果寨门口有迎接仪式的话，他们就在大门外下车，举行套红线仪式，他们对三套红线的习俗比较陌生，常常表现出不知如何参与的尴尬，有些人会嘟囔："还要再来一次？"尔后当队员们一遍傣语一遍汉语唱着《酒歌》把酒杯递到他们面前时，他们一般会抬起来喝掉或做出喝的表情，酒则更多洒在地上或留在杯子里。对自驾车的游客，很多时候拴红线是通过车窗进行的，套红线就免了。有时迎接仪式也会在表演场地旁举行。多数游客一进村子就直奔场地旁边的小摊，观赏老奶奶摆出来的红红绿绿的小工艺品，他们摸摸翻翻那些小玩意，女游客用斗笠在头上比比（因为没有本地人的帽子，斗笠戴不稳，只能比比戴的样子），问问价钱，有时尝尝小食品如竜粑。经常听到他们招呼同伴"你来看看这个"，表现出对沐村的一切的新奇感受。有时他们讨价还价，老奶奶们常回答说"不卖，要×块呢。"似乎她要几块钱就是几块，而主要是因为她想要几块她就说几块，一般不会喊虚价。准备演出时常听到游客们呼朋引伴地互相招呼"过来，过来"，陆续坐到场边凳子上或站在场边阴凉的地方。多数时候他们边看边议论，讲着"你买了吗"、"他们的服装好看"、"好吃呢"等类话。每个节目结束时，有部分人会鼓掌，多数时候掌声稀稀落落的。大部分人会看到演出结束，有的则看了几个节目后，就到周围转转，或顺着路去江边走走。看舞蹈节目时游客都是一种表情，似乎眼前的艺术享受比不过情景的记忆，边看边忙着用手里的相机、手机、摄像机拍照等。唱小调和吹树叶时，他们会有一点波动，轻声地说话。阿腊吹树叶时，报完幕摘叶子时，游客中常常有人嘀咕："去摘叶子了"，言语中透出一种兴奋和好奇。在最后跳《大众舞》时，一般有些游客会进入，他们先在场边看一会儿，觉得有点谱了就进去跟着比划，大多是年轻女孩，进去站在文艺队员的后边，边看边模仿跳，有的动作很认真，好像是自己在表演，有的很随意，只是参与玩，有时也喊自己的同伴进去，大多都表现出一股兴奋。展演结束后游客常常邀请女孩合影或是给女孩拍照，夸她们跳得好，然后问一些问题，如跳的舞是谁编的，跳舞的是否都是村里人，平时干什么，服饰是否都是自己做的，价钱多少等。由官员陪伴前来的游客，文艺队会为他们举行隆重的欢迎仪式，他们也一丝不苟地接受。进村以后，他们对小玩意不显出热情，而是直接坐在场边，仿佛专为一场演出而来。看时很认真，一般不会中途跑掉，偶尔轻声地指指点点，一个节目结束之后，通常会很热情地鼓掌。演出结束，他们会留下一些"办得好、不错"之类的话。

　　沐村人对展演有不同的参与情况。不论是正式演出还是平时排练，沐村人总是主动和被动的观众。排练时的观众大多是摆摊的老人，他们听见音乐响就

图 3 - 3　日常展演中的沐村观众

摆出东西，守在自己的摊前望着姑娘小伙们排练，或是走来走去地把东西摆弄到自己认为是最好的布置，有时他们也会站到场边来看，表情和看村人收苦瓜时差不多，喜怒哀乐似乎全藏在心里，正如有学者所说的农民的交往主要是身体行动，他们在乡间的目光"是一种安静的目光，它具有中性特征，既没有

攻击信息，也没有亲近信息，生命活跃的内容被封存起来"。① 劳作过路的人也会驻足停留在小卖部那里，不带情绪地望一下，相互间偶尔的招呼和交流与平时一样，是关于生活中的其他事情。小男孩在场地周围跑来跑去，或互相推搡一下，或骑着自行车玩，显得很活跃，他们有时会认真地坐着或站着看演出，有时则边看演出边玩其他，如在地上转攀枝花果做成的陀螺，更多的时候他们是来小卖部买些几毛钱的小零食吃，边吃边望。小女孩有些不同，在沐村她们似乎是最懂得欣赏的观众，她们常常几个结伴而来，坐着或站在场子边看，目不转睛地，安安静静地，有时也相互沟通一下，有时也会因其他事情走开一会儿又返回来。在游客到来演出进行时，村里人来看的就会多一些，尤其是正值吃中午饭和晚饭的时候，那时他们从田地里收工归来，抬着干活家什停下来望一望或回到家又出来看，他们分布在村道边那棵冬天挂满了芝麻铃一样的褐色酸角的大树下、围在场边小卖部和沟渠周围，从不进入游客所在的位置，从不坐在为游客准备的那些凳子上，他们总是远远地、默默地望着，似乎不是看演出而是看游客。只有在阿腊和阿塞出场唱小调爬槟榔树的时候，他们的脸上就会绽开了笑容，为他俩的造型以及他俩平时在村里人眼里爱闹腾的形象，也为听到自己生活中远古的歌调、看到平时的劳动在这里呈现。当村人熟悉的东西成为他们反观的对象时，他们觉得很有意思。除了路过或等着外地老板来收苦瓜外，村人常常是为听到音乐而来，当熟悉的音乐响起时，他们零散地分别站在表演场地附近，看表演也看别的，"为了看热闹"，偶尔有笑容和私语。村里人从不把自己列为观众，他们没有参与性，只是顺便"望一下"，像看一件别的什么事，所以他们从不鼓掌。如果他们在旁边干活的话，展演就只是一个背景，除了偶尔的一瞥之外，他们干着自己该干的事。老人们就是这样，如果有游客，他们一般就坚守在自己的商品摊前。也有的村里人因为"经常看"，所以路过演出场地时不作停留，甚至不留目光就走了。但如果没有其他事情，多数人会坚持到演出结束，看到游客散尽之后，相互打打招呼，和平时一样聊几句，然后该干什么干什么去。在沐村，看演出的人中男性比女性多一些，因为妇女收工以后经常在家里做家务。年轻人一般不来看演出，有时有邻村人来看，主要是为了找熟人玩，顺便来看演出。一次，和队员熟悉的

① 张柠：《土地的黄昏——中国乡村经验的微观权力分析》，北京：东方出版社2005年版，第277页。

附近村子的几个姑娘来看演出，她们一直和阿腊很开心地说笑，熟得不能再熟的样子，阿腊表演时，阿塞摘了一串叶子，似乎是让她们献给阿腊，她们笑得前仰后合。

在日常展演中，除文艺队外，其他村民没有进入正式展演关系中，他们是流动和零散的，可参加可不参加，可看可不看，仿佛置身于事外，各自忙着自己的事，不影响自家日常劳作，不改变自己日常生活的节奏。

场景之一

（2005 年 3 月 12 日）今天早上八点左右，村里就响起了经常播放的《神秘哀牢》碟片中的音乐和介绍，我知道有游客要来。我从大嫂处知道今天要来一批客人，镇上叫她们都身着民族服装参加寨门口的迎宾仪式，想来今天来的客人是官方邀请的。走到歌舞场地时，看见老人们早已听到消息就摆出了天天如一的小商品，有火炉上正在蒸着的竜粑、包谷、腌鸭蛋，有地上的干槟榔、饭盒、河石，有穿挂在竹竿上的一排排秋箩、小葫芦、斗笠、帽子、香包类各种小挂饰，歌舞场地上呈现出五颜六色的东西，老奶奶们静静地坐在自己的东西后面的台阶上等着，小卖部旁边卖凉粉的大嫂早早地准备好了，一户村民专门摆出了服装，有买就卖，不买可租去穿着照相，一次二十元，我后来看到有人穿着照相。在舞台前边，小伙子们摆出了两排长凳，对正式舞台的使用说明今天的演出较正规，或是来的人较多。但没有看到文艺队员们。十点左右，阳光已经明晃晃地照着沐村，一些穿其他民族服装的人（我向一位老先生了解到，他们属于玉溪市某民间老年艺术团，昨天晚上已在勒村与当地人联欢过）从村道上走来，出现在歌舞场边，他们共有三十六人，妇女们一下车就到商品摊前看。同时，从村道上随后走来一群官方陪同前来的特殊游客，共七十多人，加上镇上陪同而来的官员和摄像等服务人员共一百二十人左右，随后跟着来的是穿着演出服装的文艺队员和只有较为隆重的迎接仪式中才参与的两位五十岁左右拴红线唱调子的妇女，原来文艺队员都到寨门口迎接客人去了。顿时，歌舞场边热闹起来，红红绿绿的服饰在场地上来往穿梭，加上艳阳高照，更增添了歌舞场地的热闹气氛。过一会儿，艺术团的乐器摆上了舞台右边，几个人试奏了一曲。当客人坐定节目开始时，首先演出的节目是沐村文艺队的舞蹈节目《傣乡情韵》，这时，我看到老年文艺队有的人放着录音在槟榔树下练烟盒舞，有的拿着扇子崴着花灯，她们说"练一练"。随着表演的展开，沐村人逐渐开始围观，六个七八岁的小女孩穿上了民族服装，在场地上集中地站在一块儿，路过的村民也不时停下来看一下。两个节目过后，太阳照得台前看演出的人受不住了，于是凳子被陆续挪到台子右边树阴处，但仍不能完全遮挡白花花的阳光，部分人陆续站起身来离开凳子，站到荫凉舒适的地方，对舞台展演的注意力被分散了，尤其是到了老年文艺队的独唱《三峡情》时，虽然演员的嗓音很好，表演得很到位，观看的村民说"像电视上唱的一样呢"，但观者的热情还是淡了下来，似乎可看可不看。因为阳光的缘故，后来的演出就在观者的不断分散中稀稀拉拉地进行着，演出进行中又来了七名游客。一直到最后的"大众舞"时，似乎才又激起了观众的热情，人们的注意力又集中了。杨老师参与敲锣，他说这套鼓乐就是他编教的。此节目中沐村约有十来个人参加进去，除了迎宾的两个妇女外，两个小女孩也加入，其余的是文艺队员，老年文艺队有两三个人也进去跳，在小小的舞台上形成内层外层的两圈，老年文艺队的人跳得很好，虽然她们可能不知道每一个舞姿的所指，但从动作符号的再现上她们无疑更具有舞台表演经验和特点。同看演出的还有云南师大来搞调查的一位老师和两名女学生。由于大嫂要穿民族服装，她觉得似乎在她家的我和那个老师也要穿，但她只有一套，于是她向别人借了两套给我们穿，她和另外一个借衣服给我们的妇女在她家换衣服，两人帮我们穿好，穿得很慢，一样一样系上去。在熟悉的镇领导和村里人的一再要求中，我也上台参与进去，以显示我与展演场景中游客相对的已建立的"本地人"立场，虽然我对每个动作都已经很熟悉了，但是在模仿的时候，还是不像姑娘们那样舒展自如，有的村民在台下冲我微笑。表演进行中，表演场地上的游客和围观的村里人及摆摊的老人约有两百人，这时有的游客站在台子前与正在表演的姑娘合影。演出结束后，游客不断地与文艺队员、小女孩合影。同时杨大姐和白大嫂两位妇女在台上给民间艺术团的人拴红线，唱起了调子，声音比较洪亮。十一点多钟，演出结束，客人坐上车子离开，渐渐散尽。看到我穿民族服装，老年文艺队一名领导模样的先生对我说"你们的舞跳得好，一个村里有这么多人才，真不简单。"我开玩笑说"我是赝品"，可能他听成了"我是艳萍"，于是又夸奖说"你们太能干了"。而村里人见到我就说"你会跳呢"，"天天看就会跳了"。

(二) 节日展演

沐村的节日有传统地方性节日也有主流文化影响下汉族传统节日，同时还有官方旅游开发建构的黄金周假日，沐村上学的孩子从日常学校教育中放假归来以及批量游客的到来鼓动起村民的节日心理和热情，赶花街和春节等传统节日则有着较为深厚的文化心理积淀，传统节日中的艺术展演有假日展演中的共性又有自己的不同，因此，本书主要以沐村"花腰傣"传统节日赶花街展演为线索进行节日展演的描述，其中也涉及官方假日的展演。

花街节在旅游中的建构首先体现在其对传说的整理上。关于赶花街的传说，笔者访问了村里很多村民，但都只是回答"人家老古人传下来呢"，"小伙子小姑娘好玩了"，"过节了嘛"等，除了一位以前当过代课老师的老人断断续续向笔者讲述过其来历以外，大多数村民只是对记忆和现实中的活动场景留有零散的印象，并没有一种反思性的建构，那位老人是镇上领导向笔者推荐的访谈人，说他"最懂"了，他告诉笔者以前那些人来"都是找我调查的"，其讲述与本地文化工作者的相关调查资料基本一致，因调查资料未标注讲述者，笔者不能确定关于传说的记忆和建构出自谁。调查资料是这样讲述的：[①]

> 传说花街节是为了纪念杀死坑害百姓、糟蹋庄稼的恶龙的一个"花腰傣"青年岩龙而举行的活动。相传在很久很久以前，漠沙江里不知从何处跑来一条恶龙，每年的正月十三，它要傣家人宰一百头牛、一百头猪送到漠沙江粉牛渡口供它食用。农历五月六日又要选一

[①] 新平彝族傣族自治县文化事业局：《云南省新平彝族傣族自治县漠沙镇沐村花腰傣传统文化调查报告》，2004 年。

个当地最漂亮的傣雅姑娘送到粉牛渡口供它做妻子。否则它就要呼风唤雨、掀起恶浪，淹没庄稼、冲毁果园，使傣雅人苦不堪言。粉牛渡口旁边村子里有一个英俊的傣族小伙子岩龙，为了解除傣家人的痛苦，在农历五月六日这一天，他以非凡的智慧和勇气，用事先藏在沙里的坝子刀杀死了恶龙，为傣家人除了大害。消息传开后，"花腰傣"姑娘们怀着对除恶英雄的崇敬和仰慕之情，把自己打扮得如花似玉，纷纷赶到粉牛渡口围住岩龙，请他选自己做妻子。为颂扬岩龙的功绩，纪念这个不平凡的日子，"花腰傣"傣雅人每年农历正月十三日、五月六日都要赶花街，代代相传。

赶花街的传说与秧箩饭的传说又交结在一起：

传说很久以前，一对傣雅青年夫妻男耕女织，恩恩爱爱，过着幸福美满的生活。年轻貌美、贤惠善良的妻子常常在家中做好香喷可口的秧箩饭，送到田边给丈夫吃。不料，他们恩爱情深的一举一动引起了漠沙江中一个水怪的注意，水怪妒火中烧，对漂亮的小媳妇垂涎欲滴，它深知，要霸占少妇，首先要能骗到她的秧箩饭。于是有一天在少妇送饭途中，它钻出水面，摇身变成人样，上岸堵住少妇，甜言蜜语地哄骗少妇，要吃秧箩饭，少妇严词拒绝："除了我的心上人，除了我的丈夫，任何人吃不到秧箩饭！"水怪暴跳如雷，凶相毕露，强行抢夺，少妇为保护秧箩饭和自身尊严，边呼喊丈夫的名字（向丈夫求救）边拼死反抗。待丈夫和乡亲们闻讯赶来时，少妇已倒在血泊中，但那沾有鲜血的秧箩饭还紧紧地护在她的胸前。为了纪念少妇对爱情的忠贞不渝，人们在花街定情时，都要吃秧箩饭，表示吃过秧箩饭，就能像这对夫妻一样恩恩爱爱，至死不移。

相互粘连的两则传说中，虽然有了很多现代人加工的痕迹，但仍可以从中看到其中的几个核心意象：水怪、农耕稻作、性爱。黄泽认为，傣族农耕祭祀是其稻作农业中重要的节令依托并衍生出观念性文化事象。① 传说所体现的就是"花腰傣"农耕的稻作文化心理积淀，演绎着稻作民族内心的生存图式，是农耕祭祀演化升华的农事节日。弗雷泽等原始文化研究者在对古代仪式的研究中指出仪式的运作依靠的是一种交感巫术，他以丰富的材料说明了古代很多人群都有庆祝阿多尼斯复活那样的春天祈丰产的模拟性生产仪式。② 花街在春耕之时举行，对农耕和情爱的强调说明它最早应该是"花腰傣"人一个祈顺产丰产的农耕祭祀仪式，其中以人类的生产促进农耕生产，后来在演化中逐渐分化，只留下了人类生殖文化的痕迹，据清康熙《新平县志》记载："摆夷……婚无媒。以正月子日接球抛之，两相愿者结为夫妻。"并在择偶过程中呈现出了现在人们所能记忆的以男欢女爱为主的欢乐庆典活动。花街的傣语意思是"在竹林里逛"，仅提供了一种活动场景。"花街"或"赶花街"是汉语的命名，对于"花"字，民间的解释大多基于现在赶花街的实际场景进行不同的联想和想象，如"花"就是小姑娘；"花"就是人们穿的好看的花衣服；"花"就是心在此时可以"花"；"花"就是河谷到处都开着花等，这些都有其合理性，服饰的讲究与姑娘小伙的"心花"是一致的，而河谷的花主要是攀枝花，攀枝花是傣族居住地干热河谷的代表植物，早春时它率先开放，形成一道靓丽的风景，本地人常把成熟的姑娘比做攀枝花，同时攀枝花果实的多子使它成为婚姻关系及其他社会关系的标志，是婚姻缔结的象征。③ 因此汉语把"花腰傣"人的这个节庆叫"赶花街"。

有学者认为传说是一个族群对相似性认同的一种主观的信念，一种在特定聚落范围内的共同记忆。④ 沐村的花街只存在于老人的记忆中，在老人们的口传中成为"花腰傣"人的集体文化记忆，"传统节日以习俗的力量让民众自动在同一个时间经历相同的活动，在相同的仪式中体验相同的价值，一个共同的社会就这么让人们高兴地延续下来。这就是传统节日最经济、最有效的生活文

---

① 黄泽等：《南方稻作民族的农耕祭祀链及其演化》，《思想战线》2001 年第 1 期。
② ［英］弗雷泽：《金枝——巫术与宗教之研究》，徐育新等译，北京：大众文艺出版社 1998 年版。
③ 崔明昆：《植物民间分类、利用与文化象征——云南新平傣族植物传统知识研究》，《中南民族大学学报》（人文社会科学版）2005 年第 4 期。
④ 万建中：《传说记忆与族群认同——以盘瓠传说为考察对象》，《广西民族学院学报》（哲学社会科学版）2004 年第 1 期。

化再生产功能。"① 赶花街的传说支撑了花街节的再生产即现代旅游场景中的建构。人们"根据各个阶段不同的社会框架来对过去进行重构","以重新阐释过去的方式来达到巩固自己主体同一性的目的"。② 因此,在旅游开发中,赶花街成为沐村文化建构最主要的"凝聚性结构",2000 年花街节的组织与实践成为沐村旅游开发起步的标志,把男女相会的情节加以突出和放大并融进了现代节日所拥有的经济、政治、文化等功能中。作为传统的赶花街节日,虽然其农耕祭祀内核已经逐渐消失,寻情择偶的功能增强,但在漠沙傣雅人聚居的一带,节日时间是固定的。

接受了主流文化影响后,花街节成为历史记忆,节日所承载的民间生活的集体性和相关功能则聚合在了每一年春节过后第一次开街日,民间称为赶新街,是一年中第一次交流的开始,既是物资的交流更是人际的交流,它的功能类似于历史上的赶花街,从而在记忆和现实中生成了新的花街及其相关活动与内涵。在旅游发展中,传统花街节与民间叠压性新街形成的情感感知与花街节融合,使其既不是纯粹的无本之木,也不是传统节日复兴,而是一种多个层面文化叠压中形成的节日,对它的感知及其情感投入也不同于单纯的节日创造或是已经死而复苏的节日。这就是沐村本地文化的特殊性所在,这决定了节日展演中本地人的参与与感知的不同方式。

在旅游场景中,节日时间是游客市场和本地人互动建构的,体现出游移的特点。作为旅游资源的花街以吸引游客到来为目的,刚开始时,为突出本地特色,时间是按照民间传统的,后来因官方的假日与此时间相互冲突,大众游客在正月十三的时候都不值休假,不能光临沐村,于是政府就修改了传统节日的时间,改为正月初三,保留了"三",也考虑到了游客的出行时间。传统节日的时间是文化地形成的,时间赋予人们不同的文化感受和文化记忆。花街的时

---

① 高丙中:《对节日民俗复兴的文化自觉与社会再生产》,《江西社会科学》2006 年第 2 期。
② 汪民安:《文化研究关键词》,南京:江苏人民出版社 2007 年版,第 351 页。根据黄晓晨的叙述,扬·阿斯曼认为,文化记忆的功能就在于"凝聚性结构"的产生和维护,凝聚性结构在时间层面上把过去和现在连接在一起,把过去的重要事件和对它们的回忆以某一形式固定和保存下来并不断使其重现以获得现实意义;在社会层面上它包含了从对共同的过去记忆和回忆中剥离出来的对成员具有约束力的共同的价值体系和行为准则。凝聚性结构是文化体系中最基本的结构之一,它的意义在于使所有成员对此文化体系产生归属感和认同感,从而定义自己和这个集体。

间是傣雅人农耕文化的印记，沐村人现在说"几号"指的就是农历，在很多人心里，没有公历与农历的并存，对公历的感知只来自于对上学孩子时间节律的"星期"。尽管花街离沐村人的现实已经较远了，但是农耕文化生活的时间节律却依然维持着，村民传统农耕文化生活与政府现代旅游开发之间的紧张首先反映在节日时间的修改上。与传统花街相连的春节传统文化生活，是沐村人对旧年丰收的庆祝和来年丰收的期待，是"自然"生活的节律，节日时间的改变影响了村民的日常生活。传统花街是在村民"杀年猪"过年约半月以后进行的，那时，"过年时吃的肉已经消化了，又可以吃肉了"。初三时，"家家还在吃肉，咋个会想吃汤锅"；初一、二、三的时候，家家户户请客走亲，"扯粑粑的又多，没有时间赶街"。因此，政府组织的时间不仅在心理上不能满足村民对"节日"的期待和向往，同时，因为当地人春节后几天都有迎来送往活动，村民"还在过年，不愿意出来做汤锅"，探亲访友来沐村的亲朋好友被"拦在寨门外进不来"（政府组织的节庆，在寨门外收门票），"山头上的人也过年，来的人少"等原因，沐村人总觉得改时间后的花街"不好玩，一样意思都没有"。村民虽然知道旅游就是"为我们生活好过"，但是他们在实际选择中，传统文化心理影响还是很大，对官方的改变颇有微词。这样的意见和村民参与的实际情形也使官方在时间是否要修改中游移不定，在时间选择上几经反复，每一年都不固定，要看官方的决定，而且花街节也不是民众自发参与的节日，而是依靠官方的组织。时间选择的两难与沐村现实生活中花街的生存状况有关，尽管民间表现出一定的反对性表述，事实上，花街走出村民生活后没有像戛洒那样与祭竜或其他文化实践合而为一，导致政府的民间节日与民间的缺失之间缺少自然的衔接，一切似乎不是顺应本地人文化生活结构的，因此花街节活动不能如戛洒那样在旅游开发中使政府所定节日时间和民间传统节日时间并行不悖地进行。

从花街节的传说中得知花街最早是在粉牛渡口开始的，在老人们的记忆中是在勒村和沐村一带。旅游中沐村起源地的建构来自于老人们所能联想到的记忆并适应旅游开发场景的需要，空间则被集中移到了沐村，很多本地年轻人不知道粉牛渡口赶花街的历史。虽说沐村是因被认为是花街节的发源地之一，它才幸运地成为政府旅游开发的选点，对政府把赶花街地点放在镇上或是沐村，并不因为村民和本地人只有记忆的支撑而没有实践的延续而引起突出的争议，对附近其他村寨的人来说，"在哪里都好玩"。对沐村人来说，多数人从经济利益出发认为在沐村比较好，"热闹得起来"。很多村民向笔者讲述了未曾经历的花街节情况，如村子里比镇上热闹得多，车队一直排到哪里，厕所都从哪里运来，哪家几天就赚了几千元，等等。对镇上赶花街，他们说"只是政府想要收一些摊位费而已，没有在我们村好，人家老百姓都不来"。村民们尤其对镇上和村里同时都赶花街表示反感，他们认为"把人都分散了，热闹不起来"。在笔者参与的村子和镇上的花街节，在哪里赶的主要决定因素不是人多与否，镇上组织的花街也很热闹，选择沐村比较好只是村民们基于自身利益的一种解释。

节日的元素是人、自然和神，并以三者组成人与自然、与神、与人、与自我的关系结构，节日的功能以调节这四种关系矛盾为主。[1] 随着社会生活的变迁，节日从对神与自然的关系转向人与人和自我之间的关系，沐村旅游中重构的花街节已经完全脱离了人与神和自然的关系结构，从民俗生活中以对歌、吃秧箩饭为标志的择偶寻侣活动和衍生的全民欢庆娱乐活动走向旅游场景中处理游客和本地人之间人以及本地人际关系的节日，经济和人际关系调节以及自我放松成为主要功能。

花街节的复兴以及各种官方规定的假日如"十一"黄金周，是艺术展演的契机和实践平台，"看演出"无疑是整个节日活动的中心，舞台展演的地方是观众人群最集中的地方，舞台展演是政府凝聚力体现的渠道，从每次活动的安排中就可以看到艺术展演的重要性。[2]

节日期间的沐村艺术展演活动可以分为两种，一种是官方不参与组织，就像沐村平时展演一样，只是展演的次数随着游客的不断到来而增加；另一种是官方参与组织，展演依附于节日的组织，展演地点随着节日空间的位移而在镇上和沐村之间变化，有时两个地方都安排展演活动，村和镇捏合在一起，有时只选择在一个地方展演。在官方组织的展演活动中，因为依托沐村进行镇上的旅游开发，所以都有沐村文艺队参加表演，很多时候以沐村为主。

---

① 廖冬梅:《节日沉浮间——节日的定义、结构与功能》，桂林:广西师范大学出版社2007年版，第50~60页。

② 参见附录一。

作为一个区域性政治文化经济行为的节庆活动，各种力量的整合是必要的。节庆期间的展演是很多内容和节目的综合演出，展演不是完全按照时间先后顺序进行的，而是一种复调式存在，如同设几个舞台，展演同时或交错地进行，如黄金周服饰文化节期间，舞台服饰设计表演与民歌小调比赛就交错进行，有不同的展演舞台和中心。演出的具体时间、地点、方式等都由官方统一安排。为增强节日气氛，突出节日活动盛况，官方就会组织综合性的更为正式的表演，如 2007 年镇上花街节展演就每村有一个代表队参加表演，有舞台表演和沿着主街道进行的大鼓舞和"猫猫舞"简单表演的游街活动，舞台展演还有县"花腰傣"艺术团参与，是主要的展演力量。2007 年"十一"黄金周期间，沐村旅游基础设施建设竣工，组织大规模的旅游表演，就是一次县域内的力量整合：每个乡镇都有一个代表队参加演出。在这些节日演出中，沐村文艺队只是参与展演的一部分，表演在村里经常表演的、较为熟练的、与其他村不重复的舞蹈，有时也进行服饰和婚俗展演。展演时间在遵守官方制定的时间表中，主要由在现场的官方人员决定，如黄金周期间大型展演《傣雅之梦》据说因为某领导的迟到而推迟了一个多小时。镇上展演主要集中于文化站灯光球场，一般在早上和晚上，白天就像一次赶集一样，时间很集中，散去很早。在沐村的展演中，舞台歌舞表演以及特定的服饰制作、竹编工艺展示由政府部门安排，具有统一的时间，村民自身市场销售的服饰、工艺等展演则整天挂在展出和出售地等待着游客，一直延长到游客散尽。舞台歌舞展演与镇上展演基本相似，在不同表演队的参与和节目的不同排列组合中完成一场展演。服饰展演和歌舞展演还体现在舞台服饰展示和"傣雅之花"评选过程中，与歌舞表演一起构成舞台展演。① 舞台展演的调度比日常展演相对严格，不允许拖拉散漫。

不论是沐村还是镇上节日展演，官方的组织都对全镇进行了总动员，沐村人只是参与展演的一部分，因此是全地域人群的节日共享。节日生活的意义是"建立集体的文化认同和加固文化记忆"。② 对花街节的记忆与认同是地域性

---

① 参见附录一。
② 中国民俗学会、北京民俗博物馆：《传统节日与文化空间："东岳论坛"国际学术探讨会专辑》，北京：学苑出版社 2007 年版，第 3 页。

图 3 - 4 评选"傣雅之花"

的，不论是在群体记忆中还是现实中都是共同地域人群共享的一个节日。这与傣雅在坝区地缘中心有关，坝区是其他民族交流汇聚的地方，花街节自古以来都是整个漠沙坝的盛大节日，是地域中各民族的大聚会，沐村老人说"山头上的彝族包着饭来玩，整夜唱歌跳舞"就是一个证明。旅游开发中花街节的共享主要建立在政府发动和组织、傣雅人坝子地域优势、节日的愉悦功能几个原因上，是节日间的消费活动引发族际间的文化交流与互动。① 山地民与平坝民之间历史上的种种关系是族际文化共享的传统资源和背景，如今在政府的牵头下，族际文化共享是由一个地域多元文化并存的实际决定的。② 与毗邻的元江相似的是漠沙镇也是"花腰傣"平坝人和彝族、哈尼族、拉祜族等"山头人"共居的地域，族际共享的文化在以沐村为依托的旅游开发中被政府统合在一起在节日中体现出来。从政府的角度来说，沐村旅游开发不光是沐村人的事，而且是镇政府的大事，是全镇人的大事，因此旅游中的节日试图被打造为漠沙镇的共享节庆，反映一个多民族地域的文化特征。花街节活动主要以展演为中心，在镇上的展演是一次全镇人的大动员，节日期间，狭长而倾斜的镇子街道用彩旗和布标进行装饰，渲染出节日的气氛。展演作为一种行为叙事主要是官方叙事和民间叙事的交替。镇上的展演对沐村展演来说已经是脱域化，除了沐村人之外，其他观众不再关注展演参与者是沐村人与否，它只是被整合到

---

① 龚锐：《流变中的整合——西双版纳基诺族、哈尼族、傣族节日消费文化互动》，《思想战线》2002年第 6 期。

② 胡鸿保等：《人类学本土化与田野调查——元江调查四人谈》，《广西民族学院学报》（哲学社会科学版）1998 年第 1 期。

全镇展演中的一个部分。相对来说，镇上的展演实现的是文化展演与"艺术"展演的双重功能，对很多游客来说，不再只是对"花腰傣"文化的体会，也包含了对舞台艺术展演形式的技巧要求和期待。展演内容是复合的，除了官方组织的展演外，民间一切经营活动都可以在这里进行，本地观众则是把展演与闻讯前来参加表演经营的马戏杂耍同等对待，只是他们的一种娱乐方式而已，如果马戏团的表演也不收钱的话，相信人们更愿意去看它。镇上节日是所有地域人群的共享，展演是全镇性活动，人们可以在政府提供的平台上随意填充自己的快乐，笔者所参与的两次镇上组织的节日，政府组织的艺术展演活动安排在节日的头天晚上和节日当天的早上，同时每次都有很多彝族人自动前来进行民间自我展演，在头天晚上政府展演结束后在球场和街道上跳民间歌舞——芦笙舞、三弦舞，往往是通宵达旦地跳，当地人说"最热闹的就是在头天晚上了"，他们借政府组织搭建的平台进行展演，自动来去，体现了节日的共享性。在镇上地域空间的延伸中，沐村展演与村落语境相对脱离，是一次乡镇集会式的娱乐庆祝活动，村民成为普通的参与者，不再想着突出自我文化。

一次镇上花街节活动实录

（2007 年 3 月 1 日）今天是花街节的前一天，我和一个朋友前去参加花街节。河谷山坡上开满了粉红色的虾花，远看像一片粉红色的淡淡云雾，河岸高大的攀枝花树上开着火红的花朵，想起文艺队阿腊用流行歌曲唱出的"等到攀枝花再开时，我们大家再相会，哎，花街节"，我脑子里印下了攀枝花与花街两个意象。下午六点到沐村时，村子里安安静静的，大哥说"今天怕是寨子都空完了"。说昨天就开始有活动了，因为人家杀羊杀牛的经营者昨天就开始筹备了，所以今天早上就有很多人去了镇上。我们经过镇上时，看到主要街道已经停满了各种微型车，但没有看到外地车子，街道都拉起了彩旗，街道上是一团团簇拥在一起的人，从衣着和表情上可以看出是本地人。因为事先与大哥联系过，大哥家已准备好饭菜，过两天就是元宵节，大哥的儿子明天要到昆明上学，所以做了汤圆吃，我朋友是第一次去沐村，大哥他们特意做了特色菜：四叶菜、攀枝花凉拌野蜂儿、腌肉、凉拌折耳根等。大哥知道我关注的内容，告诉我们表演八点半开始，村里的小姑娘小伙子早就上去镇上了，前两天还在村里排练呢。其实很多村人去镇上参加花街节既是以政府组织的表演为中心，也是他们所关注的。吃过饭全家出动去镇上。沐村的车子都出去了，没有现成的交通工具，杨组长用小灵通联系了村里的一辆车子从镇上返回来接我们。夜色中我们到了镇上，整个斜坡样街道上人山人海，传来震耳的嘈杂声音，大哥说是外地的杂耍和其他表演，我看见农贸市场门口一左一右有很醒目的招牌画：一群半裸的女性图像和"新声艺术团"字样。进去里边，声音大得遮盖了我们彼此交谈的声音，我粗略扫视了一下，有上下层旋转的电动骑坐，有"人头鸡"的参观，还有用布幕围住的帐篷式设备，后来听到同行的男人们开玩笑说"台上的那两个人马上就要脱了"，可能是裸体展示。我们穿过横街，经过络绎不绝的烧烤摊，一人一火盆就是一个摊位，很简易，街边都是卖吃的，他们知道花街节上的人都是来消费的。我们进入表演场地——灯光球场，演出已经开始了不久，进去的路几乎是水泄不通，好不容易一步一步挤进去，看到凡是能看到演出的地方都挤满了人，只有场子中间靠后的地方还有空隙，因为场地是平的，这里看不见台上表演。看得到舞台上横幅"漠沙镇第十七届花街节，主办单位：漠沙镇政府"字样，路右边的横幅是"风情万种花腰傣，浪漫无限花街节"，"多情花街节，魅力漠沙镇"，我们进入的这一边挂着"花街节秭箩饭定点处"的横幅（第二天看到因没有外地游客，很少有人问津秭箩饭）。我绕到舞台两边，找到了沐村文艺队，队长的父母都在，我把上次在村里照的照片交给他父亲，由队长分发给村民。穿插在演员候演的台边，我看得见舞台上的表演，演出的节目除了傣族、彝族舞，还有文工团自编自演的反映军人生活的现代舞，而沐村文艺队的节目就是平时在村里经常表演的。十点左右，演出结束以后，广播里放起了迪斯科音乐，一些中老年妇女站成两排对跳，观看的人很多，后来在舞台一侧文化站的工作者放起了彝族乐曲，人们立刻围了一大圈，文化站放音乐的老师带头跳并教我怎么跳。在欢快的节奏中，两脚分别交叉往左右两边跳两次，又往右边走四步为一个基本舞步，一个人告诉我跳的什么舞，可惜声音太吵，没能听清楚，她反问我"你不会跳？"后来沐村同行的男子说是跳"丁丁跳"，根据音乐节奏特点进行的命名。另一边一个七十多岁的老大爷试着把一个芦笙吹响，由于体力有限，芦笙声音较闷，舞台两边的音乐太吵，始终听不清他的芦笙声音，朋友说如果有一个扩音器该多好，并不断地对不同的话语权感叹。老大爷的执著与自我陶醉是令人起敬的，他周围围了几个人，试图跳出一个圈，因为领头的芦笙没有声音，一直没有跳起来，我试着帮助他，就加入他们的小圈内跳起来，其中一个老人即兴唱起了歌，词的意思是："今天花街节好玩了，趁年轻玩了，党的政策好了。"大概是我身上的相机表明了"外地人"或政府干部的身份，所以他唱的后一句与玩场上的情歌格格不入。经过一番努力，也吸引了一些人在旁边观看，但始终没有形成气候，我叫唱歌的老大爷加入旁边的队伍去跳，他说："不同呢，那是彝族，我们是腊鲁族（彝族的一个支系）。"我问区别在哪里，他说："我们是吹着芦笙跳呢，彝族那边是放着音乐跳。"我过去跳迪斯科的那边看，那边的音乐声最大，参与跳舞的人也很多。走出球场，到了街上，街道上没有路灯，周围的店铺灯光把街道照亮了一点，隐隐绰绰的，只见一条街上都是人，围了五个圈在跳舞，从服装和舞蹈中我知道都是彝族人，没有"花腰傣"人，他们这时也是观众。此时我遇到了沐村的几个村民，一见面就"呃——"拖长了似拐弯的声音，对我们的到来表示惊奇和兴奋。他们对我们一行人说找老姢，我问老姢是什么，他们说是二老婆，并开玩笑说今天夫妻之间谁都不管谁了。我们还遇见了沐村几个年轻小伙子，在周围逛来逛去，同行的人开玩笑问他们有没有找到小姑娘，他们说"不见"。确实，街上很少能看到年轻傣族姑娘。彝族跳舞的几个圈中，第一个圈最大，有三个师傅，穿着本民族服装，在人圈中弹着三弦吹着芦笙领舞，其中的几个妇女也身着民族服装，边跳边男女对着歌，对歌的几个人集中在一起，在喧闹的街上，声音若有若无。旁边是只有年轻小伙子的舞圈，肩搭着肩似乎随意地走着步。他们旁边又是一个大圈，年轻女性较多，也在进行对唱，我们几乎都听不清他们在唱什么，一个老人讲解说唱的是："小伙子长得黑但是心不黑，看见小妹舍也舍不得。"接下来有两个舞圈，只要有一位弄乐器的师傅就可以组成一个圈，另起炉灶。五个圈的人跳着不同的舞步，除了"丁丁跳"以外，更为普遍的是往右边走六步抬一下右脚，缩一下左脚，然后往左边走三步往右边忍一步，如此两次为一个舞步，芦笙的声音以××××—×的节奏引领着人们的舞步，就像两个赛歌队在竞赛中往右边走了又被拖回左边，往左边走了又被拖回右边。因此，舞圈慢慢地转动着，对歌不断推动着情节，虽然一晚上都跳着同样的步伐，人们似乎没有觉得单调，未显出疲倦，而是很沉醉。我看到球场唱歌的老人也来加入了第一个圈，并把我拉进去拉着我的手跳着。十二点左右我去表演场地看时，里面仍然放着音乐跳着彝族舞，换了一种舞步，身子摇动的幅度较大，围成

图3-5　花街节上的民间舞蹈

了几层的圆圈，几层之间的距离很近，只见一团团的人，而那个吹芦笙的老人还在旁边冷清的场地上吹着他的芦笙，似乎周围的人根本不存在，迪斯科那边还在热烈地跳着。看的人从这个圈到那个圈地停留驻足，或去烧烤摊、冷饮店逛逛，再转回来，如此反复。三点多我们去了农贸市场的烧烤摊，那里生意异常好，座无虚席，有六七十桌人。上边的汤锅农贸市场，仍然有许多人在吃汤锅，大哥说吃汤锅的人大多是傣族，彝族只吃一点米线，"我们的钱攒不起来就是这样了"。大哥他们说彝族跳舞通宵不睡，我想除了"好玩"之外还因为

没有地方睡，我看见两个老年妇女拿了两个编织口袋坐在商店的台阶上，准备以此过夜。我们吃完汤锅出来时街道上只剩下了两个圈，看的人几乎没有了，大哥说其他的人吃烧烤去了，我们因为大哥他们同行的人要休息就回去了。这时街上的车子也只有两三辆守着。第二天听镇上负责组织花街的副书记说人们几乎是跳了通宵，他们的音乐放到了五点钟，说明那时还有人在跳。

（3 月 2 日）今天是政府组织正式活动的日子，早上起来，大嫂摘苦瓜去了，我想他们可能因农忙不去镇上玩了，谁知他们说还要与我们一起去玩的。出门时看见两辆本地车停在停车场，几个老人摆出了小摊，虽然这里没有组织赶花街，但偶尔会有人来。村口有很多人在等车，一路上看见车辆比平时多得多，都是拉去赶花街节的人。路上大哥他们说，以前他们村赶花街，他们参加表演都有钱，有一百多元呢，现在政府收门票他们什么都没有。他们自己"整"的好，2000 年国际会议那年，车子都停到了鹤村，拉来的厕所拉都拉不进去，叫他们来抬，来了好些外国人呢。他们自己"整"的时候（政府没有组织时），他们只顾照顾客人和熟人朋友，根本顾不得玩，在镇上"整"（组织活动）他们就好玩了。

去到街上时，首先引人注目的还是微型车很多，两辆车上正下来一些穿民族服装的彝族妇女，她们的服饰刺绣很多，色彩很鲜艳。街上照例有很多人，卖东西的早已摆开摊位。我们在街角吃早点时，看到对面街角站着那些穿民族服装的人，就走过去攀谈。她们的服装异常艳丽，以绿、蓝、红三色为主，服装后面也有两片装饰，类似于傣雅人穿的后片，上面绣满了花，不是傣雅人穿的那样几何形的十字绣，而是具象大团花的单独或连续分布的刺绣，很精致。我们问一些情况时她们很不好意思，一个未穿民族服装的带队人告诉我们，他们是头村的彝族，自称为"聂苏"，是镇上叫来的，不参加表演，只参加游街，大多是已婚妇女，一人每天有十五元钱，并供饭。我们进去球场时，虽然还未开演，但便于观看的位置仍然站满了人，场边楼上三层楼道上、这边操场边高起的台阶上也站满了人，只要能看到舞台上表演的地方都插满了人，在明亮的阳光下，很多人都戴着草帽。大哥说今年好，赶花街不冷，以前赶花街冷的时候不好玩。遇到主管的副书记，与他聊了几句，他说花街节就是为老百姓自娱自乐提供一个

图 3-6　花街节中的观众

平台。节目单上今天晚上安排了民间跳乐，想起昨天晚上那么热闹，我问村人是不是今天会更热闹，他们说："要等晚上才认得呢。"民间的欢乐在政府提供的平台上是否进行取决于自己的高兴与否。等了一阵之后，开始演出，沐村有两个舞蹈节目，队员们在沐村早已跳得熟练了，而且也不是第一次参加政府组织的表演，看起来没有紧张感，除了各村"花腰傣"文艺队表演外，还有彝族文艺队表演的烟盒舞和县文工队的表演，总体上以展示本地民族文化为主。今天作为游客的外地人几乎没有，而政府把花街节做成一个传统节日和一个旅游商贸节的想法是考虑到旅游实际情况的。今天最忙的是看起来像外地人的几个摄影者，他们总是在台边蹿来蹿去地找最佳的拍摄位置，凡是穿民族服装的人小聚在一起，他们就立刻追过去对准镜头。我找到了沐村文艺队，她们站在舞台侧面等着轮到自己的节目，她们穿着自己的传统服饰。她们说镇上不许她们穿改变过的表演服。她们七嘴八舌地告诉我，今天要进行选美活动，奖金最高一千元，然后是八百元和五百元，以得到的香包数量为准进行评判。歌舞节目演完后，是"傣雅之花"的评选活动，我看到队员们手里拿着圆形的绿色号牌，

她们说其他村每个队只要六人参加，镇上要求沐村的表演者都参加评选活动，其中几个队员表达了"要是一个也得不到怎么办，很害羞的"的想法，我安慰她们说没关系，就是参与玩玩，她们仍然强调说，人家会念的（报每个人获得的香包数量），反正是很害羞的。评选活动开始的时候，沐村的十二人被安排从台下主席台前走过再走上舞台，其余参与者则直接走上舞台，她们模仿舞台时装表演，首先在台上走来走去中排成一排或是圆形，然后几人一组走出队列到前台亮相，比划几个展演中的舞蹈动作并展现一个定型姿态，她们看来都已习惯了舞台，很自然地展示自己。虽然偶尔会出现不自然的微笑，但舞台离观众有一定距离，所以几乎被观众忽略了，总的来说体现出娴熟的舞台风度。她们在台上展示完后又走到台下主席台前站成一排，这时嘉宾席上的人们——主要是特意安排的小伙子，就在主持人的提示下拿着香包上前送给自己觉得不错的选手，主持人的鼓动性叫声使气氛显得更加紧张，送香包的人动作很迅速，这个还没拿好就转向另一个，显得有点乱，这时姑娘们离观众近了，似乎也有点紧张，羞怯自然地显了出来。最后副书记拿着一大堆香包上去每个人都发几个，既体现了官方不偏不倚的鼓励和肯定，也避免了姑娘们"要是一个也得不到怎么办"的担心。发完香包后，姑娘们被请到了台上，在主持人的报号声中大声说出自己的数量，最多的有十八个，最少的有五个，最后宣布优胜的选手往前站，我发现大部分是勒村的，沐村只有勒村嫁来的一人得奖。未获奖的队员下来以后都说"才得了几个，不好意思，政府偏心，全部都给勒村人，把我们排在舞台最边上，我们以后不参加了"，显得有点气馁，当我跟她们要香包时，有人就说："丢到厕所里了。"我叫她们拿着香包拍照时，她们也说不好意思。其中有人说："今天还是开心的。"另一个人接着说："今天是情人节呗"。我一下没反应过来，她们就笑起来："今天不是东方情人节吗?""东方情人节"是官方对花街节的宣传定位，我也因她们的幽默笑起来。其间我遇到阿腊，他自豪地告诉我他得了民间歌王第二名，我问阿塞是否得，阿腊说："没有，只有我。"看了节目单，我知道歌王比赛是昨天的比赛项目。我与文艺队聊了一会儿，转过身去看时，只见台上、台下，那些获奖的人成了摄影者捕捉的对象，在他们的要求下姑娘们摆成各种姿势让他们拍照。一个记者在采访沐村获奖者，我走过去看，是在问她得奖之后的感受，她什么也说不出，只是不好意思地笑，旁边主持人（后来与她谈话中知道她是在玉溪打工做产品促销的勒村人）在一句一句地教她说，大意是"我得奖很高兴，我要为宣传、传播花腰傣文化而尽力"之类的话语，尽管是教着说，她还是在结结巴巴中说错了几个词，其中"花腰傣"一词被纠正了两次，她说成"傣雅"，我想在一般村民那里，"花腰傣"不是一个顺口就说得出的词。观众散去后，我们遇到了村里几个男人，跟我们开玩笑说"自由几天"。午饭时间我们去吃汤锅，路边烧烤摊上客全满了，农贸市场里人山人海，汤锅桌座无虚席，我们好不容易在一家找到一张空桌，周围坐的人太多，我们几乎坐不下去，店家忙得缺少了平时的热情，没有时间管我们。看得出吃汤锅的人绝大部分是傣族的，他们慢条斯理地吃着喝着，大哥说有的人来到街上就是奔一顿汤锅而来的。我们坐下来吃时见到村人的妻子和一班人也进来找吃，看见我们时两边的人都笑了，她老公大声说："不管，我们吃我们的。"一个小时后，大哥他们还慢慢地吃着喝着，我们则出去看游街。游街是一点钟时的活动，当然不会那么准时。我们出去等了一会儿听到鼓声，知道开始游街了。游街的队伍排成一队从文化站球场走出，都穿着民族服装，在街道上显得有点壮观。走出去后顺着主要街道绕一圈。走在最前边的是几个小孩和大人，他们抬着并敲着一面大鼓，他们后面是"猫猫舞"队，接下来是穿彝族服装的队伍和穿傣族服的队伍，沐村的队伍是几个男子在前面敲着锣鼓，其他人在后面走着，游街的队伍走得较快，我没有跟上去，可能因为要跟着跑，加上此时人们还未从各个摊前撤离，所以观众不是很多。午时的天气已经较热了，我们看完游街后就走了。我们走时人们还留在街上，继续着自己的欢乐。

沐村花街节展演在政府组织中与镇上展演具有很多共性，但也呈现出不同的个性。在沐村展演中，展演时空与生活时空相互重叠与交叉使生活与舞台之间的边界变得模糊，村落几乎成为整个展演空间，除了公共展演场地周围外，因为演员很多又都是本地相互熟悉的人，很多村民家里就成了演员们休息、化妆的后台，他们的进出把村民的生活空间与展演空间联系起来，政府也会临时征用村里某个地方搭建展演场地，如在村落主道上作织布、染布、竹编等展示的安排。展演时空遮蔽与颠覆了村民日常生活时空，对游客来说，村民的一切活动都带有展演性从而遮蔽了真实的自然生活，村人的日常生活空间变成了游客观光空间，村民的日常生活空间被挤压，部分被从中分离，成为游客眼里的展演空间。从村民来说，展演颠覆了自己日常生活体验，在展演的参与和观看中，村落生活处于节日时空的反结构中。如果没有展演，村民所从事的大多是旅游服务工作，在舞台歌舞表演中，村民和游客共享，很多村民会暂时部分地停止自己的生产劳动参与进来，在政府成为组织者中，村民不再以游客与自我的关系构成为主，他们不再强化东道主的身份，而是和所有前来参加观看的附近村民一样，成为一个普通的娱乐者，就像他们自己所说的"每天都像过年一样"。不同的是他们在村里有很多便利。在村里，不论是日常展演还是节日展演，都是村民日常生活时空和展演时空的并置与交错，是生活与舞台的构筑与转化。

场景之一

　　（10月2日）早晨起来，走到村道上，看到几个巨大的彩气球飘摇着，渲染了热闹欢腾的气氛，广场上到处是蓝色塑料小凳，舞台用边上的盆花和前面斜搭着的篱笆上的花点缀着，篱笆上的布标写有红色大字"首届花腰傣文化（服饰）节开幕式"。听记者朋友说镇领导要把漠沙建为"花腰傣"文化核心区，今年组织了五百人的表演队伍，之前我也看过政府的有关材料，对相关数字建构的规模和场面心里进行了想象，还是觉得在那里不会有太让人惊奇的现象，但昨天一进村子，村貌的变化出乎我的意料，于是想着今天的展演如村民说的那样会很"好看"。八点左右，整个村庄沸腾起来，参演的人陆续进入广场，花花绿绿的衣服让人眼花缭乱，服务人员已经各就各位。在人大工作的熟人告诉我，服饰是各单位送去加工的，不统一，我看见他穿的服装胸前有典型的三角形银泡装饰，另一个工作人员的服饰镶成"水"字，文化站工作者的是蝙蝠形状装饰，他说是自己创造的，象征"福"。村路上，参与展示织布的老人陆续在早已等候了一夜的几十台织布机前就座到自己家的织机上，传出了嘎吱的声音。勒村几人抬着一口大土锅表演染布，大嫂告诉我，那是老式染法，现在不用了，"只是做给人家瞧瞧"。大嫂正在大路边自家门口缝补褂子，她的褂子是老式的，她把外套上的芝麻铃拆了缝到褂子上，说："现在不兴穿外套，把它拿来褂子上给它多一点，好看。"在场边树下，一个邻村老人告诉我"来这里玩主要就是看表演"。今天演员都有特殊的身份标志——民族服饰，参与舞台表演的有中年、青年、少年代表队，主要是表演舞蹈和走步展示，舞蹈进行了场景性编排，尽管动作仍是原来的那些，但因为参与的演员较多而显得壮观，并运用了烟雾技术，与舞台后面的芒果树、荔枝树、槟榔树林共同形成的天然展演舞台一起形成了与日常展演的不同的效果。槟榔树脚或站或坐，挤满了观众和演员，有的孩子甚至爬到芒果树枝上坐着。广场上人头攒动，人来人往不断地流动着，阳光下只见草帽和伞，大多是本地人。有孩子在清澈的流水中光着脚玩，有几个人站在可以看到舞台的村民屋顶上观看演出。

下午，服饰比赛开始了，主持人说设计的服装比赛评价标准主要是经典、高贵、和谐。我初步的印象是，城里人设计的和本地人设计的不同，前者大胆，借鉴的元素较多，后者较传统，变化较少。每个展演者都身着设计的服饰在舞台上走几步台步，然后到舞台前做几个简单的"花腰傣"舞蹈动作并造型，最后从舞台上走下，从评委面前慢慢走过。县城一个师傅设计了九套，展演的人一排走来，这时，一名评委提出参赛者太多不好评，然后就一人一人地走，临时的变动似乎打乱了原来的安排，舞台上的人显得有点慌乱。当一个展演者走下来时，台上暂时不能下来的人就临时做出一个造型展示，几个人在台上小声地交流着并适当调整着动作姿态以舒缓压力。在一套服饰展中，一个小女孩参与儿童服饰展，小女孩虽然在台下已经过了大人的培训，不过因平时没有参与过展演，对动作不是很熟练，在台上就有点怯场，似乎不知道该怎么做，同行的大人已经下到台边了，她还站在台上，后来在大人的招呼中下来了，下来后显然不知道要往评委桌前走过，又是大人叫住了她。展演中还有一个女孩似乎没有明白从评委席前走过的意义，来到评委桌前就快步走过去了，评委叫她留一下展示给他们看，可能由于紧张没有听见，她径直走了。其中一个沐村的跳舞的女孩，舞蹈跳得好，人也长得较为漂亮，是年度花街节"傣雅之花"评选中的得奖者，当她走到评委面前时，评委和摄影师都叫她等一下，都拿出摄影器材对准了她。展演结束以后，游客和摄影师们照例叫小姑娘站在竹林或槟榔树脚摆出各种姿势照相，有的还把穿着傣雅、傣洒、傣卡服饰的小姑娘请到一起集中拍照。对于服饰展演，腊鲁人似乎没有表现出特别的兴趣，在槟榔树脚的小舞场，他们在跳自己的三弦舞，由于主要表演的舞台是政府安排的，他们对舞台似乎不大熟悉，舞蹈看起来像在排练，因我表现出对他们三弦舞的兴趣，他们很高兴，似乎受到鼓舞，情绪开始饱满，跳得投入了，领头的小伙子说："我们唱我们跳，傣族只是台上演演，台下还是我们腊鲁人的天下，我们这里可以现在就把江水、划船、花街、相会等编唱出来。只是政府宣传他们（傣族），实际上我们的更多，更好玩。"他们跳着的时候，一位身着傣卡服饰的人参与进去跳，似乎有点不好意思，就叫我一起进去跳，我看她很会跳的，但她跳了一会儿就走了。一位傣族老奶奶在舞圈外轻轻地挪动脚悄悄地模仿，另一位老人则大声地对舞蹈的人说："唱大点，什么也听不见。"

二、展演中的角色建构

在艺术展演中，看与被看之间有着复杂的权力关系，亨利埃塔·利奇在研究博物馆展览时指出，博物馆的展览是权力话语的建构，"博物馆让特定的文化可被看见"，各种物品按照现已存在的各种话语表达加以组合与构组，把各种文化转化为物品，使人类主体在展出中客体化。① 如 1867 年的"万国博览会"（巴黎）就是殖民地景观，"作为展品，附属国的人们被说服去为观众提供生存在别的世界的经验；他们置身于'真正'的村庄，按要求为参观的人群重新表演他们的日常生活"。② 在沐村展演中，被看的东西是按照主流文化看的习惯进行精心安排的，在展演活动中，不同权力的主体具有不同的角色身份。

乔治·哈勃·特米德认为，角色是一系列同个人行为和态度有关的外在行为姿态。③ 角色建构指艺术活动的行为主体对其在活动中的角色要求的自我想象，以及据此进行的实践把握，建构一个"场景性的自我"。④ 在沐村舞台展演中，人们根据其中彼此的权力关系建构自己的角色，从展演中角色建构的角度可以透视展演中的各种权力互动，而对角色的描述主要集中在展演中呈现出的"行为姿态"上。

（一）角色体现

沐村展演中，展演角色首先应该关注官方，"官方"不是具体的个人，它本身就是一种角色身份。

民间文化在认同民族—国家现代化诉求中，处于权力核心的是当地政府和官员，他们较少关心本土知识背后的文化价值，而是主要关心背后掩藏着的经济利益和政治权益，地方经济 GDP 指标包括个人政绩。⑤ 在县域境内，"花腰傣"的地域分布呈现出与行政区划的切割的相对一致性，因此，村子的发展就被看成是一个乡镇的发展。地方政府对村寨的经营是其政治实施的一个具体途径，村落旅游的发展从整体上被置于地方政府经济文化发展规划中，是政府政策举措落实的体现，沐村的开发与"农业综合治理"、"社会主义新农村建设"等政治举措挂钩，政府介入沐村旅游管理具有积极意义。沐村展演的前提——游客是否到场，部分地由官方来决定，因游客大部分是由旅行社带来的，县里的旅行社几乎都是官办型企业，旅行社的安排无疑代表了官方的某些

----

① ［英］霍尔：《表征：文化表象与意指实践》，徐亮等译，北京：商务印书馆 2003 年版，第 198 页。
② ［英］霍尔：《表征：文化表象与意指实践》，徐亮等译，北京：商务印书馆 2003 年版，第 195 页。
③ 黄平等：《当代西方社会学·人类学新词典》，长春：吉林人民出版社 2003 年版，第 75 页。
④ 洪颖：《艺术人类学行为研究的主要范畴刍论》，《民族艺术》2007 年第 2 期。
⑤ 唐星明：《后民间美术的生态秩序及文化逻辑》，《民族艺术》2007 年第 2 期。

意志，当政府重视对漠沙镇进行开发时，大批的游客就会被旅行社带到沐村。

不论在日常展演还是在节日展演中，官方都是极为重要的参与者和组织者，这决定于整个旅游开发都首先是官方意志的体现。展演作为其中的一个部分，文本制作中的权力必然要延伸到展演活动中，对它进行组织、指导。官方总是作为沐村利益的代表，主管的镇领导多次表达过沐村旅游发展就是为当地人谋经济发展的思想，经常在歌舞展演中检查督促的乡文化工作者总是说："我们就是为村民过得好，为这些小娃（文艺队员）过得好。"沐村旅游发展刚开始的几年里，每一次大型展演活动（只要有二三十人的游客）都少不了政府部门的力量到场。展演中锣鼓、音响设备由县文化局提供，村文艺队由镇文化站具体负责管理，村文艺队还没有直接面向游客市场进行组织展演的能力，何况县里一旦得到游客到来的消息，就首先通知镇上，由镇上再通知到沐村，因此，在村落每次展演中，差不多都有官方代表进行事先安排或在场。当上级政府官员来观看展演时，从县域开始到镇上的官方代表都会安排落实展演活动并亲自到场督促。

在演员征用上，以前日常表演几乎都是沐村人，据说原来男演员比较多，"因为他们不喜欢跳舞"，或"不能早早起来排练"，就"慢慢地走了"。因演出时间不定，在交通不便的情况下，一般只选择本村人，实在需要人时，也会叫邻村的人来（后来增加了距沐村较近的两个村子中的阿腊和三个女孩）。沐村人进入文艺队，是由文化站进行筛选和决定的，其中有一定的随意性。后来随着旅游发展，2007 年进行了重新组合，从全镇范围内挑选演员，文化工作者说主要考虑演员的素质和技巧，因此沐村就只有一个女孩和阿塞参加。因政府支付了更多的报酬，所以很多女孩都想参与，但决定权完全在文化站。这次组合是沐村旅游设施建成后进行的，体现了官方对沐村旅游的支持力度。官方还有意识提供各种机会培训演员：2003 年，镇上派一男孩去参加为期三天的"昆明国际旅游贸易节"，进行旅游产品促销；2004 年 10 月，该男孩和妹妹一起参加"玉溪抚仙湖黄金旅游导游骨干培训班"，共七天，获玉溪市颁发的导游证；2004 年 3 月 1 日，成立村文艺队，该男孩任队长，其妹妹成为文艺队骨干。

如今那发生了巨大变化的村落空间本身已见证了官方的力量，同时沐村处处留下了官方的印记。如原来小卖部门头上挂着的匾额写着："云南玉溪花腰傣民族民间工艺开发中心巾帼社区文化项目点 云南省妇联玉溪市妇联新平县妇联 2004 年 7 月",小卖部墙上贴有《沐村傣雅文化生态村景点游览示意图》,图左边是对村子的文字介绍,贴在小卖部墙上的还有《傣雅花街节简介》,在另一个小卖部门口贴着《傣雅服饰简介》,落款都是"漠沙镇河村委会 新平红河源旅行社"。花街节时,舞台边竖起巨幅广告牌,从落款单位就可以看到政府力量在沐村艺术文化展演建构中的参与。①

官方对传统节日的干预历来存在,很多节日即将断裂时官方的干预是有积极作用的,正是官方的干预使传统节日得以重构,也使传统节日中的某些价值得到肯定,② 增强了地方人群的自信心。在节日作为旅游资源的民族村落中,官方的干预更显示出特别的意义。国家在节庆仪式的"出场"和"在场"方式中,③ 沐村日常展演中官方"在场"对沐村艺术展演进行指导、引导和制约,在节日展演中官方以"代理人出场"的方式参与。在官方组织的展演中,"展演是具体化的意识形态",④ 是官方权力的生动表现,所以,"赶花街"在政府的不断参与组织中变为"花街节"、"花街文化节"、"花街文化旅游节"等,内涵不断变化,但以旅游开发为目的的一个个商机、节日的命名与时间的变动都在权力中进行。

节庆期间,官方往往动员县、乡、村三级文艺队联合演出,一切展演由官方统筹安排,⑤ 对每场演出的时间、地点、方式、具体内容以及展演主体进行了明确规定。对展演空间的选择更突出官方的权力,如工艺品展示区中哪家可以进入文化长廊,露天演出对田地的征用以搭建舞台,村道也在政府安排中成为唱小调和织布编织展示区,而演出结果的评定尤其是服装设计大赛、"傣雅之花"、"花腰傣形象大使"评选等活动都在政府邀请来的各路专家评判中进行。

---

① 参见附录三。
② 张勃:《从传统到当下:试论官方对传统节日的积极干预》,《民俗研究》2005 年第 1 期。
③ 何明等:《国家在民族民间仪式中的"出场"及效力——基于傻尼人"嘎汤帕"节个案的民族志分析》,《开放时代》2007 年第 4 期。
④ [美] 赫兹菲尔德:《什么是人类常识:社会和文化领域中的人类学理论实践》,刘珩等译,北京:华夏出版社 2005 年版,第 298 页。
⑤ 参见附录一。

政府需要时，沐村文艺队就去镇上、县上参加由政府组织的演出，花街节和"三八妇女节"时他们都去镇上演出过，县庆时傣雅文艺队去了 202 人，在镇上练了 10 天，县上在了 12 天，排练由县文化馆统一编排的动作。县庆回来后他们常放《和谐新平》、《魅力新平》歌曲，常听关于"花腰傣"的歌，并把一些动作加进自己的舞蹈中。又如阿塞获新平县庆（2005 年 10 月 25 日）二十五周年暨首届聂耳母亲节民族民间歌手选拔赛"十大民歌王子"称号，他拿出又红又大的证书给笔者看，村里人都为他而自豪，他们说"参赛的有三四十人呢"，除了肯定他艺术上的造诣外，村里人更为认同的是"人家是县上发的。"

在国家力量未曾触及的盲区，民间仪式获得了一定的生存空间。① 实际上，民间在官方的缝隙里或是官方提供的平台上能够填充自己所需要的；一方面民间的欢乐方式也被官方所征用，成为政府组织的节日的"盛大与隆重"的标记，从某种意义上说，也成为当地政府官员的某种政绩和面子，这样，民间的节日活动在政府提供的平台上进行时受到了一定的规训。当地的领导一再强调花街节是为老百姓提供一个自娱自乐的平台和空间，但是百姓的自娱自乐某种程度上受到了官方权力的影响，如文化站工作者播放彝族音乐和带头跳彝族舞蹈，是文化站彝族工作者的权力体现，于是腊鲁人只好用微弱的芦笙和三弦在街道上歌舞，于是当笔者加入哪一个圈时，那个圈的人们会很自豪和高兴，因为他们看得出来笔者不是本地人，尤其不是本族人，笔者的加入是对他们文化的尊重和鼓励。黄金周活动期间，第一个晚上没有民间歌舞晚会，第二天政府让文化站的人组织了篝火晚会，在音乐的播放中人们舞蹈，政府放的音响对舞蹈起了绝对的控制作用。另一方面，有学者对倮尼人"嘎汤帕"节中的表演、节庆中的活动包括艺术展演进行考察后指出，因为官方的操控，这些活动显然分为官员安排的和属于村民自己的两个部分，两条线索按照同一时间序列进行着"分—合—分"的场景和活动主体的置换，而且在整个过程中，村民与官方既有着互动又有着明显的区隔。② 很多时候，民间节日是在传统的

---

①　耿敬：《民间仪式与国家悬置》，《社会》2003 年第 7 期。

②　何明等：《国家在民族民间仪式中的"出场"及效力——基于倮尼人"嘎汤帕"节个案的民族志分析》，《开放时代》2007 年第 4 期。

相对延续中进行的重构，官方的介入是对延续节日的一次分裂，然而对沐村人来说，其当下文化境遇带来了展演活动中官方和民间与其他地方不同的互动情景。在沐村人的生活中，节日只是一个记忆而已，当它出现的时候，已经是官方所征用的符号和活动了，因此与其说官方征用了民间的，倒不如说民间顺水推舟地利用了官方建构的"传统"来填充自己的娱乐。罗远铃通过对壮族歌圩的考察认为，学者官员客位视野中的歌圩审视中，官员更多地认为是一种文化资本，可以转换为经济效益的文化品牌，学者更多地立足于民族文化的传承及其对人文重建的意义，百姓主位视野则是强调自己对民歌的爱。① 从花街节上可以看出的是，民间欢乐的存在是以其传统文化为契机的，不管其活动日期被定在何时，只要是以传统节日的名义进行组织的，民间就总能激发起自己欢乐和热情，以自己的方式参与到其中，官员们所强调的"为老百姓提供一个自娱自乐的平台"此时是一种真实的境况。

官方虽然站在本地人立场上对整个展演活动进行操控，但还是和民间尤其是沐村人仍有一定的冲突，这种冲突除了花街节"傣雅之花"评选时小姑娘们觉得政府偏心而心里感到不舒服以外，更多地集中在经济利益上。沐村人对花街节举行最多的意见集中在村里的"门票是否该收"上，很多村民认为门票不该收，收了门票人家就不来了，并多次把游客来得少的原因归结到政府组织对门票的收取上。② 事实上，十元一张门票并不能阻止远道而来的游客，而是因为门票收入直接进入了政府手里，不收门票，游客直接在村子里消费，收入就会直接流到村民手中，二者之间具有经济利益冲突。2008 年，村民们说政府没有好好组织，人还不如黄金周多，并与他们记忆最清晰的黄金周作比较说："汤锅只有两家，因为政府售门票的黄金周汤锅卖不出去，所以花街节没有人敢整。"对镇上分管领导的改变，村民们的评价是"会管"和"不会管"，

---

① 罗远铃：《审美人类学主客位视野中壮族歌圩及其文化符号意义》，《广西民族研究》2003 年第 2 期。

② 在 2007 年黄金周展演期间，外地游客不多。黄金周过后，官方媒体报道说那年黄金周期间出行的昆明人比往年减少了，省内各旅游点游客人数都普遍下降。沐村人不知道这个情况，对外地游客人数少进行了种种猜测，其中最典型的就是"政府组织收取门票，把游客都吓跑了"，甚至具体到"游客来到收票处又开着车走了"。可见是沐村人围绕着某些利益关系对游客人数减少的原因进行解释。

主要参照该领导以前的工作进行评价，如以前是某糖业公司的，他们就说"只会管种甘蔗"。村民的谈论中，对官方没有管理好沐村旅游，好像孩子在怪自己的父母没有管好自己一样，政府在沐村旅游中扮演了"管家"的角色。现在，随着沐村旅游设施的改善，日常旅游日渐兴盛，政府管理的职能部分下放到村小组，村干部有了一定的权力，矛盾又转移到村落，村人对村官的想象更加多样。艺术展演仍在文化站的管理组织下有序地进行。沐村人几乎都没有想过村子被选中不是一种必然，镇上对旅游展演地域的转移和扩大，与沐村人的以村落为核心的文化取向发生一定矛盾，因此村里人对官方行为都进行否定。

沐村艺术展演无论是日常还是节庆展演，在展演场地的形成、展演时间的决定、展演内容和形式的选择、展演程序的进行等方面都离不开官方力量的参与组织。官方在与村民的互动中也充当了本地人与游客之间调停协商的力量，当村民和游客之间产生矛盾时政府就出面进行解决。如春节期间，有一次舞台表演刚结束，就进来了一伙自驾游的游客一行七人，游客按照春节那几天沐村旅游出售门票的规定购买了门票，但是没有观看到文艺表演，心里很不高兴，就让文艺队要么退票要么表演，文艺队不知道该怎么办，最后是文化站的人做决定退票了事。①

有学者认为："表演者在协商决定'表演什么'的过程中扮演着积极参与的角色。在这个过程中，他们有意识地决定选择什么样的音乐、语言、物质文化和旅游表演的动作。"因此旅游景点的文化表演"展示了个人和集体对于文化和社会的观念。表演空间实际上是由表演者和参与者共同来赋予意义的，其意义通过表演来得以展示，而这些表演是表演者和参与者协商的结果，并受到旅游者、市场的可销售性、政治和社会制度等因素的影响"。② 沐村艺术的展演者包括演员和一般参加工艺制作展示的人。在沐村旅游艺术展演中对演员的评定是按照主流文化的定义进行的，指的是参与舞台歌舞表演的人，而其他进

---

① 还有一次，游客一行三十七人上午说要住在村里，他们先去蔓洒玩，下午他们来的时候住宿人家已入住后来的游客，村里人猜想他们没有交住宿金可能是要到蔓洒住，那边没有住的地方才回来沐村。游客吵吵嚷嚷，导游与村干部商谈了一会儿，没有解决问题，后来镇上主管的副书记与村委会干部一起拿出解决的方法，让游客住在附近的村子里，交通费由村委会解决。

② ［美］特纳：《旅游景点的文化表演之研究》，杨利慧译，《民族艺术》2004 年第 1 期。

行舞台下迎客仪式中的演唱调子而没有上台的两位大嫂，连同那些进行工艺制作展示的人都是一般生意人。一般不被村里人称为"演员"。村里人眼里的演员专指在舞台上进行歌舞表演的人，他们被村里人称为"文艺队员"。

沐村展演在2004年以前基本上处于一种自发状态，那时由村委会管理，主要由有精力的三四十岁的中年妇女进行展演，村里人按照本地集体参与原则进行集体性走步，以展示服饰为主。每个队员的加入虽然都是由官方召集的，但还是要基于自己喜欢。当地人称之为"民间表演"，"哪个会哪个演"，没有复杂的动作和音乐，她们穿上民族服装用简单的走步迎接游客，男子则参与敲锣打鼓，表现出参与旅游开发的热情，大嫂说"以前是我们老妈妈跳呢，我跳了三年"。二叔说以前的鼓是他敲的。在旅游发展中，2004年在县旅游局的规划下，由镇文化站统管，这一年3月1日成立村文艺队。县里为村里制作了用于表演的乐舞，为了迎合主流社会他者的口味，演员主要以年轻姑娘为主，"后来文工团整，就招年轻漂亮的表演"，男性只有两三个，主要负责台前台后的杂务，如音响控制、道具移动以及小调演唱等。考虑到平时游客不定期来时能够及时召集组织起来表演，演员以沐村人为主，最远的就在沐村旁边一公里左右的村子。队员根据自己的喜好和村里展演的需求随意进入文艺队，老人们说："年轻人不做活计，闲着无事就去跳了。"队员年龄多在十六岁到二十岁之间。负责人说"要身段好的会跳的"，自愿和"要人家瞧得着"的镇上选择相结合，有的队员说"文艺队要人就进来了"，但如果"人家不来喊不好意思去，人家叫，自己也愿意才进去的"。没有自己主动报名进去的，"有的人可能想来，但队里的人认为不合适就不叫她，她就不会来"。在几年中，很多演员都是几进几出，出去打工或因其他原因退出。笔者每次去到村里时，都会发现增加了新队员减少了熟悉的面孔，而下一次再去的时候又会重逢一些旧面孔或增加一些新面孔。因为经济效益不明显，兼缺乏相应的管理体制，村里的文艺队是一个流动的群体，经常有人进出，进出不经过任何协议，完全根据习俗及自愿。① 文艺队人数最多时有十二人，女八男四，最少时八个，相对固定的只有三四个。笔者见到最少的那天只有四个跳舞的姑娘，加上三个男的，共有七人。在零散的游客到来中，旅行社和文艺队负责人直接联系，游客到来时怎样演、演什么，队员们就可以说了算，可以在编排好的节目中进行选择。在歌舞场边和小卖部等地进行服饰和其他工艺展示的人则更为自由，谁家想来摆摊都可以。

2007 年基础设施建成以后，镇上重新组织文艺队，打破了沐村人村落取向的文化心理，很多村里人在谈到这件事时，都颇为不平地说"我们村一个都没有"，其实原来文艺队技巧好的两个老队员还在，只是一个是从别的村子嫁到沐村，在文艺队四年多了，另一个则是从本村嫁到附近村子。可见在婚姻缔结中，走出沐村和进来沐村的人都没有被村里人所认同。随着旅游管理逐渐规范，沐村人的权利逐渐缩小，一切听从镇上的安排。在全镇范围内选择演员，每周几天"上班"排练，演员的水平不断提高，向着职业化方向发展，因为每月六百元收入标准的执行，据说很多人都争着进文艺队，"还要走关系的"，村民对原来是文艺队员，这次重组没能进去的评价是"他没有一技之长"，对角色的认知逐渐发生了改变，不再囿于"沐村人"。进行服饰工艺展的人家则在政府安排下进入"文化长廊"的展览间里，不需要随时把东西搬来搬去，只需游客来时把门打开就可以，但因数量有限，除了基础建设时被征用了田地的人家优先进行补偿而进入的外，其余人家是镇上安排的，没有进入的人家很不服气地说："比手艺她还不如我，她就能进去我不能，就是她会吹。"

"文艺队员"是特定展演时空中建构出的一种身份，这种角色意味着他们主要的生计方式发生了改变。在沐村，人们还是以传统农耕为主要生计方式，但文艺队员主要以文艺展演为生计劳动，他们不参加家里劳动是合情合理的，他们自己说："其实跳舞比干其他活还累，还要穿衣服，要出很多汗。"在目

----

① 从 2004 年 3 月 1 日村里成立文艺队开始到 2006 年，参加过文艺队的人主要有：杨峰、杨倩、杨海倩、刀晓华、杨海剑、文海龙、杨怀龙、杨怀杰、杨方明、杨刚、杨丹、杨亚丽、杨世丽、刀叶娴、白艳、白娜、白芳、杨戏亚、杨戏丽、白丽萍、范春艳、杨艳丽、刀丽花、杨艳贵、刀超、白小珍、白慧玲、白建美、白丹艳、李艳、杨艳芳、刀维丽、杨丽兰、刀维芳等人，以上人员中很多人笔者都未曾谋面，因为文艺队员告诉笔者时，很多人不在现场，只是有一个名字。

的和平时的感受中他们都把参与展演当作一种经济手段，很多女孩进出文艺队频繁主要原因就是因为收入微薄和不稳定，镇上现在新组的队员每月六百元的报酬如果能够维持下去并随着旅游发展可能升高，就可能成为队员完全的生计方式。在文艺队员角色建构中，他们可以做生活中不能做的事，如描眉、画眼、抹口红，文艺队每个女孩都有一个化妆盒和镜子，可以公开地在场边进行化妆，她们说："如果不表演我们像这样打扮，村里人会笑、会骂呢。"同时，他们的肢体动作也得到村民们的认可。参与工艺展演的中青年妇女或老年妇女兼具展演者和生意人两个角色，她们穿着民族服饰，成为自然的展演者，而她们自己则是以做买卖为主要目的。

无论是日常展演还是节日展演，村民大多是休闲的看客。村民们随时都可以观看，文艺队排练时，路过可以驻足观看，文艺队展演时只要有空就可以到场边观看，在展演和生活空间并置时，如收苦瓜的时候或是在旁边卖东西的时候，可以边干活边观看。他们通过自己的观看对台上展演的年轻人提出自己的看法，使演员对自己的表演进行修正，起到反馈评论的作用。日常展演中，村民作为游客眼中的文化携带者，自然被游客转化为展演者，但村民自己展演的意识并不强烈和自觉，只有一些孩子在游客到来时会为了新奇好玩而穿上自己的民族服饰，游客较少的情况下，村民的加入观看激发了场上演出的气氛和演员的积极性。在日常展演中，村民与游客构成参照，他们更多地具有东道主的意识，在游客到来的展演中，村民们虽然都和游客一起观看，但每次展演中，他们几乎不进入游客区域，歌舞场边槟榔树下的凳子似乎都约定俗成地为游客所专用，只是在没有游客的时候，比如在排练的时候，村民在观看或休息，就会坐在供游客休息的地方；村民不把自己归并为共同的观者而与游客相区别的一个标志是他们从来没有鼓掌这种礼节性动作，他们只是边看边发一点议论或笑一笑。是否参与进展演中成为看客，这种角色建构完全取决于个人当时情景，如果他农活很忙或是家里有事情，他可能只是路过表演场地，并不成为参与性的一员；如果他是一个闲人，有很多时间参与进展演中，如孩子、老人、周末回家的小学生、老师等总是成为主要的观众，与其他村民对展演的态度不同。事实上村民即使不看歌舞表演，也被动地卷入了展演场景中，因为展演的音乐和喧闹是散播在村落中的，村人对经常播放的音乐和解说词耳熟能详。

在节日展演期间，如果在沐村展演，部分村民会被政府征用成为临时演员或服务人员，作为演员就随着政府的各种展演计划被安排进各时段的活动和展演中，这种临时身份建构与其日常生活冲突不大，他们可以在展演时间之外进行自己的日常劳作活动，没有听到谁被征用而不参与的。在盛大活动中，作为政府的服务人员，政府不仅要求他们穿上民族服饰，还颁发红色布套作为特殊

图3-7 沐村节日展演

身份标志，具有这种身份的村民往往是村干部，他们总是为担当此角色感到高兴和自豪，因为他们代表的是政府，如当得知笔者在大型演出时站了两个多小时时，二叔很遗憾又很自豪地说："为哪样不来找我？我就在前边主席台那里，前面的凳子还空着呢。"在节庆期间，以展演活动为中心，有的村民进行小本经营活动如办农家乐，经营汤锅、冷饮、烧烤等，村人暂时成为生意人，但这种角色转换在熟人朋友来时又夹杂一些沐村习俗，所以他们反对政府收取门票，说是"亲戚朋友来也要收，不合适"。在展演中，村民也受政府统一安排，何时在哪里看什么是规定了的，但村民的看法至少部分影响了政府把展演的时间和空间换来换去。沐村村民大多在不自觉地被看和参与展演中自觉地被在看中转换，这决定于政府和他们自己的需要。节庆展演中，沐村人觉得主角是政府，他们把自己转换到了与其他本地人甚至游客相同的位置上，这时展演中沐村人会和其他参与观看的人一样，哪里最方便观看展演就选择哪里，不再区分哪里是游客位置，哪里是自己的位置，在舞台展演中，只有主席台（官方）和一般位置的区别。如果在镇上表演，沐村人与附近其他村民没有什么

不同，都是普通的看客，都参与部分面对本地熟人的展演，都把展演当做一次过节式的狂欢。

在当地政府和沐村人的心里，地域关系是判别游客的一个标准，政府说的吸引外地人是指新平县域以外的人，只有那些人来消费了才能带动县域经济发展，沐村人也知道游客是新平以外的人，而且大多特指旅游中到处都能看得到的被各地方人群称为"昆虫"的昆明人，沐村人则称"那些老昆明人"，以他们的习惯加上他们情感上不是很接受的"老"字。与游客相对的是"本地人"，包括地域相连的周围人群如彝族、哈尼族群众，在不同的地域参照中体现出不同的层级关系。游客是艺术展演存在的大前提，游客作为未到场的观众在文本制作中就已成为展演艺术的主要服务对象，沐村展演的进行严格地受制于游客。游客是主动的消费者，展演观看与否的主动权在于游客，游客与沐村人相比，是拥有金钱和时间的有闲阶层，旅游市场中游客的"上帝"身份尽管在沐村人不太发达的商品经济意识中还没有规范地确立，但村里人知道游客的需求是最重要的，游客的参与成为一次展演活动成功与否的标志。游客作为旅游消费者，一进入沐村，就成为纯粹的消费者，他按照消费原则处理与沐村人的关系，很多人有着强烈的付费服务意识。日常展演没有固定的时间，在游客到来后，或以买门票的方式或以直接出钱包场的方式付费购买艺术展演，一次，几位游客买了门票，但文艺队女孩演出结束刚脱下服装，没有再去穿民族服装而是穿着生活中的汉族服装表演，于是游客非常生气，要姑娘们"把衣服穿起来"；有时零散游客到来时错过了演出，又不能再组织一场，他们也会很生气。展演中，游客都是提早自觉地坐到为他们准备的凳子上，那是与村民的区分，演出中每个节目完成时他们会以鼓掌的方式表达自己参与其中的感受，观看中如果不中意就会离开展演场地或是在周围走来走去，选择自己感兴趣的东西观看。展演中多数人不停地拍照或是展演结束后给演员拍照或与之合照。游客可以在本地人提供的众多展演中选择自己喜欢的消费，如孩子对小工艺品的喜爱，女孩对穿民族服饰的兴趣。游客随着场景的变化会变为展演者，有些游客在演出间隙，会借用文艺队的设备在场上进行自我表演，把很多流行歌曲传播在沐村，把文艺队员和村民变成观者。

在节庆展演活动中，无论是沐村还是镇上展演，游客进入的都是已超出村落空间的"花腰傣"文化空间，这时游客的活动不再和沐村人直接发生关系，而是与形形色色的演员和服务人员发生联系，不是村落而是展演活动本身决定了游客对该地旅游的真实感知程度。在政府组织的节日展演中，预期的游客没有到来时，展演也不会受到太大影响，因为政府不能完全临时地根据游客数量来决定展演活动，而只能按照计划行事，如 2007 年花街节在镇上举行，因为是按照传统时间举行，外地人很少，2007 年"十一"黄金周沐村第一次大规模的活动也没有吸引政府预期的游客，两次都以本地人为主，展演还是如期进行，只是黄金周中"剽牛祭竜"一项没有如期进行，村里人说是因为"没有人愿意当头，所以就没有进行"，既然政府组织该项活动，谁当竜头这种细节想来事先已进行了安排，笔者觉得是缺少了外地人的关注，本地人大多对作为日常生活宗教仪式的祭竜不感兴趣。

（二）角色建构

一个人所担负的角色是流动性的，一个角色，部分地是我们自己的自我理解或者自我识别，同时，还包括对他人行为的回应和参与，[1] 也就是说角色所体现的行为姿态，是在特定场域与他人互动中形成的。有学者认为，旅游活动是社会区隔"建构的结构性"隐喻，[2] 在村落展演关系构成中，官方、村民、游客以展演作为一个区隔机制，区分不同人群，进行角色建构，在彼此参照中转化生成不同角色。在一切都是经过"精心准备"的展演活动中，展演语境虽然对艺术主体提供了生成性导引模式化基础框架，但艺术场景同样会引起参与者因场景定义的多重化而引发参与者角色体验的滑移，[3] 展演再生产了新的权力关系，带来不同权力主体的角色认知和体验。总体上，沐村日常展演中，以舞台艺术展演活动为中心构成村民与游客的参照，而在节日中，展演逸出了村落日常生活空间，村民转化为与官方相对的一面，这带来村民对展演的不同体验。

展演实践中的角色建构是一种场景性行为，当游客在场时，沐村生活空间才向展演空间转化，各种角色意识才萌生。总体上，官方是以本地人代表的身

---

① 黄平等：《当代西方社会学·人类学新词典》，长春：吉林人民出版社 2003 年版，第 75 页。

② 曹国新：《社会区隔：旅游活动的文化社会学本质——一种基于布迪厄文化资本理论的解读》，《思想战线》2005 年第 2 期。

③ 洪颖：《共域的多重场景定义：仪式、表演或游艺——一个村落艺术活动的民族志反观》，《广西民族学院学报》2006 年第 6 期。

份协助展演，游客是观者，村民是展演者，即使未参加表演的村民在游客眼里也成为表演者，官方、游客、本地人在展演中彼此参照建构自我角色，如官方的代表脱离了展演场景到村里来办事或做客就不是展演中的角色，游客使官方和村民尤其是参与展演的村民成了文化展演者，本地人则让游客成为展演的观者。展演中角色意识的产生以及角色的扮演是在三者的关系互动中完成的，根据不同的互动情景相互转换，如游客在"大众舞"中参与进展演活动成为表演者，还可在展演的空隙应用设备和舞台进行自我展演成为表演者，在篝火晚会中，表演者几乎全是游客，沐村人临时成了观看者。

一般来说，游客和官方在展演中的角色建构是相对稳定的，而沐村人的不同参与情景带来其角色体验多样化。沐村人展演中的角色建构在生活与舞台展演之间转化，生活中的角色为展演中角色的承担提供了优势，展演中角色的建构又强化了生活中的角色意识，同时，生活中的角色与展演中角色承担之间还形成一定的张力。

沐村生活中服饰制作由女人承担，旅游展演中对服饰的强调也是通过女人进行的。"花腰傣"村"是一个男外女内、男公女私的性别分工模式固化的父系继嗣社区"，"把妇女穿着民族服装与民族文化保护起来的做法，巩固了社会对妇女角色的普遍定义"。① 一方面，在沐村，围绕着展演的一切经营活动几乎都是女性在做，因为效益较低，一般是由家里活计较少的老年妇女摆摊设点。歌舞表演者多是女孩，男孩只是配角穿插其中。舞蹈演员几乎都是穿着传统服饰的年轻女孩，体现了消费权力和政治权力对少数民族妇女他者化的建构，她们往往被当做"浪漫"、"美丽"、"欢乐"一连串虚拟符号表征系统。② 另一方面，通过参与旅游业，"少数民族妇女实现了社会角色地位的转换"，③ 在沐村，角色转换最典型地体现在文艺队员身上。女孩从一般村民变为"文艺队员"，是生活中生计经验的改变，姑娘们对每天三场的节庆演出很乐意，因为比平时有更多的经济收入，同时还有参与"政府"活动的风光。"花腰

---

① 章立明：《参与式发展的迷思——云南省三个少数民族社区项目的个案研究》，《贵州民族研究》2006 年第 6 期。

② 朱和双：《中国西南少数民族妇女形象的现代建构》，《贵州民族研究》2005 年第 3 期。

③ 刘晖：《旅游民族学》，北京：民族出版社 2006 年版，第 184 页。

傣"妇女在传统生活中是生活和劳作的主力，在男性角色逐渐突出的现代生活中，妇女角色体现了在变迁生活中地位变化的复杂性。① 以沐村妇女传统角色为参照，展演中沐村妇女角色地位不是转换，而是得到了延续和加强，对旅游或展演的参与仍以女性为主，妇女角色在传统的维持与变迁中得到建构。

参与展演的男孩的角色发生了更大的变化。以前最擅长歌唱的两个男演员被村里人定位为"懒，媳妇都讨不着"，因为在沐村生活中歌唱只是无关生活意义的娱乐，而在展演中角色意识发生转化，两个男孩都认为展演"离开我们是不行的，因为其他人不会唱小调和敲鼓"。村民也认同这种说法。以前他们的艺术才能在传统生活语境中不符合村民价值观念，于是被村里人用"一辈子都娶不到媳妇"进行嘲笑。生活中的阿腊喜欢喝酒，且一喝就醉，兼家庭经济条件不好，自己从事农业生产劳动的能力不强，三十多岁还未婚，而展演使其歌唱才能得到发挥，转化为经济收入，并得到官方的认可，给予"民间歌手"的称号。展演中沐村人的角色转化不是逆转式而是混合式的，传统和展演语境共同运作，如果演员原本就符合村里人的文化角色意识，展演中他的名声就越好，如文艺队长；原来符合村民角色意识的人，在展演中超出了村民角色认同的范围，村民也会不认同，如对参与展演获利较多的妇女村里人称之为"老板娘"；两位小调演唱者更体现了混合式的角色承担，从以前日常生活角色的彻底否定逐渐走向展演中新的角色建构的逐步肯定，演员自己既感到自卑又感到自豪，这种体验在生活和展演场景中转换。随着展演的不断进行、政府支持下经济收入的增加，展演中的角色在村民生活中越来越正当化。

角色建构与自身文化感知体验有关。村民进入展演中"要自己喜欢和愿意"，在经济动因中追求一种自己的娱乐与快感，尤其是经济效益不明显的时候，所以《竹竿舞》和其他好玩的节目经常成为文艺队的节目选择，阿腊、阿塞见到笔者时总是不厌其烦地对笔者哼唱小调。对一般村民来说，展演就是提供娱乐，他们希望有游客来，使村子"每天都像过年一样热闹"。部分村民作为政府征用的服务人员临时转化了生活中的角色，如节庆中以村干部为首的部分村民被选为服务人员，除经济利益外还代表本地人和外地人打交道，这会激发起他们的自豪感和在本村人中的优越感。二叔在一次守看停车场任务前兴

---

① 杨世华：《花腰傣女性社会地位的变迁》，《民族论坛》2003 年第 5 期。

奋地对笔者说："今天晚上睡不成觉了，那么多车要看，都是我们的事。"当然也不能排除演员角色与自身日常生活角色的冲突，泰勒·威比（T. Webb）指出，民族主题公园表演者在某种程度上具有羞耻感和被他人贬抑的心理。[1] 演员们不知道游客对自己的表现是否满意，这在一定程度上会困扰他们，他们说："游客经常看的都是这些，怕是看烦了。"同时，游客喜好程度的不同也会引起演员心理的不平衡和某些害羞感，经常得不到游客选择照相的演员，会为自己"跳得不好"或是"不漂亮"而感到不舒服，游客喜好会引起演员间的某些竞争，加上官方的认可——官方经常表扬的和在各种评选活动中获胜的往往也是游客认为"人又漂亮，跳得又好"的演员，其他演员就会产生某些消极情感如害羞、失落，从而引起人与人之间的隔阂。同时，在面对游客时，演员们在游客对本地文化的不着边际的想象附会中，会产生一种既反感又无奈的尴尬，这会与演员身份的自豪感和他们在本文化中的舒适感发生冲突。

场景之一

有一次看完演出，文艺队员做导游陪游客逛村子。一行人顺着槟榔园、蝴蝶园走，游客不断问这问那，如"这是什么树"、"这是什么叶"、"槟榔怎么吃"、"这是糯米稻吗"等，并一直感叹："这么多苦瓜，这么多鸭子，怪不得鸭蛋这么多。""风景太漂亮了，你们生活在这里太好了。"接着又问："花街节是在什么时候？那时吃秧箩饭真的可以私订终身吗？""听说照电筒谈对象，照着不愿意怎么办？"姑娘回答说："现在是用摩托车灯照了，要有一定的经济实力呢。"游客又问："我们用车灯照可以吗，要不要上门的小伙子？"姑娘回答说"要做三年的工。"于是客人们一直不停地赞叹："太浪漫了。"到了渡口边，坐了一会儿，又问姑娘："吃饭叫什么？"回答说："叫金口。""进口？"几个游客重复之后全都笑了，然后问："另一边是否叫'出口'？"其中一个问："'睡觉上床'怎么说？"回答说："暖恩。"于是游客又笑，说要"在这里'暖'三天"。走到田间小路上时，游客问："村里有没有荔枝、芒果、西瓜，现在有吗？"

---

[1] 赵嘉文等：《民族发展与社会变迁》，北京：民族出版社2001年版，第180页。

姑娘说："四五月份有，那时你再来。"一路上阿腊不停地吹叶子，一会儿吹傣族小调，一会儿吹"阿老表"，一会儿吹《北京有个金太阳》，都是片段，他的狗一直跟着他跑，因为很多问题似乎游客都是问女孩的，他就只是跟着，以吹树叶的方式参与"接待"游客。一女游客问姑娘："很多女孩都出去闯，你们为什么不去呢？"这个问题似乎有点难回答，因为出去"闯"的女孩有各种个人情况，同时很多人并未闯出结果，所以姑娘们沉默未答。在整个对话过程中，游客的兴高采烈与姑娘的缺少表情和淡淡的简洁回答形成反差，我一路跟随着，体会到姑娘们在游客面前的某些尴尬，阿腊更是未曾与游客发生一点交流，只是自己走着，偶尔与我扯几句，以示自己是参加接待游客的同行者。

戈夫曼把日常生活中主体互动交往中的角色承担称为"表演"，① 而在沐村日常生活中，村落文化的相对封闭和同一性使多数村民相对固定在一个角色位置上，个人角色多元化特征不突出，其日常生活表演在彼此熟悉的文化中进行，对角色的认知、期待和标准彼此都能熟练把握，成为行为模式中的"惯习"，体现为"表演的成分会稍少一些"，"相对要质朴、简单一些"，② 各角色表演较为自如得体。而在旅游展演中，角色的承担相对于村民的日常生活来说是全新的，而承担角色的演员不是自我的所有者而是与观众互动的产物，③ 旅游展演中的观众不是与沐村人享有同一文化的主体，这样就增加了演员与其互动的难度，使展演中的角色与生活中的角色扮演之间构成一定的张力。

文化变迁的根源和内在机制是"人的主体性和对象性活动中所包含的超越性与自在性的矛盾"，在其现实性上表现为"个体和群体、个体与文化模式的矛盾"。④ 文化研究中互动主要用于描述个体与社会文化之间的交换，意味

① 高宣扬：《当代社会理论》（上），北京：中国人民大学出版社2005年版，第449～474页。
② 黄建生：《戈夫曼的拟剧理论与行为分析》，《云南师范大学学报》（哲学社会科学版）2001年第4期。
③ 高宣扬：《当代社会理论》（上），北京：中国人民大学出版社2005年版，第449～474页。
④ 李伟：《民族旅游地文化变迁与发展研究》（代序），北京：民族出版社2005年版，第4页。

着"共同的形式和多样化的意义或内容之间的结合"。① "程式与即兴在民间表演里总是同时出现而且存在互动",成为一个二元结构,体现在角色扮演中的角色与自我同时存在,② 都对传统文化实践中个人与集体文化形式的互动关系进行了表述。马凌诺夫斯基说过:"个人所仿制的传统作品,总在传统之上加了一些新东西进去,而且,还多少使传统有些改变。个人的贡献化成和凝结在渐渐生长的传统中去,经调整后而变成某时期艺术设备的一部分。"③ 对个人与文化艺术传统的互动关系做出了很好的说明。方李莉对景德镇民窑的研究发现在很多方面人们还是用传统的方式进行着他们的创造,认为:"人们往往是通过运用使他们理解和再创造已经存在的老事物的同样的创造性,来创造新的事物、新的关系形式和新的共同生活形式的。""历史的创造和发展是我们日常经验的组成部分,而不是一些偶然的和特殊的过程,它们是人们生活中的真正要素。"④ 沐村展演文本呈现的展演过程是个人角色建构的具体场景,展演中不同的文化创造与变迁从个人角色开始,在"花腰傣"传统文化仍是生活主导的沐村,以沐村文化惯习为基础的创造体现了个人与集体文化形式的互动。沐村展演艺术文本是由外向内进入村民生活中的,在此过程中沐村展演者并非完全被动接受,他们在操演时必然会融入自己的感受和理解从而进行局部的改动,参与到整体创造中。文艺队男队员对服饰的加工就是一个突出的例子,在特定的契机下,对服饰的细节他们按照自己认为的"好看、方便"进行修改,把自己认为的"美"与"用"结合起来。在每个舞蹈学习过程中,文工团的人教会了部分文艺队员后,文艺队员再教新队员,她们经过不断排练到熟练掌握的过程中,要经历一次次的反复,在反复中,动作的变形、细节的丢失与增加都是不可避免的。排练时由已学会的人作示范,学习的人模仿,新队员说:"以前赶花街时看过文艺队的表演,有印象,把二十多个节目学会可能要十来天。"排练时边看边跳,一气呵成(因为音乐是固定的),跳完后边比动作边用傣话交流,这个比一下,那个比一下,有时还轻轻地互相推搡一

---

① [英]拉波特等:《社会文化人类学的关键概念》,鲍雯妍等译,北京:华夏出版社 2005 年版,第167 页。

② 钟鸣:《民间戏剧、歌舞、影视表演的田野调查与分析》,《戏剧艺术》2005 年第 3 期。

③ [英]马凌诺夫斯基:《文化论》,费孝通译,北京:华夏出版社 2001 年版,第 97 页。

④ 廖明君:《走向田野的艺术研究——方李莉访谈录》,《民族艺术》1999 年第 3 期。

图 3 - 8　文艺队排练

下，指指场地中的位置，最后加以确认，一个动作就固定下来了。一次，笔者
看到一个队员边跳边看自己阳光下的影子，队员们你看我我看你以确认动作的
准确性，如果哪里不好，下场后边争论边确认。经过这样反复多次，一个舞蹈
就学会了。所以文化工作者和文艺队员都说舞蹈"是我们编的"。

在调子演唱中，传统规约着个人的创造和发挥。演唱中每个人每一次演唱
都会有一些细微变化，除了三弦伴奏可以定音外，人们依靠传下来的集体文化
惯例定音，不管在哪里谁演唱，唱出的几乎都是 C 调。而每个人演唱的不同除
了音质区分外，每次演唱时乐曲装饰音和感情的处理不同也造成每一次都有不
同的韵味，总体上阿腊唱的放松通透，岩竜唱的沉稳顺畅，阿塞唱的厚重低
沉，只有在演出现场才能体会这细微的变化。阿腊演唱时装饰音处理的圆滑与
他在玉溪某公园的职业演唱经历有关。小调演唱是历史传统的片段截取，作为
记忆中储存的文化形式，在口耳相传中老人们还能够听得懂意思，但大部分沐
村人已无法听懂，阿塞和阿腊两位主唱者认为应该让人们听得懂才有意思，于
是他们根据大意改用现代傣语演唱。他们是受现代主流文化影响最多的年轻
人，不仅学校教育给他们打下了一个良好的基础，而且在大众传媒影响下他们
已能适应大众审美趣味，阿腊还在玉溪打过几年工，见过世面，于是他们用流
行歌曲的形式创作反映自己生活内容的歌曲，如用《北京的金山上》编唱花
街节的歌词，在一次酒桌上给笔者演唱时，他们显示出比唱传统小调更多的兴

奋，因为那是他们的"创造"。正如藏族《格萨尔》诵唱中"主要的社会功能是娱乐，其内容便不妨在细节上随意的作些更改"那样，① 对村民来说，艺术展演具有娱乐功能，进行一定的修改也无妨。

在服饰制作中，传统文化决定了其大体一致性，而在颜色、图案的选择中体现了个人运用文化形式进行的创造性表达，这就带来了每件衣服的不同。杨大姐告诉笔者："不耐烦动脑筋就样都整不出，我样样都会想出来，只是赚不出钱来。有些是从电视上看的，线钉在哪点，小玩具咋个做，想着随便整，只要想起来什么都会做。用织出来的花边条作手机包、钱包、提包，旅游包也会做，提包自己创造出来，四十元卖给香港人，秧箩的装饰也是我想出的，教了村里人个个都会整，各人喜欢用哪种钉上去就钉。现在这些不值钱，只做衣服。"如果真如她说的那样，沐村小工艺品就体现了传统造物中个体创造能够随着地缘和家族的关系扩展为一种地域性造物形式。② 笔者看到她拿黑底紫红线中嵌淡黄条的布做民族包，也有用黑布和绸缎做的，另一面在白布上用红绿布条对角交叉，口子绣花，买来拉链安上；她小卖部里的衣服，颜色的搭配细看没有一件是重复的。为适应旅游展演服饰制作有了变化，这种定制在创作中体现了人们基于需求双方的不同而带来的复杂的细微差异和价值观，③ 同时，沐村服饰制作很多是满足本地人需求，在机器制作和手工制作混合中，地方性文化与文化记号并存，并在旅游市场中得到个体的不断创新。

在艺术展演中，个人操演既定文化形式时不是刻板的，而是充分发挥个人的主动性，以修改、补充、变形等进行着诠释，使村落展演艺术文本生动、细腻、丰满，并逐渐实现变革。在个人与文化形式的互动中，其展演中的角色承担与自我体验同时并存，使生活和舞台不同场景中的角色转化实现连接，体现了沐村人角色建构的传统与展演相互交织的混合运作，再现了沐村文化的复合性。

① 乔健：《印第安人的诵歌：中国人类学家对拿瓦侯、祖尼、玛雅等北美原著民族的研究》，桂林：广西师范大学出版社 2004 年版，第 111 页。
② 李立新：《重审造物史生成含义：个体特色与地域色调》，《民族艺术》2004 年第 3 期。
③ 李炎：《复制与定制：传统民族工艺的现代延展》，《民族艺术研究》2006 年第 5 期。

三、文本的情景性转化

艺术展演中的文本呈现以其制作中生活向舞台转化的机制勾连了沐村日常生活与舞台展演之间的关系，文本符号的能指在展演中部分获得了所指，即对沐村生活模拟性写作的文本在展演中使沐村生活得以展示，艺术反映了生活。同时，文本呈现的舞台展演活动本身就是沐村生活的一部分，因此，艺术文本的展演成为艺术和生活的同步展示，在沐村生活空间中进行着情景性转化，是"艺术"还是生活，与不同主体的认定有关。文本呈现时也是其作为艺术品被游客消费时，文本转化为商品，实现其展演价值。展演艺术与生活的情景性转化带来村民对其超出经济意义之外的感受与理解。

展演艺术文本以反映沐村"花腰傣"文化为主要内容，在文本呈现中，"花腰傣"文化得到展示。沐村展演以舞蹈为主要艺术形式，从语言层级来说，舞蹈语言由舞蹈动作、舞句、舞段组成，从动作到舞句，有形式上的升级也有意义上的升级，是根据一定的创作意图、一定的情感倾向，按照一定的形式逻辑把单一的动作进行编织的有意创造，具有相对独立的内涵和形式条件，内涵就是编者的含义，可以唤起观赏者的视觉回应和心理联想。而舞段则是作品的具体构成，它塑造了舞蹈形象，具有表情达意、借喻暗示、射出意义、唤起回应、引发联想、沟通共鸣以及形式美的欣赏等语言功能，它发挥描写性、戏剧性、抒情性、模糊性的功能。[1] 从编创者的动机和目的来说，沐村展演中动作符号组合形成舞蹈句段主要就是通过模拟对沐村文化生活进行"叙述"，以唤起观赏者对沐村"花腰傣"文化的"视觉回应和心理联想"。"花腰傣"文化的展示通过动作符号组建的叙述性语法得到体现：或者按照时间线索展开对沐村生活的描述，或是把各个动作在空间中并置以呈现沐村生活，前者是对一段相对完整生活的模拟，具有情节性和不可逆性，如在隆重的表演中进行的婚俗表演，后者是相对任意的片断截取，呈现出场景性，绝大多数舞蹈都是符

---

① 于平：《风姿流韵：舞蹈文化与舞蹈审美》，北京：中国人民大学出版社 1999 年版，第 209～216 页。

号排列中的生活片断呈现。

　　游客对舞台展演的"歌舞"艺术形式是相对熟悉的，在展演中，他们通过符号的指称性以及组合的叙述性来认识村民的日常生活，把相对熟悉的乐舞符号形式在叙述性表达中与本地生活联系起来，建构自己对沐村"花腰傣"文化的异邦想象。乐舞展演是沐村人相对陌生的艺术形式，但在符号形式的指称性与叙述性中村民比游客更能辨认本地文化生活特征，把生活中熟悉的文化感知带到对艺术展演的感受和理解中，具有熟悉和亲切感。在展演中，旁边观看的村人总会不断告诉笔者"这是什么，那是干什么"，几乎每个村民都会从展演中描述他们的劳作生活，而符号表意性的所指意义则在编创的异质文化符号中和沐村日常审美文化变迁中成为"艺术"展演，获得与游客相同的艺术体验，沐村人也把展演称为"歌舞表演"，艺术符号与生活的情景性转化成为沟通本地人和游客共同感受的基础。

婚俗展演

　　沐村"花腰傣"人的婚俗被人们评为"奇异"、"独特"，婚俗展演是节庆期间丰富活动内容的最主要的展演内容。婚俗展演是从两个年轻人相识、恋爱到提亲、定亲、婚礼整个婚姻缔结过程的展示。其中主要突出恋爱中串寨子、照电筒、坐旱田、赶花街等几种不同的结识交往方式，对其中对歌、打土电话、花街比美、丢绣球、吃秧箩饭等充满欢声笑语的游戏嬉戏活动细节进行夸张和渲染，以突出"花腰傣"人"浪漫"的情爱生活，提亲和定亲中突出"送饭包"和送银手镯、布料等定礼以及喝定亲酒的细节。① 婚礼中突出夜间迎娶、在女方家屋顶上向新郎泼水、在男方家门口用斗笠敲新娘的头、拴红线和套红线、在新郎和新娘脚背上浇熄火以及吃蛋拌饭等富有特色的细节。婚俗展演是由文艺队员扮演新郎新娘和小伴等角色，拴红线迎接游客的两位中年妇女扮演婚礼中媒人、父母、长辈等角色。在婚俗展演中，所有的程序大体遵循生活中婚礼仪式的程序进行，在时间中

---

① 按"花腰傣"人习俗，提亲那天，媒人将带一个用竹篾箩或槟榔叶编制成的饭盒，装上糯米饭、腌鸭蛋、腌酸肉、干黄鳝等食品，送到女方家，称为"送饭包"。

展开的情节性很突出，人们在舞台上增加了游戏性，嬉闹的氛围更突出，演员们似乎也是在生活中进行的一样，自然大方。就我参加过的婚礼来说，舞台展演中的婚俗甚至在很多方面没有生活中的夸张与喧闹。最早的婚俗展演就是生活中婚俗的一个浓缩，在时间上紧缩了，细节上精简了，功能上娱乐化了，总之它不是生活中的婚礼而是舞台上的婚礼，是展演性的，因此村民展演时相对自然放松，也可以一天举行几次。在后来第三年的演出中，动作和细节基本不变的情况下，增加了音乐，伴随着鼓点的敲响，在台上的人只要走步活动就必须按照鼓点××｜××的节奏移动，使婚俗表演具有舞剧的因素，不过舞蹈的特征不够鲜明。2008 年花街节时，不仅场景划分清晰，而且所有动作都经过渲染夸张，进行适当变形，成为动作符号。首先是叙述姑娘小伙子相会。在走步的时候，把平时舞蹈中的各种舞步和舞姿直接运用进来突出少女和小伙子们美好的身姿与相互间的爱慕，这段表演占据了整个表演的很长时间；音乐从简单的鼓点敲奏变成了加工制作好的录音，并且增加了旋律性，其间姑娘小伙子的尖叫喧闹也是在乐舞声中进行的，除了录音伴奏以外，小伙子还展示情歌小调演唱挑逗和吸引女孩。接下来的照电筒被编排为各种舞蹈动作：或是站立或是半蹲或是蹲下，或整齐地左右摇摆或左手托右手右手握电筒左右前后轻摇，或双手举着绕过头顶等，每个动作和姿态都在特定的玩耍娱乐的小调音乐和歌唱伴奏下进行，其中几个还穿插了展示技巧性的身体快速旋转姿态。这些动作是平时舞蹈中没有的，而女孩和男孩共同舞蹈并在舞台上依据不同的"情节"变化进行相互配合舞蹈也是平时舞蹈展演中没有的，女孩则主要在以前描述"卜哨"的乐曲如《花腰傣小卜哨》中跳熟悉的舞蹈，展示自己恋爱中的美丽。在展演中，乐曲是经过特殊加工的，和舞蹈密切配合，在为女孩穿嫁衣时，音乐是妇女演唱的"花腰傣"民间小调，具有日常生活情景的真实性。最后在迎娶中，现场开始以敲锣打鼓进行音乐演奏，前去迎亲的人则在两位中年妇女的带领下挑着谷箩等盛东西的器具在鼓点的××｜××声中，迈着两进一退有节奏的步伐前去迎亲，挑担的小伙子走着歪歪倒倒的步伐叫着笑着表现着特有的兴奋，尔后在姑娘的泼水中四散奔逃。然后是新郎在一排戴着斗笠的姑娘中认新娘，姑娘们按住自己遮住脸颊的斗笠在新郎来认的时候转头或转身，而小伙子们则做出给新郎出谋划策的样子。第一次没找到，从队里拉出姑娘时，小伙子们"哟"一片尖叫，如此反复三次，终于找到自己的新娘。在一片零散断续的锣鼓声中，姑娘们准备拦路酒——新郎方的人喝一次双杯酒可以从女方家拿走一样嫁妆，其中男孩和女孩们用傣语叫叫嚷嚷，互相竞赛，直到小伙子们拿走了所有的陪嫁物，然后抬着电视、影碟机等各种礼物共同走向新郎家。接下来展演的是在新郎家门口的三套红线、用树枝驱鬼和用斗笠敲三下新娘的头，然后一位妇女用双手捏蛋黄拌饭，双手在胸前左右交叉三次给新娘和新郎彼此交叉吃三次，然后依然是同一个主持者用两个杯子在胸前交叉三次给新郎新娘喝交杯酒，第一次洒在地上敬鬼神，第二和第三次新郎新娘交叉喝。然后换了一个主持者举行浇火仪式。该段场景中虽然鼓声时有时无，但台上的人几乎没有配合鼓点节奏，而是自由地活动，尖叫声、笑声、说话声遮盖了鼓点声。之后又回到欢快的音乐声中，男男女女一起（敲锣打鼓的人也上台了）共同舞蹈，其中突出了新郎和新娘，大家用秧箩作为道具庆祝婚礼，尽情宴饮，男孩们作出划拳的动作，女孩用秧箩作为酒杯给男孩喝酒，婚礼就在这种热烈的气氛中结束。

从婚礼的整个进程看，唯一不同的形式要素是斗笠的佩戴，日常婚礼中盛装的女子是不戴斗笠的。整个展示几乎就是在歌舞表演中完成"花腰傣"婚礼的叙述的，婚俗表演已成为一个相对明确的舞剧。

工艺展示有两种主要形式，一是作为生活过程，二是作为"工艺"展示。第一种既是生活过程又是展演，其中有两种互相转换的呈现方式：一是展演和生活并重的展演，展演既是目的也是村民日常生活，平时在"文化走廊"里的集中展示或是在里面边加工制作边卖的展示都是沐村人集展示和劳作于一体的展示；二是专门的展演，政府组织集中展演时在村里进行的竹器编织、织布染布展示。此类展示与生活的关联在于展示的内容有的是村民生活的延续，如竹编，集中展示的壮观中参与展演的人在日常生活中为自家或本地市场进行着编织，展演和生活具有同步性，但展演活动本身就已经具有经济意义，工艺编

图 3 - 9　村道上的编织

织的经济效益就不是考虑的主要内容，各种编织展演也呈现了生活中编织的不同特点，从生活的实用劳作升华为某种游戏性活动，大家集中在一起有说有笑，有游客来时就赶紧进行，没有游客时，留下的是村道上长长的一排织布机和部分编织的各种竹器。而有的展演只是村民文化记忆如染布，此时展演就成为真正的展演，与现实生活无关。第二种作为"工艺"展示的技艺和物品两种不同展示中，参与展示的主体不同。技艺展示必须以主体的技术为基础，而工艺物品的展示虽然也大多以制作者为展示者，但可以脱离技艺主体而进行，展示的生动性与游客感知的"真实性"就会降低，而技艺展示在游客的消费中是一次性完成的，工艺物的展示则可以多次重复进行消费。在沐村，物品的展示更能创造经济价值，"走廊"的工艺制作展示以实物销售为主，展示意义在于物而不是技艺，技艺的展示只是物品展示的手段和辅助，它更多地是为了物的销售而进行的，对物的销售具有一种欲望激发的意义，也就是说在工艺展示中，技艺过程和结果的展示是一种相得益彰的活动。

　　作为生活过程的展示是在游客的凝视中转化为展演的。在沐村人平时的生活中，几家小卖部的服饰加工制作是村民日常劳作的重要组成部分，在游客光临时，游客的目光把这一活动看成是一个"花腰傣"异文化的呈现和展示，从而使生活转化为展示，同时，此时村里人也会主动地把生活变为展演，在制作中对游客进行一些简要的说明介绍，但主要以"展示"为主，村民很少会对去到家里的人主动推销自己的东西，一切都是主随客便，这是沐村人的一大特点，即便是在场地周围的工艺售卖，村里人也是一副可卖可不卖的表情。从生活到展演中村民们还有很多东西需要适应和学习。

沐村展演文本与生活在展演时空中进行情景性转化，其中蕴涵着"花腰傣"艺术市场化的运作机制即展演艺术文本实现商品化。沐村展演艺术文本只是艺术作品，其遵循市场原则的制作为其成为商品提供了潜在特质，那些原本就是以大众歌舞形式制作的产品在展演中实现了商品化，而那些原本是生活中器物的用具也脱离了生活中纯粹的"物"，成为艺术商品。"在文化视野中，商品的生产同时是一个文化的和认知的过程：商品不仅是物质上被生产的物品，而且是刻印了某种文化的东西"。① 游客到沐村与村里人相遇中，沐村艺术作品在游客对"花腰傣"文化感知的展演活动中转化为艺术商品，而"商品产生于物质记忆的消亡"，② 对沐村人来说，那些在日常生活中使用的具体器物原本就是制作成待卖的商品的，如服饰、秧箩、斗笠等被改变了生活中实用的样子，进行过缩小或装饰的"艺术化"处理，进入展演场域，当展演发生时，各种制作物从对村民的使用功能中分离，变成了可以用金钱计算的商品，使用价值被交换价值所取代，文化艺术品就成了旅游者消费的文化商品，艺术展演最终实现了自己的目的。米切尔在描绘巴黎世界展览会上的埃及展时指出展览是世界的一个表征（representation），"展示的过程是一种使表征显得比行动更真实的社会'定格化'（enframing）机制"。③ 通过展演实践，表征本地"花腰傣"文化的艺术文本实现了转化，成为沐村现实文化生活的一种表象，文化艺术品的商品化内外运作，带来文化生活中符号的所指意义与符号的隔离，文化生活中的符号不再是真实生活中的符号而成为文化记号，完成了展演艺术的商品化。无论是舞台歌舞表演还是工艺品展示，在展演进行中都在沐村进行着或是生活或是艺术的情景性转化，有时难分彼此，开启了不同主体对其感知理解从沐村生活与舞台展演关联入手的进路。

---

① 罗钢等：《消费文化读本》，北京：中国社会科学出版社 2003 年版，第 397 页。
② 罗钢等：《消费文化读本》，北京：中国社会科学出版社 2003 年版，第 109 页。
③ ［美］克兰：《文化社会学：浮现中的理论视野》，王小章等译，南京：南京大学出版社 2006 年版，第 93 页。

四、小　结

艺术展演过程是各个行为主体在艺术展演中的互动过程，是对"艺术行为"进行研究的重要环节。展演就是把制作好的文本呈现在游客面前，是满足他者凝视的开始和展开，也是其所表征的沐村"花腰傣"文化的呈现。沐村旅游使村落时空和展演时空相互重叠交错，因此，沐村展演实践就是以舞台为中心的艺术活动与村人的日常生活的并置，由此决定了沐村艺术展演的特点。对沐村旅游艺术展演时空的考察划分了日常展演与节日展演、沐村就地展演与镇上展演不同类型，在沐村传统和当下文化现实的基础上不同类型展演的具体时空、展演程序是不尽相同的，呈现出展演过程中不同行为主体的行为方式及其之间的具体互动情景。其中传统节日花街节是旅游场域中从原来民间农耕祭祀仪式向现在旅游商贸节日转化的文化建构，节日期间的展演依托传统花街节进行。节日中以艺术展演活动为节庆的中心，节日及其展演是一种地域性族际共享活动，沐村人只是作为政府征召的一部分参与到节庆展演活动中，从而使展演呈现出与日常展演的不同。在不同的展演中，沐村人生活时空与展演时空都存在着彼此交错重叠关系，在二者的紧张与妥协中发生着转换，再现了沐村人日常生活与旅游艺术展演之间的互动关系。

社会组织和结构都是个体依据不同的世界观和日程安排决定的行为之间正在进行的协商过程的结果。互动使不同的理解和行动的路线交汇在一起，社会生活的过程显现出来。[1] 艺术展演过程就是游客、村民、官方三者在面对面的接触中发生互动的过程，在互动中完成艺术展演从而达成彼此的目标。互动中各权力主体具有不同的角色表现。不论在何种展演中，官方对展演的组织和开展起到了重要作用，是展演中不可或缺的角色，在日常展演中以"在场"或"出场"的方式对沐村展演进行指导、安排、管理，在节庆展演中，官方总是亲自"出场"，对整个展演活动进行计划安排和操控，沐村人的展演被严格地

---

[1]　[英] 拉波特等：《社会文化人类学的关键概念》，鲍雯妍等译，北京：华夏出版社 2005 年版，第 288～289 页。

控制在官方组织的展演活动中。在官方搭建的节庆平台上，展演空隙中进行的民间自娱自乐活动主要以彝族为主，这既是一个人群文化艺术传统的体现，也再现了权力关系。旅游场景中，官方和游客都扮演相对固定的角色，官方是沐村人的"父母官"，是为沐村人谋利益的，游客则是同质性的消费者。沐村人在展演中的角色建构体现出一定的复杂性，其角色建构首先在展演中与官方和游客进行参照，日常展演中构建与游客的关系，节庆展演中转化为与官方的相对面，决定了他们对展演的不同感知。同时，村民的角色建构还在其日常生活与舞台关系中展开，村民在生活中对角色的认知和体验对舞台展演中的角色建构具有一定的框束性，在生活与舞台的转化中，日常生活中和舞台展演中的角色建构遵循既交叉又独立的混合认知体系，其中呈现出生动的个人与文化形式的互动，再现了艺术展演生成中沐村人变迁的文化生活现实。

文本符号的指称性中展示的"花腰傣"文化生活与沐村人文化生活实际之间在展演中实现情景性转化。在歌舞展演中，文本符号采用"叙述性"组合方式构成舞蹈句段对沐村生活进行模拟和再现，工艺品展示则在生活过程与展示过程的交叉中实现转化，通过展演，完成文本对沐村"花腰傣"文化生活的再现，而其内在的运作机制则是文本作为艺术品在展演中向商品的生成。

一、生活与展演的互文

互文性作为后现代语境中一个文化批评概念，不同的文化理论话语对此概念进行各有侧重的界定和阐释。总体上，互文性概念的提出是基于各种文本之间对话性基础上，显示不同文本之间的显性和隐性的密切关联。具体来说，互文性指两个或者两个以上的文本之间的互文关系，包括两个具体或特殊文本之间的关系（transtexuality），以及某一文本通过记忆、重复、修正等向其他文本产生的扩散性影响（intertexuality）。每一个文本都是对其他文本的吸收与转化，它们相互参照，彼此牵连，形成潜力无限的开放网络。① 广义的互文性就是"文学作品和社会历史（文本）的互动作用（文学文本是对社会文本的阅读和重写）"。② 互文性提供了一个开放异质的文本概念，从作为解读策略来说，就是写作和阅读共享的领域。在艺术研究中，互文性理论统一了文本的创作者、文本和接受者，从以作品中心转换到以读者为重心，把文本作为开放的未完成的半结构。有学者指出，艺术作品与其他产品的区别不是文本的内在特质，而是艺术家、听众和读者不断创造和修改的历史语境，③ 互文性正是强调读者与批评的作用；强调文本意义的流动性，重视文本间的相互指涉，④ 强调在文本意义生成中对"受者"视角的强调。⑤ 因此，在沐村展演艺术解读中运用互文性理论是可行的。

艺术人类学视野中的艺术展演被建构为地方性文化表征，呈现出与地域文化的开放性关联中的生成态势，运用互文性对沐村展演艺术解读是基于沐村艺术文本制作按照互文性文本表述策略生产，在其生成和构成中，已体现了艺术和村落生活之间显著的互文性，如互文性强调文本之间关系的"引文"是文本一个最重要的制作手段，引文不仅是指某一段被引用的文字，而且是指引用

------

① 林继富等：《解释民俗学》，武汉：华中师范大学出版社 2006 年版，第 193 页。
② 秦海鹰：《互文性理论的缘起与流变》，《外国文学评论》2004 年第 3 期。
③ 金元浦：《文化研究：理论与实践》，开封：河南大学出版社 2003 年版，第 5 页。
④ 黄念然：《当代西方文论中的互文性理论》，《外国文学研究》1999 年第 1 期。
⑤ 王瑾：《互文性》，桂林：广西师范大学出版社 2005 年版，第 135 页。

行为本身，它是"再造一段表述（被引用的文本），该表述从原文中被抽出来，然后进入受文中，并通过'引用行为'的作用而在新的语境中产生特别的影响"。① 有学者把引文的具体方法称为拼贴，强调文本借用和接受中的异质性。从沐村旅游展演艺术文本建构中可以看到"引文"方法得到多层次运用：异族的、同源族群的、沐村人生活中的、沐村历史记忆中的等，在各种引文中，建构起一个开放的"花腰傣"艺术文本。

就民俗文化来说，民俗文本作为文化的一种表意体系而存在，文本间的互文性就是文本与赋予该文本意义的知识、代码和表意实践之总和的关系。② 在艺术文本与地方文化生活的关系中，互文性已受到不同学者的关注，有学者认为村落多种生活知识与乡民艺术构成了相互解释的互文关系，③ 有学者概括为村落文化的"框束性与索引性"。④ 沐村展演艺术文本被制作成"花腰傣"文化的"表意体系"而与沐村民俗文化生活互文，用互文性概念就是在关联、整体、动态的强调中，陈述文本在生成和阅读中的动态化过程，即以互文性阐述"花腰傣"民俗文化生活与其写作文本沐村展演艺术间的关系，在二者互证即互为解释、互为证明的功能中进行文本"阅读"。同时，文本不是一个自我圆满的自足体，它内部总是充满了矛盾、裂隙、斗争，是一个自我拆解的能指游戏。⑤ 在文本提供的裂隙中，符号能指会在不同的读者群那里生成不同的所指，以此切近展演艺术在村落旅游场景中符号意义的生成与重建。

沐村旅游场景中的舞台展演与村民文化生活的互文性，既包括了文本与生活的互文，还包含了文本内部的互文，在论述中主要从文本与生活"互证"的功能出发进行外部互文的分析，沐村展演与沐村生活的互文体现为直接引用、模仿和认同三种方式。直接引用就是村民生活中的各种符号场景从生活态转化为舞台展演，如各种工艺、调子演唱、婚俗表演等，从文本的角度看，符号的能指形式在生活中与展演中是基本一致的，变化不大；模仿就是对沐村生活进行模拟加工，文本中的符号能指在生活中不是直接现成地存在，只是在展

---

① 王瑾：《互文性》，桂林：广西师范大学出版社 2005 年版，第 125 页。

② 林继富等：《解释民俗学》，武汉：华中师范大学出版社 2006 年版，第 199 页。

③ 刘铁梁：《村落生活与文化体系中的乡民艺术》，《艺术探索》2006 年第 1 期。

④ 何明等：《回到生活：关于艺术人类学学科发展问题的反思》，《文学评论》2006 年第 1 期。

⑤ 陶东风：《文化研究：西方与中国》，北京：北京师范大学出版社 2002 年版，第 194 页。

演与生活中呈现出相似形态，如各种舞蹈；认同是展演中所有呈现的符号，不论是生活中的直接引用还是模仿，或是从其他地方间接引用来，都在沐村旅游场景中被人们认同为地方艺术，整合为沐村"花腰傣"艺术，如那些借用的舞蹈、音乐、舞台要素等。

从沐村生活与舞台展演艺术的互文来看，可以分解为以下层面：

首先是文本符号与沐村生活。如前所述，展演的艺术符号制作中就充分考虑到它作为"花腰傣"人地方性文化生活的表征，文本符号的制作就是从沐村生活向舞台展演之间的转换过程，不论是直接吸收生活中的艺术符号进入还是根据日常生活形态进行加工改变提升的符号，都反映着沐村"花腰傣"的文化生活特征。小调、服饰及其各种工艺品、模拟劳作的舞蹈、展演中渔具作为道具的使用，或直接来源于生活，很多还在生活中发挥着重要功能，或复兴历史，如小调演唱以及一些首饰，或模拟生活如舞蹈，无一不被制作为沐村地方文化的符号表达，文本符号是"花腰傣"文化生活的表象。

其次是展演和生活的时空共享。沐村展演与沐村生活的互文还在于二者都是沐村村落空间中的实践，展演和生活具有时空共享性。沐村旅游就地开发的模式造成了村落生活空间与艺术展演空间的交叉重叠关系，在沐村，艺术展演空间就是村民的生活空间，二者之间的交叉重叠使展演与日常生活的时间节律是互相嵌入的，无论对游客他者还是村民，实践活动是生活还是展演，二者之间的转换只在于展演关系呈现的瞬间。从田里劳作归来的村民如果在歌舞场地稍事休息停留，他就进入了展演场域，对他来说是从生活时空转入了展演时空；而游客只要路过某户人家，那家人自然的生活时空就在他的到来与凝视中转换为展演空间，村民的日常生活成为他者观赏的对象。沐村人的生活时空和展演时空难分彼此，决定了对展演时空的理解在两个时空的彼此参照中进行。

最后是展演作为沐村生活的重要组成部分。从一个完整的生活空间来说，沐村展演在村落旅游开发中已经成为沐村人生活的重要部分，对沐村人来说，展演在游客的休闲娱乐方式中更重要的是成为村民的经济活动方式，如参与展演的人以及围绕着展演进行农家乐接待服务的人家。对工艺的加工制作如竹器编制和服饰制作的纺线、织布、染色等展示来说，它只是在原来生活劳作的基础上增加了展示功能，专门的展示不仅可以获得参与中政府支付的参与展演的报酬，就像日常生活一样，通过展示过程也能生产出相应的产品，这也是在村道上展示织布编织活动时本地人几乎不看的原因，对他们来说，这些对游客的展演就是他们的日常生活，生活的功能超过了展示功能，所以没有引起其好奇感。同时，艺术展演在沐村人逐渐成为"旅游民族"中转化为他们的日常生活，"展演"、"表演"、"歌舞"等词语的使用也说明了艺术展演对沐村人所具有的休闲娱乐功能，成为沐村人的新的休闲娱乐方式。

　　生活与舞台的互文使人们在村落生活和舞台间寻找理解展演艺术的进路，其中沐村人与外地他者有着不同的理解进路与方式。总体上，在一次艺术展演中，沐村人是从生活到舞台，村落文化生活特点及其村落为中心的集体性文化价值取向为其进行艺术展演的理解提供了基础，是阅读中的"前理解"，对沐村人具有框束性。从生活到艺术的进路中，沐村人对展演艺术的理解具有舞台与生活的同步性特点，在展演观看中反观自己的生活，从生活经验出发理解展演中各种符号的所指与意义。沐村艺术展演首先是村落"花腰傣"文化展演，沐村人对舞台展演的感受首先是变换了时间和场景的文化生活呈现，有些已消失的文化重现，村民在老人们记忆建构中相信那就是"我们"以前的生活，那些正在萎缩的文化生活如服饰，现在也是沐村人生活本身，沐村人只是比在自然生活中更加频繁地看到，而那些改编成舞蹈的生活方式，在加工中具有一些无所指的模糊性，不是每个动作都能与生活中的劳作一一对应，但那是"我们的"，从中能够感知和看到"我们的"生产劳动生活。从生活实际出发或以生活为基础的感知表述的核心是"我们的传统"，对自己文化的熟悉决定了他们感知中的某种直觉，旅游场域决定了他们感知中的文化自觉，在感性直观与理性交融中，展演艺术既不是纯粹的艺术活动，也不是纯粹的生活过程，体现出当下村落复合文化塑造的综合性感官体验以及村落文化取向中自觉认同的文化意识。很多村民对艺术展演的评价围绕着一个表述进行："是（像）我们的"，"是（像）"表达与生活的关系，"我们的"体现旅游中的文化认同。

　　对游客来说，到沐村前对沐村"花腰傣"文化生活的了解大多限于二手资料，如他人的讲述、网络图片、文字描述与想象等，当他们到沐村亲自接触和感受沐村文化时，就进入了展演场景中。他们通过展演的各种艺术认识和理解沐村文化生活，体现出最初的从舞台到生活的路径。同时，这种理解建立在对沐村文化想象的基础上，"文本和主体相遇所产生出来的意义不能直接经由

'文本特征'而读出来",① 游客的理解不是寻找展演文本中"固有"的文化意义,其"阅读"的过程就是寻找文本和村落文化语境的关联的过程。相对于沐村人来说,游客的文化背景千差万别,对沐村艺术展演的解读也因其前理解的不同而各异,但特定的村落语境导引性使其在理解中与沐村人的建构发生互动而追寻"花腰傣"特性,同时,就像主流社会中所有的"艺术"活动一样,有满足一般旅游休闲娱乐的功能。

基于展演艺术作为"过程"的定位,对沐村展演艺术的解读有两个层面:一是文本性存在;二是过程性存在即展演活动本身。前者关注展演艺术文本,是一般艺术研究解读的路径;后者把展演艺术作为一个生活过程,突出艺术人类学"回到生活"的研究路径。两个层面的解读是艺术人类学研究中"文化和艺术"双重解读的操作,也是对一个地方性艺术进行完整理解的必需。

二、生活与展演互文中的文本解读

对艺术文本的感知和理解从具象的符号开始,在西双版纳旅游中,"无论是跳'孔雀舞'还是'玉拉嗬',人们都合着锣和象脚鼓鼓点翩翩起舞,边唱边跳,尽情放松。这些都体现为一种感官的快感。作为一个身临其境的旅游者,无论是游览还是观赏寺院壁画,参与民族舞蹈,还是去聆听周围的声音或是动听的乐曲,都能始终伴随着审美者产生感性形式,具体为色彩、线条、音调、节奏的感知。进而让观赏者产生'娱目'、'悦耳'的快适感受"。② 艺术符号首先作用于人的各种感官,使人产生各种感官体验。人的感官具有生理和文化双重属性,是文化培育了感官,决定了感官体验的特点,感官被框束在文化之内并体现着文化特性,如因纽特人对雪以及努尔人对牛的感知都说明这一点,从某种意义上说,艺术的通约与独特就基于人类感官和文化二重属性的基础上。对沐村艺术符号解读包含了对符号的感官和文化特性的描述,很多时候难分彼此。

---

① 罗钢等:《消费文化读本》,北京:中国社会科学出版社 2003 年版,第 460 页。
② 李伟:《民族旅游地文化变迁与发展研究》,北京:民族出版社 2005 年版,第 119 页。

（一）文本符号解读

展演艺术文本符号解读首先关注传统服饰工艺，从其色彩、构图、造型等符号形式入手。服饰从村民生活中的生计转化为"艺术"，对村民来说既是生活也是"艺术"，存在于不同的生存场景中，行使不同的功能，对游客来说，就是地方"花腰傣"艺术，不存在实用穿着价值，因此，从主位、客位出发对它具有不同的感受与理解，以下进行分述。

在客位视角中，傣雅服饰的色彩搭配技巧高超，具有相对固定的色调又总是力求变幻，在总色调中每件衣服每种饰物都会有不同的变化，体现出丰富的变化又具有一定的层次和规律。颜色的组合是基本固定的，总体上运用鲜艳的红、白、黄、蓝、绿与黑底色搭配，每个部分都有色调差别，又都统一在红、白、黑的整体色调中。色彩的空间布局充分注意到了前后上下的视觉平衡。前面，帽子和外套的黑色中突出满眼的白色银泡、芝麻铃，在帽子的红绿色缨穗和衣边袖边的红绿色中显得晶莹纯洁又丰富多彩，并在黑白的主色对比中取得了和谐宁静的效果。前面从帽子到外套，由于银饰的装饰使主体一片银白，接下来腰部花色缤纷的腰带与装饰各色线穗边边条的白色银饰以及围腰头的用布条钉制的红、白、黄、绿、蓝色图案的衬托，使色彩充分填满，异彩纷呈，繁复多样。接下来是用黑色围腰突出一片空寂的黑色，压下了腰部的喧闹，左侧往前延伸下垂的边边条不仅牵引着视觉对色彩的期待，装饰各色线穗的边边条在空寂的黑色中制造了视觉的丰富，对视觉造成冲击，同时使色彩在黑色围腰的背景下有了一个自然的过渡与衔接，然后出现了几条围腰叠加形成的层层花边，在围腰黑底色上各色刺绣而成的花边都用白色围边，在黑色的围腰上，刺绣的红、蓝、绿、紫等暗色与裙边显露的大块红绿形成色彩的波浪，再由白色为主，以黄、蓝、红色装饰的裙边形成较为明亮的色调，与上衣和腰部的白色遥相呼应，显得平衡协调。后面，领子的白色银饰跳过上衣或褂子上半部的黑底色，在下半部与银饰凸显的银白色构成和谐的效果，在腰带、边边条、后片和裙边的渐次覆盖中颜色显得很饱满。头饰中的红绿色缨穗，后片不同层次的红绿色和袖口的红绿色，银饰和裙边的白色布条还有刺绣，与帽子、衣服背部、袖子和围腰边的隐约的黑色构成白、红、黑三色总体和谐的效果，在异彩纷呈中，黑色的绑腿使饱和的色彩得以收敛。衣服后面的上半截黑色和前面围腰的黑色形成基于侧面的上下整体平衡的效果。傣雅服饰上各种鲜艳明亮的色彩与黑底色的搭配，在整体的三色和谐中经由五颜六色在其间灵活点缀映衬、细条状色彩的分布与各种银饰的巧妙使用，使色阶大方自然，色彩含蓄典雅，在强烈的色彩对比的视觉冲击中，深静的黑色统一了五彩的花色和花边造成的细碎。色彩的浓与淡、饱满与空灵、层次与变化等关系在点和面的周到照顾中体现出高度的和谐，显得艳而不俗，满而静雅。

图 4-1　多彩的围腰边与裙边

傣雅服饰上的线图由刺绣的花边布条和银饰的钉制以及各种垂挂的缨穗构成。其刺绣以十字挑花为主，以十字形作为完整构图的基本单位，曲直转折形成格局，延伸组合成各种造型图案和花纹。顺着自织布的经纬施针，针脚精致细密，正反面都是精致的图案，以各种写意性的几何图形的套叠变化形成连续性组合，挑在一条条花边布上，然后一圈一圈平行缝钉在衣裙边，显得整齐美观、虚实相生、精致秀气。

在服饰的整体感中，任何一个部位的刺绣与布条装饰总是顺着衣边延伸，衣边的竖横分布就突出了条纹的横竖搭配，因此，除了褂子和外套竖向垂直的边沿呈现垂直分布外，其余在外套和褂子衣边、袖口、腰带、围腰边及裙边都布满了不同图案的刺绣花边条和绸缎钉制组成的一圈一圈横向缠绕的五色线图，近看时，一条条花边包含了波浪形、菱形、三角形、鸡冠形、各种植物等丰富多样的图案。分布距离的不均匀，使线图疏密相间，粗细相谐。

袖口用红绿色绸布拼接成比花边条宽的横向条纹，给人一种套在手臂上的感觉。一条条花边形成的线圈环绕在围腰头和裙边，一条条布条钉制的线圈中总有一条较宽的方形和菱形的刺绣花边镶嵌，使线圈疏密相间，在裙子的斜穿中，这些平直的线圈都略微由左向上提起形成斜线，而腰带上的直线在腰带两端的细带随意缠绕中打破了平直，身上所有的横线在芝麻铃和花球的下垂中得到了调整，缩小了横线膨胀的空间，把线圈造成的横向膨胀收拢于妇女曲线动人的身体，形成平衡和谐之韵。尤其是褂子领子上镶嵌的银三角形和前后衣边刺绣花边上银泡镶成的大三角形中夹小菱形或是整齐排列大三角形，与后片上的菱形一起嵌于横向分布的直线圈中，改变横线的呆板，产生了灵动变化的效果。服饰图案总体上横向分布与垂直延伸搭配，三角形为主的尖形银饰对横向线圈的穿刺与突破，使圆筒形服饰产生灵动变化，充满了和谐美。在各种线形寓指的江河、道路、田园的自然生态和谐中呈现出了服饰自身线图的和谐内敛之美。

在服饰中，银饰的三角形、菱形、芝麻壳形与花边装饰的圆环形、手镯耳饰的圆形搭配已经显现出"花腰傣"服饰造型的独特了，而穿戴形成的造型更是令人称绝。

上衣由褂子和外套组成，褂子领子下来的右衽与外套领子的左短右长形成了奇妙的对比与平衡。褂子长及腰部，外套比褂子短，把褂子边沿的装饰露出来；裙子穿两三条，最多穿七条，一条比一条拉得高一点，要把下边裙子的花边露出来；围腰也系两三条，也是一条比一条拉得高一点，都是要把下边每一条的花边逐层显露出来，这样，花边和银饰就在黑色底板上层层叠叠地得到显示，繁简互补。村里人说裙子用六片土布拼成圆形才好穿，做成直筒形，但向左上提的穿法别具一格，直中求曲；腰带和围腰又体现出回到原状的空间努力，而一根由后向左前延伸的边边条的斜穿和下垂的后片又一次挑起了变化。头上戴的似乎中规中矩，但耳旁垂下的"耳朵"和红色缨穗、大圆耳环以及那形如正在绽放的鸡枞的斗笠，动静相谐；斜戴的斗笠那向上翻卷的圆边和尖耸的帽顶似乎要腾飞而去，身后圆中有方的小秧箩又把它拉了回来，与身上一圈圈圆形环绕的花边构成了和谐统一。斜穿的裙边和飞逸的斗笠在服饰质地和装饰的繁复厚重中增添了飘逸的灵性。疏密有致，满灵互动，张弛有度，稳中求变，体现了一种恰到好处的平衡与协调。

在主位视角中，民族服饰承载着丰富的民族传统文化内涵，不仅遵循了形式美的一般法则，更重要的是其刺绣、图案等蕴涵了丰富的原始审美意象，整合进了他们关于自然、社会、人生的全景式的观念和体验。① 成为"穿在身上的艺术，写在身上的历史"。② 沐村傣雅人妇女服饰的色彩、构图（线条、图案）、装饰、造型等视觉的特殊形式"存在于视觉意象所传达的许多层次的意义中"。③ 不仅见证着"花腰傣"人曾作为古滇贵族的辉煌，而且铭刻了他们古老的农耕稻作文化，与沐村自然文化生态环境紧密关联，体现着与古老农耕稻作文化生境的和谐，在感官的体验上突出了和谐之美。同时，服饰的感官体验与他们对人的审美尤其是对女性的审美紧密相连，很多时候既是服饰的美也是姑娘、小伙子的美，共同建构着沐村"花腰傣"人的审美心理和意识。

在沐村人感官中，各种颜色都是"花腰傣"人文化记忆的象征。大面积的黑色底色是他们的土地。傣族是农耕稻作民族，"花腰傣"人世居于红河流域肥沃的土地上，土地是他们相依为命的生存基础，对土地的重视在服饰的黑色中沉淀了下来，因此，黑色是尊贵的，服饰要以黑色为主，绑腿也是用黑布缠绕而成，在变迁的生活中也可用白色代替，但村里人说赶集时作为尊贵和礼仪的象征就必须用黑色的。"花腰傣"人在染齿、文身的习俗中也体现出了对黑色的偏爱，对文身和染齿，学界有很多解释，最常见的是区分自己人，起到不被自然恶物和外族人所侵害的作用，现在村里人大都持"染齿是为了保护牙齿"的观点，但不论是否是最初的原因，也已经积淀到人们的审美意识中，成为"美"、"好看"的标志，老人说"不染（牙齿）不好看，不刺（文身）不好看，不是我们傣雅"。"民歌能够在谈情说爱的过程中，复制和传达了这一个民族和族群感知世界和解释世界的方法和原则"。④ 在"花腰傣"人的情歌《喃哩喃仰》中有"瞧见她，红润的笑脸像凤凰花；瞧见她，露出的牙齿似黑珍珠。那一身的穿着打扮，宛如森林里活灵灵的珍珠鸡。瞧见了裙子，金

① 郭建华：《民族服饰的原始审美意象解读》，《民族艺术研究》2002 年第 3 期。
② 陶贵学：《中国云南新平花腰傣文化国际学术研讨会文集》，北京：民族出版社 2003 年版，第 306 页。
③ ［美］莱顿：《艺术人类学》，靳大成等译，北京：文化艺术出版社 1992 年版，第 127 页。
④ 廖明君等：《大地飞歌：民族审美经验的研究方法及其理论意义——王杰博士访谈录》，《民族艺术》2005 年第 3 期。

绸缎纺织成的裙子，金蚕丝刺绣的花边"的描述，[1] 而《朗娥与桑洛》中描写朗娥"发髻像黑宝石一样乌亮，花梳像红花一样新鲜，耳环像星星一样闪亮光，身姿像烟雾笼罩的新柳"，[2] 都体现了对女孩牙齿、头发以黑色为美的观念。

在其服饰制作中，白布条的使用很多。领子和袖子内要镶花边和白布（傣洒人更突出白色，直到现在还打白色绑腿，身穿汉化了的白色衬衣），而服饰中大量银饰更使它呈现出银光闪闪的亮白，银饰既是财富的象征，也蕴涵避邪之意。布料的白和银饰的白都与宗教观念密切相关。"花腰傣"人有浓厚的原始宗教观念，认为周围各种鬼常常致使人生病。人们认为银饰可以驱鬼避邪，所以生孩子时要送给孩子银锁。在头上没有银饰的是已婚妇女这样的角色区分中，银饰更多地与灵魂生命相连，很多民族都有结婚才算是成人、才有稳固灵魂的观念，认为已婚的人不需要更多的银饰避邪。人死时要拿银子喂，主家女人在送丧时要穿有花边的白布衣。人生病时要拿白旗（白纸）送鬼，五月祭祀水鬼时要用白鸡、白鸭、白鹅献祭等等，这些都说明了白色与宗教观念相关。对白色的重视还以对稻子的喜爱和周围的白色有关。本地人把白色解释为自然界的白云，而作为农耕稻作民族，傣雅人对糯米是非常看重的，糯食在历史发展中从一种生理需求担当起各种文化功能。[3] 赶花街时青年男女定情的秧箩饭有糯米饭，结婚时男女合吃的蛋黄拌饭中，大嫂说"蛋黄代表黄金，米饭代表白银"。嫁出去的姑娘三年内春节期间要回娘家吃团圆饭即扯粑粑，用姑娘带来的糯米面做成汤圆吃，预示着团圆美满。扯粑粑仪式很隆重，"跟结婚一样热闹呢，要杀猪、杀狗和鸡鸭，尤其是第一年最隆重"。糯米"粑粑"寄托着他们变迁生活中不变的情感和心理。他们对白色的感受是以糯米、稻子作为参照的，糯米的白色不仅培养了他们对白色的偏爱，而且成为其他颜色命名的依据。当地有一种攀枝花颜色偏黄，呈现为橘红色，当地人称之"糯米攀枝花"，以白色糯米为参照，在红色中加入白色形成偏淡的红色被称

① 陶贵学：《中国云南·花腰傣民间文学作品集》，北京：中国民族摄影艺术出版社 2007 年版，第 434 页。

② 陶贵学：《中国云南·花腰傣民间文学作品集》，北京：中国民族摄影艺术出版社 2007 年版，第 322 页。

③ 王文光等：《傣族的饮食文化及其功能》，《民族艺术研究》2006 年第 3 期。

作"糯米色"，而局外人在面对着一树鲜艳的橘红色花朵时，无论如何也不会把它与糯米联系起来。此外，沐村人还以芭蕉心作为白的比喻。在对人的审美中，皮肤白被认为是美的，村里人在劳作中为了防晒总戴着斗笠——现在主要戴草帽，所以村里人尤其是妇女的肤色是白皙的。在其民歌中，对肤色的白皙做了很多歌咏，如《敬酒歌》说"卜哨红手递过去，卜冒白手接过来。"①《姑娘挑伙子》中夸伙子如："我串门进寨来找你，看见白鸭子最漂亮。……想要小伙亮如芭蕉心。"② 说不会美的人则是："不会美如天上的白云，不会美如无菌花，不会美如金凤花。"③ "美丽的姑娘"是："有人说你白得像米汤，我说米汤太浑浊；有人说你白得像芭蕉心，我说芭蕉心还有点灰暗。你洁白的肤色啊，像用盖劳花汁染出来的。"④《串寨调》夸姑娘是："卜哨肌肤洁如玉，嫩如出头小蘑菇，窈窕身材像蕉杆。"⑤ 还形容姑娘："站像江上云柱伴白花，走似白花飘空伴阳光。像去皮芭蕉心，像灰白糯饭团。"⑥ 从上述可见"花腰傣"人在对人的肤色审美中对白色的强调。现在，沐村人对白色的喜爱体现在各方面，如到沐村旅游的朋友说当地农家乐以白色为主色调的装修令人满意。

红色在很多民族文化中都被认为与生命息息相关，在"花腰傣人"心中，红色也与生命密切相连，最突出地表现在对红线习俗的重视上。结婚时新郎新娘必备的三套红线就是为了被除"周围的坏鬼"，如果妹妹比哥哥先结婚，妹妹出门时要用一条白布拉在门头，意思是"是为了防止鬼沾他们的身体"，

---

① 陶贵学：《中国云南·花腰傣民间文学作品集》，北京：中国民族摄影艺术出版社 2007 年版，第 469 页。

② 陶贵学：《中国云南·花腰傣民间文学作品集》，北京：中国民族摄影艺术出版社 2007 年版，第 454 页。

③ 陶贵学：《中国云南·花腰傣民间文学作品集》，北京：中国民族摄影艺术出版社 2007 年版，第 450 页。

④ 陶贵学：《中国云南·花腰傣民间文学作品集》，北京：中国民族摄影艺术出版社 2007 年版，第 436 页。"盖劳花"是一种很洁白的花。

⑤ 陶贵学：《中国云南·花腰傣民间文学作品集》，北京：中国民族摄影艺术出版社 2007 年版，第 432 页。

⑥ 陶贵学：《中国云南·花腰傣民间文学作品集》，北京：中国民族摄影艺术出版社 2007 年版，第 382 页。

"留住哥哥的魂，不要从鸡冠色变成淡灰色"，可见健康的灵魂是红色的。在手腕上拴红线的习俗与叫魂的仪式相生相伴，小孩一生出来就和母亲一起由老人给拴上红线。现在，即使不在旅游场景中，一个人到沐村时主家也会为他拴上一根红线（有时也拴以红色为主的五彩线），边拴边念一些驱邪祝福的话，尤其是对未婚的年轻人和小孩要在适当时候给其拴上红线以便把魂留住，老人说"拴红线就是叫魂"。当一个年轻人从外地工作、学习或其他原因回到家里，主妇就要给他拴红线以保平安。① 人死时主家女儿穿着鲜艳的红色盛装参加葬礼，还有人打着红色花伞去送葬，主家人穿红、白色为主的衣服而不穿黑色的。主人对丧者哭着唱："饭喂你，银喂你，今天好日子，家人拿红布盖，明天变成鬼。"第二天女人要为送丧到山上的人去叫魂，用红线捆着送丧时穿的那件衣服去。以前只有祭过寨神即"等色"后才能开始做活计，"等色"·时在"达辽"上用红、白、黑三色线捆上公鸡的尾巴毛。当地人尤其走亲戚的妇女见面和孩子从外边回来时，不论是否生病，村人总喜欢"刮凉"即用中医的刮痧方法在背部刮出红色斑痕，意思是"看看他身体好不好，"以此作为一种问候方式。对即将结婚的人来说，身体好是必需的，其中还蕴涵了祝福保佑的意思。② 在他们的饮食习惯中，对家畜血的使用很重视，做成的菜肴很独特。无论在年节还是其他重要场合杀猪、杀狗、杀鹅时，以家畜血为主料的菜都是一道最主要的菜肴，被做成红色的带生凉拌，他们说"如果不吃这一道菜就没有吃头了"，可见他们对用家畜的血制作的菜肴充满了特殊的情感和味觉体验。在服饰的色彩装饰中，老年便装不用红色或用得很少，尤其是没有了以红色为主调的后片装饰。成年女子在赶花街择偶时和结婚时穿的盛装突出红色，是生命力的象征，"花腰傣"人认为人身上有三十魂，魂是鸡冠色的，所以其头部、腰部、裙边、袖口等部位服饰红色的分布不仅体现和谐美感，而且

---

① 笔者第一次去沐村时，在村道旁田边小屋子里看到三位七八十岁的老人，一位老人在织布，两位老人坐在旁边闲聊，坐下与她们简单地聊了几句后（她们的汉语表达不是很流畅），两位老人用红线搓成线圈一左一右为笔者两手拴上，因为知道笔者听不懂傣语，她们边拴边用汉语念着："身体好，好好呢在，不着病，出门顺顺利利。"

② 在笔者所参加的一次婚礼中，刚到主人家，新郎就对笔者说"痧都刮过了"，笔者对他没头尾的话不太明白，就"嗯?"了一下，旁边的人补充说："他身体好了，明天讨媳妇没有问题了。"在后来的几个小时里，新郎又一次跟笔者提起"刮了一身痧。"

还是全身每一个魂魄的留存。村里人也说红色就是自然环境中的各种花果的色彩，因为槟榔果、石榴果是红的；① 石榴花、凤凰花、攀枝花盛开时节映红了整个漠沙江，据说杨姓崇拜攀枝花，还有图腾的意义。红色在傣雅服饰中的重要性与其文化生活有诸多关联。

傣乡到处生长着高大的芒果树、荔枝树、酸角树和片片芭蕉、香蕉林，一年四季都郁郁葱葱，加上稻子一年两次在田野间铺满绿色，整个河谷盛满了挥之不去的绿意，自然环境中的绿色既是视觉感受也是生命的象征，傣雅古老的饮食观就是"世上一绿的就是菜，一动的就是肉"，体现着绿色生态理念；服饰中绿色应该与傣乡四季的葱茏有关。傣雅人在服饰中很讲究对绿色的使用，袖边和裙边一定要用绸缎缝钉镶嵌上相对大块的一圈绿色，与上下绸缎的大红色共同制造生命力样的感受与和谐效果（对傣洒人来说，大块的绸缎绿色与红色成为其服饰的主要特征），所以寨门口的斗笠早先被涂成了绿色。女人十二岁开始个个戴耳环，村里人说穿耳洞时用绿花线从中穿过就不会感染，这也蕴涵着对绿色作为生命力的崇拜。对于服饰上少量的黄色，村民解释说是因为槟榔花、芒果花、荔枝花、菜花、稻子都是黄色的。其实，不用寻找和区分服饰上每一种色彩与他们生活中色彩的对应关系，热带河谷那五彩缤纷的颜色总是会引起人们无尽的退思，正是生活环境中多彩的颜色对"花腰傣"人视觉感受的培养，正是那么多花草树木给予他们以灵感，其服饰色彩才如此艳丽，也才在其中寄寓了那么多文化心理。

在村民的饮食文化中也体现出对彩色的偏好，对颜色的喜爱与嗅觉感受紧密结合。"花腰傣"人喜食各种鲜花，他们采集食用的花类有攀枝花、大白花、杜鹃花、虾子花、石榴花、苦刺花等，都是色味俱全的。还有染色的糯米饭，染黄色的糯米饭既追求黄的好看也增加香味。村民最喜爱的四叶菜的做法就是用番茄和腌骨头一起烧汤，酸鲜美味，红绿相协，赏心悦目。

"花腰傣"人在各种色调中还追求光泽鲜亮，如服饰上众多银饰熠熠闪光、牙齿黑中闪亮、绸缎光滑透亮等，在其民歌中也有"耳环如星星一样闪亮"的描述，杨大姐把银泡解释为"天上的星星"，这样，银泡也增加了其黑底色的服饰的灵性。

---

① 槟榔果和着槟榔树上的寄生叶一起嚼，就会变成红色。

对服饰上的各种线条图案装饰，本地人给予了与自然生态密切相关的解释：服饰黑色底板上刺绣和银泡镶成的层层叠叠的三角形和菱形，组合成一排排长形和"井"字形，是他们开垦的一片片梯田和周围连绵起伏的山峦；刺绣花边和布条缝钉而成的一条条花边是傣乡大大小小的江河水流；花边中较宽的间距是他们在土地上走出的条条大路。在这样的解释中，服饰和土地获得了色的相似、线的相似、形的相似，横向线圈的分布犹如在土地上制作一般。刺绣的图案大多是对他们环境中熟悉的动植物的描摹，如有槟榔树、八角、芫荽、蝴蝶、蜘蛛、江河、山峦等图案，除了头饰前部的银饰鱼形装饰"龙钱"是具象性的外，其余都进行了抽象，成为一种类几何形——具有能够分辨的具象，又进行了抽象，进行了整齐有序的排列和布置。其中大多以似菱形的图案为主，就像他们的一块块土地和田园，也有一排排植物状和一条条波浪状的图案，有些齿形装饰村民解释为鱼骨头纹，与帽子上逼真具象的鱼造型装饰一道体现着稻作民族近水而居的生活习俗与心理追求。不论每条花边上绣什么图案：波状江河、凸起的植物花卉、成排的三角形、菱形或是方形以及槟榔、蝴蝶等对各种动植物的模仿，都体现了红河谷地自然生境对"花腰傣"服饰的影响，体现着其与生境的和谐。

三角形以及两个三角形构成的菱形不仅见证着傣雅人对土地的依恋，也和宗教观念密切相连。有学者认为，形似尖塔状的三角形、菱形银饰是天神镇妖的尖塔，有避邪的意义。① 沐村人生活中尖状物如黄泡刺、三角形后片、三角形银饰，甚至他们裙子斜穿形成的尖状都与避邪的宗教观念相关。村人说姑娘的三角形后片和边边条是避邪的，是"防止别人在后面说坏话，花腰傣人最不喜欢别人在后面看不起了"。前面已述，服饰上琳琅满目的银饰含有避邪之意，服饰中三角形银泡装饰村民称为"扇子形状"，扇子是雅摩的主要器物，带有阴阳划分的意义，其民歌中有"走到扇子星人鬼相分处"的描述。② "花腰傣"人居所选址的原则是"死人对尖山，活人对凹当"，三角形图案的尖刺与神圣世界相连，而三角形图案的连续排列形成既有"尖山"又有"凹当"

① 朱净宇等：《少数民族色彩语言揭秘》，昆明：云南人民出版社1993年版，第264页。
② 陶贵学：《中国云南·花腰傣民间文学作品集》，北京：中国民族摄影艺术出版社2007年版，第372页。

的神人共生而又界限分明的宇宙世界，服饰中银饰三角形最初都蕴涵了"花腰傣"人趋利避害的宗教心理。

"花腰傣"人有特殊的感官体验，味觉嗅觉与视觉紧密相连，成为其体验的一大特色，与其生态环境中一年四季各种花果散发的气味对其感官的培养有关。服饰中记载了他们对味觉和嗅觉与视觉的同步运作。在模拟自然的构图中，最受沐村人喜爱的是八角和芫荽图案，八角模仿八角果的形状，芫荽模仿芫荽叶的形状，对这两种图案的喜好与"花腰傣"人重视视觉与嗅觉、味觉

图4-2 衣边上的刺绣图案：从上到下依次为芫荽、八角、四叶菜

等感官运用有关。在饮食的评价中，笔者感到很多时候村民都用"香"进行评价，染糯米饭时，大嫂对笔者说"染才香呢"，对杀猪时把皮烤黄的说法也是"香呢"。所以在饮食中，他们对八角、芫荽等作料非常喜爱。对视觉与嗅觉、味觉的共同运作，使对带有特殊香味的八角和芫荽成为服饰中最主要的图案，大嫂说以前老式的服饰主要就绣这两种花，"现在改变了叫也叫不出来是哪样"。服饰对八角的模仿就分为好几种，有模仿整个的，有模仿三分之二的，有模仿一半的，有模仿三分之一的等，在大嫂的描述中，服饰加工每一种不同的模拟八角图案在傣语里都有一个不同的命名，她说就像一个家庭里的孩子一样，分老大、老二、老三那样排列的。他们这种审美体验在其民歌中也鲜明地体现出来。如《心爱的男人》中夸男人："他就像薄荷煮鸡蛋一样香，他

就像薄荷煮鱼一样鲜。"①《不爱的男人》中说："他就像埋在土里的草，谁也不爱看；他就像田边的臭草，谁也不爱闻。……这样的男人太坏了，这样的男人太臭了，臭得像臭草一样难闻，臭得像坏鸡蛋一样难闻。"② 夸女孩则是："最美的花是金凤花，你像金凤花一样美；最香的花是芫荽花，你像芫荽花一样香。"③ 服饰的芝麻铃装饰在静态中增加了动的因素，把视觉性感受与听觉感受连成了一体，当姑娘走起路来时银饰悉悉窣窣响，随着她们舞动的身体摇来摆去，她们弯腰时，芝麻铃就一串串垂下散开，好像身上开放的晶莹花朵。

现在难以精确考证服饰上的每一个构图承载了其什么文化象征，但整套服饰繁复厚重，缀满银饰的盛装几乎无法清洗，也不能折叠，对居住在干热河谷的"花腰傣"人来说，这样的服饰不是简单的生态适应的结果，甚至无法以生态环境中的实用性进行解释，它的秘密应该埋藏在历史深处。今天，它携带了层垒性的历史文化积淀呈现在人们面前，最初各部分生成的理由已无从知晓，个别性、对应性象征已难以溯源，但服饰本身就成了"花腰傣"传统历史文化的象征。

对本地人来说，不论是裙子还是围腰的"多穿为美"都首先直接是妇女心灵手巧的标志，俗话说："男人看田边，女人看花边。"在传统社会中，服饰制作的全部工序——从纺纱、染色、织布、刺绣、裁剪、缝制、配饰等各道工序——都是妇女亲自完成的，一个女人具有服饰制作能力是社会对她的要求，也是评价她能干与否的标准。在一年一度赶花街时，每个村子都由经验丰富的妇女领着打扮好的姑娘转花街，展示的是本村妇女的美丽、财富、能干。现在村人一般是买布来从刺绣开始制作，小姑娘在七八岁时就模仿大人刺绣，大人也有意识地教她们，十来岁的姑娘几乎都会刺绣。村子里经常可以见到三五成群的妇女坐在谁家门前低着头专心地刺绣，图案就在心里，不需要构图，不需要勾勒，随手而成，针脚细密，针线飞动中体现出心到眼到手到的烂熟于

① 陶贵学：《中国云南·花腰傣民间文学作品集》，北京：中国民族摄影艺术出版社 2007 年版，第466 页。

② 陶贵学：《中国云南·花腰傣民间文学作品集》，北京：中国民族摄影艺术出版社 2007 年版，第465 页。

③ 陶贵学：《中国云南·花腰傣民间文学作品集》，北京：中国民族摄影艺术出版社 2007 年版，第450 页。

心，有的是绣自己的衣服，有的是绣了拿去卖。同时"穿多为美"的观念体现出服饰成为一种财富的象征，以前，服饰上装饰了很多银饰，具有很高价值，是一家人所有财富的聚集，拥有服饰的多少是一家人家境的写照。即使现在全部改用铝制品替代了，一套服饰也价值一千多元钱。另外，穿裙子只能从上面往下套也与财富观念有关。"穿多为美"，自然"多"是"美"，层层叠穿中花边的层层显露是为了"好看"，比如老人的便装裙子没有太多的花边，所以她们穿时把红绿色裙边折上去塞在腰间翻穿是为了"好看"。黑色底色、做工和穿戴的繁复以及众多的银饰品使花腰傣妇女的服饰厚重质硬，并在众多的圆形线圈中膨胀开来，但在各种线、色、形的变化，以及穿戴的叠加、斜飞中，却能使人产生和谐柔婉的感受。

作为十二岁女孩成年的标志和结婚时的盛装，最典型地体现出"花腰傣"人服饰中的文化观念。前面提到，"花腰傣"人在表达对人的审美观时，总是和农耕文化紧密相连，用田间地头最常见的花草作比，同时人之美与服饰之美也是融为一体的。如："你像我的袖上的花边。""衣饰靓丽如繁星，腰缠花带似彩虹，银镯首饰沙沙响。小卜哨呀！你银镯满手，你绣花满身，花街路上你最美。扭腰摆手串街头，捧得手镯响天外。""姑娘啊你是多么的美丽。衣袖高高的卷起，筒裙翻折到腰肢。""那一身的穿着打扮，宛如森林里活灵灵的珍珠鸡。瞧见了裙子，金绸缎纺织成的裙子，金蚕丝刺绣的花边。"客人夸自家："那织机上的布筒，像牛脖子一样粗；那围在腰上的带子，比豹皮还要花。"女子夸男子："像三十朵丝线绣花，九十朵花线结花。超九河勐雅，压汉家全坝。"男子夸女子："妹苗条似土布绣上绸，俊俏如萤虫光射哥眼，美丽像清晨攀枝花。"① 服饰的绣花、多彩的腰带、筒裙的翻折、闪亮的绸缎等都是服饰美的重要因素，可以说服饰是"花腰傣"人审美文化心理重要的载体。

服饰是穿在身上的艺术，服饰的感官之美与女性美的观念连在一起。在沐村文化中，圆形具有神秘的宗教意义，如最常用的宗教祭器"达辽"就是用竹子编成的有七个孔洞的小篱笆。开秧门栽秧时直到现在村民还从田中心栽

---

① 陶贵学：《中国云南·花腰傣民间文学作品集》，北京：中国民族摄影艺术出版社 2007 年版，第461 页、第 457 页、第 436 页、第 434 页、第 442 页、第 382 页。

起，先栽成圆形，再往四方延伸，据说这样可以得到神灵的保佑，"才栽得快"。有学者认为，乡村的内部空间结构是一个按照血缘亲疏排列的高度同质化的同心圆结构。① 傣族建寨首先要选择一颗寨心树，再围绕着它建寨，然后用寨门与外界相隔才能安居，寨心类似于寨子的圆心，认为具有神秘的护佑力量。还认为圆形秧箩也具有神秘的力量，所以"叫魂魄回来，回来进秧箩"。② 服饰形制上以圆形为主，因为土布的宽度有限，用四片组成方形不好穿，人们就用六片拼成圆形，除了好穿外，还与身上环绕的线圈一起构成圆形，蕴涵了对女子生殖功能崇拜及对饱满圆形的偏爱，重叠穿着的造型既塑造成了妇女腰腹饱满的丰腴形象，同时在与后片、边边条装饰构成遮盖与突出的双重效果中蕴涵了对妇女丰产的想象与寄托。村里人对"多"和"大"的感觉主要是从横向空间的占有来衡量的，如谷粒和水果的饱满、鱼儿的肥大等，芝麻铃装饰直接就是饱满的芝麻粒的样子，当他们描述鱼很大时，用手指在胸前比出"粗"的样子，对笔者两手伸开比"长"感到很奇怪。他们对圆形的观念转换为今天服饰的美感，给人以和谐柔婉的感官享受。

与构图中对三角形装饰的喜爱一致的是造型中对尖角的喜爱，他们说服饰以"翘"为美，斗笠、裙子都是这样。在服饰的形式感中，层层刺绣花边的装饰以及叠穿形成的厚重呆板在"翘"中生成灵动变化，左向提起的裙边也与右手劳作时的摆动形成动态平衡。向左斜穿不仅是为了在热带环境中方便行走和纳凉，同时在左右的区分中蕴涵了宗教观念。以前外套花边由后向左前只嵌到夹肢窝下，现延伸到前面，右边的花边是直通的，如果花边不够长，要拼接，接头一定不能在右边只能在左边。献鬼时鸡要埋在坟的右边，他们说："右边是我们家呢，左边是外边。"举行婚礼时新郎从家里右脚踩在门槛上，新娘从门外将左脚踩在新郎右脚背上，主婚人将燃烧着的木柴放在离脚背约五十厘米的地方，口里念念有词，用冷水将木柴浇灭，以示驱除晦气，意为新娘是刚去的"外人"，是不祥之物，所以是用左脚。③ "花腰傣"人祭勐神的神位

---

① 张柠：《土地的黄昏——中国乡村经验的微观权力分析》，北京：东方出版社 2005 年版，第 49 页。
② 陶贵学：《中国云南·花腰傣民间文学作品集》，北京：中国民族摄影艺术出版社 2007 年版，第 374 页。
③ 尽管现在很多村民都告诉笔者说，婚礼中新郎新娘谁左谁右都可以，但在老人的描述中几乎都是新娘出左脚，新郎出右脚。

一般设在每户人家大门的左墙角，过年过节或家有红白喜事时敬祭。可见左上提起的裙子斜穿有区分神圣与世俗的意义。斗笠翘起来既起到遮阳的作用又不遮挡视线，方便田间劳作。老人说"不翘不好瞧"，与裙边的斜提一样，是为了"好看"，其实是审美观念与对女性的以丰满圆润、有曲线变化的和谐美的体现，斗笠的圆中有翘是对女人刚柔相谐美的写照。对曲线和斜线的变化感知也是"花腰傣"人感官体验的特点之一。沐村人把香蕉叫"玛古拐"，"古拐"的意思是"弯"，芭蕉叫"玛告"，意思是"不圆又不弯"，似乎与我们对芭蕉香蕉的区分与描述会着眼于色泽与味道不同，沐村人的命名体现出对其轮廓线条的敏感而不是味觉。

场景之一

我在与村民相处得较熟的时候，有一天早上，去到杨大姐家，她主动把所有的衣服从衣柜里找出来让我看，我试套了一下褂子，她就说"好看了，全部呢穿上"，就帮我一样一样地穿起来。先穿褂子，穿上后她帮我扣好扣子，外套是紧身长袖的，不能把手臂向左右伸开了穿，而是从斜后上方伸出手臂再套进头。裙子从头上往下套进去以后几条一起抓住裙口斜提起来，用腰带绑好，这时腰部觉得紧紧的、硬硬的，不能动弹；围腰也斜折起来一条一条地系上，腰带显得较长，绕几圈以后结好。杨大姐说裙子和围腰都要斜穿，穿好以后她又仔细地帮我这里拉一下那里拉一下地整好，尤其是对裙子的斜角，往左侧外拉折成角状，说那样才好看，最后系的是秋笋，我把它简单地拴在腰上，她解下把秋笋往腰下移放，放在臀部上来一点，秋笋的带子在腰带下，不与腰带重叠，她特意打了一个好看的结，然后说："像我们呢傣族了。你去外边走走，说是要拿苦瓜去，瞧瞧他们（村人）给认得出你。"并把去摘苦瓜的傣语教了我几遍。我走到人们收苦瓜的歌舞场地上，开始走过去时没有人认出，在旅游开发中有时村里能见到穿民族服饰的人，所以他们并不感到新奇。当人们认出我以后都说"呃——漂亮"，"漂亮"一词是有意识说出的。场边坐着四位老奶奶，没有表达意见，只是望望我。当我问她们好不好看时，她们有人说"好看"，有人说"呃——"，似乎充满了无言的感慨，其中一位老奶奶嘴里咕咕哝哝讲着站起来向我走过来，反复地拉我斜起的裙摆，试图往左侧外把它拉成三角形尖状，另一位老人用汉语对我说"那样才漂亮呢说"，后来一位总挂着一根棍子的老人说："好看了。"我回杨大姐家的时候，遇到大哥他们开着拖拉机收苦瓜回来，他们见着我也是一声"呃——"，然后笑起来，大嫂就问"哪个整给穿"，我回到杨大姐家时，她问："人们怎么说，大嫂见到了吗？"我主要告诉她说村里人都说很漂亮。

"花腰傣"人对色、线、图的独特感知形式与他们文化的感知密切相连，正如格尔茨所言，尤鲁巴人对线条形式的关心"滋生出一种有区别性的终生参与其中的形式的知觉"，[①] 其服饰中执著于圆形和尖刺形的搭配，最早源于他们趋利避害的文化心理和稻作文化，各种色、线、形不仅记载了"花腰傣"历史文化，而且成为"有意味"的形式，在历史发展中形的圆斜、线的横竖、图的直尖、色的搭配等就体现为感官上既大胆独创又保留着含蓄内敛的和谐审美风格。服饰之美与人体之美全面协调起来，服饰中蕴涵了对于身体的审美观念，而身体之美也在服饰之美中得以体现。从服饰中看出他们不像其他傣族那样空灵舒展，而执著于收缩有度的和谐与稳重，其服饰不飘逸也不古板凝重，他们总是在最可能的限度内寻找变换和生成和谐，故而做了很多构建和谐的处理，动静相谐。随着生活的变迁，审美观念不断发生着改变，心底那份趋利避害的求吉心理挥之不去，记载在仪式场景的服饰中，成为变迁的文化中相对稳定的内在要素，即文化变迁中的"惯习"。在旅游展演场域，他者的眼光作为文化再生产的外部动力，积极重塑着村民感官体验，使本地文化在文化相遇中重新阐释，导致服饰的某些改变。

歌舞展演中不论是民间小调还是移植的乐曲，不论是借用的动作还是加工的符号，和客位视野一样，对沐村人来说也是"艺术"和"表演"，因此把主客位合并叙述。

在"花腰傣"民间生活中，情歌小调是在谈情说爱的场所即兴对唱的，

---

① ［美］格尔茨：《地方性知识——阐释人类学论文集》，王海龙等译，北京：中央编译出版社 2000 年版，第 127 页。

唱小调是一个人聪明的体现，就像《约会调》说的："哪个不会唱调，卜冒说她憨；那个不会听弦，卜冒说她呆。说她呆如秃嘴鱼，不会吃泥；说她憨如红尾鱼，不会吃沙。"[①] 小调对唱中，你来我往的对答叙述了男女双方从感情的试探到互相印证直至最后表白定情的爱情成长过程，因此，小调对唱是很动情的，村人告诉笔者，赶花街时人们用一根线拴住两个纸筒，一个在"电话"那边听，一个在这边唱，唱了"会哭起来呢"。村人说七十多岁的人以前以唱小调的方式相识并结为夫妻的"还是多呢"。"在前现代社会，艺术与庆典是结合在一起的，审美移情手段常常被用来表现族群对其世界的知觉"。[②] 在沐村，很多伴随着习俗的歌调仍在特定的仪式，尤其是在宗教仪式中使用。民间音乐和民歌重要的文化属性和表述功能是叙事，而叙事与族性息息相关。[③] 小调是"花腰傣"人喜怒哀乐的记忆和表达，最典型的是"森骚调"。当地文化

图 4 - 3　花街节上以老年妇女为主的唱小调比赛

工作者中有人认为"森骚"是年轻姑娘，"森骚调"就是唱姑娘调，多是男女

---

① 陶贵学：《中国云南·花腰傣民间文学作品集》，北京：中国民族摄影艺术出版社 2007 年版，第 448 页。

② ［美］迪萨纳亚克：《审美的人：艺术来自何处及原因何在》，户晓辉译，北京：商务印书馆 2004 年版，第 264 页。

③ 彭兆荣：《族性中的音乐叙事——以瑶族的"叙歌"为例》，《音乐艺术——上海音乐学院学报》2001 年第 2 期。

即兴对唱，内容广泛；有学者认为"森骚"是"想要让什么成为什么的意思"，主要是形式上的一种区分，类似于比兴手法，很多"森骚调"内容似乎都超出了唱姑娘范围。"森骚调"曲调多为小三度、大二度上下句单段体曲式，上下句末音分别为 3、6，曲调节奏平稳中有变化，但旋律流畅委婉，固定的格式就是开头以"森骚哎"拖腔起，中间反复对唱后，结尾再以"森骚"收。沐村《银铃操》舞蹈中的音乐来自于"宰吉列"调最具元江傣族风格的旋法，即大六度音程以及分解和弦 6、1、3 与 1、3、6 的行进方法。"叮"为三弦调，一音一拍，曲调节奏平稳，句读清晰，近似于吟唱。① 作为地方文化体系一部分的艺术，相对熟悉的艺术形式的组合及其变换部分地成了本地人的"常识"，② 是"花腰傣"人感觉和情感的符号性再现，其特定的节奏和旋律与民族审美心理张力间，保持着一种"异质同构"的对应关系，前者是后者的模拟与复写。③ 小调的稳重与柔和体现着"花腰傣"人的文化图式。

展演中的小调没有对唱形式，更缺乏对情爱生长内容的叙述，只有固定的句段与演唱者，情爱内容并不重要，重要的是以小调"情歌"形式增添整个村落旅游中"花腰傣"人生活的"浪漫"，以傣语演唱小调的形式突出展演的地方特性，并不在乎村民和游客听懂与否，而同时是为满足整个舞台演出的节奏需要，队员们说唱一段小调主要是"给跳舞的人休息一下"。展演中的小调与生活中的小调在相同的符号形式中的意指不同，在与沐村生活的互文中成为"花腰傣"文化生活的表征。

被制作成"舞蹈"的那些艺术形式，无论是村民还是游客，其认知都从"舞蹈"开始，在与村民生活互文中，基于各自不同的文化惯习而形成某些不同的感知与理解。

用于舞蹈的音乐，是舞蹈的有机构成部分。音乐对舞蹈创作具有动力的性质，不仅激发舞蹈创作而且组织舞蹈动作，在展演过程中表达情绪、体现性

----

① 谢光庭：《元江傣族民间音乐》，《民族音乐》2007 年第 2 期。张亚林等：《云南花腰傣民间音乐》，《民族音乐》2007 年第 2 期。

② ［美］格尔茨：《地方性知识——阐释人类学论文集》，王海龙等译，北京：中央编译出版社 2000 年版，第 126 页。

③ 梁一儒等：《民族审美心理学》，北京：中央民族大学出版社，呼和浩特：内蒙古大学出版社 2003 年版，第 311 页。

格，所以，对音乐的感知与对舞蹈的感知是融合在一起的。舞蹈是音乐的一种延伸，是其视觉形式，它使音乐对象化，内在的经验外在化，即使没有音乐伴舞，舞者也会按照一种内在音乐的某种拍子移动。① 而音乐制造舞蹈审美的听觉感知氛围，其善于表达情感和富有节奏的特点突出舞蹈动作的韵律性和风格，正如叶纯之所说，二者是相互强化和补充的："当两者同步时，音乐是加强了舞蹈；两者不同步时，往往意味着一种内在的冲击，意味着从另一个角度深化了舞蹈的内涵。音乐所带来的、可因听众的再创造而不同的某些多义性，被舞蹈所制约、明确起来，趋于比较肯定的性质；音乐成了舞蹈的一种音响解说，一种辅助，一种补充。另一方面，音乐对于听众来说，本是一种体验的艺术，因此也成为舞蹈的深化。……音乐本身所带给观众的空间感、动力感和紧张度——这些仅存在于听众想象与联想上的意象，通过舞蹈化为现实，通过视觉来加以认识、区分和强调。"② 沐村舞蹈展演中的音乐几乎都是家喻户晓的傣族音乐，它与舞蹈语言结合形成沐村舞蹈展演的风格。对沐村人来说，他们对音乐的感知不是一种先于舞蹈的存在，他们并不熟悉傣族音乐。笔者在与沐村人交谈中，问及他们以前或现在是否知道那些葫芦丝吹奏的音乐是傣族的时，村里人几乎都持否定回答。他们对音乐的感知源于舞蹈展演，一开始就把音乐和舞蹈感知紧密地结合在一起，音乐就是舞蹈，舞蹈就是音乐。一次，在表演场地边坐着看姑娘们排练，一些老人孩子也在旁边玩，排练没有使用音乐，只是比划动作，坐在旁边的二叔说："这些动作以前没见她们跳过。"笔者告诉他这是新排的，他说："没有见她们排练嘛。"于是笔者就哼唱最近几天都能听到的舞蹈音乐，刚哼出"$\underline{11}\ \dot{6}$｜$\underline{11}\ \dot{6}$｜$\dot{6}1$｜$1\dot{6}$｜$\underline{332}$｜$\underline{332}$｜$5\dot{1}$｜$\underline{7\dot{6}6}$｜"二叔就说"是是是"。在他们的感受中，舞蹈和音乐是一体的。在几年的展演中，舞蹈动作与音乐的结合相对定型，音乐感知与舞蹈感知结合在一起。沐村游客以昆明人为主，大多数游客熟悉傣族音乐，从对音乐的感知能够判断其族性，能体会到葫芦丝演奏中旋律的悠扬、节奏的舒缓、音色的柔婉，一方面加强对沐村"傣族"文化的感知；另一方面也会质疑说这些都是其他

---

① ［美］迪萨纳亚克：《审美的人：艺术来自何处及原因何在》，户晓辉译，北京：商务印书馆 2004 年版，第 178 页。

② 于平：《风姿流韵：舞蹈文化与舞蹈审美》，北京：中国人民大学出版社 1999 年版，第 318 页。

地方傣族的音乐，不是"花腰傣"的，但舞蹈才是沐村的展演对象，音乐融进了舞蹈中。

舞蹈语言由舞蹈动作、舞句、舞段组成，舞蹈动作由动态、动速、动律、动力四个基本元素组成，将这些元素发展、变化、重组就构成新的动作，从动作到舞句和舞段，是由编舞者根据创作意图对动作的组合排列。前面已述，舞蹈是为沐村旅游展演需要进行编创的，意图在于反映沐村"花腰傣"文化，因此模拟劳作动作成为生成舞蹈动作的主要方式。美国学者多丽丝·韩芙莉认为动作姿态脱离自然状态，成为风格化的表演，就成其为舞蹈动作。① 从一般动作到舞蹈动作，经历了一个关注生命力的仪式化过程。舞蹈由动觉经验到动态意象，从"实际活动"步入"审美活动"之时意味着动态意象被加以关注，而动态意象关注中最不能忽略的就是从"体态语"姿势向"仪式化"姿势的展演历程。② 苏珊·朗格认为："在现实生活中，姿势是表达我们各种愿望、意图、期待、要求和情感的信号和征兆……是我们生活行为中的一部分；这不是艺术，只是一种生命动作……然而虚构的姿势不是信号而是表示意义的符号。舞蹈动作中表现的生命力是虚幻的，生命力在舞蹈中是一种被外部姿势创造的存在。"③ 在主体的动觉经验中，舞蹈呈现给观者的是力的行为，正是这种虚幻的力量或是情感把动作变成了舞姿。

沐村舞蹈的"柔"来自对其他人群借用中双手向上下和斜侧位的伸展以及身体的S形造型追求，以此造成舒展柔软的感受，而对地方生活的模拟中动作的改变，使动作增加了一定的力度和横向空间延伸的膨胀，加上舞者并非职业演员，很多动作做得不是很到位，动作的伸展性缩小，劳作中的力度显示出来，呈现出刚柔相济的风格。沐村人日常生活动作"仪式化"、"风格化"后

---

① 于平：《风姿流韵：舞蹈文化与舞蹈审美》，北京：中国人民大学出版社1999年版，第201页。
② 于平：《风姿流韵：舞蹈文化与舞蹈审美》，北京：中国人民大学出版社1999年版，第17页。
③ 转引自于平《风姿流韵：舞蹈文化与舞蹈审美》，北京：中国人民大学出版社1999年版，第19页。

形成的动作意象是"摆"——手的前后上下左右或平行或交错摆动。① 沐村舞蹈符号中，模拟本地劳作生活的动作符号与抽象写意的"三道弯"造型紧密相连，在"三道弯"的两种类型中，以体态"三道弯"的造型作为身体动作的基础，身体不同部位的连续动作形成的"三道弯"动态被不同的劳作符号所取代，于是，舞蹈符号从"傣族的"转换为以"摆"为特征的"花腰傣"的。②

图4-4 以"摆"为特征的舞蹈

舞蹈的实践工具是人的视觉、听觉以及内部感觉中的运动觉、平衡觉各感官的参与，沐村人的"和"文化在温和平稳的动觉中再现内敛含蓄的日常动作，这种动作姿态成为舞蹈动作时，动作意象呈现为伸缩有度、收放适中的小弧度。对婀娜多姿的女性体态的审美意识，是创作、表演、欣赏"三道弯"

---

① 由谢维耕作词，陈勇作曲的歌曲《摆呀摆》就代表了这种感知印象："摆，摆，摆呀摆，世间最美是花腰傣，手儿摆，腰儿摆，摆出一道风景来。摆，摆，摆呀摆，世间最美是花腰傣，帽儿摆，裙儿摆，摆出万种风情来。金镯摇，银泡甩，抖落阳光跳云海，腰间的花带七彩虹，牵着云霞赶花街。大眼睛，斗笠盖，留下秘密让人猜。裙边的凤凰花常年开，惹得那卜冒总想采。摆，摆，摆呀摆，花腰卜哨个个乖，花腰卜哨谁不爱？"

② 笔者曾在课堂上给学生播放过沐村展演的碟片，学生对其舞蹈特征的总体印象是手的横向摆动，没有其他傣族舞蹈那么强调身体姿势和手向上下空间的伸展，其中一个学生根据碟片画下了对沐村舞蹈的印象，从他所捕捉的舞蹈动作上可以看出沐村舞蹈与其他傣族舞蹈在借用中创新的同中有异的特点。参见附录八。

造型的人体艺术的主导因素，夸张的女性体态曲线造型和动态过程是舞蹈"三道弯"造型的的审美特征。① 就如服饰的审美一样，舞蹈审美与女性人体的审美有密切联系，沐村女孩的舞蹈与她们身段、面容、气质密切相关，女孩的美与舞蹈的美合二为一。沐村展演的舞蹈改变了动律"三道弯"，在其他傣族舞蹈呈现纤细、柔美的三道弯造型中舍去了很多动态"三道弯"而融进了本地劳作中的勤劳与刚强，体现了沐村女子刚柔相济的审美风格。对沐村人和游客来说，沐村舞蹈语言都体现出一种舒展而含蓄的美感，含蓄是"动作的意与气内向的聚集与深扩。舞蹈以情的含蓄带动动作的含蓄，在外表现为动作留有余地，放尽有收，舒尽有卷；于内表现为深沉至渊，既宽怀若谷又情意深储"。② 只是在本地人的感知中，由于对沐村生活的熟悉而对动作意象的指称性和舞句舞段的叙述内容更为明确、更为亲切，而村里人对以前生活中没有的舞蹈符号具有新鲜感，在问及村里人是否喜欢舞蹈表演时，很多人都回答说："天天都看，不新鲜了。"在与生活互文中，村里人最关心的是真实性——与生活的形似度，而这又基于对舞蹈的认同意识。沐村展演在本地小调、服饰、工艺、模拟生活的动作符号、借用的傣族音乐舞蹈符号等模式化运用中产生了"定型化"力量，定型化抓住少数简单的、生动的、记得住的、易于捕获的和广为认可的特性，进行夸大和固定，是对差异的简化和提炼，并将其本质化和固定化，这样就确定了它的相对封闭的符号边界。③ 当定型化产生时，差异性得到建构，沐村上演的艺术就成了"花腰傣"艺术。

（二）解读的协商性

本地人和游客对沐村展演艺术的感知理解由于各自不同文化图式的运作而呈现出差异性，但基于旅游场域彼此在场的互动性，对符号能指的所指建构是在村落语境里彼此协商中进行的。

沐村人在艺术展演中的参与度不同，不同年龄的人携带的传统文化与主流文化的多少也不同，因此，不同的参与人群对艺术展演的感受与理解也有差别。

① 谭桂琴：《"三道弯"的两种类型与审美特征》，《艺术教育》2005年第6期。
② 于平：《风姿流韵：舞蹈文化与舞蹈审美》，北京：中国人民大学出版社1999年版，第216页。
③ ［英］霍尔：《表征：文化表象与意指实践》，徐亮等译，北京：商务印书馆2003年版，第261页。

　　展演者是展演的主体，沐村人称为"那些小姑娘小伙子"、"文艺队"、"表演队"，对他们来说，展演既是艺术活动也是生计方式，参与其中培养了他们的文化意识。作为艺术表演，他们都很努力地使自己成为观众接纳喜欢的演员。他们很关心自己表演的好坏，这种评价除了在集体实践中节律、动作、表情等的自我感知外，主要从观众尤其是沐村人的反应中得到反馈。在自我感知中，姑娘们对自己表演不满意的地方一致在于"不会笑"，一方面来自展演中的紧张，他们说刚开始表演时，生怕自己演不好，加上不好意思，心里很紧张，后来慢慢适应了，不再那么紧张，但还是会有紧张；另一方面，他们还处在学习和适应舞台展演的时期，要女孩们在台上拿捏得恰到好处"表演得好"是有一定难度的，而要让她们保持生活中姿势和表情的自然，在一种未实践过的艺术活动中需要适应的过程。刚开始很多人都是面无表情地完成动作，甚至经常用余光瞟着旁边的人跟动作，现在她们的表演已较为成熟。就像阿塞说的："只要鼓点响起来就什么都不会去想，只想着鼓点。"可见他们已沉浸到艺术活动特有的快感中。演员在乎自己表演的原因更多的是在彼此熟悉的村民的目光中歌舞，村民经常以玩笑的方式对演员进行评价，如"谁跳不成，谁跳得还像一些"等，演员说："村里人在看哪个跳得不好，跳得不好下来后他们会笑会骂呢。"对村落文化习俗的认同是他们对展演感知的一个重要参照。在政府组织的展演中，演员还要面对政府官员，作为官员们选定的演员，他们也必须在官方面前表现出色，以获得好评。实际上，游客很少对表演者提出批评意见，村民的批评已经折射了游客的意见，所以，演员很在意，并从中得到反馈。

　　演员更了解符号与沐村生活的关联，在展演中，他们要知道哪个动作模拟什么生活，整个舞句叙述什么，甚至连那些抽象化无所指的动作，他们也要清楚它在整个舞蹈中的作用和意义，才能在展演中处理好。他们比一般村民更多地向笔者讲述每一个动作与其生活的对应性。参与展演培养了他们自觉的文化意识，每当游客问他们展演内容时，他们总是回答说："是我们'花腰傣'的。"游客认为某些动作和其他傣族乐舞相似时，他们就说："都是傣族嘛。"当笔者说这不是原来生活中既有的艺术样式时，他们说"是我们生活中的，都是那些劳动动作。"对游客问及是否经常歌舞时，他们说："平时还是唱呢、跳呢，只是不是这些。"在面对他者的时候，他们对展演体现出自觉的文化认同。

沐村人日常生活中的歌唱

在沐村，中青年人很多都明确地表现出自己不喜欢展演那些东西，因为"电视里那些才好看"。因此，歌舞场边中青年观众总是没有老人和孩子多，除了他们忙于农活没有时间外，其中的原因在于当代主流社会的娱乐休闲方式也是他们所熟悉和追求的，他们偶尔出现在歌舞场边是因为他们在休闲，在看热闹，而不是在看歌舞。相反他们很乐意看电视和演唱通俗歌曲，大哥和大嫂总是待在家里看电视，从韩国的到印度的电视剧都看。在演出场地，没有表演的时候，如演出前和演出后，文艺队员也总是换上自己喜欢的歌碟听，唱的时候不多。甚至在重要场合演出时他们也管不住自己，得在领导的督促下才播放"花腰傣"音乐。他们的娱乐借助于展演的场地和设施进行，两种音乐样式在那里交错进行，为别人要表演"花腰傣"的，为自己则要唱流行歌曲。偶尔大伙凑在一起也会跳彝族舞玩，但更多的是听唱歌碟里的流行歌曲，随着时下的流行和当地集镇上的市场供应进行适当的更新。时常听到村人用口哨或是树叶吹奏不同的流行音乐，有时还用吉他弹唱。村里人很喜欢去唱歌，大哥家曾经在糖厂弟兄的邀约下与家里的调查者一起到糖厂附近的歌舞厅去唱歌，大哥和两个文艺队员和几个村民曾经两次与我一起到江边的"望江楼"唱歌。这里提供几个片断。

一天，大嫂吃饭后照例看电视，看"星空台"播放的日本《极道先师》和韩国《露露公主》连续剧。二叔早就打电话把大哥叫过去了，看完电视十点多，大嫂问我们是否去二叔家，我赞同，于是乘着月色出发到了二叔家。他们还在喝酒，桌上摆有一大碗腌冬瓜丝炒肉和一碗狗肉，同喝的还有陶大哥和一个老人及其妻子，老人自我介绍说养鸭子的是他儿子，鸭子卖不上价，现要出去打工了，接着他们讲了一些船运方面的事。他们谈事总喜欢在饭桌上边喝边说，似乎话是下酒菜。我看见二叔家的影碟机，原来来的时候没见过，就翻看他有什么片子，除了《女子别动队》、《帝国军妓》，还有一些歌碟，有

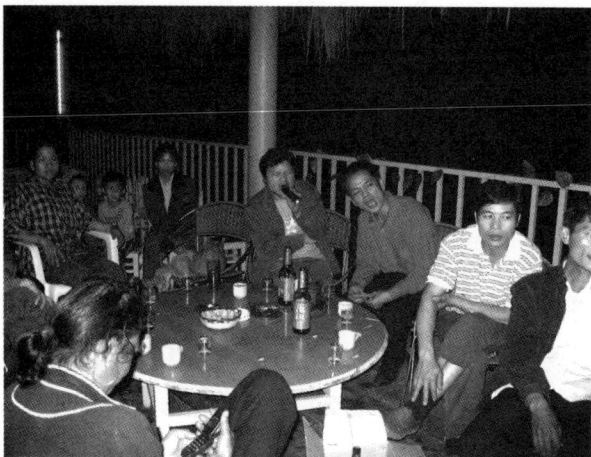

图4-5 在江边竹楼上唱卡拉OK

家喻户晓的老歌，也有很多我没听过的（很时尚的流行歌我很少听），也是他们没听过的。二叔热心地要放给我看，说"好看呢"，我告诉他我看过《女子别动队》，后一部太吓人了我不看，并且把他打开的电源关了；他又热心地开了重新放进歌碟，似乎不看不听太浪费这些设备了，一定要看要听他才高兴。第一曲《长相依》，似乎个个都会唱，都跟着唱，陶大哥看不见小黑白电视上的字，回家拿了眼镜戴上坐到前面一点看，我不知道老人会唱不会唱（想来应该不会，已是六十多岁的人），但是他嘴巴也跟着动起来，二叔、二婶、大嫂全部加入演唱，令我有点意外。后来又换了两三首流行歌曲和一些老歌，如《我们的生活充满阳光》、《满山红叶似彩霞》、《被爱情遗忘的角落》、《地道战》、《苦乐年华》等，大哥他们不仅会唱，而且还记得是哪一部电影的歌曲（二叔、大哥都是当过兵的），都唱得很陶醉，两个媳妇只是小声跟唱，因为音响声很大，听不出太清晰的声音，而四个男人都大声唱，在最熟悉的几句（往往每首歌都有这样耳熟能详的几句）全部故意用力夸张地唱，老人兴奋不已，可能借着酒力的缘故不会唱也积极参与，嘴巴动着，做着唱的表情，似乎是心里在唱。我们的演唱持续了一个多小时，看得出大家都很开心。我没想到的是两三个有了一定年纪的人还这样尽兴和放得开，尤其是六十多岁的老人，两个媳妇的玩性也出乎我的意料。我感觉他们真的是自然随意，一切都体现着从容应对现实的真实。如果不是影碟机读不出碟来，不知演唱要持续多久，大嫂说是有点困了，《长相依》出来她就醒了瞌睡。他们几乎忘了时间，或想起来也不愿把它清晰化以规范自己的行动。有一两次我提出会不会影响邻居的休息，他们都说"不会不会"，一副不肯罢休的样子。

有一天傍晚，歌舞场边，阿腊用吉他弹奏《冬天里的一把火》，弹得很溜，引得几个小孩很好奇、羡慕地围在周围，不时从他的背后在吉他上摸一把学着他敲一下。之后隔壁二叔抱了阿腊的吉他在水泥做的树枝状长凳上，揣摩着弹奏。他说："单个音调好弹，要配合的那些就不会了。"于是他用单个音弹了一些本民族的调子和一些熟悉的歌曲，声音很小，仔细听才能听到，可能是因为觉得自己弹不好，不好意思。他边弹边看着场地上小孩玩耍，不时跟孩子和我讲几句话。

一次，下午跟着姑娘小伙子去尼村河里抓鱼，看到榕树下有位年轻小伙子靠着榕树根吹树叶，他吹的是一首流行歌曲。我请他吹时，吹的是"花腰傣"小调。他戴着草帽，我没能看清他的脸。他吹了两首，他们都不知道歌的名字，只说不好翻译，前一首是小姑娘小伙子一起玩时唱的，后一首是敬酒时唱的，后来我知道他叫阿塞。一路行走的年轻人也不时哼哼，哼的绝大多数是流行歌曲，有一个姑娘哼的是彝族的《阿老表你要来尼嘎》。

一天午后在宿舍休息时，文艺队的音乐在放《碗那》，突然听到窗外传来叶子吹出清脆的声音"3 1 3 33 | 23 1 2 0 | 1 3 1 #5 | 6 0 | 5 3 2 1 | 3 33 2 1 | 3 3 6 — |"传来，由远而近，是从村西路上过来的，一定不是文艺队的人吹的而是某个村民吹的。出门走到渡口，树下陆续来了几个人，不是放牛的路人也常在这里驻足停留，坐下休息一下或是喝口情人泉的水，杨大姐的丈夫也来了，坐在江边的石头上，嘴里轻轻吹着口哨，隐隐约约的，我听得出吹的不是傣族的歌曲。回去的时候，田间路上遇到二叔正赶牛回去，他说前几天赶着牛去农场整田，他们只有一台机器整不完，他整了十多天，从村里赶着

牛去农场十二点多出发，七点钟才到呢。这时右边的苦瓜地里传来响亮的口哨声，吹的是《真的好想你》，声音是那样清晰、稳健、顺畅，乐感很强，仔细听又消失了，只吹了一个片断，是旁边给苦瓜打药的男子吹出的。

在歌舞场边的小卖部那里，杨老师一有空就摆弄他铺子里的那些乐器，不管成调不成调，他拿在手里随意地拉（二胡）、吹（竖笛、叶子）、弹（吉他、三弦），似乎很是自得其乐的样子，他和阿腊经常会拨弄两下三弦，三弦的共鸣箱坏了，他们懒得修，就用一个小塑料盒钉上，头上呈正三角形，钉三颗塞子，分别固定三根弦，弦筒上用小竹管子固定，弦头上拴着一串小芝麻铃，弹奏时用树皮拨弄即可。杨老师把两根弦并成一根，调成15弦给我奏了一段，然后又弹唱了一段曲子，说是夸姑娘纺织技术的，我也试了一下，音色较闷，我听来感到有点忧郁。

一次，我们去园村赶花街，车里用磁带放着"花腰傣"小调，同行的村人只会跟着哼一点，最熟悉的是"西丽等骨我"那一段，放了一会儿，师傅取出带子，换上流行音乐带子，大嫂跟着唱，大声地丝毫没有顾忌地唱，大哥也跟着哼哼，司机及其媳妇稍有点内向，他们只是一边听我们唱，一边笑。

一次，场上播放《老班长》，当时好几个孩子正在场边玩耍，虽然他们不能完整地演唱，但是"班长"这个词给了他们转换的余地，他们在"我们的老班长"处总是异口同声地大声叫出来，并且觉得自己的这一演唱方式很有趣，嘻嘻哈哈地笑了。

在村民的生活时空与展演时空间交叉重叠中，村民或被动或主动地参与到展演中，因为音乐和解说等音响总是会萦绕在村子里，村民对展演的体验在于他们选择参与的程度。春节期间演员排练《碗那》和《农忙》，村里每天都听到"阿乖拉，阿乖拉"（《碗那》开始的唱词），大人小孩都会念了，所以当二叔听到笔者唱出"阿乖拉"时，立刻激起了他的回忆。

在展演文本符号的指称与表意之间，村民倾向于把艺术和生活两个层面明确划分开：总体上的句段或节目是一种艺术活动，他们作为旁观者，可以最大限度地享受表演带来的快感。同时，他们也总是追求符号的指称性，对动作和动作意象不作区分。他们有两个最基本的评价："好瞧"与"像"。很多人说文艺队"跳得好呢，跳得热闹呢"。"表演的那些好瞧呢"。但又总是把动作的模拟与真实生活进行对比。隔壁二叔给笔者讲解舞蹈动作：第一个是赶鸭子上路，在路上遇到一个泥鳅洞（卷袖子的动作），就去抓泥鳅，然后是挑担子的动作等。他边说边比划生活中的劳动动作，认为："她们（文艺队）跳得不到位，捉泥鳅要那样（他把身子弯下到日常捉泥鳅的弧度）才好瞧呢。""姑娘跳这些是好瞧呢，如果她们动作到位呢话。"很多村民也都表达过有些动作"不像"或是谁"跳得不到位"的否定性评价。在具体展演场景中，笔者理解他们所说的"到位"不是一个抽象意义的表述，而是针对动作对生活模拟的相似度。由此可见，他们觉得与生活场景相融的艺术活动好看，一次，在展演场地看表演，一位退休的老者对笔者说"现在是过路的过路，跳舞的跳舞，推车过呢推车过，拉牛的拉牛，这样拍一段下来就好看了。"过一会儿，一个人拉着牛从田里回来路过表演场地，老人看着笔者说"来啦"，然后会心地笑了。村人大多认为现在姑娘的笑脸少，"如果多一些笑就好看了"，这既是对生活中唱情歌小调时情感自然流露的记忆也是对舞台表演的期待；还有村民认为有些人跳的"不软"，这与他们对舞蹈语言的舒展流畅的感知和其"和"文化有关。

村民几乎一致地认为展演中的传统服饰好看，改动过的服饰不好看。老人认为改过的"不像以前的那些，改得样都不成"。演员则穿着一种新式的舞台服饰就觉得不自在，评价就是"难看得很"，如《傣雅之梦》演出中对黄色调的短裤和短袖，一个男孩及其家人就表达出"难看死了"的看法。

村民在展演中从自身利益和村落中心出发激发了一定的文化自觉意识，不论老中青都在笔者随机的闲聊和访谈中表达出展演的一切就是他们本地文化生活反映的看法，很多村民说"像我们花腰傣人的"，"我们学会了就是我们的"。一个在县一中读高二的小姑娘说："看那些书上（宣传资料），表演的应该是花腰傣的，因为动作都是劳动的。"杨大哥说："编出来的节目也是我们的，只是为了更好看，都是模仿的，是倒是我们的呢。"（以服饰推断节目的归属）一个在外地工作的年轻人说从文艺队的服饰上看节目是"花腰傣"的，还说："动作像呢，小时候我在托竜上学看过的。"老人则更多地在与传统活动相比中对小调片断展演进行认同，二叔认为："我们的唱不完全，如果按以前老人的那些唱法么当然是好听的。如果有人教可能会更好。老妈妈跳的不要了，那些比较实在。""全部都唱完呢，现在只唱一小点，不好听了，不好玩了。"应该说以前小调演唱表演更多的不是对小调本身的欣赏，而在于演唱小调时的生活情境中的乐趣。在和其他地方比较或是面对外人时，村民大多体现出了对展演符号的自觉认同。当我们一行人去园村时，笔者对园村的优势进行肯定时，同行的沐村人不以为然，一直强调说："没有什么看头，什么都没有。"村里人都表示比较喜欢展演活动，主要是因为"新鲜，没有见过"。他们作为观者，凭着自己朴素的艺术感受，从不同角度对村里的艺术展演进行评价，给表演者以反馈。

在访谈中，年轻人表示更喜欢流行艺术，不论是音乐、舞蹈还是服饰。他们有时来看演出，只是为了"热闹"，而不是喜欢展演的内容。十来岁的孩子文化积淀相对较少，文化底色不固定，具有较强的可塑性。在村子里，笔者发现校园里的儿歌、电视上的乐舞都是孩子们艺术活动的选择，对展演中的乐舞，他们也乐于观看并模仿，笔者曾看到小女孩们在歌舞场目不转睛地观看文艺队的表演，之后在另外的空地上一边哼着学校里的儿歌，一边有模有样地自学文艺队的舞蹈的情景。

参与展演的政府文化工作者也是"本地人"，他们是文本的主要制作者，他们很多人对沐村"花腰傣"文化很熟悉，其中有些就是漠沙傣雅人，如文化馆的小云和艺术团的小维，他们既对本文化非常熟悉，又是主流文化中的艺术工作者，共享两种文化，在文本制作中，他们最有发言权决定选择哪些本文化进行展演，同时他们以对主流文化的熟悉揣度游客的文化消费心理。沐村展演中，他们是村人的代言人。在展演中，不仅重大节庆活动官方代表会在场指挥，日常展演也有官方力量的在场。以前分管的副书记经常来沐村督阵，有时在互动节目中还亲自参与。镇上领导班子调整后由另一个副书记分管。一次，在展演场地，他边看表演边告诉笔者："'花腰傣'文化很有产业潜力，所以作为一个产业来发展。镇上共有十二支演出队，'花腰傣'八支，从90年代开始组建。现在很不稳定，漂亮的技术好的都走了。"另一次，文艺队在演出前放其他音乐，他走到音响控制那里亲自换上文艺队录制的民歌小调并叫文艺队开始试演，指责说："叫你们放本民族的，说过多少遍都不听。"他走开时阿腊换上彝族的《阿苏呃》，一会儿他又过来说："放你们的，不要放跟这里无关的。"一天，他从外村带来几个穿着民族服装的姑娘，告诉笔者："想着游客多，就从别的村子叫几个人来，穿衣服的多一点么好看一点。"

　　文化站站长来村里的时候比较多，村文艺队由他具体管理。他认为："这里的文化因为有宗教而保留得很好，游客来就是主要是看看风景民居，我们还要把服饰再亮出来。"展演的节目多是由他选定的，展演时的报幕词是他编写的。对展演，他说"没有游客健身也好"，认为现在展演的东西文化内涵还不够，要深入地挖掘文化，做到"一木能说话，一石会唱歌"。他说他在这里为文艺队的事奔忙主要是"为这些小娃过得好"，要不然他可以去辅导别的文艺队，他可以"做一点文化，还有多少传统故事没有搜集整理，还有多少小调等着翻译呢"。他认为别的地方虽然也搞表演，如戛洒，舞蹈动作有些像，因为都是"文工团搞的"，但其他地方没有沐村的搞得好，他认为表演应该定时，门票应该收起来。文化工作者从自觉的文化意识出发保障沐村展演的顺利进行，赋予沐村展演"花腰傣"特性，把沐村展演定位在"原生态"范围内，就是因为沐村村民朴素地表达出他们的展演"是我们的"。

　　附近村民由于旅游开发和展演与自身利益没有关系，不像沐村人那样有文化自觉，他们如果参与到展演中仅只是作为普通的看客，他们也不像游客那样来看和感受一种异文化，他们只是为沐村展演中的热闹而来，是来"玩"的，沐村展演只是他们的娱乐方式，他们非常羡慕"政府把他们（沐村）搞得这么好，经常有表演，天天都像过年一样热闹"。日常展演中附近村民很少来，只是过年期间小伙子小姑娘会聚到沐村约着再去哪里玩。政府组织的节庆中，不论是传统花街节还是黄金周，附近村民都是最主要的参与者和观众，展演的内容无关紧要，展演活动本身才更有意义。在黄金周期间的沐村展演中，白天，观看舞台歌舞表演的人挤满了广场，晚上《傣雅之梦》开演前就聚集了好几千人，一直在场地等待。演出结束后放两部电影，观看的人仍不见少，对他们来说歌舞和电影的区分并不重要。在所有的节目结束时，去往尼村方向在渡口等着摆渡过江的人自觉地排成了长长的队列。在镇上的传统花街节展演中，人们不仅顶着热晃晃的太阳和黑夜的星星专心地观看政府组织的歌舞表演，晚上政府组织的演出一结束，台下就立刻形成了几个展演中心，跳迪斯科或彝族舞，镇上那条主要街道上以芦笙和三弦师傅为中心围成一个个舞圈，人

图 4 - 6　观看《傣雅之梦》

们尽情地娱乐，通宵达旦。作为共域相处的彝族，一个从尼村来卖甘蔗的彝族
老者说："花街花街，就是彝族傣族都来，穿得花花朵朵的。以前年轻时在江
边赶花街，我们彝族来跳自己的舞，唱自己的调，傣族也是，现在老了，换成
姑娘儿子来玩了。"节庆展演最能体现各民族对自己传统艺术的喜爱与执著，
参与展演的彝族演员不止一次地表达过他们比傣族更善于歌舞的观点。在一次
沐村彝族傣族共餐的饭桌上，彝族人学沐村人吹树叶，并对傣族的小调演唱提
出自己的看法："你们那些唱不叫唱，都是事先背熟的，我们彝族唱是见哪样
就唱哪样。"他根据当时的场景现编唱了几句，还根据花街、攀枝花、江水等
唱了几段，他们都很喜欢民间那种情节性场景中蕴涵的乐趣，并告诉笔者说：
"你要搞什么调查研究就来我们那里，风景多漂亮，唱唱跳跳要多少有多少，
你录都录不完。"然后因为在人家的饭桌上吃饭就客气地说："他们傣族这些
好听倒是好听，就是听不懂，要是听得懂意思就好听了。"对附近村民来说，
异文化不再显得"异"时，他们对艺术活动本身更为关注，在当地"花腰傣"
人的民间自娱自乐的艺术活动中，人们最喜爱的是彝族舞蹈，沐村人说"山
头人的那些快，好跳。"所以，勒村人在祭竜日全村人跳"阿老表"。附近村
民在艺术展演中，最主要的是寻找自己的快乐而不关注展演的族性，观看展演
更多的是一种娱乐方式。

　　沐村展演艺术在旅游大众眼里成为大众消费符号，费斯克认为："大众文

化只存在于其生产与再生产的过程中，只存在于日常生活的实践中，而不是存在于静止、自足的文本中。"① 在文化消费中，文本只是一个菜单或超市，消费者可以从中进行选择。接受者及接受的方式在很大程度上决定意义的生产，沐村旅游场景把游客日常生活中的文化惯习和沐村艺术展演勾连起来。

对乡土社会情结的依恋以及感受异域文化是游客对民族村寨旅游的主要动机。有学者认为，人们对边地想象中的奇特、另类、原生、粗犷、妖媚、宁静、苍凉感等对缓解现代都市生活中人们的浮躁或许有一定作用，"足以把现代生活的人的生命感觉重新激活"，正是边地旅游与充满人情味的边地文化重新激活了那些边缘性的东西，使人们看到了自己精神世界的畸形与苍白。② 凝视的动力学特征使"我们所看见的东西一直是我们想看到的和想如何看到的一种结果"。③ 沐村旅游指向"花腰傣"文化及其生存的沐村所提供的"桃花源"般向往的满足，沐村独特的自然风光和文化成为都市人对城市文化、媒介文化和消费文化"形成的重压的逃避"。在很多游客心中以及当地人迎合游客的建构中，沐村"花腰傣"村落作为游客的文化想象空间，是异文化感知中自己在工业、后工业社会中失落的桃花源式的"原生态"梦想的一次圆梦。在各种媒体宣传中，沐村被想象成是专为外地游客而存在的，沐村展演是奉献给游客的，"相约浪漫花街节"不仅展演展开的花街节仿佛缘分般地等待着游客的相约，而且供给游客的是一份"浪漫"的执著，花街节的情感浪漫与邂逅的想象极大地吸引了游客。正如库姆斯所言，由于真正强调了贝宁青铜器的非洲来源并强调它是一种异常现象，青铜器的价值有了相当大的提高，它们作为"怪异"产品的价值反过来提高了拥有它们的博物馆的地位。④ 对游客来说，沐村展演只要是"花腰傣"展演，体验文化之"异"以及其中蕴涵的"浪漫"、"原生态"等，沐村旅游目的就达到了。

不同人群对沐村展演艺术的解读充满了以沐村生活为中心的互动，其中主要是在本地人的文化直觉与自觉交织中、游客的真实与想象中，在沐村文化语

---

① J·fiske, *Understanding the Popular Culture*, London, Sydney, Willington, 1989, P. 176.

② 《光明日报》书评周刊：《边地中国》，北京：中国社会科学出版社 2004 年版，第 40 页、第 3 页、第 41 页。

③ ［英］卡瓦拉罗：《文化理论关键词》，张卫东等译，南京：江苏人民出版社 2006 年版，第 129 页。

④ ［英］霍尔：《表征：文化表象与意指实践》，徐亮等译，北京：商务印书馆 2003 年版，第 223 页。

境中围绕着沐村生活与舞台的互文进行。

在艺术的人类学研究中，马凌诺夫斯基从其功能主义的观点指出，艺术作为文化不可缺的一部分，其基础是人类的生物需求，[①] 而人的生物感官具有文化性，艺术符号作用于人的感官，其中包含了生理和文化的感知。埃伦·迪萨纳亚克认为，艺术是人性中的生物学进化因素，对人这种特殊物种来说艺术是正常的、自然的和必需的，是使日常生活"特殊"的东西，人类被进化出来后就需要这些东西。在仪式、游戏、艺术中，"日常现实以一种在情绪和感觉上使人满意的方式被转化，因而能够撇开其用途或实际功用而被人们评价"。[②] 艺术就是生活，对于传统的纳瓦霍（Navajos）人来说，艺术渗透在他们的日常生活中，他们不表述一个人"变得美丽"或"看起来美丽"，而是说"生活在美丽中"和"散发着美丽"，尤鲁巴（Yoruba）人的陶艺、雕刻、编织、表演艺术都已进入西方人生活，但是艺术仍然在尤鲁巴文化的基本信仰和价值的维持上扮演着重要的角色。[③] 进入展演艺术中的传统艺术，对沐村人来说，原本既是生活也是艺术，是混融一体的，正如苏人所言："我们印第安人生活在一个象征和形象的世界里，其中的精神之物与平常之物是一个东西。"[④] 作为日常生活的艺术如服饰工艺、小调等并不是自律性的，对其经验感知与对生活的经验感知密切关联，综合了生物和文化的因素，因此，文化的感知总是显得自然而然，呈现出一种无须反思的直觉。沐村人熟悉的艺术符号，其感受既有

---

① [英] 马凌诺夫斯基：《文化论》，费孝通译，北京：华夏出版社 2001 年版，第 94～98 页。马氏认为艺术的基本功能就是满足人类有机体的生物性需求即感官需求，因此，"我们能很感动地听那单调的野蛮人的大鼓、悼亡的哀曲及巫术咒语的调子，或者鉴赏新爱尔兰的富于幻想的雕刻、西非洲的面具和美洲西北印第安人的图腾标记"。然后才渐渐和其他文化活动发生关系而产生了许多次要的功能如宗教功能、组织功能、传授知识的功能等。

② 参见 [美] 迪萨纳亚克《审美的人：艺术来自何处及原因何在》，户晓辉译，北京：商务印书馆 2004 年版，第 92 页。作者认为，对艺术作品的反应和任何人类经验一样是感性的和身体的，对艺术的各种体验，从简单到复杂的方式都是 feel good 即感觉良好，艺术活动"助长了一种心境，在这种心境中，注意力被集中、唤起、移动、控制和满足。无论是作为仪式还是娱乐，艺术都责成人们参与，加入其洪流，进入最佳状态，感觉良好"。（参见第 50 页）。

③ Richard L. Anderson. *American Muse: Anthropological Excursions into Art and Aesthetics*. Upper Saddle River, New Jersey: Prentice–Hall, 2000. P. 2.

④ [美] 迪萨纳亚克：《审美的人：艺术来自何处及原因何在》，户晓辉译，北京：商务印书馆 2004 年版，第 298 页。

直觉又有旅游场景激发的自反性认识，是文化直觉和自觉的统一。文化直觉从符号的角度来说是符号和其所指的统一。对村民来说，那些从生活中直接进入展演的艺术形式和符号，如小调演唱、服饰、工艺品等都是传统生活，其符号与文化是直接一体的，他们对此没有更多新奇体验，虽然进入展演后发生了变化，但符号是相对熟悉的，感知是直觉化的，对服饰的色、线、图、形，村民们很少知道它怎样来的、代表了什么、为什么要这样做等，他们只是按照传统习俗惯例一直延续着相同的符号。在对村民的访谈中，笔者发现要对各种展演的艺术符号进行本地人的溯源式解释和说明是非常不容易的，很多人包括那些六七十岁的老人也只是说"一直就像这样做的"。但在游客他者的"看"中，本地人的文化意识发生了改变。访谈中的大多数村民虽然不知道服饰上每一个符号的内涵和意义，但面对笔者时却大多试图给予解释，因为笔者是一个外来的"帮他们宣传文化"的人，① 所以他们竭力给笔者的问题以答案，不同的人根据个人所拥有的文化知识进行的汉语解释是五花八门的。比如村子新建的寨门原来是绿色的斗笠，与掩映村子的整个绿色协调一致，很多村民认为绿色虽然不完全是斗笠实际的颜色，但很好看。在 2007 年被涂成金黄色，与日常生活中长久使用退色后的斗笠颜色很接近。② 村民对寨门上斗笠颜色的变化提供了两种民间想象的解释：一是进入村子的人都不喜欢被戴上绿帽子；二是斗笠是小姑娘戴的，从寨门进入的小姑娘就如斗笠一样，从最初的年轻（绿色）逐渐变成老妈妈（黄色），不再鲜艳，斗笠颜色的变化表示一个女人的变化。在对服饰的感知中，大量的照片就如其他现代技术媒介对本地生活的反映和记录一样，作为现代与传统文化的对话，人们在新奇的感受中会蕴涵着对该形式呈现的本地生活文化的认可或冲突，③ 沐村人对日常可得的照片是赞同的，每次看到笔者的相机，在各种仪式或表演场景中身着民族服饰的村民都会很羞涩地示意能否为她拍照或是笔者拍照完后要求送她照片，很多村民家里贴着着民

---

① 当笔者第一次进入村子的时候，村民们已经建构起了"研究者是帮他们宣传文化"的认识，政府有关人员对村子的每一次采访、活动，村民们很快就在电视、碟片上看到，因此在笔者第二次进入村子后，有的村民就问笔者为什么这么长时间还不见笔者在电视和报纸上宣传他们。
② 村民们日常使用的斗笠有一个变色的过程，刚买来或做好时是绿竹的自然色，戴过一段时间以后，绿竹逐渐脱色就变成淡黄色，寨门上的斗笠无论绿色还是黄色都是仿生活中的颜色。
③ 朱凌飞：《对电影〈花腰新娘〉的人类学解读》，《民族研究》2007 年第 1 期。

图 4 - 7 新建的寨门

族服饰的照片就是对服饰反观性的感受，带有较强的文化自觉色彩。

在对舞蹈理解中，因为舞蹈以模拟生活为特点，文化直觉更多地帮助他们理解舞蹈，生活中姿势的柔软舒展使她们在动作中如走步时（显得如此）自然流畅，笔者觉得他们有时比艺术团的职业演员还好。在婚俗展演中，虽然两个中年人的舞步不如文艺队员的那样自如与合拍，但整个节目很自然，因为演员演绎的是他们的生活。笔者经常在与自己的村落比较中，惊叹沐村人的艺术展演才能，虽然其日常生活中身体化实践的艺术不突出，但在文化直觉与自觉的双重运作中，舞台展演体现出很好的节奏、律动和协调性。

旅游逐渐灌输对地域和社区的自豪感，鼓舞本地艺术传统，提供就业市场，[1] 这是很多学者都注意到的事实。在对展演艺术评价中，村民们表现出了一定的文化意识，把展演认同为"花腰傣"的。他们认为表演和日常生活有关，服饰、秧箩、劳动的动作尤其是丰富多样的捕鱼动作、"花腰傣"小调都是他们熟悉的生活，他们认为"大众舞就比较生活化，《田歌》里的动作也是反映我们劳动生活的"。展演艺术对他们生活的模仿，"是真实的"，"动作要到位"，"像呢"，只是"为了更好看"，所以"改编过"。既然是来自他们的生活，"牛来人来"时的真实场景"就好看"了。文艺队员告诉笔者，有游客

---

① ［英］拉波特等：《社会文化人类学的关键概念》，鲍雯妍等译，北京：华夏出版社 2005 年版，第 309 页。

时肯定就要求他们表演本族的歌舞，他们知道有些内容不是他们"花腰傣"的，是西双版纳那边傣族的，但因上一年就在沐村表演过，所以她们就接着表演，游客问时就回答说："都是田间劳动动作，是我们'花腰傣'的。"甚至在说到"傣卡"、"傣洒"时也表现出自己的优越感。"随着当地旅游业的发展，这些关于'民族的'、'传统的'的表述也会逐渐融入当地少数民族群众对于自身民族文化的解读中"。① 沐村人对展演场景中的文化最多的表述就是"是我们的"，这是他们对符号理解的直觉与自觉的统一。学者的研究表明：对当地居民来说，本真性是他们所处的一种自然的生活状态，它总处在变迁中，对他们的经济发展和生活改善成为关注的重点。② 沐村人知道自己当下复合的生活文化中，哪些是生活行为，哪些是有意识地供给游客看的，他们的文化认同带有相当的功利色彩，有益于经济收益的就强调为"本真性"即传统，认同中带有他者化色彩，在他者的背后，自己的生活不是这个样子，在他者面前，一切又都成为"我们'花腰傣'"人的传统，体现了旅游场景中文化身份的复杂性。在对印度板球本土化过程的研究中，阿帕杜莱认为，本土化并非一定是新旧模式之间的深层契合，软的文化形式允许相对容易地把呈现的表演和意义、价值分开，在每个层面上都能够实现相对成功的转换。③ 沐村展演艺术首先作为经济手段使用，其建构与村民的文化心理关联度是有限的，是"软的文化形式"，因此很快就被村民转换到"传统"中，但是，地域整合提供的空间的接近和对地方的共同依恋以及亲属整合将沐村周围的"花腰傣"人结合在一起，沐村人更在其中通过市场经济交换以及文化政治与"花腰傣"人整合在一起，所依赖的"花腰傣"人的传统是人为的创造，但对产生成员的

① 刘晖：《旅游民族学》，北京：民族出版社 2006 年版。
② 张军：《对民俗旅游文化本真性的多维度思考》，《旅游学刊》2005 年第 5 期。
③ 罗钢等：《消费文化读本》，北京：中国社会科学出版社 2003 年版，第 368 页。阿帕杜莱用"软"和"硬"区分性术语描述板球在殖民地印度逐步本土化的过程，硬的文化形式指的是那些其价值、意义和呈现的实践之间有着紧密联系的文化形式，这种联系很难打破和改变；软的文化形式是指那些与价值、意义联系不太紧密或分离的文化形式。作者认为板球作为一种硬文化，却在印度化的神话结构或是印度"国家"与大英帝国的平行出现中深深地本土化和非殖民化了，这是集体而壮观的现代性试验的结果。

身份意识来说，它是真实的心理基础。① 因此尽管展演艺术与"花腰傣"人的文化价值、意义有疏离，村民们的认同也是策略性、场景性的，但是展演的反复与村民认同相结合，使具有某些本地艺术形式的展演获得了本土化的契机和动力，转为新的传统，如霍布斯鲍姆所说的传统被"发明"。② 其实，艺术与生活有不完全的功能性整合，格尔茨认为："尤鲁巴人对线条形式的优异与否不再关心，只是一些可被感知的事物不再易于被表述罢了，甚至雕刻界本身也不会认为有什么大不了的。"③ 展演艺术尽管不是与沐村生活完全整合，但其文本制作时就以传统艺术和地方性文化形式进行创造和模仿，其本土化不仅因为艺术符号的灵活组合而变得容易了，而且也变得复杂了，这决定于旅游场景中复杂的互动关系。

互文性理论中，米切尔·里法泰尔对阅读理论给予关注，认为阅读行为是一个动态过程，它引起理解文本的两个层次或阶段：一是模仿阅读，读者将文本与外部指涉物联系起来，以线性方式进行，基于以现实为目的导向的指涉性符号，并充满了不确定性和矛盾性；二是阐释的阅读，读者追寻产生文本非指涉意义的符号单元和结构，此阶段才可以决定文本的意义，阅读的完成基于考察社会标准语的转化变形过程，④ 如展演中对傣族舞蹈语汇的认知与展演文本中的变形、对"花腰傣"人生活的认知与文本中的变形等的考察和理解。沐村既是鲜活的生活空间又是展演空间决定了沐村展演感知中村落语境的框束性，在此语境中，游客完成对展演的模仿阅读即符号解读和阐释阅读即展演理解。从笔者的旅游感受来说，村落语境的逐渐消失决定了艺术展演从文化取向向艺术技巧取向的过渡和转化，村落语境降低了展演的职业要求，越是离开具

---

① ［美］克兰：《文化社会学：浮现中的理论视野》，王小章等译，南京：南京大学出版社 2006 年版，第 17~21 页。

② ［英］霍布斯鲍姆等：《传统的发明》，顾杭等译，南京：译林出版社 2004 年版。

③ ［美］格尔茨：《地方性知识——阐释人类学论文集》，王海龙等译，北京：中央编译出版社 2000 年版，第 128 页。

④ 王瑾：《互文性》，桂林：广西师范大学出版社 2005 年版，第 121~122 页。

体生活语境，对技巧的要求就越高。① 不同的旅游环境决定了对展演技巧和文化欣赏的偏重，村落旅游把整个生活空间都放置在旅游中，没有严格的"前台"和"后台"区分，前台的艺术与后台的生活相互印证和补充，游客对村落艺术展演主要是文化取向的感知。

　　游客对文本的体验既要以自己的前理解为基础，又要在村落生活语境中寻找符号组合进行表意的语法规则，在沐村，对地方"花腰傣"文化生活的叙事就是村落生活语境中符号组合的语法，在本村、本村人、本村生活三位一体的层面上完成阅读。

　　本村或是本地意味着展演地点在具体的"花腰傣"生活空间——沐村，沐村是"花腰傣"文化的具体载体，展演艺术是对沐村生活的反映。地域性是文化想象不可缺的部分，地域性生活为游客对文化展演的模仿阅读提供了基础，如当我们听到并欣赏藏族歌舞时，伴随的是对雪域生活片段的追忆与想象，一个音乐人类学研究者在欣赏都市音乐坊里彝族三弦舞乐时，告诉笔者她听到的不是狂欢而是心里隐约的寂寞与感伤，因为她在自己的田野中亲临了三弦乐舞的活动场景——当地人的生活场景，于是三弦欢歌变成了和他们生活关联的哀乐的倾诉；笔者在峨山县的高平一带进行过田野调查，从"那里"回到"这里"后，每当再次面对他们的乐舞时，田野中的生活场景就会历历在目，乐舞的欣赏就成为对一种生活方式的沉浸与回味，而九寨沟旅游则使《兄弟一场》和《高原红》成为笔者一行人一路的欢歌和后来生活中最喜欢的歌曲之一。很多旅游地把本土艺术制作成影像形式进行销售，就是以旅游地的文化生活为基础的不脱域销售，是对地方艺术最好的促销方式。沐村小卖部也有每年花街节或是黄金周展演的碟片出售，据小卖部主人说每年可卖出四五十碟，沐村艺术展演并未脱离地方旅游在当代社会的传播，沐村碟片的销售就是到沐村的旅游者基于"到场"的一种回味。

　　本村生活是游客在村落空间中对展演艺术想象性满足的基本前提，游客的

---

① 根据笔者的经验，在一个具体村落与一个固定的"本地"旅游地点如公园或是一个特定的景点中，游客对其中进行的展演的感受是不同的，如在戛洒的园村，旅游活动主要在村外的一块空地上展开，游客对村落生活的具体感知就会被抽离，对展演进行技巧与文化的双重强调；在西双版纳的森林公园，艺术展演与一个村落地点的具体人群的联系彻底地被隔离了，在"傣族"族性的强调中以舞台效果为主要观赏取向。

体验首先指向对地域文化属性的辨别上，对他们来说，展演的东西带上"花腰傣"身份标志就是它是否是沐村生活中的或反映了沐村生活，经常可以听到游客"是否是你们生活中的"、"你们生活中也这样吗"等问话，当舞蹈中的某些动作和道具直观明确地显示了沐村"花腰傣"人生活时，游客沐村"花腰傣"旅游的想象就部分地得到了满足。

在日常展演中，游客最关心的一个问题是演员是否是本地人，尤其是否是沐村人。本地人是满足游客真实性想象的一个主要因素，很多游客都问姑娘们是否是村子里长大的，有些还问她们是否从小就跳舞，如果都得到肯定性回答，游客就赞叹说："很不容易，村子里的姑娘能跳得这么好。"这样，外来的演出团体和沐村演出队同台演出时，尽管演出团的技巧很高，如舞跳得很整齐，动作很到位，歌则唱得跟电视明星唱的似的，当地人都评价说"会唱呢，跟电视上一样些呢"，但是在二者穿插展演中，沐村人展演的节目就会更受到游客的喜爱，因为沐村中本地生活展示和本地人展演满足了他们对沐村异文化的新奇感受。

游客对展演主体的预期与想象与本地生活紧密相连，在村民的展演中，游客对"花腰傣"文化的"古朴、自然"的感知才得以完成，村民们能够在"原生态"环境中展现出很好的歌舞技艺，那是少数民族"能歌善舞"、"诗意栖居"的印证，如果他们技巧不尽好，那也是"原汁原味、原生态、古朴"的欣赏情结的满足。本地人成为游客解读沐村艺术展演的一个极为重要的因素，逸出了本地村民生活之外的外地人展演，则是另一个解读标准。访谈中很多游客表示：名家在媒体上的演出更为华丽和精彩，用不着到沐村来看不土不洋的流行歌舞表演。在沐村，游客对"花腰傣"文化的追求中也蕴涵了他们心理接受的通约性，即在阐释阅读中对艺术标准语的寻求与认可，沐村"本地"与普遍追求的"技艺"适当结合，地方性与大众性的共享才能沟通。沐村表演中，在对"本地"或是"花腰傣"想象得到满足的基础上，技巧的展示得到关注，表现在舞蹈技术好的姑娘受到更多的游客关注，成为他们手中的各种摄影器材捕捉的对象。总体上以文化感知为主，反映本地生活并由本地尤其是本村人展示，游客的"神奇、古老、独特"的异文化感知就会增强，服饰工艺就是这样，从而得到了游客的喜爱。歌舞展演使用的是与主流社会相通的技艺，与沐村生活的互文中，村落语境的框定使游客在欣赏期待中大大降低了对展演技术难度的要求，总是说："村子里的姑娘能跳到这个程度就很不错了。"旅游艺术展演和特定地域生活密不可分，一旦脱域化，观者对其地域文化的想象就会遭到破坏，就失去了它生存的根基，只从普泛的技巧展示角度欣赏就显得大为失色。在沐村展演艺术感受中，游客对"花腰傣"生活的指称性符号在新奇感受中由于文化的隔膜导致感官上愉悦性减弱，向傣族人群认同而借用其大量艺术符号以及受主流文化影响而运用主流文化中的展演形式如舞台、灯光、背景、音响等，使展演中蕴涵了被大众所分享的符码结构，游客对沐村异文化的感知就部分地被转化到了熟悉的文化符号中，与自己的前理解相融，沐村艺术的地域性就被接受了。村落生活语境在游客心理创造了一个原生态式的乌托邦，它赋予了展演艺术以"原生态"性，从而满足游客对"朴素、真实、本色、自然"等乡村旅游的需求，游客在舞蹈符号指称性叙述的引导下在真实与想象中感知沐村"花腰傣"文化的"新奇"。原来歌舞场边小卖部进门的正墙上贴着一长方形字幅，由右至左竖写着"古滇新韵奇　傣雅歌舞美"的字样，是某著名歌唱家所题，突出"奇"和"美"的感受。这体现了旅游场景中文化艺术解读的地方性生活与舞台艺术展演的互文性关系。

本地人和游客对艺术展演的理解不是从中找出蕴涵着的各种内涵，而是基于沐村旅游共域在场的各种关系的互动协商，沐村人的理解以游客的视角和需求为参照，游客的理解在与本地人的协商中进行。

不论是沐村人还是外地游客，在艺术展演的理解中都是在文本与文化之间来回地穿梭。对沐村人来说，他们喜爱集体性娱乐生活的传统取向把他们与展演连在一起，展演成为村民聚集休闲娱乐的重要方式；村民以村落（地缘、血缘）为中心的价值取向把文本都看做是"我们花腰傣的"；村人善于接受的态度极大地缓解了其日常生活与展演之间的张力，为村人把艺术展演认同为"我们的"提供了空间。对游客来说，对符号的感知是通达异文化的途径，在沐村和节目解说词的引导中，符号就是"花腰傣"文化，二者具有同一性。不同人群的理解基于沐村"花腰傣"文化生活与展演艺术之间的互文性，二者互相参照，彼此说明，实现人们对展演艺术的理解。沐村人对展演的理解以认同为主。传统艺术活动中充满了文化认同，① 展演艺术不是为沐村人而是为游客准备的，沐村人在与游客的参照中认同展演艺术。沐村生活不是凝固不变的"传统"而具有多元复合性，展演艺术是村民和游客在村民生活中进行选择、分离、提取而建构的，对村民来说，其中既有传统的文化感知又有大众文化形式。他们知道游客来到自己的村子是来看"我们花腰傣"文化的，因此把展演感知为"我们花腰傣"的是最重要的。这种认同既体现在文本制作中的潜认同，又体现在展演中认同的实现，展演中每一个动作的寓指以及动作组合对本地生活的再现得到了村民的广泛认同，他们用"像"字把艺术展演与村落生活进行连接，服饰工艺、小调等展演内容和形式，则"是"沐村人无须证明的生活本身。游客对展演艺术的理解在真实与想象交织中进行。沐村生活是真实的文化环境和场景，舞台艺术展演则是生活的表征，具有艺术的虚拟性，他们对沐村展演艺术的接受主要基于艺术符号呈现的和村落生活本身的"纯粹花腰傣"特性的想象。陶东风指出，对中国本土化话语的诉求存在着把本土文化本质化、绝对化的制造二元对立的模式。实际上，当代的本土化已经建基于已经在近现代就已经"西化"的中国现实，与此同时发生的是"西方"进入中国时的中国化，因此，在双向化中中国当今文化的特点就呈现出杂交性、拼凑性，它把古今中外的各种文化要素、文化特征全部包容拼贴在一个共时的空间之中，中国社会与文化的特色现在是将来也还将是一种杂交的汇合的文化，而不可能成为纯粹的或单一的中国文化或西方文化。② 在沐村文化生活的当代流变中，"花腰傣"特色的"纯粹性"并不曾存在，而是本地人与游客合谋协商的结果。展演中被赋予指称性的符号既承载着沐村人的某些文化记忆而指向"花腰傣"特色，更基于游客对"花腰傣"的想象。展演艺术的建构性与游客对沐村文化本质化的感知之间充满了悖反，游客到场的"实地"感知与其对"花腰傣"文化的"刻板印象"以及二者相遇中激发的新的想象交织在一起。对展演艺术的感知集中在旅游人类学研究中提出的"舞台真实"的讨论上。"舞台真实"的说法源自戈夫曼，被马康纳引入旅游研究中，指旅

---

① 张士闪：《村落语境中的艺术表演与文化认同——以小章竹马活动为例》，《民族艺术》2006 年第 3 期。

② 陶东风：《文化研究：西方与中国》，北京：北京师范大学出版社 2002 年版，第 212~213 页。

游业开发中文化旅游产品被当做"真实"搬上舞台向游客展示，作为文化的商品化，舞台就是前台，是为保护东道主的后台即文化传统免遭破坏。① 有学者认为，旅行者期望从当地文化发现的是"舞台真实"，如格雷本认为，怀旧是人们旅游的一个最重要的原因，于是旅游中制造出比原物还好的物即"舞台真实"的超现实。② 有学者认为，在真实的问题上，我们应该关注"为谁真实"，海地伏都舞表演对不同的人来说提供不同的真实感受说明真实的感受是因人而异的。③ 厄里认为，真实是经验意义上的，在游客的凝视中具有主观色彩，是建立在游客的想象上的。游客感觉是真实的就足够了，不需要客观存在的真实，④ "本真性"是游客对旅游地人群的刻板印象和心理期待贴在当地人身上的标签。⑤ 事实上，游客都知道自己是游客，旅游只是具有多种文本而没有单一真实经验的一系列游戏。⑥ 因此，在旅游文化"真实性"的认知和体验中，游客关注的是旅游经历的真实感受，而这种真实感因不同的消费者而异，不同消费者对同一产品真实性的需求是不同的，同一消费者对不同产品的真实感知也不同。⑦ 最后对"真实性"的认识学者提出三种观点：客观性真实、建构性真实、存在性真实。⑧ 建构性真实是主客体之间互动关系的产物，很多游客并不追问"真实"，他们相信本地人为他们准备的"真实"。"与游客打惯了交道的当地人已学会使游客们放弃寻找更真实的地方，他们的表现使游客确信他们所感受的一切就是这个地方应有的样子"。⑨ 科恩和格雷本都认为，真实是创造着和变化着的真实。大多数游客不在乎真实性的再造，在乎的是使他们愉悦身心的再造。在对旅游地沐村"花腰傣"形象的感知中，游客决定到沐

----

① 刘晖：《旅游民族学》，北京：民族出版社 2006 年版。在马康纳划分的六种舞台类型中，基于沐村就地开发的特点，其艺术展演在明显的舞台和部分后台之间进行，歌舞台上的展演是精心编制装饰过的"前台"，那些服饰工艺展览则处于前后台之间，而小卖部的服饰展则几乎是后台的。

② 刘晖：《旅游民族学》，北京：民族出版社 2006 年版，第 120 页。

③ ［美］格雷本：《旅游、现代性与怀旧》，张晓萍等编译，《民族艺术研究》2003 年第 5 期。

④ 刘晖：《旅游民族学》，北京：民族出版社 2006 年版，第 126 页。

⑤ 马晓京：《国外民族文化遗产旅游原真性问题研究述评》，《广西民族研究》2006 年第 3 期。

⑥ ［英］拉什等：《符号经济与空间经济》，王之光等译，北京：商务印书馆 2006 年版，第 276 页。

⑦ 张军：《对民俗旅游文化本真性的多维度思考》，《旅游学刊》2005 年第 5 期。

⑧ 刘晖：《旅游民族学》，北京：民族出版社 2006 年版，第 122 页。

⑨ ［英］克朗：《文化地理学》，杨淑华等译，南京：南京大学出版社 2003 年版，第 150 页。

村旅游时，多少已经有了"刻板印象"，这种印象与实地感知形象之间的吻合决定了他们对展示的文化的认可程度即真实程度，即使在旅游地，游客所感知的文化也是建构的，是真实和想象的混合。对艺术展演的"真实"感知就是对其族性的认同，其中的族性即本真性是流动的、建构的。其中，游客是在本地真实的村落环境中对舞台展演进行想象性感知，事实上，如果真有本地文化的真实性的话，那么游客的出现就注定了对真实的追求是失败的，因为展演内在地包含了他者化的视角。对民族旅游中文化感知的真实性取决于两个因素：游客想看什么和当地人给看什么，真实性不仅是游客在想象与真实的感知中建构的，而且是研究者、游客和本地人三个维度共同建构的，不同的人群的"真实"具有不同层面，专家学者与决策者的真实性关注的是文化环境的"本体真实"的保存，与游客的真实感受是相关的，而"如果一种民俗活动是专门为旅游者'制造'的，当地居民的认可和赞同同样是其真实性的保证"。① 对沐村展演，三者形成了较好的互动与融合，因此，很多游客对展演艺术的感觉是"真实的"即"花腰傣的"。对歌舞表演的个案研究认为，对游客真实性感受影响的要素主要是地点和场景，音乐要素中的歌曲、旋律，乐曲舞蹈的名称，只有少数游客追求"原汁原味"，反对变化，而大多数的评价是相通的。② 在各种影响游客的要素中，沐村人都做了迎合游客"真实"性想象的处理。在游客的真实与想象性满足中，既要求沐村展演是"花腰傣"特点甚至是"生活中的"，对文本对象追问生活中的来源，对展演者希望未经过职业化训练的村民参与，又在想象的提升中对刻意修饰的舞台展演情有独钟，无论展演是否是本地生活，展演场景总是各种摄像机器集中抓拍的对象，说明了舞台对生活真实进行转换后更具有满足游客真实与想象交织的心理。

从展演主体来说，主流文化中对少数民族形象的表现以其妇女形象为代表，表现的内容往往是歌舞音乐。沐村歌舞展演的文艺队员性别的选择就是迎合主流大众的审视需求，以满足游客对"花腰傣"人"能歌善舞"和"浪漫"、"美丽"的心理想象。展演中参与舞蹈或接待并穿民族服饰的沐村姑娘

---

① 张军：《对民俗旅游文化本真性的多维度思考》，《旅游学刊》2005 年第 5 期。

② 徐洪罡等：《少数民族歌舞旅游产品管理模型初探——以贵州黔东南苗族侗族为例》，《贵州民族研究》2004 年第 2 期。

才得到关注，游客总是把与身着服饰头戴斗笠的女孩合影当作到此地一游的记忆，展演中随处可见拿着摄影器材的人把镜头对准一个个身着民族服饰的姑娘，有时还特意让她们摆出自己需要的造型。被选择最多的姑娘逐渐在外人心中形成一个共识，即最漂亮的，有的游客甚至专门找沐村文化长廊上挂着的图片上的女孩进行拍照，女孩被游客选择影响了沐村人对自我的评价，一次笔者选择一个女孩拍照服饰时，她非常惊讶而又羞涩地咕哝"我又不漂亮"，但也掩盖不住被笔者选中的自豪。演员最后都被游客的目光转换为"花腰傣"人"美丽、浪漫"的代名词而被消费，而在政府组织的"傣雅之花"和"花腰傣形象大使"评选中，服饰与女孩更成了主要的消费符号。

当地人设计的编码方式在众多的解说和生活的互文中提供游客解读展演的基础，而来自不同文化塑造的游客可以通过观察直观把握旅游符号的能指，却未必能了解它所包含的反映特殊语境下社会价值的与能指融为一体的全部所指意义，[①] 展演中的符号所指是沐村人和游客双方共同建构的，游客置身于沐村时，颠覆了其既定的审美模式，在视觉听觉各种感官上获得新的感受，其文化"惯习"又很快把感受到的转化为自己可以理解的对象——艺术，他们面对的是真实的符号呈现，理解则永远是想象性的。

旅游展演是地方与全球互动中的当代地方文化再生产，传统的艺术文本和手工艺品被从其原本的背景中提取出来，然后重新插入新的全球背景中并重新解释。展演语境使各种文化符号从使用功能转化为交换功能，在此过程中，"花腰傣"服饰、饭盒、秧箩、鱼篓、斗笠、扇子等日常用具在他者凝视中经由他者的想象和欲望的改造带来与生活中的不同变化，如尺寸的缩小、各种红绿色绒线花穗或图画的装饰以及整套服饰的减少性和增加性改变。在旅游活动中，由于种族群逐渐构筑成"旅游者注视"的客体，往往要添上新"发明的传统"，[②] 这些改变都是为了游客，它们从"像"经过旅游者和本地人的认同成为"是"，从而成为沐村旅游中"花腰傣"标志。展演中的服饰是他者的欲望对象，成为他者化的存在，他者化作为一种生产性的力量，在他者的消费欲望和想象理解与本地人对他者需要的想象性满足的互动中，服饰的形式及其功

---

① 刘晖：《旅游民族学》，北京：民族出版社 2006 年版，第 247 页。

② ［英］拉什等：《符号经济与空间经济》，王之光等译，北京：商务印书馆 2006 年版，第 419 页。

能意义得以转化和多样化。在电视、宣传册、互联网等媒体力量和村落旅游展演中，民族服饰转化为本地人的特指，"服装、服饰"这些书面性较强的语词成为村民的日常口语，专指他们的民族服饰，平时穿的服饰称为"衣裳"，服饰与"花腰傣"相连，转化为"美丽、新奇、神秘、魅力、典雅、高贵"的代名词，而"国际、时尚、潮流"等体现了迎合大众口味的努力，如沐村人的斗笠呈现了主流文化中少有的形式特征而成为"花腰傣"形象的象征符号，在各种舞台展演和宣传中，不惜被张冠李戴。① 展演中的服饰在与舞蹈结合中，大多已从实用性向舞台道具转换，所以要进行"艺术化"，就是"对其款式、色彩、面料、饰品、材质、图案纹样等服饰元素，作全方位的艺术筛选、解析、重构、演化和兑换等，从而富有创意地设计出既利于舞蹈肢体活动和动作表情的，又蕴涵着舞蹈作品形象精神话语的，同时还具有着新鲜视觉艺效的民族舞蹈艺术装"。② 舞蹈化、符号化、审美化是展演服饰制作的主要特征之一，服装要受到以人体动作为主体话语的舞蹈特征限制，所以必须作"删繁就简、避重就轻"的轻装上阵的简化，最具特色的符号元素被精选加工从而形成符号化，又导向强烈的视觉冲击，产生赏心悦目之效而被审美化。③ 为适应旅游展演的需要，在当下不少的传统民族工艺中，相对确定的地方性知识和文化意义已经被日渐抽空，逐渐成为一种地方性知识和文化的记号。④ 在沐村艺术展演中，服饰就是这样的，它成为沐村展演身份认定的标志，"穿服装"是展演中一件大事，只要穿起了民族服饰的当地人在展演，游客就可以接受了。不论在深度旅游中游客的体验怎样被强调，作为普通游客，"看"就是主要的体验方式，在他"看"的预期中，"给看的"和"想看的"两者相遇时就建构起他者对对象的真实体验，表现出"建构性真实"。因此，不论村民还是游客，把展演艺术确认为"花腰傣的"时，不仅仅由于符号特征的族性标志，

① 其实从做工来说，傣洒人的竹斗笠制作更为复杂精致，里面的小镜子、羽毛等装饰也更具特色，市场价格每顶是八十元左右。相比而言，傣雅的斗笠编制较为简单，也没有饰物，市场价格是二十元左右，但傣雅的斗笠在旅游宣传和本地人、游客等力量的建构中，似乎成了"花腰傣"形象的象征符号，在旅游地，游客们购买的也大多是傣雅斗笠。
② 张琬麟：《创作民族舞与民族盛装艺术化》，《民族艺术研究》2003年第3期。
③ 张琬麟：《创作民族舞与民族盛装艺术化》，《民族艺术研究》2003年第3期。
④ 李炎：《复制与定制：传统民族工艺的现代延展》，《民族艺术研究》2006年第5期。

还有意通过心理层面对符号进行认同的强化。

对整个展演，本地人与游客的文化感知在"原生态"的标签下合谋。对提供展演机会最多的花街节，本地人用了游客大众最熟知的通用语进行编码，于是花街节成了"远古东方情人节"，"远古"的"异"及"情人节"的"熟"和"浪漫"使节日成功地进驻了游客的心里。在服装设计比赛和《傣雅之梦》展演中，本地人和游客之间的协商以政府为中介，他们的理念既试图再现本地文化又以迎合消费者需求为基础。"大型原生态花腰傣园林实景演出"的"原生态傣雅叙事诗"则"以历史文化为基础，以高贵、典雅的服饰为亮点，具有历史性、广泛性、趣味性和观赏性。其园林实景采用艺术音响、灯光效果，紧扣主题，交织辉映，衬托完美的园林风光。通篇以吸引眼球、古朴典雅、高潮迭起、思绪万千、热烈欢快的气氛贯穿始终"。① 通过"迁徙落伍"、"江枫渔火"、"傣雅恋歌"、"梦幻婚礼"、"傣雅盛典"等场景讲述了"花腰傣"人在红河谷地繁衍生息的历史，再现了"花腰傣"人主要的文化特

图4-8 演出《傣雅之梦》

点，其中用"原生态"作为定位吸引游客。在听到的一个记者朋友认真地对笔者说"今年沐村原生态歌舞表演值得一瞧"时，笔者不由得在心里笑了。在观看中，场景是沐村田野，舞蹈反映的是本地"花腰傣"生活，而艺术形

---

① 参见附录五。

式则是编创的，灯光音响据说是花了十多万元从玉溪租来的。展演开始时对河谷流域农耕生活的反映采用了生活的形式：一位老大妈赶着一群鸭鹅从铺了塑料、汪了一小层水的"田里"走过，一位老大爹牵着一头牛从中走过，牛背上坐着一个孩子，一群年轻小伙子舞动着"森笼"跳到"水里"捉鱼等，是生活态的呈现，本地人看了都觉得很好奇，他们觉得这好像与"表演"不一样，笔者旁边的村民们都在议论纷纷，说说笑笑，对他们来说这也许并不是值得关注的"艺术"活动。① 对展演服装的特点描述是：华丽、艳丽、精美、经典、高贵、典雅，古朴、自然、穿戴方便、现代时尚、简洁实用等，并从中体现出傣家少女青春靓丽的风韵、婀娜多姿的身姿，美丽、浪漫、纯洁、温柔的秉性，在傣洒、傣卡、傣雅人服饰的综合中体现出的团结和睦精神等，既蕴涵地方特性又符合当代需求，具有满足游客想象的独特性与普遍性，② 体现了展演艺术在游客与当地人共同建构中解读的互动协商性。

三、生活与展演互文中的意义解读

意义的解读是对展演艺术作为一个"行为过程"的理解，艺术品（一般艺术理论中的"艺术"概念）没有独立于环境关系的"固定本质"，其本质是它置身其中的社会的、关系的、母体的功能，它涉及的关系围绕着主体"人"的互动而存在，依靠人与艺术品的社会关系，借助艺术品形成的人与人之间的社会关系，艺术品与人融合在一起。③ 考察展演活动连接的主体间的各种社会关系，就是展演活动对各种参与主体生成的意义。旅游展演艺术是本地人和他者双重视域中的存在，由此决定了它对本地人和他者的双重意义。在人类学语境中，意义是指"文化元素或文化丛在文化体系中的涵义、地位、功能"，其

---

① 参与捉鱼的一个男孩后来告诉笔者，他跳下田里的时候用力过猛，脚下一滑就扭伤了一只脚。也许因为这个原因，他在讲述中并没有产生类似"艺术"活动的体验，而是觉得"乱整些"。展演的初衷是为了迎接游客的到来，对本地人来说至少有的村民并不觉得这是一种特别值得欣赏的"艺术"。

② 参见附录四。

③ 参见 Alfred Gell. *Art and Agency：An Anthropological Theory*，Oxford：Clarendon Press，1998.

内涵"包括情感、价值观、审美观等意识层面和生产方式等物质层面"。① 本书对展演艺术意义的探讨指向它作为村寨新的艺术实践方式在同一旅游场域对本地人和游客所具有的双重文化功能。

在自我与他者的关系构成中，越来越多的学者倾向于全球化和地方化之间的互动论，认为不存在一个一直在建构的"传统文化"，多元文化认同的目的不是为了把自己确认为不同，而是为了让自己得到理解，在对"差异"和"独特"的边界维持中，边界由界外的他者参与构成，他者是边界地带一直存在的作为等待融入自我的潜在维度，而在自我与他者的划分上，尽管分类的逻辑主要是建立外表界限清晰、内在本质相同的范畴，实际上，由各种联系和关联形成特性的各种途径是不断变化的，是范畴的混合与融合，而不是范畴的分离和划分。② 因此，与文化上的他者遭遇不是通过纯粹的对照，而是通过吸收或合并来培育自我理解，自我感在"不同的语境中根据那种构成自我环境的他者而有差别地构成"。③ 总之，自我与他者是相互构成的，沐村展演艺术对不同参与主体基于不同文化需求和感知图式而形成的功能意义是彼此关联又相异的，它对游客和本地人的意义生成被规定于特殊的沐村旅游场域，以与生活时空共享中的互文性为基础。

第一，展演艺术是以市场为中介的本地人的生计方式与游客的消费方式。一般而言，一个族群对自我的认知及其特质文化的发扬光大总是与多元互动的族际交往环境密切相关的，其文化的重建过程的基本动力无外乎是"利益"。④ 在当代社会发展中，各民族充分动员自己的文化资源参与进现代发展，旅游则是其中重要的途径。地方旅游开发中提出的"文化搭台、经济唱戏"模式生动地表明在民族文化生态村建设中，文化发展的目标始终被经济利益获取的手段所遮蔽，"各级领导一致认为民族文化生态村建设是保护民族文化和生态环境，促进旅游业可持续发展，推进民族地区社会经济文化与生态协调发展的一

① 李鹏程：《当代西方文化研究新词典》，长春：吉林人民出版社 2003 年版，第 356 页。
② ［英］克朗：《文化地理学》，杨淑华等译，南京：南京大学出版社 2003 年版，第 217 页。
③ ［美］舒斯特曼：《生活即审美：审美经验和生活艺术》，彭锋等译，北京：北京大学出版社 2007 年版，第 254～255 页。
④ 陈建樾：《"台湾村"：一个移民村落的想象、构建与认同——河南邓州高山族村落田野调查报告》，《民族研究》2005 年第 5 期。

种很好的乡村建设模式"。① 经济发展实际上成为民族文化生态村建设的直接目的。对"花腰傣"文化的经济价值，当地政府已经过精心而详细的论证，认为它对推动县域经济发展将起到巨大的推动作用。② 沐村展演艺术作为政府有关专家指导下规划、设计、制作的旅游产品，是实现地方政府经济现代化发展诉求的手段之一，在旅游市场中转变为商品以获得经济利益成为其最直接和表层的目的，它只是旅游经济开发的一个手段。对沐村人来说，作为生计是旅游展演最直接的动因和目的。村民参加展演活动首先关注经济利益，人们每参加一次展演，就获得一定的经济报酬，从表演刚开始时村民大多数参与的每次获得两三块钱的平均分配，到文艺队成立后参与表演的队员每次人均十元的收入，再到节庆期间参与多次表演的不同收入，以及工艺品展示中的买卖收入等，每一个参与到展演中的村民，都首先以经济收入为直接目的。在政府组织的各种比赛中，演员们从中不仅得到一个荣誉，同时还能得到一笔丰厚的奖金，而后者才成为村民们关注的中心。如在民族民间歌手选拔赛中阿塞得了"十大民歌王子"称号，他和村民们在谈到这件事时，更多地指向"得了多少钱，"在"傣雅之花"评选和服饰设计比赛中，村民们津津乐道的也是谁可以得到多少奖金。

服饰在旅游展演中进入大众消费市场，成为部分村民新的谋生手段。村里几家小卖部都制作民族服饰到市场上出售，有各级文化工作者为文艺表演需要而购买，也有少量外地人作为旅游纪念品购买。对村里从事文艺展演的年轻人和民族服饰加工制作出售出租的人家来说，民族服饰展示成为他们新的生计方式，他们比一般村民有更多穿民族服饰的机会，也拥有更多民族服饰，即使不进行文艺表演，只是为游客导游绕村子走一圈，游客也要求文艺队员穿着民族服饰。厚重的衣裙穿在身上既热又不方便，此时的民族服饰并不意味着魅力，而只是演出道具，他们也时常抱怨热得穿不住，但为了获取更多经济利益，他们说每天多有几次展演的机会那是最好的。于是，出现的情景就是游客来时在歌舞场地等着演员换衣服，游客一走，演员就立刻脱下身上的服饰。制作服饰的杨大姐自村落旅游开始后，就主要以服饰加工出售和参与游客接待为主要工

① 杨宗亮：《云南少数民族村落文化建设探索》，成都：四川大学出版社2007年版，第116页。
② 范亚辉：《"花腰傣"文化与新平经济发展》，《云南社会科学》2001年第2期。

作，"田里的活计很少干了"。对全体村民来说，服饰作为展演中的亮点，与其他文化事象一起吸引众多游客到来，他们就会从中获益。

艺术展演作为沐村人的生计方式与政府的经济发展规划是一致的，但值得注意的是，沐村人的经济与官方的经济是有区别的，在官方那里，经济更多的是意识形态，更多地演变为一连串的数字，在官方的管理中沐村人也逐渐被教会了怎样在官方媒体面前进行经济发展之类的表述。在一次对制作服饰的杨大姐被采访事件的议论中，大嫂她们几个妇女都说："你要说村子倒漂亮了，就是房子烂，不好。"杨大姐说："人家就是那么教给说呢，不得乱说呢。"实际上沐村的经济效益或者说是旅游势头是否好，大多不是以沐村人实际收入来衡量，而是以游客的多少来计数，整体上村民们还处于边缘性参与状态。对沐村人认为能够产生较好经济效益的参与政府各种评选活动的展演，如民间艺人的评选表彰奖励、"傣雅之花"和"花腰傣形象大使"的选拔等，在政府的角度几乎是"事业行为"，还没有向"产业行为"转换和延伸。

不论学者争论当今的中国社会是否真正处于消费社会，但消费的特征已经很明显。① 人们不再为满足社会再生产需要而生产，而是为了进一步满足非生产性的消费欲望，正如波德里亚所言，消费社会的特征是符号性消费，物的符号价值代替了使用价值，而这种消费是被组织起来的。众多旅游者是被当地政府和当地人通过各种媒体宣传一起制造了他们对"花腰傣"文化的消费欲望而来到沐村的，如果没有消费欲望的制作，沐村也不可能进入旅游大众的视线。来沐村旅游的游客被明显地区分了外地人与本地人，他们在村里的消费呈现不同的特点。以前本地人不收门票，加上不需在村里住宿，人们当天就散去，最多就是来吃一点东西，凑个热闹。外地人除了吃以外还购买各种小玩意

---

① 根据西方消费社会理论，消费社会主要与后现代社会对应，而关于中国是否处于后现代社会的消费社会，陶东风在讨论后殖民批评在中国的适用性时认为：目前的中国呈现出前现代、现代和后现代三者兼具的杂交性，参见陶东风《文化研究：西方与中国》，北京：北京师范大学出版社2002年版，第213页。陈昕通过中国城乡的消费结构的若干形式的考察认为消费主义正在中国形成，参见陈昕《救赎与消费——当代中国日常生活中的消费主义》，南京：江苏人民出版社2003年版。杨魁等也认为："中国消费文化的当前特点决定了中国消费文化既具有西方消费主义文化的特征，又有后现代的某些影子和踪迹。"参见杨魁等《消费文化：从现代到后现代》，北京：中国社会科学出版社2003年版，第268页。

儿，有时还在村里留宿，最关键的是只有他们才付费购买艺术展演，以此与一般本地人进行了区分。

对大众游客来说，不管处于怎样异质的文化中，普泛性的文化追求和消费趣味在自己主流社会中被塑造，对地方文化感知中，除了在"亲临在场"中限于特定地域外，他们总是按照自己的文化趣味来感知和理解所接触的文化。沐村"花腰傣"文化是游客普遍消费的一种选择，展演艺术是旅游消费中制造出来的波德里亚的"超真实"类像符号，符号能指与所指断裂，"能指变成了其自身的所指，其中两者的循环混同是偏重于能指的，即取消所指和能指的反复叙事"。① 游客在亲自到场的沐村地域"花腰傣"文化感知的满足中总是把展演符号上升到一般消费符号，不是执著于艺术与沐村"花腰傣"历史文化生活的关联，只要"花腰傣"这个所指就足够了，他们对符号所指的追问与当地人所提供的所指总是在"花腰傣"中得到满足，不用说小卖部出售的那些用影碟传播的文本最终处于脱离语境的状态中，就是现场展示的文本和符号也已经处于半脱域状态，部分地斩断了和村民日常生活的关系，无论是那些从历史中走来的或加工的符号还是生活中直接引入的符号，在展演中人们一再地用各种方式建立其与本地文化语境的关联，但这种重置的语境带有了一定的虚拟性。在"类像"的消费中，置身其中的沐村总是成为遥远的非真实之地，从而得以完成对异文化的"浪漫"、"奇特"的想象。

沐村展演艺术市场价值的实现是在大众旅游消费中进行的，旅游作为一种消费方式，当旅游者来到沐村时，沐村就成为大众旅游消费空间。生产行为与主体不可分离的表演艺术的消费中，生产、流通和消费时空是同一的，艺术生产与艺术消费是同步进行的。② 在大众旅游"凝视"中，沐村旅游文化产品得以生成，当它被当地人作为商品出售并在展演中经过游客的观看转化为实际商品时，艺术变成了消费对象，沐村人的生计方式就成了游客的消费方式。在以展演艺术为主要消费对象的沐村"花腰傣"文化旅游中，传统中对地方性艺术的创造性感知被符号消费和消遣所取代，展演艺术成为既是消费又是休闲娱乐的视觉性消费。改变器物的结构与功能，就是改变它们文化的行为方式、行

---

① ［法］波德里亚：《消费社会》，刘成富等译，南京：南京大学出版社2000年版，第133页。

② 顾兆贵：《艺术经济学导论》，北京：文化艺术出版社2003年版，第192页。

为目的乃至行为的价值准则。① 以展演中的服饰为例，展演中的交换价值取代了生活中的使用价值而成为消费品，服饰从日常生活中的必需品在游客眼里成为被置换了原有生存场域功能和意义的同一文化商品符号，正如"当克里特妇女不再为儿子、兄弟编织猎包好让他们呈送给父系亲属时，她们其实让自己的儿子和兄弟脱离了当地的社会环境，以便让自己专心为旅游业编织普通的'希腊包'。但是包上的图案却愈来愈简单粗糙，因为游客的唯一要求就是它们要有'希腊特色'，要有可辨认的熟悉标志"。② 展演中的服饰从沐村人"他们的"变为游客眼里"我们的"，从村里人以经济目的为主的展演成为游客"花腰傣"文化旅游消费的一部分。沐村傣雅服饰由于价格偏高、穿着不方便，以及具有强烈的地方语境性等特点，对它的消费大多限于"看"的符号性消费，它在村民传统生活中的诸多文化意义在当地人的特意解释与编织中也许会激起游客的好奇，并获得部分理解，但对游客来说，各种符号形式与本地生活有着怎样的关联以及其中的人文价值是不重要和无意义的，他需要的只是走马观花式的感官印象，因为旅游地"出售的只能是文化的形式，而不能是文化的内涵"。③ 在沐村，游客对传统服饰的感觉是"漂亮奇特"，而且主要是评价穿在姑娘身上的服饰，连同姑娘一起作为"漂亮、美丽、奇特"的一般等价商品被消费。在歌舞展演中，歌舞更多的是作为"花腰傣"文化符号被感知，以满足游客对村落"花腰傣"文化的消费需求。

在旅游展演的"地方性"即传统性与大众性即消费性的张力中，村落语境把沐村文化与大众文化联系起来，提供了二者转换的动力、机制与舞台，王杰认为，南宁国际民歌节通过创造一种文化模式，把现代大众文化与传统民歌文化在空间上并置和交叉在不同文化的拼贴和"杂糅"中为不同文化的交流和新文化的发展提供可能。由此生成一种新型的大众文化模式：将传统民歌与当代大众文化既"共振"又互为他者彼此解构。④ 村寨旅游的场域使村寨传统

① 张柠：《土地的黄昏——中国乡村经验的微观权力分析》，北京：东方出版社 2005 年版，第 19 页。

② ［美］赫兹菲尔德：《什么是人类常识：社会和文化领域中的人类学理论实践》，刘珩等译，北京：华夏出版社 2005 年版，第 316 页。

③ 刘晖：《旅游民族学》，北京：民族出版社 2006 年版，第 235 页。

④ 王杰：《民歌与当代大众文化——全球化语境中民族文化认同的危机及其重构》，《广西民族大学学报》（哲学社会科学版）2006 年第 6 期。

与当代文化在村寨语境中进行解构与整合，在此，新文化发展的可能转化为现实，展演艺术在文化交流传播背景下在大众的消费欲望和需求中使地方文化从原生环境中游离出来重构为一种新文化形式，从而成为"既是"、"又是"的艺术文化模式，在旅游市场中，既是地方人群的生计劳作方式，又是游客地方旅游消费的主要对象。

第二，展演艺术是以艺术为对象的休闲娱乐与新奇体验。在旅游人类学视野中，旅游就是对"他性的渴望"，[①] 满足人们求新求异的心理需要，旅游地文化越是异质，与本文化差异越大，越能吸引游客。游客来到沐村，就是为了体验沐村所拥有和代表的"花腰傣"文化，展演艺术就是为满足游客对"花腰傣"异文化的想象性体验更直观而集中地展示"花腰傣"文化的符号呈现。事实上，在逐渐变迁的沐村生活中，村落里的很多具象文化符号都已不再呈现强烈的地方特色，只有在以舞台为中心的艺术展演活动中，"花腰傣"地方文化才得以重构并得到鲜明的体现。艺术展演作为供给大众消费的文化符号，无论它与当地生活有着怎样的内在关联，对游客来说都是不重要的，在游客眼里，它只是无深度模式化的消费符号，满足的只是他们的求异心理，因此，越强调它与沐村生活的关联，突出其"花腰傣"特点，游客的新奇体验越能得到满足。对本地游客来说，如新平人，在县里媒体、熟人的介绍或偶尔的亲眼目睹中，对沐村异文化的体验在地域关系带来的频繁接触中逐渐由生转熟，他们到沐村大多是找熟人玩，目的并不在于看一场演出。而对于新平以外那些外地游客来说，通过观看艺术展演体验"花腰傣"文化的独特成为他们到沐村后的主要旅游活动，由于沐村旅游以艺术展演为主要活动项目，很多游客的沐村旅游看起来就是观看一场演出。游客一般看完舞台歌舞表演和周围工艺品展示就离开村子，只有很少的人留在"农家乐"。有学者认为，文化再造可以满足游客猎奇、愉悦身心所需，也可以弥补文化真实地带的不可进入和缺憾，大多数游客不在乎真实性的再造，在乎的是使他们愉悦身心的再造。[②] 也就是说，展演艺术满足游客对新奇的体验中包含了他们休闲娱乐的需求满足，因为

---

① ［英］拉波特等：《社会文化人类学的关键概念》，鲍雯妍等译，北京：华夏出版社 2005 年版，第 307 页。

② 张晓萍等：《民族旅游的人类学透视》，昆明：云南大学出版社 2005 年版，第 188 页。

旅游的功能之一就是休闲娱乐，尤其是在乡村旅游中休闲消遣娱乐更是一个重要因素。[①] 艺术活动的一个功能就是娱乐，展演艺术中的娱乐功能虽然与传统艺术的娱乐有着区别，但从感官感受上来说又具有一致性，它的视觉性符号超越了一般文化符号的指称性真实，依靠其本身的感官愉悦性使游客在感官体验中满足了作为他性的想象中的"花腰傣"异文化，更重要的是艺术展演成为沐村人与游客互动的主要场景与途径，沐村人的参与使展演超越了作为物的文化景观的静态呈现而获得了格外的感染力。在春节后游客较多的一天，举办了一次篝火晚会，晚会目的虽然主要不在于展演沐村"花腰傣"文化，只是为游客到沐村旅游创造一些活动内容，但也具有展演的意义，被包含在沐村旅游文化展演中，所以文艺队员作为沐村代表换好了服装等着，第一支曲子是《竹竿舞》，第二支是《迎宾舞》，队员三三两两地参与，后来参与的差不多全都是游客，灯光很暗，碎石地面跳起了很多灰尘，随着晚会的进行，游客中的年轻人双双对对依偎在一起，或许在沐村他们找到了"浪漫"，沐村人则来看热闹，两个多小时后大家都在意犹未尽中散去。

　　艺术的功用性与艺术经验和日常生活经验的连续性有一定关联，[②] 对沐村人来说，虽然旅游展演是一个经济交换手段，尤其对文艺队员来说，一场展演与实际可数的经济利益是直接挂钩的，但是观光场域的历史与文化作为商品摆出来时，"某种意义的连续体就已经从开发者的行为或企图中解放出来，固定成一种具有自律性的'制度'或文本"。[③] 沐村展演艺术对游客和村民都是崭新的艺术形式，提供了二者共享的艺术经验。艺术的实用功能之一就是身体感官的愉悦，人类审美和艺术的真实是它们都是人和自然建构中的一环，而不是

---

① ［英］威廉姆斯：《旅游休闲》，杜婧川等译，昆明：云南大学出版社 2006 年版，第 117 页。

② ［美］舒斯特曼：《生活即审美：审美经验和生活艺术》，彭锋等译，北京：北京大学出版社 2007
　　年版。当代学者讨论的"日常生活审美化"或是"审美的日常生活化"中，特指与当代文化消费
　　社会相连的与媒体有关的强调视觉消费的生活普遍符号化导致的更多地注重生活的审美化。与传统
　　社会即前现代社会的少数民族生活中艺术的生活态存在从而"诗意地栖居"的生活艺术化不同，
　　但形式上艺术与生活的关联却是有相似之处的。

③ 刘正爱：《观光场域中历史与文化的重构——以恢复赫图阿拉城为例》，《思想战线》2007 年第 3
　　期。

为了审美而存在的奢侈品。① 对沐村人来说，旅游展演在经济交换活动中其"自律性"带给村民各种感官体验，使参与其中或观看都成为村民们重要的休闲娱乐方式。就个人而言，参与展演使村民除了考虑到经济利益外"还要自己喜欢"，参与舞台歌舞表演更是如此。艺术的感官愉悦性使演员们在展演中会一定程度地陶醉在自身身体的实践中，不少演员都谈到上场后会忘记其他的一切，只想节奏和动作，并在身体运动中体验到快感，如打鼓的阿塞说："只要鼓点响起来就什么都不会去想，只想着鼓点。"跳舞的姑娘们也谈到在别人注目中，自己身体的舞动会激起兴奋和自豪感，在动作的运动中感到快感，尤其是在参与性的不需太紧张的节目中。

对沐村不参与展演的绝大多数村民来说，游客的每次到场进行的村落艺术展演实践，成为他们最好的休闲娱乐方式。不仅由于歌舞场地成为村里人活动的中心，还因为艺术展演本身带来的娱乐，同时，看游客本身也是一种让村人觉得新鲜的娱乐活动，正如"亲临现场的观众本身就是为电视观众设置的壮观演出当中的一个道具"一样，② 外地游客也成为沐村人观看的对象。当每一次展演进行时，干活路过表演场地或从家里出来玩的村人就会围在舞台周围观看，尤其是孩子，总是聚集在场地周围欢快地跑动或观看。不论他们对艺术活动本身是否进行情感的投入和积极地参与理解，光是场地的设置和演出活动本身就给他们提供了共同聚会的场所和契机。乡村的公共空间是承担着情感交流、信息传播、教育、游戏、审美等综合功能的场所，在基础设施基本建成后的沐村，每晚十一点以前都灯光映射，即使从远处也能看到沐村夜空中格外吸引人的亮绿色，村民们都以歌舞场地为休闲、聚会、聊天的中心。外村人和沐村人都觉得当游客到来展演进行时，村子"很热闹，像过年一样好玩"。在展演尤其是官方组织的展演中，有学者认为，其中权力政治、资本、大众传媒等不同资源共同支配下建构起来的宏伟场景、热闹非凡的景象，被抽空了内在的精神实质，更多的是权力政治的地方性表述和民间纯粹金钱欲望的仪式化追

---

① ［美］迪萨纳亚克：《审美的人：艺术来自何处及原因何在》，户晓辉译，北京：商务印书馆2004年版。
② 罗钢等：《消费文化读本》，北京：中国社会科学出版社2003年版，第380页。

求，① 这固然是很多民间仪式展演化中的主流，但是"花腰傣"人及其周围彝族、哈尼族文化的传统群体性、娱乐方式使沐村旅游展演内含着民间的娱乐，村民把歌舞场自然地称为"娱乐场"、"花街场"，都和他们的民间娱乐联系在一起。沐村人喜好群体性、娱乐性活动的文化取向使展演与村人传统娱乐活动具有一致性，因而他们乐在其中。

　　艺术展演重新组织和生产了游客对异文化经验的同时也重新组织了沐村人的艺术体验。生活中听不到的小调在多次展演的体验中以听磁带、自己哼唱、树叶吹奏的方式进入他们的休闲娱乐活动中，服饰及其他工艺品中的传统审美情趣也得到一定复苏和延续。沐村人还逐渐适应了舞台表演形式，"表演"、"歌舞"等词逐渐被接受成为村人的日常用语，而展演中游客的互动参与既强化了村人对本地艺术形式的感知和接受，游客的大众艺术又吸引着村民，如歌舞场上个别游客自我表现中的流行歌曲演唱，与各种媒体一起给村民传播了对流行艺术的经验。在"花腰傣"人以艺术的方式对世界的感知中，沐村人历史地形成现实生活中注重味觉、视觉和听觉的感知体验而忽视身体化实践中的速度与力度，在当地老人和附近其他民族的记忆中，他们都很少有调动身体动觉的舞蹈形式，尤其是日常生活中带有自娱性的舞蹈，即使在宗教仪式中巫师的表演也没有大幅度动作，只是手持扇子以定坐为主念诵。周围的彝族强调："唱唱跳跳要靠我们，傣族不会。"在口传资料中也很少发现他们的舞蹈，只有唱调子、织花布的记载。② 在日常生活中，沐村人的身体运动实践总显得不紧不慢。在文化发展中不同民族走向不同的艺术样式的选择，有多种原因，壮族和泰族的歌舞传承各有偏异的一个重要原因就是泰族受到了佛教的影响而用于宗教的舞蹈发展起来，③ 这从某个层面可以用来解释沐村人为代表的"花腰傣"人舞蹈发展的不充分。生活中存在于仪式中的"舞蹈"不足以发展为全民性集体娱乐舞蹈，于是村里人就像壮族一样以歌唱为传统。在旅游艺术展演中，以集体舞蹈为主的展演形式不仅是对参与展演的村民进行运动感觉和体验

---

① 刘晓春：《仪式与象征的秩序——一个客家村落的历史、权力与记忆》，北京：商务印书馆2003年版，第220页。

② 陶贵学：《中国云南·花腰傣民间文学作品集》，北京：中国民族摄影艺术出版社2007年版。

③ 覃乃昌：《从歌舞及其传授看壮泰民族文化的渊源关系》，《民族艺术》1996年第4期。

的培养,而且是对全体村民的感官体验的重塑,村民对身体运动觉的欣赏习惯逐渐被培养起来,尤其是对传统文化积淀较少的孩子,于是,模仿演员们舞蹈成为小女孩重要的娱乐方式。尽管村民在电视上看到过很多舞蹈表演,但仅限于图像,村里的艺术展演是一种现场再现,无论是展演者还是村民都在熟知的环境和人的共同展演中得以真实地感知和体验身体动作,这是一种转生为熟的动感体验,扩展了他们的运动感觉。一旦一个族群完全被旅游转变之后,文化展演和他们日常生活相分离的现象会逐渐缓和并最终消失,逐渐融入这一民族的文化和日常生活中。① 如果在旅游展演或是政府组织或其他场景中这些舞蹈符号不断地得到展示和强调,在时间中逐渐定形,就有可能成为自我和他者眼中"花腰傣"舞蹈的"刻板印象"。在文化传承的体化实践中,沐村人的舞蹈为他们提供了更加集中和鲜明的实践方式。"对观众而言,展演离自我十分遥远,因为色彩和图像都被视觉客观化了。形象性,即相似关系,看上去是最'自然'的符号关系,而视觉则常常是其最容易利用的使用域"。② 不论是舞蹈还是服饰"视觉性"的展演都以沐村当下多元复合文化生活为基础,改变了生存场景得以复苏的民族服饰成为沐村人一种反观对象,民族服饰从实用穿着

图 4-9 服饰设计比赛

成为观赏性存在,改变了村民对民族服饰的传统经验,成为一种新体验。同

---

① 路幸福等:《国外旅游人类学研究回顾与展望》,《安徽师范大学学报》(人文社会科学版)2007 年第 1 期。

② [美]赫兹菲尔德:《什么是人类常识:社会和文化领域中的人类学理论实践》,刘珩等译,北京:华夏出版社 2005 年版,第 297 页。

时，游客的大众消费方式又深深地吸引着村民，如场地上的通俗歌曲展示，孩子们也兴高采烈地加入，村民们也很关注，很多流行歌曲在展演场地上进行展示和传播，传播了新的艺术经验。展演艺术在对村民艺术经验的重新组织与重塑中显示了旅游对民族文化复兴的积极意义以及其中交织着的文化变迁与适应，适应中蕴涵了不断的变异和创新。

第三，展演艺术是以文化为核心的族性身份与想象异邦。有学者认为："包括民族旅游开发在内的各种民族文化资本化运作的意义不仅仅只在于经济的发展，更为重要的是民族文化在现代世界体系的制度化构建中的位置即权力的获得。"① 在当下民族国家场景中，民族旅游地文化展演超越了单纯的经济发展诉求而指向自我身份建构。民族身份是一个民族区别于其他人群的意识和标志，民族具体文化事象构成了民族身份的外显标志，张士闪认为刘铁梁提出的"标志性文化"的意义"不仅仅是外来调查者的一种观察角度或认知手段，而已在某种程度上成为当地人体认与表述自身文化的一种方式"。② 民族艺术包含着明确的民族认同，可以作为两个互为观照的"凭据"，也就是说，民族艺术的终极评判依据是在一个特定族群内的实践和传习，即文化认同，而民族认同也少不了关注从特定族群中生成出的一种可视文化附着物——民族艺术。外化在艺术展演中的民族认同体现在歌调、服饰、舞蹈等具象形式中，二者是互动的又是互文的（context）。③ 旅游工艺品是民族文化的重要载体，蕴涵着民族文化的认同。④ 展演艺术作为村寨旅游中的重要文化产品，是村落地方文化的表征，成为民族国家场景和旅游者眼中地方的"标志性文化"和族性身份符号。

民族艺术的族性是在与他者的参照中构成的。旅游场域中的沐村展演艺术就是本地人与他者互动建构的文化形式，突出本地"花腰傣"特色正是民族旅游开发中民族身份的认同与重构对文化之异的双向表达，⑤ 文化展示是沐村展演一个最基本的出发点，作为本地人的族性身份而展示，是本地文化内核赋

---

① 刘晖：《旅游民族学》，北京：民族出版社 2006 年版，第 235 页。

② 张士闪：《乡民艺术的文化解读：鲁中四村考察》，济南：山东人民出版社 2006 年版，第 14 页。

③ 彭兆荣：《民族艺术研究中的人类学性》，《民族艺术》1997 年第 3 期。

④ 廖杨：《象征符号与旅游工艺品中的民族文化认同》，《民族艺术研究》2006 年第 2 期。

⑤ 刘晖：《旅游民族学》，北京：民族出版社 2006 年版，第 178 页。

予了它在旅游场景中展示的合法身份。于是在沐村大型演出中，总是突出本地文化特色。展演艺术在作为本地"花腰傣"文化表征的基础上，其感官感受才变得有意义，如果缺失本地文化形式或艺术符号自身的感官愉悦遮盖了文化表征，那么，游客对异域文化的想象就得不到满足，就易引导他们对展演进行如"伪民俗"之类的价值判断而变得兴趣索然。在沐村，外地演出团和村文艺队一次联合展演中游客的反应对此进行了印证，当艺术团的独唱演员大展歌喉时，那些在媒体上随时可以听到的比沐村人的小调演唱更为美妙的歌曲和声音丝毫没有打动游客，而本地歌舞表演则吸引了散去的游客再次围聚在舞台周围。被沐村人及游客认为最有本地特色的妇女服饰，从生活中的女性和文化审美的隐喻向政治经济场域中族性隐喻发展，当演出和接待的姑娘偶尔来不及穿民族服装出来，游客就生气地要她们"把民族服装穿起来"；附近村民在观看展演活动时，常认为："从文艺队的服饰上看，展演的节目应该是花腰傣的。"但是，民族服饰作为身份标志在传统文化语境与展演语境中是有区别的。传统语境中，民族服饰表征的是民族内部族性认同，是历史地形成的自发认同，当问及老奶奶为何还穿民族服装时，她们回答："不穿我们的不像傣族，汉族的那些我们穿不来。"在民族生活中，在成年、婚丧那些重要关口，女人穿戴民族服饰是很严肃的事情，即使在今天快速变迁的文化生活中，这一切虽然有了松动，如本地姑娘嫁汉族，举行婚礼时在男方家就不穿民族服装，但在族内婚中民族服饰仍然很重要。正如皮埃斯特指出的那样，本土文化就是身份，混合型跨本土文化则是身份证明、新的身份，① 展演是自觉建构的族性身份展示，是游客和本地人双方共同协商中被主动赋予的。有学者对阿伊努人的研究显示："旅游业的生产和展示已经变成了阿伊努人认同的有意识重构中的核心过程。"他们的"整个旅游节目可以看做是文化认同的更大构成过程借助商品形式的一种展示"。他们"控制着做给他人看的文化生产。他们的目的不仅仅是卖商品，而是在表述，是为了使他们所构想的认同能够被更大的世界所承认。

---

① ［英］史密斯等：《文化研究精粹读本》，陶东风编，北京：中国人民大学出版社 2006 年版，第 294 页。

他们把产品作为自身的扩展来体验"。① 在旅游场域，在政府引导、他者关注、利益驱动等各种动因的催生中，认同成为一种策略性的资源博弈行为，如阿伊努人一样，沐村旅游展演艺术正是以文化产品的生产作为"花腰傣"身份的表述，是本地人为他者的"看"而生产的自我即自我的他者化，体现了在自我与游客他者相互构成中有意建构的自我认同感。

法农认为，无批判地肯定文化本质主义与族性差异是一种画地为牢的话语，它仅仅是重复思想的种族化并把它合法化，对非洲文化无条件的肯定只不过是以倒转的方式重复着体现于"对欧洲文化的无条件肯定"中的逻辑而已。② 因此，用流动的主体性、多重自我与复合的身份概念来阐释文化身份与语境之间的关联性，可以化解文化认同的危机。③ 展演艺术是本地人与他者相遇的共享空间，二者互动交流中本地身份的建构和认同与"旅游"特殊语境密不可分，其中，认同的基础是运用他者对本地人的"刻板印象"，"刻板印象"的呈现成为类似于"前台"的展示，而"刻板印象"与现实文化经验之间的裂隙使当地人得以灵活地穿梭在主流与自己地方不同的文化系统中，充分实现自身利益要求。传统服饰以及其他进入展演的传统符号就是他们在民族国家场域被现代性逐渐淹没的自身文化中寻找到的于当下生活有利的历史文化记忆和表达，在主客双方想象性建构中成为"花腰傣"的身份标志。展演艺术提供的身份在他者的文化想象和本地人文化展示的彼此契合中得以完成，传统文化符号进入展演时呈现出强烈的他者性，其身份证明从自然传承的文化心理转化为被主动赋予特色的工具性文化形式，因此，本地人与他者共域在场的旅游场景中建构的是一种临时语境中的自我身份与认同，展演艺术成为沐村人旅游场景中的临时身份证。

展演的民族身份不存在自明性，而取决于他者的文化想象和本地人文化展示的彼此契合。在沐村生活变迁中，艺术文化认同中体现着本地人在文化互动中的个性化处理与解释，必然带来传统艺术的变迁。如果民族艺术是存在于民

① ［美］弗里德曼：《文化认同与全球性过程》，郭建如译，北京：商务印书馆 2003 年版，第 166、169 页。
② 陶东风：《文化研究：西方与中国》，北京：北京师范大学出版社 2002 年版，第 157 页。
③ 陶东风：《文化研究：西方与中国》，北京：北京师范大学出版社 2002 年版，第 222 页。

族居住地域内，为民族创造、保存、运用或演绎发展的各种艺术门类和形式并包括传统的和现代的两个方面的话，[①] 对民族艺术的现代发展，学者们认可了不同途径创新变异的合理性或与现代艺术不断融合，或商品化，或变异为新民俗的观点。[②] 其中旅游展演中的艺术发展，被称为"重构"、"复兴"、"发明"等，肯定了它的族性身份以及与此相连的传统性。有学者认为"'99 南宁国际民歌艺术节"的民族文化展示塑造了全新的民族文化，[③] 有学者对舞台形式表演对民族文化的传承功能进行了肯定。[④] 格雷本和纳什都关注为旅游而生产的当地民族艺术和手工艺品如何经过人为操纵而贴上了象征民族身份的标签的问题。格雷本认为，旅游艺术品是生活在已经发生了改变的世界中的手工艺者对这个新世界的创造性适应，靠着这个过程，民族性通过旅游艺术品的发展得以创造，重构了民族性。[⑤] 张晓萍认为"舞台真实"不断激发创新，甚至导致"新的文化发明"而被接受为"传统"和"真实的"。有学者通过实地考察得出结论：传统手工艺在文化产业发展中的创新是必然的，在"传统"与"现代"和谐中生产出满足游客需要的工艺品。[⑥] 总之，学界普遍认定展演本身是传统文化的表现形式或具有传统文化属性。当在出现的文化前面加上"传统"二字时，在逻辑起点上都认定再生产出来的东西为"传统"。如此可以说，沐村艺术展演既是当地人参与现代化发展中的"象征资本"，又是他者眼里"花腰傣"人身份的重新定义和书写，简言之，是"花腰傣"艺术。

游客到沐村旅游的根本目的就是体验沐村"花腰傣"文化，他来沐村是经过选择的，之前通过网络、媒体、熟人等不同途径去了解，在心中已经建立起了对"花腰傣"文化的"前理解"，旅途中导游的讲述又使他对以前的想象进行部分修正和补充，到沐村后，在与本地文化相遇中，沐村人又用迎合游客

---

① 杨德鋆：《民族艺术简论》，《民族艺术研究》2000 年第 1 期。

② 董万里：《对云南民族民间美术的保护、继承和发展的思考》，《民族艺术研究》2003 年第 4 期。

③ 吴伟峰：《关于民族文化展示》，《广西民族研究》2002 年第 2 期。

④ 张海超等：《舞台展演与文化存续——以〈云南映象〉为个案的探讨》，《云南社会科学》2006 年第 6 期。

⑤ Pierre L. Van den Berghe and Charles F. Keyes：《旅游和民族性的再创造》，徐赣丽译，《民俗研究》2006 年第 1 期。

⑥ 袁少芬：《民族文化与经济互动》，北京：民族出版社 2004 年版，第 233～234 页。

想象的"前台"文化在各种宣传标语、解说词以及故意的回避与突出中修正了游客以前的想象，再一次在游客心中建构了新想象，而"旅游者的见景生情完全出自个人的内心世界。对于'文化真实'和'原汁原味'完全出自自身的理解，这种普遍的旅游情境，实际上是一种以幻想式的提高异文化为基本特点的，是对异文化的'误读'"。① 从旅游目的来说，没有游客像人类学家一样真正地需要"理解的理解"，他们大多相信本地人文化建构的呈现。展演艺术提供的对"花腰傣"文化的"真实"感知，不是一个凝固的社会结构产品等待着人们去认识，而是在不同阅读者的不同阐释中建构起来的。对沐村文化的建构与解构在不同的展演场景中交替进行，对沐村展演的感知在一次次刷新中重建。沐村展演艺术既充当了本地人在他者视野中的文化身份符号，又是他者对本地文化的想象性建构的迎合，对它的"真实"感受在不同游客不同的阐释中建构起来，展演场景的每次变化与游客自身的主观状态结合在无数个细节中衍生出新意，带来每一次个人不尽相同的新奇体验。而基于旅游是对一个异文化的想象建构与满足，而沐村艺术也以突出"花腰傣"族性为主要特点，对游客来说，沐村真实的艺术商品在游客他者化的感受中，成为一个想象的异邦。

　　一名游客在一篇题为《感悟漠沙》的文章里描述沐村展演艺术带给他的感受："丽而不媚，艳而不俗"的独特舞蹈词汇，给人"融入自然天籁而又忘情于生命的呐喊"，其中还有文艺队一个女孩"抚慰人们心灵"的话语，这一切使得人们获得了"把魂留在了这里"的享受。当笔者重读第一次进入沐村时写下的"沐村生活印象"这段的文字时，笔者发现里面也充满了对他性的渴望。

　　笔者发现文本中有这样的话语：

　　　　漠沙是当代的世外桃源，那里的山是绿的，水是清的；那里的歌是动人的，舞是迷人的，景是醉人的，花腰傣姑娘是美丽动人的。到新平漠沙的旅行家、歌唱家、摄影家、舞蹈家、画家，喜欢游山玩水的人们将新平漠沙的魂魄带走，而将自己的魂魄留在了新平漠沙。他

----

① 李伟：《民族旅游地文化变迁与发展研究》，北京：民族出版社 2005 年版，第 34 页。

们把大自然创造的艺术品通过梦境般的个性意识带回自己的"领地"，去再现那"失去了的伊甸园"。

......

新平漠沙花腰傣舞蹈，形象鲜明，情感丰富，旋律性强，节奏清晰单纯，乡土气息浓厚，具有很高的美学价值。花腰傣的歌舞舒展大方，宽广甜润，使人常看常新，即使看上百回，也不会使人有陈旧、僵化、俗气的感觉。以红黑两色为主调的服饰，以傣家村寨为背景的场景，使人突然觉得整个身心都融入了一个从未经历过的天地之中。花腰傣的舞蹈中具有欣悦的、明确的、吉祥的意识探求，舞蹈语言中具有传统的、象征的、寄寓性的、热情洋溢而又舒展大方的动态，极其自然地将意识与表现形式融为一体。

......如今已脱尽旧俗，在超越一切功利中进入纯粹的审美境界，在缠绵或亢奋的情感宣泄中，既表达了其情结化的行为又能够影响以至控制观者的情结，使之愉快或激动，感伤或爱慕，使观者情不自禁地参与进去，将被激发出来的满腔热忱融于花腰傣激情男女的群舞中，在同一片林荫下与之共鸣。

新平漠沙花腰傣毫无虚饰、荒诞、夸张、消极、做作的姿态。他们发自内心深处的纯然的舞蹈姿态，表现的是对大自然和一切生灵的爱意，在抒情艺术中让观者听到了他们发自灵魂的深沉音响。

新平漠沙花腰傣舞蹈艳而不俗，丽而不媚，古朴庄重，典雅和谐，为大众所喜爱......

在新平漠沙热闹的花街上，笔者与两位看似很有些文化的傣家姑娘边吃秋笋饭边谈心，问："你们在跳舞时所追求的是什么?"她俩答："与其说是追求，不如说是一种对生活方式和思维方式的补偿。"是啊，我们的脚刚一踏上落水的河谷，花腰傣的艳美服饰便燃起了红色的火焰，服饰艺术和舞蹈艺术在交响曲中融为气势磅礴的景象。在欢乐情趣的升腾中，感到花腰傣民族文化的根基是那样牢固，没有数千年的文化积淀，何能有如此深厚的底蕴?"引人入胜"、"丰富多彩"的形容词在这里显得那么的苍白。还是参加到花腰傣的舞蹈行列中去吧，让汗水湿透衣襟，才能使人感受到新平漠沙文化的深沉与浑厚。

　　舞在漠沙，漠沙花腰傣舞蹈艺术和全国民族的舞蹈艺术和风格流派都是一定社会环境的产物，都是本民族的劳作、生活、祭祀、战争、繁衍过程中孕育出来的抒发感情的语言，不论男女老少，只要情不自禁地手舞足蹈，都能够丰富本民族的舞蹈艺术语汇。新平漠沙花腰傣的舞蹈就像奔流的漠沙江水，虽弯弯曲曲，但始终是不断地勇往直前。那热情和娴雅的舞姿，使美丽的漠沙美上加美，也给那些接踵而至的慕名来访者留下了极深、极美的印象。①

　　在这类"写作"文本中——其中充满虚构、夸张、想象的表述方式笔者称其为"写作"，折射出他者对异域"花腰傣"文化的想象及消费欲望，在其欲望中，远古和当下彼此不分地纠缠在一起，造成时空碎片化，其中对姑娘的平淡而深邃的语言刻画，是民族村寨旅游展演中他者化认识的表达，把姑娘在"差异"化中当成了欲望对象。"世外桃源、伊甸园、乡土、山清水秀"和"纯然、古朴、庄重、深沉、浑厚、热情、娴雅"以及"美丽、动人、迷人、醉人"和"灵魂、梦境、底蕴"等诸多用语表征着对一种"原生态生活方式"的梦想。整个文本都体现出游客他者对"异邦"的想象和欲望。

　　第四，展演艺术是以展演为纽带的自我与他者关系中的文化交流。沐村像其他传统民族村落一样，地缘、血缘、亲缘编织的人情往来构成村里的各种主要关系，进入村落不能转化为当地熟人关系的人永远是"外地人"，市场交换主要是在乡村集市上完成的，村落里人情来往构成的各种关系排斥村子里本地人之间硬性的市场交换原则（除了如红白喜事时购买猪牛等大样必需品以外，目前沐村进行的市场交换主要是苦瓜买卖，村民们认为是"外地老板"来收购苦瓜，本地人作为中介经常被村民的经验所忽视），对于以特色歌舞展演为主要旅游产品的沐村来说，展演艺术直接而集中地体现了旅游场景中建立的市场交换关系，在自我与他者双重视阈存在中，展演实践连接了村民与他者间的交换关系。游客在沐村主要的消费品是艺术展演，实物的消费很有限，村民的日常商品买卖只是集中在歌舞场周围以展演为中心进行的零敲碎打。以歌舞场

---

① 引自朱敏嘉《舞在漠沙》，《云南支部生活》2007 年第 7 期。

和展演为中心，村民的一切经营活动都被联系和组织起来。歌舞展演是游客到来的主要标志，村民的市场经营也主要发生在这特定的时间和地点，展演时刻往往意味着村落空间向消费空间的转换，此时，交换是主要的原则，如笔者在那里吃东西需要购买，在村民家里则不需要。在展演的带动下，部分村民已经逐渐适应了市场关系，尽管时有摩擦，但重要的是已然产生并逐渐调适。在人类学视野中，交换与文化是紧密相连的，目前，沐村传统文化价值取向也参与了市场关系建构，使村落中的市场交换与传统社会关系互相交织而形成展演中旅游市场交换的地方性特点。①

　　展演作为最主要的旅游活动吸引了游客和当地人到沐村游玩，不仅构建着以市场交换为核心的自我与他者的新型关系，也改变了以前村民主要通过集市与本地人和外地人以及通过大众媒体（尤其是电视）、外出打工等与他者所发生的文化交流，这种交流对具体的个人而言带有更多的主动性，可以有选择地接受。随着旅游开发中多样化的他者大规模涌进村子，沐村人与外界的文化交流深入且规模化，但带有更多的他者化色彩，村民在其中成为被动的一群。展演中舞台歌舞形式的创造就是迎合大众游客口味的，款式独特、具有装饰性而价格便宜的斗笠最受游客喜爱，于是成为村民大量出售的工艺品，并随游客的各种要求决定装饰和尺寸的选择。为了本地旅游开发，政府有意识地选送年轻人参加培训学习，使其成为沐村歌舞展演的骨干。② "表演精彩节目就是'参与社会行为'，而参与社会行为就是致力于个人价值政治学——可转换为更高

---

① 笔者对村落文化习俗在展演中的作用有深刻印象。在一次政府召集的排练中，很多人都去摘苦瓜，所需的十多个中年妇女只有三四个到场。笔者房主家的苦瓜也该摘了，她由于"怕村人说"，还是参加了排练和演出。另一次，笔者的朋友在展览区域穿花腰傣服装，一名游客见了也要穿，游客走后，笔者付钱时村人说："你们来了她（游客）才来穿呢。"并且非常生气地向笔者说了一些"亲戚朋友怎能要钱"、"再给钱打你"之类的贴己话。

② 同时，村民有机会去别的地方主动学习。2005年1月，旅游局给了五千元让村干部去西双版纳考察农家乐。在村子过年时扯粑粑的饭桌上，他们兴奋地讲途中经历，看得出那旅程对他们来说有多开心，其他村民有多向往。他们讲述副组长坐在窗子边看到飞机翼上的螺丝钉都没了，担心飞机坠下去，于是说如果他不在了，村里要花四五天时间才选择出副组长；还讲到他们怎样被警察召唤，问他们什么，绘声绘色的叙述中夹着沐村人特有的叹词"呃——"并用"——是呢"进行总结，逗得满屋子的人开心地笑。他们的考察带来的是沐村文化的一次交流，而且在他们不同场景的讲述中扩大着交流。

层次的权力语言"。① 参与歌舞表演和工艺展示的人家比其他村民拥有与外界的更多联系,他们在展演中开拓了与政府、游客、专家学者的外界联系,或离开村子进入了他者文化中,或在村落旅游开发中享有更多资源,更好地融入主流文化中,成为影响村落文化快速变迁的重要个体因素。②

在沐村,展演空间与村民生活空间的交叉重叠使村落成为开放的文化交流空间,展演艺术提供了自我与他者共享的艺术经验,在沐村人集体性取向的传统文化影响下,艺术展演往往是村民和游客的共域在场,成为二者接触最频繁、互动性最强的场景和环节,因此,虽然沐村文化变迁是在旅游开发中加剧的,但主要以艺术展演为契机和通道实现交流,在此意义上,旅游开发中的沐村文化变迁可以转化到展演艺术带来的变迁中进行描述。在旅游中,村民的物质生活变迁很快:为了让游客满意,村民们会根据一批批游客的不同要求和口味不断进行加工,改变着自己的饮食习俗;③ 越来越多的"弟兄"、游客、调查者在人情往来中提供给当地村民衣服,造成服饰穿着中的多样化与时尚化;④ 在居住上,汉文化的深入影响使村民把建盖水泥楼房作为生活的主要目标,在土掌房的使用中,那些举办农家乐的人家也在适应游客的需求中逐渐进行着局部的修补与改变。艺术展演连接的自我与他者的交往逐渐激发起沐村人对外界的想象、向往和认同,在几年旅游开发后,出去打工更成为沐村人色彩斑斓的梦想,每当村里人说谁去打工了,总是用那种去圆致富梦的向往语气。

----

① [美]赫兹菲尔德:《什么是人类常识:社会和文化领域中的人类学理论实践》,刘珩等译,北京:华夏出版社 2005 年版,第 311 页。

② 沐村参与培训和宣传的两兄妹也作为文艺队的骨干参与展演,尽管现在两人都结婚了,加上其他原因,不再是文艺队员,但他们与官方、游客、专家学者的联系都比其他人广,两兄妹结婚的时候邀请的宾客中就有地方官员、村落调查者等,哥哥直到现在还经常以用手机发信息的方式与笔者保持联系。

③ 笔者在历时四年的阶段性调查中,在同一户人家吃住,开始时适应不了他们吃生酸腌肉的饮食习俗,尽管笔者未提任何要求,但主人在几次观察后知道了问题所在,于是就试着蒸熟来吃。村人喜欢吃切得很细碎的凉拌韭菜,如果切成长段会被人们评价为懒,而得知笔者生活中的切法后,房主切韭菜就变成了用笔者的方式来切。在村民家里吃过饭的文化工作者一致认为笔者住家的饭菜和办农家乐经常接待游客的几家人的饭菜是最"吃得成的"。可见村民在迎合外来者口味中主动改变了自己的传统饮食习俗。

④ 一位调查者把自己孩子的衣服送到了几户村民手中;笔者在一次访谈中把一块披肩作为回报送给女主人,后来熟悉的村民见到笔者就说"你送给的围巾很漂亮,也送我一块"之类的话。

沐村人的打工梦一直在村里人一轮轮去与回的穿梭中延续着，有的攒了点钱回来盖房，有的只是出去转一圈，不论怎样，打工梦依然很美好。沐村经过艺术展演培训和锻炼的女孩因展演经济效益低下纷纷出去打工，然后有的以婚姻为手段彻底走出"花腰傣"村落生活。① 艺术展演是一个多元文化交融互动的舞台，尤其是花街节的展演，创造了一个族际共享的文化空间，在这里，各种文化汇聚交融，不仅是与外地的主流文化，就是与周围的彝族、哈尼族等也进行着更为频繁的接触和交流。如果以沐村人传统的自我观为参照，自我只是保留在傣雅人的范围内，那么，艺术展演无疑也为沐村人与作为沐村他者的族内不同人群提供了一个相互交流的平台，在一次次会演和各种比赛展演中，沐村人与"花腰傣"其他人群之间也相互模仿学习，进行着文化的创新，如居住着"花腰傣"傣洒人的戛洒镇园村的旅游展演与沐村旅游展演都出于县文化工作者的指导而具有一定的相似性，在不断的展演中也提供了彼此相互交流学习的机会，于是，彼此的文化在互相借鉴中部分地发生着改变。尽管沐村人认为是其他地方向他们学习，他们说："傣洒人服饰上原来没有芝麻铃，现在都在模仿我们，我们的鸡枞帽也经常被他们使用。"但是，交流无疑是双向性的，展演艺术是县文化工作者在县域视野中设计制作展演的，其中综合了各人群的特点进行创新，如演出中的服饰，从而使不同人群的服饰都发生了改变。② 展演作为一个类似于民间公共聚会的延伸或是再现，也把本地傣雅人联系到了一起，人们比旅游开发前有了更多相互接触的机会，进行着村寨之间与个人之间

---

① 沐村人主要去玉溪、元江、新平等地打工，以前一年去七八人，现在多了，有中年的、年轻的，有全家走的、一人走的，全村五百多人一半以上有打工梦。他们说："在家有哪样，农活干不下去了，天干了，甘蔗不行了，整不得吃，苦瓜也不得吃，听起来一次收入很多，一千多都有，但还是不得吃；水果不值钱。打工苦，这里照样苦，还热得受不了。"2006 年，两口子一起出去的有三家，据说是亲戚介绍去福建搞糖果生产，村里人对打工充满信心就因为去福建的人寄过一千元钱回来。年轻人是打工主力军，每年出去三十来人。老人说年轻人在家里什么也做不成就出去打工，"拿着家里的钱出去玩一阵就回来了。"村里人说："出去的人也不是赚多少钱回来，大多混混口，连小财都没有发。"杨大哥 1997 年去戛洒镇开汤锅店，他说比种田稍微轻松一点，2006 年由于房租太贵回到村里仍以种田为生。女孩去打工后通过族外通婚走出沐村的较多，村里人说村子快要成光棍村了，三十几岁的还有十几个没娶到媳妇。笔者在田野调查中发现这不只是沐村的现象，而是中国现代化进程中乡村的共性。

② 参见附录四。

图4-10 "傣雅"（左上）、"傣洒"（左下）、"傣卡"（右）共同参与展演

的文化互动与交流，对村落文化产生着潜移默化的影响，如不论年轻人是参与展演还是作为观众或是借展演的契机"来玩"，展演都为男孩女孩结识增加了更多的机会，提供了更大的空间，如沐村有一个男孩只是参与政府组织展演的群众演员，通过展演与另外村子的一个女孩建立了恋爱关系，现已结婚。

艺术展演作为连接沐村人与他者的重要中介，在二者的关系重构和文化交流方式的改变中带来沐村具象文化符号及其蕴涵的文化心理变迁，展演活动就是沐村文化变迁的一个体现，更主要的是通过艺术展演活动带来村里物质生活的变化，审美趣味的适应与改变以及价值观念的变化。

当代社会中，旅游业的发展使旅游已经成为人们一种重要的休闲、生活方式，它已经成为社会价值的有机组成部分，很多人对旅游已经不陌生并有过自己的旅游经历，即使像沐村这样的相对封闭的地方，也有村民专门到县城、玉溪、昆明、西双版纳等地"玩"。对游客来说，选择旅游作为自己的消费方式，在面对各种各样的异文化时，知道自己扮演的角色永远都是旅游消费市场中的消费者，与旅游地村民最直接的关系构成自然是市场交换关系，因此，市场规则就是最方便和经常的在异文化旅游中的处理方式，当他们与不太懂得市场规则的沐村人相遇时彼此还会产生一些摩擦。在沐村，游客与村民的市场关系主要地呈现在艺术展演中，因为艺术展演是沐村的主要旅游文化产品，很多游客来沐村旅游就以观看展演为主，在歌舞表演和各种工艺品展示中，在自然感知村落自然文化景观的基础上通过展演与沐村人发生面对面的交流。对游客而言，在旅游人类学研究中，有一种倾向认为旅游类似于"通过"仪式，到异文化中的旅游至少在与异文化相遇时会有着"文化震撼"，这种几乎每个人都有过的不同旅游体验能够对旅游者形成与日常生活和习以为常的生活方式、价值系统的参照性比较，从而将这种体验带进他的认知系统、知识结构和评判倾向中去。① 在民族村寨旅游中，参与体验的旅游是主要的形式，对地方性文化的体验是主要的旅游目的。在沐村旅游中，游客就是感知和体验"花腰傣"异文化的，人们不仅对沐村服饰及工艺品欣赏和接受，对其舞蹈也留下深刻的印象，很多去过沐村以及其他"花腰傣"地方旅游的朋友都与笔者谈到过他们对"花腰傣"文化的"随意、自然、温和、独特、和睦"的感知。旅游作为一种消费方式，是当代社会文化交流最突出的个人化形式之一，这种有目的有计划的规模化旅游生成的交流形式造就了当代文化的交流奇观。游客通过展演与村民互动中增进了自己对文化他者的理解，拓展了自己的文化视野，在旅游消费中实现对一个异文化的感知，其中自然会有游客在与本文化对比中的文化碰撞和对地方性文化的认知与自我调整。

第五，艺术展演是在互动中建构的民族文化与大众文化再生产。民族文化艺术在不断的历史发展中进行差异性建构，但主要是以本文化为支配结构的地方文化自然再生产，民族村寨旅游展演艺术是本地人为适应他者对异文化的需求，以差异性为基础创造的既作为地域性文化表征又供给旅游大众消费的文化产品，是自我与他者互动中主动建构的地方性文化和大众文化的再生产，这种再生产是在与沐村生活互文中进行的。对民族艺术展演，人们已注意到其民族艺术与当代大众消费文化的两重属性，如对《云南映象》的众多争论都围绕着"原生态"与"商品化"进行。旅游场域的艺术展演，其互动性和建构性在上述意义中已然呈现，在此主要探讨它何以具有本地艺术和大众消费艺术两副面孔。对旅游中艺术的功能，格雷本指出："艺术品商品化是一种有意义的积极的形式，当地人通过与外来文化接触中接受新技术生产出供自己使用的产

---

① 彭兆荣：《"参与观察"旅游与地方知识系统》，《广西民族研究》1999 年第 4 期。

品，传统文化在与外来文化接触中发生了转型，产生了新的文化和经济效应，使传统文化得到更新、复兴，并通过跨文化的艺术达到不同民族的认同。"[①] 旅游艺术的文化复兴功能不仅在于恢复和保护，更在于创新和发展，使原有传统文化得到复兴并创造出适应时代发展的新的、"真实"的文化和艺术品。[②] 有学者在田野研究中发现复兴文化是民族文化自我调适机制的运作结果，是民间需要的催动。[③] 沐村"花腰傣"展演艺术的建构不仅是旅游外力的催动，也有民族文化自身的内在发展需求，在旅游场景中，体现了民族性不是凝固不变的实体，而是在民族间性中生成的。[④]

　　沐村展演艺术是大众旅游业中地域性文化建构，在本地人和游客的共谋中成为"花腰傣"艺术，是"花腰傣"文化的再生产。前面已述，"花腰傣"服饰已经走出人们的日常生活，只是在仪式场景中使用，除了"不方便"之外，女孩们平时也"不好意思穿"。因为当它在生活中仅仅是一个象征符号时再建立其实用价值，会显得不合时宜。有学者认为，作为复兴的旅游展演艺术品，它保护和恢复了原有的功能性的传统艺术，而且有可能调节和缓和真实性和商品化之间的矛盾，带来新的创新和发展。[⑤] 在旅游展演中，服饰成为必需和首要的展示事象，在官方组织的表演中，尽管有专用于展演的服饰，官方还是要求参与者穿传统服饰。游客多时，为了"穿衣服的人多一点，好看一点"，官方会从其他村寨召集一些穿民族服饰的小姑娘来沐村；为适应展演的需要，沐村的人比其他村人更多地穿自己的民族服饰，"连嫁妆都穿烂了"，小女孩也经常"图好玩"穿民族服饰；村里服饰加工制作获得了动力，沐村做衣服的人家多了。从服饰上，沐村比其他村看起来更"像"花腰傣村子了，村里"耍花样"的传统通过旅游展演在一定程度上得到复兴。可见在一个文化失去某些原有内涵时，新的形式、新的内容以及新的文化功能有的已发现和发明，

① 张晓萍等：《民族旅游的人类学透视》，昆明：云南大学出版社 2005 年版，第 186~187 页。
② 张晓萍等：《民族旅游的人类学透视》，昆明：云南大学出版社 2005 年版，第 210、212 页。
③ 肖青：《民族村寨文化的复兴历程——以云南石林月湖村撒尼文化变迁为例》，《思想战线》2006 年第 2 期。
④ 施惟达：《民族文化，在阐释与建构中发展》，《思想战线》2002 年第 6 期。
⑤ 张晓萍等：《民族旅游的人类学透视》，昆明：云南大学出版社 2005 年版，第 208 页。

形成重新整合社会生活的新模式。① 随着展演场域的服饰被建构为彰显"花腰傣"身份的重要表征,日常生活语境中逐渐消失的"花腰傣"服饰实现了再本土化,当"群体的维系不仅是通过保留传统,更是通过对传统的再确定实现"时,② 服饰得到了一定的复兴与重建,其中也部分地改变和转换着它的意义、功能,体现着多种力量互动中的变迁。很多对旅游展演研究的指责来自于民族文化展演中的符号化,因对符号所指的消失或转移,认为不是"原汁原味"的,这是为文化而文化的客位观念。民族生活变迁中文化符号的生存已经"缺场"了,消失了,而展演至少复活了符号层面或是某些文化因子,这应该是功大于过的行为,从总体上看,文化的保留和传承只能是文化符号或因子的保留传承。③ 村民对展演艺术的认同与接受尤其是展演中民族服饰的复兴是其旅游场景中的社会经验的一种概括,当旅游更多地与村民生活发生关系时,展演中的服饰也就实现着与沐村人生活的重新整合。

早已湮没在历史尘埃中的民歌小调在展演中重现,随着现代生产工具的使用逐渐逝去的某些劳作方式得以在展演中重温,村民集体性文化生活取向也在其中找到表达和重塑。对传统民俗生活中的艺术活动的二重属性,学者早已注意到,如泼水节中有传统的与现代的、地域与跨地域的、民间与专业的、宗教与世俗的并存的特性。④ 虽然如有的学者指出的那样,在由资源转化为商品的过程中,作为文化商品的纳西古乐与曾经是丽江人生活的一部分的纳西古乐已经有了本质的差别,⑤但是随着传统生活的变迁,传统的艺术越来越失去它生存的土壤,这时,在文化交流中的传统生存也许只能是纳西古乐式的神话制造,对于运用了地方性传统文化元素的当代文化"重构"现象来说,很多研究者都称之为"传统"的"重构",认为其已经逻辑地蕴涵了再生产文化的形态和内涵的变化。正如有的学者所说的:"如果我们承认民歌是一种以民族歌

---

① 马翀炜等:《传统的驻留方式——双凤村摆手堂及摆手舞的人类学考察》,《广西民族研究》2004年第4期。
② [美]霍尔等:《文化:社会学的视野》,周晓虹等译,北京:商务印书馆2002年版,第94页。
③ 施惟达:《民族文化的价值及其经济化》,《思想战线》2004年第3期。
④ 杨民康:《云南少数民族泼水节民俗音乐的社会文化特征》,《民族艺术》1998年第1期。
⑤ 宗晓莲:《解构纳西古乐神话——对一项民族文化资源转化为文化商品的人类学分析》,《广西民族学院学报》(哲学社会科学版)2005年第4期。

曲为媒介的审美意识形态，那么我们可以说乡村中古朴的山歌和南宁国际民歌艺术节舞台上的'民歌新唱'都是审美意识形态"。① 传统是有时段性的，随着时代的变迁，某些东西可能成为新的传统，何况沐村展演艺术中还有一以贯之的传统要素。民族文化是一种持续的建构，并非某种自我规定，它取决于与异文化的相互关系，发生于具体的历史情境之中，是多种力量互动的结果，它失去自己的一些东西不意味着去除民族性，而是表明了民族文化的发展。② 民族文化生态旅游村的提出某种意义上旨在进行村落传统的和创新的发展。在旅游展演研究中，学者的论述在传统与现代之间徘徊，其中总是小心翼翼地在逻辑起点上言说传统及民族文化，在具体辨别时总是以固守的纯质文化观念为准则，这样，"创新"、"重构"、"发展"、"复兴"虽然分明在描述传统文化的当代特殊场景中的发展，却最终从价值上否认了该过程的结果。

　　有学者研究表明，旅游的舞台化对民族文化的传承发展具有积极的意义。③ 展演的目的是"通过循环论证的方式借助过去使现在合法化。一旦达到这一目的，那些被展演所唤起的过去以及众人对它的独特解读便会成为事实"。④ 通过艺术展演，在对与过去生活传统相连的要素及相关生活指向的强调中，沐村艺术展演被解读为"花腰傣"传统艺术。"舞台真实"会激发创新，甚至导致"新的文化发明"并被接受为"传统"和"真实的"，在沐村传统的制造中最终生成的是制造的传统，即传统的发明，因此，沐村艺术展演是本地艺术的新样态。文化是趋向于整合的，在对本地生活的强调的基础上，在各种传统艺术符号的使用中，艺术展演自身的各种形式要素发生整合，在面对艺术展演时观众和本地人不用区分是哪里的符号，进行单个符号的逐个还原，就像我们在一台晚会中区分这是这个民族的，那是另一个民族的，只是围绕"花腰傣"传统艺术元素和形式，这些成为文化特质和文化丛在其中充当了集

---

① 廖明君等：《大地飞歌：民族审美经验的研究方法及其理论意义——王杰博士访谈录》，《民族艺术》2005 年第 3 期。

② 施惟达：《民族文化，在阐释与建构中发展》，《思想战线》2002 年第 6 期。

③ 路幸福等：《少数民族社区旅游的舞台化特征研究——以云南若干村镇为例》，《旅游学刊》2007 年第 2 期。

④ ［美］赫兹菲尔德：《什么是人类常识：社会和文化领域中的人类学理论实践》，刘珩等译，北京：华夏出版社 2005 年版，第 65 页。

聚性核心，在与村落互文中成为认同的文化基质，凝聚了所有的元素向此会聚和整合。对于当代中国民族艺术的生产和再生产而言，传统民族艺术的符号系统和文化表达机制与西方现代文化的符号系统和文化表达机制的碰撞和摩擦过程实际上正在产生出一种新的文化，这种文化能够使在全球化条件下发展中国家少数民族人民的日常生活体验得到一种表达。多种文化符号系统与艺术形式彼此冲突与交融，其意义最终还是决定于这些文化符号和艺术形式怎样与现实生活经验相联系。① 尽管沐村展演艺术主要是旅游中的场景性认同，体现了一种竞争性生存策略，是一种社会文化交往互动中的协商妥协过程，但对于沐村人来说，地缘与血缘构筑的地方的维护是其文化的重要取向之一，因此，他们在艺术所提供的边界的重塑和维护中体现出了自觉意识，而且这种艺术作为地方文化表征的活动也奠基于艺术对传统的选择性利用和整合，并与沐村人的历史和当下文化生活有着千丝万缕的必然联系，因此它体现出"花腰傣"特性。因此，沐村展演艺术本身成为"花腰傣"传统艺术的再生产，并在复兴功能的发挥中实现了地方性文化的局部再生产。

复兴的文化在多种力量互动建构中进行了创新，与艺术符号表意性的多重阐释可能性相结合，开启了展演艺术从地方性文化进入大众文化的通道。旅游人类学研究表明：当旅游场景中的文化从"孤立的传统"向"现代多元文化"发展时，旅游艺术品的发展就从"功能性的传统艺术品"向"大众化旅游纪念品"演变。② 村落艺术展演在满足游客的需求中他者化，是加工变化的"传统"，并在旅游者凝视中进行了不同的阐释，其阐释以大众文化消费为解码原则，在阐释中地方性文化得到变革和创新。因此"文化是可以被创造的，而且这种文化可以随着时间的变化而变成一种全球性的文化而被大众游客所接受"。③ 成为大众消费文化是民族艺术的当代生存境遇。当人们利用一系列文化资源来确保其社会身份，不断地将以前是外来的东西转变成自己的，并从全世界的行为和信仰、想法和表达模式中进行选择，使他人和自己感觉有意义

---

① 王杰：《略论民族艺术在当代文明冲突下的作用》，《山东大学学报》（哲学社会科学版）2003年第6期。

② 张晓萍等：《民族旅游的人类学透视》，昆明：云南大学出版社2005年版，第209页。

③ 张晓萍等：《民族旅游的人类学透视》，昆明：云南大学出版社2005年版，第132页。

时，文化就成为混合和压缩的，身份也就是杂糅的。① 沐村展演艺术是供大众旅游消费的"花腰傣"地方文化展示，具有"花腰傣"艺术和大众消费符号双重特性。在其他民族旅游村寨考察中，有的学者看到了哈尼族梯田和蘑菇房既是传统的，又是现代的，从表层上看，传统文化得以延续和彰显，从深层上看，是民族文化资本化运用中传统文化图式的妥协或更新，是传统的发明，②显示了在旅游场域自我与他者互动中的文化建构呈现的地域文化与大众文化两副面孔。

人们对充满争议的大众文化的共识是：与当代工业生产和媒介密切相关，作为文化商品以复制批量生产并用于消费的文化。③ 作为旅游业中消费的文化产品，村落艺术展演是大众视觉性消费景观，成为波德里亚所说的通过传媒再生产和构造出的遮蔽和替代了真实世界的比真实还真实的仿真类像。作为游客消费的视觉性符号，其文本类型化突出，体现为对地方文化表征中的叙述风格以及由此衍生的模式化，其创新产生于文本固有的类型轮换策略以及自身配方程式的不断变化，④ 如沐村民歌小调的这一段与那一段、清唱与树叶吹奏的轮换；舞蹈的模式化符号的不同组合等。沐村展演艺术文本的制作源于不同资源整合中的拼贴复制，是远古传统和当下文化生活、主流文化与本地文化超时空

----

① ［英］拉波特等：《社会文化人类学的关键概念》，鲍雯妍、张亚辉等译，北京：华夏出版社 2005 年版，第 230～231 页。

② 马翀炜：《文化符号的建构与解读——关于哈尼族民俗旅游开发的人类学考察》，《民族研究》2006 年第 5 期。

③ 金元浦《定义大众文化》中通过对人们通常所理解的大众文化的十几种定义的梳理对大众文化进行了界说：大众文化是指兴起于当代都市、与当代大工业密切相关，以全球化的现代传媒为介质大量生产，由消费意识形态筹划，引导大众并采取时尚化运作方式的当代文化消费形态，是现代工业和市场经济充分发展后的产物。单向群认为，大众文化作为一个特定的范畴，主要是指与当代大工业生产密切相关、以工业方式大量生产、复制消费性文化商品的文化形式。金元浦：《文化研究：理论与实践》，开封：河南大学出版社 2003 年版，第 354、第 164 页。洛文塔尔在与艺术概念对应中对大众文化的历史定位进行了探讨，强调了它人工复制生产和虚假的满足的特点。参见［英］史密斯《文化研究精粹读本》，陶东风编，北京：中国人民大学出版社 2006 年版，第 252～254 页。对大众文化的意义也有不同的评说，以阿多诺为代表的站在精英文化立场的学者的批判观点认为，商品化、技术化、标准化、强迫化的大众文化对大众具有意识形态操控性。文化建构论影响下强调文化接受的凯尔纳、费斯克等则认为大众文化是大众灵活地创造自己意义的对话场所。

④ 金元浦：《文化研究：理论与实践》，开封：河南大学出版社 2003 年版，第 174 页。

的共域在场拼贴，即使那些声称是来自本地生活的舞蹈符号，也在大量复制拼贴同源族群的舞蹈音乐符号的基础上制作，呈现出本地生活表象，因此村民自己也会编舞，只需在制作好的符号中不断变换组合就行。再在制作好的符号中不断变换、组合、重新编排，就形成一次次的节目展演，沐村艺术展演是对符号的反复展演与消费。虽然"舞蹈的复制主要不是依靠印刷、录音、录像等技术手段，而是依靠一代又一代的演员在不同舞台、不同时间的不断上演"。[①]而沐村歌舞展演不仅是动作的模式化，而且几年中的节目内容变化不大，是一种复制性展演。沐村实际展演中，虽然每次展演会有不同的场景关系，但总体上从其文本选择、生成到呈现是相对固定的，游客对"花腰傣"符号形式的消费不再关注符号的人文价值，体现了在旅游消费中的文化符号表象化，游客被动地接受当地文化的特点。[②]

消费社会的形成离不开媒体的力量，在媒体重塑的生活中，社会不仅成为景观，同时消费符号作为一种仿真的类像，很多是通过媒体点石成金的神奇魔力而实现的。在波德里亚看来，后现代社会就是大众传媒主宰的社会，因此通过传媒再生产和构造的是一种比真实还真实的仿真世界，对真实世界进行遮蔽和替代。消费社会中的消费依赖于大众传媒的力量，在县、乡旅游发展中，不要说政府在媒体宣传上加大力度，就是沐村人也知道"村里的发展没有戛洒好"的原因之一是"漠沙这边不宣传"。而游客大多会在媒体的宣传介绍中建构旅游地形象。展演中，以电子媒介进行景观式塑造，人工舞台设置中的灯光、音响、布景、舞美设计等，在《傣雅之梦》展演中鲜明地体现出来，就是沐村人也感到"白天表演那些节目不好看，晚上有灯光才好看"。每次花街节或黄金周大型演出都有人负责制作相关影像进行报道或发行，游客可以进行影像虚拟消费，对于那些传统艺术样式来说，已改变了其作为传统民间艺术的民俗礼仪活动中的人际传播媒介而成为大众媒介的传播内容，与大众文化并存

① 林安芹：《大众传媒时代的民间文化传播——以大型舞蹈〈云南映象〉为例》，《民族艺术》2005年第1期。
② 杨振之等：《旅游的"符号化"与符号化旅游——对旅游及旅游开发的符号学审视》，《旅游学刊》2006年第5期。

共生。① 在符号消费中，沐村展演逐渐向去场域化的大众消费靠拢。沐村实际展演中每次不同的场景关系在以游客消费为主要目的的文本生成、呈现以及接受中都着眼于对"花腰傣"文化的浅层感知，使展演艺术成为地方性大众消费符号。在沐村逐渐向主流文化认同的生活变迁中，在与游客共享同一舞台时，他者化的展演艺术对很多村民来说也是他们无须购买的消费文化，休闲娱乐是他们围观的主要目的，与传统艺术的生存和功能相去甚远。

旅游中对民族文化重建的目标"不是真正地再现一种文化，而是表达了消费时代权力政治与资本的文化'理想'"。因此，"走向市场的传统文化必然要遵循市场的逻辑，越来越远离其原来的生存背景，被仪式化、舞台化，成为被观赏的对象。被再生产为一种可供消费的文化产品"。② 对于展演艺术持否定态度的研究者，大多倾向于把展演归类为同质化的大众文化，认为失去了它应有的人文内涵。然而即使是大众文化也并非是同质的，而是多样的，大众文化文本是艺术家的创造结晶，是审美的话语；同时它又是艺术家与大众、制度、习俗、意识形态等在文化实践中相互斗争、谈判的"协议"，是读者与文本、读者文本与其他文本多声部对话的社会性话语，审美话语和社会性话语众声喧哗、相互争宠，这样，大众艺术文本实质上是各种文化即各种意义、价值相互斗争的场所，文本（形式）所蕴涵的文化（内容）就在这种内部动力机制的激励下产生、运动、变易。③ 就像香格里拉从地方性宗教信仰文化转型为全球化背景下全球游客消费的旅游文化符号一样，④ 沐村艺术展演建构中已经运用了两种文化因素，实践了两种文化运作逻辑，其中的关键在于村落旅游的特殊场域和舞台展演为具体中介，各个民族文化艺术元素"变成零散的、片断式的、重复发生的一种画面"，民族元素散落在各式商品中。⑤ 向消费文化靠近，与市场机制结合成为少数民族歌舞在现代社会生存的一种态势。在消费

① 覃慧宁：《大众传媒背景下山歌的传承与传播机制——以广西宜州市为例》，《民族艺术》2004 年第 2 期。
② 刘晖：《旅游民族学》，北京：民族出版社 2006 年版，第 211 页。
③ ［美］费斯克：《理解大众文化》，王晓珏等译，北京：中央编译出版社 2001 年版。
④ 曹晋等：《从民族宗教文化信仰到全球旅游文化符号——以香格里拉为例》，《思想战线》2005 年第 1 期。
⑤ 谭昕：《现代背景下的少数民族歌舞》，《民族艺术研究》2005 年第 4 期。

意识形态筹划下建构的沐村展演艺术作为"花腰傣"文化表征，既是本地文化的再生产，也是大众文化的再生产，显示了当下文化语境中民族地方性文化和大众文化的共生关系及其显性变迁特点。

根据自我与他者的相互构成性，旅游地展演的文化形式要"既能让游客乐于接受又富含民族文化底蕴，能使游客感到与他所熟悉的文化产物有所不同。这样的创造过程不可能机械地延续任何一种文化的传统模式，而是创造一种不露痕迹的多种文化互动的人为实体"。① 民族村寨旅游展演艺术双重视阈存在决定了它在"标准化"和"差异性"张力之间寻找平衡点，既不是完全的自我文化也不是完全的他者文化。在旅游凝视中，展演艺术多样化的意义体现在对游客他者和本地人发生的双重功能中，其功能性意义呈现了作为其定位基础的一般特性，从长时段来说，展演艺术对本地人的意义无疑将超越功能性意义而更加深广。目前，展演艺术的功能性意义为其既是"他们的"又是"我们的"提供了参照，展示了其本地艺术和大众消费艺术两副面孔，成为霍米·巴巴所说的在第一性和第二性文化上生成又进行了超越的第三性"间际"文化，呈现出全球化时代全球地方文化交流的生动景观。

四、小 结

在特殊的村落旅游场域中，基于对一个地方性文化的体验感知需求，不同主体对展演艺术的解读都以村落生活与展演的相互参照即互文性为基础，在沐村，展演艺术与生活构成符号反映生活、展演连接生活与展演作为生活的不同层面的互文性，而沐村人与游客不同的文化图式尤其是对"花腰傣"生活的熟知程度决定了进入展演艺术的本地人从生活向舞台、游客从舞台向生活的同中有异的解读路径。在此基础上，对沐村展演艺术的理解划分为两个层面：一是文本即符号的呈现；二是展演作为一个行为过程本身。在对文本符号的理解中，沐村传统文化符号区隔了主位视角和客位视角的不同，本地人的理解具有文化积淀中的直觉性，同时又加入旅游展演中面对他者的反思性；在二者的结

---

① 刘晖：《旅游民族学》，北京：民族出版社 2006 年版，第 64 页。

合中，服饰等传统符号体现了"花腰傣"文化感官的地方特性，又在展演互动中生成新的特点，从而造成服饰的加工和创新。游客的理解则以旅游中对异文化"花腰傣"的体验为主，其中交织着对本地文化生活的想象与真实交织的复杂体验。在对展演艺术的感知中，旅游人类学对游客的异文化感知中"舞台真实"的探讨内含了对旅游展演艺术的认知。通过对"舞台真实"理论的辨析可以看出：游客对沐村展演的感知既是面对真实的艺术符号，又与游客自身文化图式决定的前理解和旅游宣传中对沐村"花腰傣"文化的前理解密切相关，呈现出更多的个人化色彩，但受制于旅游场域，则表现出共性特征，体现出更多地重视符号自身的形式特征，并在与本地人的互动中建构为"花腰傣"的标志。对服饰等传统符号的感知理解既是村落旅游中本地人与游客的协商性体现又是基于沐村文化的不同感知，在不同文化底色中呈现不同人群理解的差异性。对展演乐舞，无论是沐村人还是游客都在共享的主流文化塑造中体现出对"艺术"的感知理解，并强调"花腰傣"的特性，是在对傣族乐舞"刻板印象"的基础上的旅游场域的彼此建构，在认同与个性的张力中呈现出以"摆"为主要动作特征和刚柔相济的沐村"花腰傣"舞蹈风格。在对展演活动的理解中，艺术展演是连接沐村人和游客的重要实践活动，作为本地人和他者双重视阈中的存在，以沐村旅游为出发点，本地人和游客在旅游场域不同的需求及其不同的文化图式基础上，展演生成对本地人和他者的同中有异的功能意义。以市场、展演、文化、艺术、互动等不同层面的要素为中介，展演艺术生成了生计与消费方式、自我与他者关系重构、文化表征与异域想象、艺术经验共享、文化交流与再生产等本地人和游客双方彼此关联又相异的文化意义，从对不同参与主体的功能意义出发，沐村展演艺术显然具有沐村"花腰傣"文化及游客大众消费文化两副面孔，呈现出全球化与地方化互动中的文化交流景观。

一、沐村展演艺术的定位

在人类学视野中，作为"艺术"的活动是与一个地方人群的鲜活生活同步的实践过程，当我们从文本出发的反生态碎片式研究走出时，"回到生活"的艺术研究理念引导本书从文本建构、文本呈现、意义生成等环节对沐村旅游展演艺术建构进行考察。在建构中，展演艺术文本生成于生活向舞台的转化。为了满足旅游场域他者的凝视，文本被制作为沐村"花腰傣"文化生活的表征，决定了选择的文本符号在村落语境中被转化为沐村"花腰傣"文化生活的再现，使文本生成呈现出从生活向舞台转换的路径。无论是沐村人的文化生活尤其是日常劳作生活被符号化加工提炼搬上舞台，还是沐村生活中原有的文化符号直接进入舞台展演，都在有意与沐村生活建立关联中制作为沐村"花腰傣"生活的表征。旅游中主流文化和沐村地方文化的相遇重设了共享的"艺术"概念，沐村人日常生活中的文化符号在官方和游客的主流文化分类中归化为"艺术"，并在沐村不断受主流文化塑造的复合性文化基础上获得双方认可，在共建的"艺术"符号的不同运作中成为"花腰傣艺术"，体现了沐村生活向舞台转换的文本生成。

苏东海认为，在政府、专家、村民三种力量中，专家和地方政府是主导力量，村民是被领导的，外来文化成了村寨文化的代理人。从文化代理到文化自主，村民们需要经过三个文化递升的层面：利益驱动、情感驱动和知识驱动。[①] 在沐村展演艺术建构中，各种力量在不同环节中具有不同的位置。在文本制作中，专家和地方政府是村民的代理人，沐村人虽然在历史发展中已建构起复合多元的文化生活，尤其在现代大众传媒影响下，对主流大众欣赏的"艺术"已获得了很多感知，但其所享有的资源不足以让他们进行新的创造，他们缺乏自觉把握符号创建的能力，因此，是官方文化工作者代表村民的立场以自己对主流文化的了解和熟悉进行艺术文本制作，而沐村人在熟悉文本的过

---

① 方李莉：《警惕潜在的文化殖民趋势——生态博物馆理念所面临的挑战》，《民族艺术》2005 年第 3 期。

程中也会以自己所拥有的主流文化和传统文化为"惯习"进行局部的修改加工，体现出文本制作中的群体性以及个体与给定文化形式的互动性，再现沐村当下现实文化生活逻辑。

艺术文本呈现的艺术展演发生于游客到场时，此时村落生活时空与展演时空彼此重叠交错，造成两个时空的共享即村民和游客都进出于展演与沐村生活中。在艺术人类学"行为"研究的方法践行中，展演过程呈现了不同主体的行为姿态，不同姿态的行为表现正是在艺术展演和生活中不同角色的建构，角色建构以展演场域的互动为基础并与不同主体享有的文化图式有关。不同时空中的展演由于官方权力的不同介入呈现出不同特点。在日常展演中，官方"代理人"较为隐蔽，主要由沐村文艺队组织参与展演，村民并未受到动员，展演与村民日常生活相对分离，对村民生活时空的挤压度较小，展演与生活中不同角色的转换建构主要体现在参与表演的文艺队员和服饰工艺展示销售者身上，其他村民只是其中可有可无的看客，完全取决于个体当时的具体生活情景。在"以节造势、以势引人"的培育旅游产业策略中，[1] 节日成为官方对地方民间文化征用的主要资源，节日展演中，官方成为组织者和操控者，沐村旅游艺术展演在官方的意志中呈现为沐村就地展演和镇上展演两种不同形式。镇上展演是行政区划和地域文化的总动员，沐村人只是参与展演的一部分，在展演空间的游移中，沐村人不再把自己与游客进行参照，而是转化为与官方相对。在官方提供的平台上，沐村人和本地周围彝族、哈尼族等各民族历史上对"花腰傣"花街节的族际共享成为他们参与节日展演的文化记忆，他们各自以自己的"艺术"活动为"惯习"，在官方创造的展演空间中填充进传统生活节日中进行的歌舞娱乐活动，形成并行不悖的民间和官方展演活动。其中，官方权力也延伸进民间展演中，使民间展演在其缝隙中迂回，从某种意义上体现了花街节作为"过去的事实"并非至关重要，重要的在于当下语境中建构的"现在的真实"。[2] 在沐村进行的节日展演也是官方力量掌控中进行的全镇总动员，有时还涉及县域。村民与参与展演的各主体形成复杂关联，与官方和外地游客以及沐村周围"本地人"进行参照以建构自己的角色意识。沐村人的展

---

① 参见附录六。
② 叶舒宪等：《人类学关键词》，桂林：广西师范大学出版社 2004 年版，第 114 页。

演听从官方安排，只是官方盛大节日庆典的一个组成部分，本村生活时空中的展演是对村民日常生活时空的侵入、分割与转化，村民的角色建构体现出一定的复杂性。无论是在日常展演还是节日展演中，沐村人都被划分为展演者、村民等持不同行为姿态的角色，在生活与舞台不同场景的转化中，村民生活中对角色的认知和体验对舞台展演中的角色建构具有一定的框束性，村民不断变化的文化价值观对角色建构具有一定导引性，生活中的角色与展演中的角色承担存在着一定的紧张，导致日常生活中的角色和舞台展演中的角色建构遵循既交叉又独立的价值体系，如对展演者的评价，在展演中呈现出一个倒转的关系：从生活中似乎是不务正业的"懒"的负面价值向"文艺队员"和"民歌王子"的正面价值转化；从服饰工艺制作的"能人"的正面价值向善于面向市场经营的"老板娘"的负面价值转换。并从生活中模糊不定的开放性角色走向一种逐渐明确的命名行为的角色承担，呈现出沐村人变迁的文化生活现实以及旅游和展演对村民文化生活的影响。展演文本对本地生活的叙述性通过展演活动在生活与文本之间进行着情景性转化，其中蕴涵了展演艺术从文化制品转化为文化商品，以达成旅游展演的目标，带来村民生活中进入展演的文化符号变迁。

展演艺术作为一种地方性生活的表征，对它的理解在生活与舞台的互文中进行。在展演艺术被作为沐村"花腰傣"文化生活表征的建构中，村落文化生活成为展演艺术理解的基础，对其具有框束性，展演艺术则对村落文化生活具有索引性，决定了展演艺术在与本地文化生活参照和印证中进行理解，体现出彼此之间的互文性，具体阐述文本符号对沐村"花腰傣"文化生活的反映、文本展演与沐村日常生活的关系以及展演作为旅游开发中沐村生活的部分这样三个层面上展演艺术与沐村生活的关联。在生活与展演的互文中，不同参与主体的"阅读"在展演艺术和沐村"花腰傣"生活中往返穿梭，在文本和文本展示两个层面上进行感受和理解。在文本理解中，村民具有基于本地文化生活的直觉和面对他者的文化自觉，既从自我文化眼界出发进行符号指称性的理解，感知每一种符号形式承载的文化内容和意义，又把传统符号在展演场域的所指转化与加工的各种符号的寓指结合起来，把它们建构为"我们花腰傣"的，体现了展演场景中艺术作为文化身份表征的临时建构策略。游客的解读在自我文化基础上进行又框束于沐村特定的旅游场景，在其对一个地方文化的真实与想象交织的建构中，所追求的是自己建构的沐村"花腰傣"艺术，在自己前理解与沐村人提供的"花腰傣"特性中，游客从符号中满足对异文化的期待。同时，文本符号的形式特征引领着阅读者超越具体生活内容进入纯粹的审美感知中，无论是沐村人还是游客，都以自己文化中对"艺术"的感知理解路径对符号进行感官体验，于是展演中的符号被赋予一种普泛意义的"艺术"特性，对线条、构图、色彩、造型以及节奏、韵律、动作、舞姿等带来的形式感如对称、协调、变化、舒展、力度、新奇等感知，体现出艺术消费中的感官愉悦性。艺术展演是旅游场景中实现旅游目的的工具，它在游客与本地人的双重视域中的存在生成对游客和本地人的双重功能性意义，从展演本身所关联的不同层面和要素出发，从作为市场、艺术、文化、交流、一种文化生产等几个层面出发来看，对本地人来说它意味着一种生计方式，一种休闲娱乐活动，一种文化身份标志，与主流文化和本地文化进行交流的渠道以及民族艺术的当代再生产等多重意义；对游客来说意味着一种消费方式，一种新奇体验，一种异文化想象，一种文化体验与交流以及大众旅游消费艺术的再生产等。游客与本地人之间的意义生成是彼此参照的，在展演的共享和各自的文化差异中，意义有共享性，但更多的是差异性。

　　沐村旅游展演艺术的建构再现了全球文化交流中的文化再生产情景。传统社会中，地方人群文化的发展主要体现为纵向关系——在文化内部代际间传承，加入部分横向因素的吸收借鉴，在此纵横关系网络中不断发展下去。展演艺术在当代大众旅游消费场景中地方性文化与大众消费文化对话中生成，是主动制作的文化产品，目的是在旅游市场中转化为商品。旅游场景框定了它被作为地方性文化表征，因而尽量动用地方性资源成为旅游地制作该文化产品的基本路径，但实际上受到旅游大众口味的牵引而进行了加工改变，外力既是该文化生产的动力也是直接的目的，是对传统文化生产的颠倒，这种颠倒来自全球和地方互动中的文化生产需求，在积极的互动中建构成为其主要的生产特点，在其生产过程中，官方、村民、文化精英、游客等各种主体以各自的文化惯习参与互动，形成建构的合力。在沐村展演艺术再生产中，沐村当下复合多元文化中的传统文化价值取向在村民生活中的存续为其生成提供了生活基础，以官方及其文化人为中介，实现地方性艺术向大众消费艺术的生成和转化，体现了旅游场域大众文化与沐村本地文化的共生关系。

对展演艺术的定位是对其作为沐村地方文化发展中的一种特殊文化现象在当代文化发展中的地位与基本属性进行初步描述，展演艺术与地方性生活构成的互文关系及其受到旅游场域游客的牵引，成为地方性文化与大众消费文化"之间"的文化，即既不是完全的地方性文化，也不是完全同质的大众文化，而是在二者基础上生成与第一种和第二种有质的区别的混合文化，文本借用"第三空间"的概念对其进行定位。

在当代文化交流中，一些文化研究者提出了"第三空间"概念。福柯发现了一个隐藏的他者性差异空间——权力、知识运作的空间，以此打破了历史主义对空间的遮蔽；列斐伏尔提出了空间的三元辩证法，即空间性、社会性、历史性的辩证法，在传统空间研究的物质性构想性向度外增加了一个生产性空间，即认为空间并不是一个用于盛装各种关系被动的容器，它本身就生产着各种关系。三元空间辩证法相对于第一性和第二性空间而生成，既在两者的基础上有选择地生成又超越了两者，是他化的或是第三化的空间。它去除了二元论的诱惑，对二元封闭进行了拆解和积极的重构，重构为有差异的第三者。列斐伏尔开启了空间的政治经济学研究，把空间看成是各种政治经济关系的构成和运作，也开启了文化研究中差异、他性和认同空间的文化政治研究。

索杰深入阐发了列斐伏尔的空间概念，提出了"第三空间"概念。索杰认为"第三空间"是一种真实和想象的差异空间，即把空间把握为一种有差异的综合体，一种随着文化历史语境的变化而改变着外观和意义的"复杂关联域"。第三空间放弃非此即彼的二元论封闭性，思考亦此亦彼的可能性、开放性。他通过一系列边缘差异的文化研究，把"第三空间"转换为后现代文化研究中的重要概念，极大地激发了后殖民话语中对"第三空间"的认同以及再度开创和延伸。

列斐伏尔和索杰的"第三空间"概念主要运用于对于城市空间的政治经济学研究和分析，关注空间中各种关系的生成和运作。利用第三空间的开放性，经过后现代文化研究者瑚克斯、后殖民批判的法农、斯皮瓦克、赛义德等人对边缘差异研究的运用和拓展，在霍米·巴巴的手里发展成聚焦于文化的作为文化批评策略的"第三空间"概念。

后殖民批评立足于宗主国文化和殖民地文化之间的关系，探讨文化边界上的权力运作。法农对第一世界和第三世界之间关系的分析以及对黑人白人之间文化差异和文化殖民权力运作方式的分析给了霍米·巴巴以启示。霍米·巴巴认为，不论是文化边界拆解中殖民地向强势者认同还是边界加固突出本文化特性以示抵抗都是殖民事实。拆解边界消除抵抗认同于一种强势文化，制造一个同质的文化中心，既不是人们的选择也不是当下的文化事实；巩固边界突出自我，又使自己成为他者的欲望对象，制造了另一个中心，加强和维护了文化等级制，制造了新的文化殖民。这两种文化策略都没有起到抵抗殖民的作用。于是他主张，文化应该定位在中心之外的文化边界上，既非弱势文化被强势文化淹没也非弱势文化变成一个新的强势文化，而是通过互相对话、协商，使文化权力在文化之间达到一种和谐。霍米·巴巴在其后殖民文化研究中提倡"第三空间"的研究姿态，其策略是背靠文化差异，将自己放置在具有差异性的界限位置进行文化差异的书写，为此他引出"杂交性"、"模拟"等概念以构筑批判的"第三空间"，正是模拟打破了二者之间的二元对立，在其中制造了含混和杂糅，生成亦此亦彼的"第三空间"。因为模拟者在模拟中不断地调整、改变自己和对方，不断地在自我与对方之间产生延异、差别和超越，在二者间发现和撕开裂缝，于是，生成的第三者处于模拟与被模拟者之间而成为它自己。就在这种"像而不是"的超越中，反抗性、分裂性就内含于其中。霍米·巴巴用"第三空间"策略反本质主义、反文化帝国主义和男性中心主义，以此实现在文化流通时代进行跨文化对话的可能性。[①] 第三空间是一个关系构成，是当代社会文化流通中社会文化关系的生成与变化的动态描述，它站在第三化的立场关注边界文化，把边界当作文化关系生成的地方，在这里，相遇的文化进行谈判协商生成意义，以建构一种你中有我、我中有你的杂糅文化来解构二元对立，对话双方成为对话、互渗、共生的新型关系构成而不是中心互换，实现文化的多元化。第三空间既不是内部文化也不是外部文化，但与两者都有联系，吉尔罗伊称其为"两个伟大的文化集合"间占有一席之地的"双重意识"。令人关注的问题就从简单的区别、文化区域思想转向了始终处于运

① 参见［美］索杰《第三空间：去往洛杉矶和其他真实和想象地方的旅程》，陆扬等译，上海：上海教育出版社2005年版；王岳川《后殖民主义与新历史主义文论》，济南：山东教育出版社1999年版；［法］法农《黑皮肤，白面具》，万冰译，南京：译林出版社2005年版；［美］弗里德曼《文化认同与全球性过程》，郭建如译，北京：商务印书馆2003年版；汪民安《文化研究关键词》，南京：江苏人民出版社2007年版，第47~50页。

动和转变中的"流通文化",相互接触的文化。①

从第三空间来看,"空间的作用是创造并再生产对特定社会关系和相互作用的期待。"② 村落作为地方性文化的基本承载单元,是一个既包含了实在地理单元又包容着各种文化关系的构造,当叠加进展演艺术建构的展演空间后,民族旅游村落就成为一个独特复杂的文化空间,类似于文化地理学上的第三空间。因此,村落不是一个毫无生气的文化容器,里面陈列着各种文化事象,展演空间叠加中的村落充满了生命力,充满了各种关系的互动,村落文化不是人们全部的生活方式,而是人们将身边的片断加以连接、重新组合而成,是阿帕杜莱所说的不同"景观"。村落展演艺术的生成,是村落文化变迁的体现,在村落文化变迁中,存在着自觉文化和自在文化层之间的交互关系。③ 在这两个层面不存在必要的张力和冲突时,文化变迁只能采取外在批判性重建的途径,即采用文化整合的方式,新的自觉的文化因素从外部切入,同原有自在文化层面构成张力和冲突,推动原有文化超越自身。④ 在沐村这样的民族村落里,文化是一种自在文化,展演艺术的建构是村落自在文化与新的自觉文化即旅游文化输入的结果。旅游地社会文化环境变迁是旅游地空间输入外界"流"后必然发生的过程,是由旅游地外界输入的游客及其携带而来的物能流和价值观念系统与旅游地内各主体要素(居民、企业、政府等)的行为而形成的场流与系统的相互作用的结果。⑤ 在旅游场景中,很多学者的考察结果说明地方性文化在受到旅游这种全球化力量影响时,并不是被动地接受,而是一个主动适应的过程,二者之间进行着积极的互动。而在全球地方互动中,"作为全球体系中的地方文化和族群,在文化上呈现出同质性和异质性二元并存的特征"。⑥ 沐村人生活的复合性以及旅游场域多种力量的参与互动,决定了展演艺术不可能是沐村人"传统"艺术的"原汁原味"呈现,而为了达到地方文化表征的目的,也不可能全盘借用他者文化,而是在当文化的多样性成了大众旅游的一

① [英]克朗:《文化地理学》,杨淑华等译,南京:南京大学出版社 2003 年版,第 217 页。
② [英]克朗:《文化地理学》,杨淑华等译,南京:南京大学出版社 2003 年版,第 202 页。
③ 李伟:《民族旅游地文化变迁与发展研究·代序》,北京:民族出版社 2005 年版。
④ 李伟:《民族旅游地文化变迁与发展研究》,北京:民族出版社 2005 年版,第 6 页。
⑤ 刘晖:《旅游民族学》,北京:民族出版社 2006 年版,第 213 页。
⑥ 周建新:《族群认同、文化自觉与客家研究》,《广西民族学院学报》,2005 年第 2 期。

个有地方色彩的供应商的条件下，"有意识地把握和利用先前只是盲目地和暗含地属于我们的东西"。① 因此，展演艺术是地方与大众二者边界上的运作，在这里边界是一种矛盾的运动过程，它既是一种区隔，又是协商互动中的建构，是一种合作性的生成史。霍米·巴巴认为，第三空间否认了"将我们的文化历史特性当作一种被一个起源似的过去所证明的存在于民族传统中的同化力量"。同源民族文化的真实概念、历史传统、有机种族团体都完全处于重新定义的状态。实际上创造力和生命力就可能发生于不同文化空间的并置、变化和联系中，以及相对立的文化景观的相互覆盖中。② 旅游展演艺术生成于地方性文化、大众消费文化、官方权力文化等多种文化边界上，是大众消费和本地文化双方共建的杂交文化，既是自我文化又不是完全的自我文化，在向他者展示推销的过程中，做了适合他者口味的改动，呈现出既"是"又"不是"的混合性，既不是村落传统艺术也不是完全脱离村落文化去场域化的大众消费文化，呈现出与前两者不同的差异性。

地方文化与大众文化在相遇的文化场景中成为一种共生关系，在共生关系中，彼此不可避免地相互置换与交融，形成你中有我、我中有你的交糅格局，生成文化的第三空间。展演艺术是在多重文化边界上的运作，其中，本地文化在国家反复的收编中已成为一种混合性文化，村落文化既是一种相对于主流和其他人群的异文化，也是国家场域中的乡村亚文化，为文化边界的运作提供了基础，展演艺术的建构体现了当代复杂文化语境中大众消费文化和村落文化共同运作的文化生产逻辑，是二者边界上运作生成的杂糅、异质的文化对话空间，村落里的旅游表演既不同于大众文化也不同于村落本地民族文化，基于民族村落特定展演场景使它更多地与村落文化空间紧密相连，展演空间与村落原有文化空间重构为新的村落文化空间。在全球化背景下，地方性文化不可能独存一隅，而是在文化传播中进入他者视野，在自我与他者的关系构成中，通过杂糅生成第三性异质文化，成为地方文化与全球文化相遇中的地方文化的发展图景。

---

① ［美］舒斯特曼：《生活即审美：审美经验和生活艺术》，彭锋等译，北京：北京大学出版社2007年版，第259页。

② ［英］克朗：《文化地理学》，杨淑华等译，南京：南京大学出版社2003年版，第222页。

二、民族艺术的当代境遇

沐村展演艺术在地方文化与全球文化的共生关系中生成第三性，呈现出全球文化交流中地方文化的发展图景，笔者由此延伸到对当代民族艺术的境遇与发展进行思考。

当代全球化带来的现代化生活方式深刻地改变着人们的传统生活文化，地方性民族文化艺术面临着特殊的生存境遇，它"怎样发展"成为民族文化研究中的突出节点，对此问题的探讨集中在传统与现代变迁的论题中。在传统与现代的二元思维中，或者呈现为传统，或者呈现为现代（不是传统），二者成为对立的双方。一个最突出的现象就是对"原生态"的想象与呼唤，它成为我们解读民族文化艺术的内在质性维度。人们对"原生态"的判断都是在未进行明确界定基础上随拈随用，有时指向艺术活动主体，有时指向艺术形式，有时关注艺术生存环境，有时是全部的综合。对"原生态"的追求蕴涵了时空凝固的想象，在空间的边远、时间的久远的想象中，艺术被拔出了民族生活实践。从民族生活实际出发，没有所谓的"原生态"与"原汁原味"，只有随着生活的不断发展而变化的文化艺术，它是不同历史时期自身与外界生境中各种不同因素互动的结果，它总是在不同的纵横关系网络中生存和发展。当地民众不需要一种"原汁原味"的艺术和文化，他们有的是随生活的变化而变化整合于生活的艺术。对"原生态"的追求与不同文化的"艺术"的不同理解有关。民族艺术的传统生存方式是民族生活态，被我们称为"艺术"的那些东西就是人们日常生活本身，生活、创作、欣赏是一体化的。[①] 主流文化中的"艺术"则是文本性的，在两种文化相遇中，双重标准的使用造成民族艺术传统只能是"原生态"即生活态生存的认识，完全不顾民族生活逐渐向主流文化认同的现实。对"原生态"的想象还与文化多样性的理念相关。多样性是一种第三者立场与视界，在自我视界中，文化是功能性存在，特定的传统在民族生活中具有整合功能，失去现实生活中的功能，传统的保护就没有意义，也

① 彭兆荣：《"第四世界"的文化遗产：一个艺术人类学的视野》，《文艺研究》2006年第4期。

不可能。地方人群不可能为了"多样性"而保留文化，如沐村的土掌房，政府和游客都希望村里的所有土掌房保留下来，然而事实是只要有条件的人家都把它拆了建成水泥房，满足自己"也想过点好日子"的愿望，即使用来招待游客的两家"标准"农家乐，也是用水泥钢筋建成的，充分考虑到游客"看"与"用"的不同需求，对本地人来说何尝不是如此，只为了他者所需的"多样性"与"地方性"是一种强加于地方人群的多样性。"异文化就是对异文化的人类学表征"，① 民族志的正在消失的对象是一种很重要的、使某种表述实践合法化的修辞结构。② 正因为如此，在民族生活变迁中，"原生态"成为对地方人群艺术文化永恒不变的想象并在主流文化的修辞中合法化。

人类学家眼里的全球化是本土化的，全球传播的含义在于对话、并存和记忆，而不在于消亡。③ 其实，无论在现实还是历史中，文化的彼此交流互动都是必然的。朱炳祥指出，在文化发展中，旧的文化和传播来的新的异文化经过选择、转换与重新解释，被一层层地重叠和整合在新的文化结构中，形成"新"、"旧"、"异"多重文化时空的层叠整合，这既是文化变迁的结果也是文化变迁的过程，同时也是人类文化发展的一般性过程。④ 因此，在历史实践中不存在纯粹的本地生产的固定不变的民族文化，民族文化是一个在与他者文化不断对话的过程中自我阐释更新的动态发展过程。在文化交流中，一种文化的发展不可能维持更多纯粹的地方性特性，也不可能完全脱离"地方"进行发展，"地方"是其文化发展的"惯习"，"金双拱"的中国化以及大众媒介的地方化观点都说明了这一点。⑤ 这些都是以社会生活文化的不断随生境变迁为事

---

① ［美］克利福德等：《写文化——民族志的诗学与政治学》，高丙中等译，北京：商务印书馆2006年版，第294页。
② ［美］克利福德等：《写文化——民族志的诗学与政治学》，高丙中等译，北京：商务印书馆2006年版，第153页。
③ 王铭铭：《西方人类学思潮十讲》，桂林：广西师范大学出版社2005年版，第171页。
④ 朱炳祥：《"文化叠合"与"文化还原"》，《广西民族学院学报》（哲学社会科学版）2000年第6期。
⑤ 庄孔韶：《人类学通论》，太原：山西教育出版社2003年版，第640页。阎云翔的研究表明，麦当劳进入中国后在经营者和消费者互动中被中国化，成为中国式的麦当劳。郭建斌：《独乡电视：现代传媒与少数民族乡村日常生活》，济南：山东人民出版社2005年版。郭建斌的研究表明，电视作为一个完全的异质文化因素进入独龙族地方以后，怎样看电视却有着地方不同的方式和特点。

实的抵抗二元论诱惑的认识，也就是说，在全球文化背景下，地方文化与全球化互动中，地方文化变迁是必然的。"为了维持一个建立在想象的文化纯粹之上的纯正性典范的冲动，而不是去追求另一个建立在富有成果的文化混合的事实上的纯正性典范。……大多数文化都是混杂的，都是通过历史上的相互交流对话而构成，而在通常情况下，多元文化资源的融合似乎使文化传统变得更为强大和丰富"。① 如果用一种静态文化观来看问题，变化就被视为堕落，现代性就被认为具有导致文化衰退的危险。事实上，没有一个地方性文化是纯粹的本土文化，在地方特色相对浓郁而被想象为净土似的丽江也是多元文化的互动交流与互补之地。②

在此前提下，我们需要反思的是对"传统"的认识和界定。"传统"在建构论视野中是一种特定的运作方式而不是文化事象本身，所以，接受外来思想和物品过程中重要的不是它们被接纳的事实，而是它们被文化重新界定并投入到使用中去的方式。③ 也就是说，传统不是凝固不变的实体，而是人们运用传统文化方式再造文化的过程，所以地方传统不是一成不变的，"花腰傣"人独特的谈情说爱方式"照电筒"就是在电筒这种现代照明工具的使用中形成的，现在被当成了他们的"传统"。在当代民族文化发展中，人们从怀旧的情感出发拒绝赋予变化的文化以合法身份，目前，学界逐渐对地方性文化创新持一种开放态度，认为过去不是被保留下来的，而是在现在的基础上被重新建构的，传统并非完全属于"过去"，而是凭借集体记忆，在对过去的遗迹和眼下的现实要求的双重借助中，表现为一个重构了的过去的存在。④ 对"再造的传统"进行"伪民俗"质疑的解释是，这些"伪民俗"一旦为民众所认可，从而流播开来，经历了相当的历史，就变成了民俗，与真民俗在一定的时间内可以相互作用、相互转化。⑤ 传统是一个时间段上的文化生产特点，当所有的文化与生存都被卷入全球化的时候，似乎传统生产的时间链条被打断了，于是才出现

---

① ［美］舒斯特曼：《生活即审美：审美经验和生活艺术》，彭锋等译，北京：北京大学出版社 2007 年版，第 258 页。
② 杨福泉：《丽江古城纳西和汉文化的相互影响与整合》，《思想战线》2005 年第 2 期。
③ 罗钢等：《消费文化读本》，北京：中国社会科学出版社 2003 年版，第 401 页。
④ 陈庆德：《人类学的理论预设与建构》，北京：社会科学文献出版社 2006 年版，第 190 页。
⑤ 林继富等：《解释民俗学》，武汉：华中师范大学出版社 2006 年版，第 210 页。

了现代社会的"民歌情结"和"民歌社会"的"现代情结",① 这正是一种文化的交流和碰撞,现代社会和"民歌社会"在特定场景的相遇中开启了彼此创造的契机,如果村落展演艺术生成的大众特性是"民歌社会"的现实需求,是其"生存本能和经济需要",是人们"追寻自身社会性本质的一致性"的客观的历史过程,② 如果文化产业成为现代精神文化生产的形式和机制,③ 那么一切开发、利用、发展、创新的论述就都不只是理论姿态,而是现实的表述。上述诸多学者的论述旨在阐述不存在固定的"传统",传统是历史地生成的,对民族艺术的纯粹的"原汁原味"或"原生态"的追寻只是他者对"异邦"的想象而已的观点。

　　从另一个角度说,对于被称为"艺术"的民族文化来说,具有符号特征的普遍共享性与所寄托的文化信息的地域性,由此决定了它得以在一种新的基础上发展。④ 正是艺术文化的这种特殊性为地方性民族艺术的当代传承发展开启了可能的空间。在全球和地方互动中,人们对现代性和全球地方化的"解域化"试图进行"结域化"即制造一种地方性,⑤ 因此产生了"杂态共生"文化,如毛利人的 hip – hop。地方旅游艺术展演显示了民族艺术在特定时期的一种新的叙事方式的可能与实践,变异是传统文化在新形势下得以保留和发展的重要途径,就如当代社会的山歌照着歌谱唱,有伴奏、伴舞,借助扩音设备,设立歌台、舞台,并与其他艺术形式结合(如影视),呈现出必然的多元化发展趋势一样。⑥ 对于作为跨文化共享的"艺术"来说,其感官符号的特殊性决定了它的变化创新的更多的可能性,因此,展演中艺术文本作为符号形式,增补缺失、变形都是它发展的常态,正是符号基本形式的保留与部分创新相结合,使其成为介于母体文化和外来文化之间的边界运作文化。

① 范秀娟:《民歌社会的现代情结和现代社会的民歌情结》,《文艺研究》2006 年第 4 期。
② 陈庆德:《人类经济发展中的民族同化与认同》,《民族研究》1995 年第 1 期。
③ 谢明家:《文化产业:精神生产发展的现代形态》,《思想战线》2007 年第 1 期。
④ 王杰:《略论民族艺术在当代文明冲突下的作用》,《山东大学学报》(哲学社会科学版) 2003 年第 6 期。
⑤ [美] 罗尔:《媒介、传播、文化——一个全球性的途径》,董洪川译,北京:商务印书馆 2005 年版,第 282~291 页。
⑥ 李雄飞:《文化视野下的山歌认同与差异》,北京:民族出版社 2005 年版,第 252~253 页。

在全球化与地方化互动进程中，地方传统总处于不断流变建构的过程中，虽然人们都强调旅游地文化在展演中其文化价值和意义发生了变化，但应该承认这就是民族艺术文化的当代境遇，境遇既是它生于其中而不得不面对的处境，又是它创造发展的现实条件。在全球文化传播中，地方艺术在地方生活的变迁中失去了像过去那样生活态生存的土壤，脱域进入他者的视野，逐渐过渡到文本化生存即展演化，很多学者注意到了民族文化当代境遇中审美化的生存方式。当人们日益认识到对边地文化的原汁原味的纯朴文化的保护传承是依靠贫困和闭塞维持着，是以剥夺当地人的现代文明的追求权力为代价时，于是那些属于过去历史的边地文化，就"只能用之于研究或展示，或作为旅游开发的历史人文资源"。① 由于传统文化的生存环境发生了变化，作为符号的传统文化其能指和所指也因此发生了变化，其形式依然存在并在某种意义上得到了加强，其含义和功能则发生了改变，原有的传统文化不再适应现实变迁的生活，而成为"为'展演'而存在的一种艺术或是一种民族的标识物"。② 因此，今天民族文化的发展趋势就是脱离实际生活场景超越于使用功能的艺术化、审美化和展演化。③ 而在全球本土互动中，本土文化一旦介入到全球化的图像表达系统中，它就丧失了其传统性内涵，其意义只在于图像表述中的不同本土文化样态的对比关系中，而为了获得文化身份的认同，本土文化又依照全球化的图像表述系统的规则，来改变自身的内涵及其形象。④ 正是在这种传统的自性向他性转换中，在民族地方性文化中的功能性艺术活动转变为表演性和展示性的。在面向他者展演的场域，不同文化主体相互建构为彼此差异的他者，他者化成为民族艺术当代展演化生存的内在视角，从而改变了它生成"传统"的路径、方式和特质。

民族生活是流动的鲜活过程，文化传承就是根据流变的文化生活进行不断调适的过程，是变异创新中的传承。展演化在民族艺术功能性转化中成为一种自我他者关系性存在，蕴涵着变化的合法化，变异创新以适应展演的需要成为

① 《光明日报》书评周刊：《边地中国》，北京：中国社会科学出版社 2004 年版，第 44 页。
② 刘晖：《旅游民族学》，北京：民族出版社 2006 年版，第 201 页。
③ 杨志明：《论云南少数民族传统文化的艺术化》，《思想战线》1999 年第 3 期。
④ 李鸿祥：《视觉文化研究：当代视觉文化与中国传统审美文化》，上海：东方出版中心 2005 年版，第 215~218 页。

当代民族艺术的生存机制。当民族艺术由于生境的变化而被置换了它的功能和意义，使其从生活样态转换为展演性存在时，注定了其中诸多文化意义的消失及形式上的某些变化，由此破坏了人们对"原生态"艺术的想象而受到人们的质疑。夏欣认为："文化不是起源于某种理念，而是源自于自然的生活，边地文化从来不为他者生存，而是按照自己的惯性轨迹发展的。"① 在流变的生活中，艺术总处在不断变化中。从不存在"原汁原味"的"原生态"艺术，地方性艺术不可能为了"多样化"和他者的立场而存在，它遵循其自身实践逻辑。在全球文化交流背景中，地方性文化艺术处于自我和他者多重文化视野中，因此，展演化既是当代民族生活变迁中民族艺术的生存境遇，也是民族艺术应对当下复杂变化生境的自我调适与传承之径，当日常生活中传统艺术难以为继的时候，通过展演化，可以部分地接上即将断裂的艺术传统之链，而展演中的他者化，使地方性艺术成为一种"间际"文化，展现了全球和地方互动中的文化交流图景。

---

① 《光明日报》书评周刊：《边地中国》，北京：中国社会科学出版社 2004 年版，第 3 页。

附

录

一、"首届中国花腰傣服饰艺术节"活动时间安排表①

表一　"首届中国花腰傣服饰艺术节"活动时间安排表

地　点	时　间	活动内容	责任单位或个人
细丫口和寨门口	10月2日 9：00～10：30	1. 迎宾仪式	镇文艺队
歌舞广场		2. 漠沙镇花腰傣歌舞展示	文艺节目组
大象渡口		3. 漂流（至南薅）	交通安全组
《傣雅之梦》 演出场地		4. 打陀螺比赛	比赛项目组
江对面沙滩		5. 祭祀活动（剽牛）	民俗展示组
歌舞广场	10：30～11：00	首届中国花腰傣服饰艺术节开幕式 ①领导讲话 ②歌舞表演 ③服饰展演	县文化局
文化长廊工艺作坊	11：00～11：30	1. 纺织、刺绣、编织展示	民俗展示组
歌舞广场		2. 婚俗表演	民俗展示组
歌舞广场	11：30～12：00	花腰傣文化展馆开馆仪式	县文联
饮食区	12：00～14：00	1. 品尝傣家美食	市场管理组
大象渡口		2. 漂流	交通安全组
购物街		3. 购买纪念品	市场管理组
沐浴瀑	14：00～17：30	1. 沐浴活动	民俗展示组
祭祀场		2. 拴红线（全天）	民俗展示组
槟榔林		3. 爬槟榔树比赛	比赛项目组
歌舞广场		4. 各民族文艺队表演	县文化局

----

① 资料来源：新平县漠沙镇政府，2007 年 10 月。

续　表

地　点	时　间	活动内容	责任单位或个人
农家	17：30～19：00	1. 农家乐晚宴	农户
饮食街		2. 品尝傣家美食	市场管理组
饮食街	19：00～20：00	1. 花腰傣夜宴 2. 秧箩饭	接待服务组
歌舞广场	20：00～21：00	花腰傣服饰团体赛	县文化局
槟榔林舞台	21：00～22：00	《傣雅之梦》演出	县文化局
花腰道	22：00～22：30	燃放烟花	交通安全组
槟榔林、沙滩	22：30～	1. 照电筒	文艺节目组
烧烤区、冷饮区		2. 品尝花腰傣烧烤 3. 冷饮	市场管理组
槟榔林广场		4. 广场篝火晚会	民俗展示组
歌舞广场		5. 跳乐通宵	民俗展示组
沙滩		6. 沙滩夜营	游客
细丫口和寨门口	10月3日 9：00～12：00	1. 迎宾仪式	镇文艺队
歌舞广场		2. 漠沙镇各村文艺队表演	文艺节目组
大象渡口		3. 漂流（至南薅）	交通安全组
停车场		4. 唱小调比赛	比赛项目组
江对面沙滩		5. 祭祀活动（剽牛）	民俗展示组
工艺作坊等		6. 纺织、刺绣、编织展示	民俗展示组
歌舞广场		7. 其他乡镇参赛队表演	县文化局
歌舞广场		8. 服饰穿戴过程展示	民俗展示组
饮食区	12：00～14：00	1. 品尝傣家美食	市场管理组
大象渡口		2. 漂流	交通安全组
购物街		3. 购买纪念品	市场管理组

续　表

地　点	时　间	活动内容	责任单位或个人
寨门口	14：00～16：00	1. 迎宾仪式	镇文艺队
沐浴瀑		2. 沐浴活动	民俗展示组
祭祀场		3. 拴红线（全天）	民俗展示组
秧田		4. 捉黄鳝比赛	比赛项目组
歌舞广场		5. 其他民族文艺队表演 6. 获奖的各服饰代表队服饰展演	县文化局 县民宗局
歌舞广场	16：00～18：00	1. 婚俗表演	民俗展示组
文化长廊		2. 纺织、刺绣、编织展示	民俗展示组
沐浴瀑		3. 沐浴活动	民俗展示组
花腰道 古驿道		3. 游花街（全体表演队）	县文化局 文艺节目组
大象渡口		4. 划橡皮船比赛	比赛项目组
农家	18：00～20：00	1. 农家乐晚餐	农户
饮食街		2. 花腰傣夜宴	接待服务组
槟榔林		3. 秧箩饭	民俗展示组
歌舞广场	20：00～21：00	1. "花腰傣形象大使"决赛 2. 服饰拍卖 3. "首届中国花腰傣服饰艺术节"闭幕式 ①领导讲话 ②颁奖仪式 ③模特服装表演	县领导小组 县文化局 县民宗局 县文联等
槟榔林舞台	21：00～22：00	《傣雅之梦》演出	县文化局
槟榔林、沙滩	22：00～	1. 照电筒	文艺节目组
烧烤区 冷饮区		2. 品尝花腰傣烧烤 3. 冷饮、啤酒	市场管理组
槟榔林广场 歌舞广场		4. 广场篝火晚会	文艺节目组
		5. 跳乐通宵	文艺节目组
沙滩		6. 沙滩夜宿	游客

漠沙镇 2007 年花街节文体活动日程安排表

地　点	时　间		活动内容	主持或参与单位
托竜集镇	3月1日 正月十二	9：00~11：30	打陀螺比赛	塘村、尼村陀螺协会
		13：00~17：00	1. 歌舞表演 2. 歌王比赛 3. 吃秧笋饭	镇文化服务中心、各村表演队及选手等
		20：00~22：00	花街之夜文艺晚会	县文工团、镇文艺队、勒村、河村、竜村文艺队、表演民族歌舞等
		22：00~22：15	燃放烟花	江川烟花队
	3月2日 正月十三	8：30~9：30	迎宾仪式	演员
		9：30~10：00	第十七届花街节开幕式	镇人民政府
		10：00~12：00	1. 民族歌舞表演 2. "傣雅之花"竞选 3. 吃秧笋饭	县文工团、镇文艺队及各村文艺表演
		13：00~17：00	游花街（沿街表演）	沐村文艺队、勒村、竜村、线村文艺队、钟底、蚌岗表演队等
		19：30~22：00	花街文艺晚会	惠通酒店艺术团
		22：00~天亮	1. 篝火晚会 2. 通宵电影 3. 跳乐通宵	电影公司、演员、观众、游客等
		19：30~22：00	摇滚之夜演唱会	红源乐队专场演出

二、沐村日常展演节目主持词①

　　尊敬的各位来宾、远方来的朋友们：（合）（上午、中午、下午、晚上）好！（文）欢迎您，欢迎您来到漠沙沐村花腰傣文化生态村观光旅游。（刀）沐村文化生态村位于漠沙镇政府北侧的红河西岸，距镇政府 4 公里，距县城

------

① 资料来源：沐村文艺队，2006 年 2 月。笔者作了少量的文字修改，基本上保持原文原貌。

68 公里。（文）沐村文化生态村总面积约 2 平方千米左右，海拔 490 米，属于热河谷区域。（刀）这里物产丰富，主要作物有稻谷、甘蔗、苦瓜、荔枝、芒果、香蕉、青枣、西瓜等等。（文）2005 年来，沐村村民小组有农户 105 家，470 多人，均为傣族。（合）接下来有请我们的卜冒们为大家表演民族歌舞。（刀）一、俗话说"靠山吃山，靠水吃水"，花腰傣是离不开水的民族，男女老少都喜欢嬉水游泳，他们洁身自好，天天都必须沐浴，请欣赏舞蹈《云之南》。（文）二、傣家人心地善良、热情好客，即使你是第一次来傣家做客，他们也会热情招待，让你有"与君初相识，似是故人归"的感觉。接下来请欣赏舞蹈《嘎巴》。（刀）三、傣族的卜冒最爱唱情歌，见到中意的姑娘就会一展歌喉，表达爱意。下面有请我们的民间艺人（阿腊先生）为大家来一首《傣族情歌》。（文）四、清风拂过竹林，竹林深处传来一阵阵优美的旋律，那是花腰傣姑娘们在轻歌曼舞，等待阿哥的到来，今天，在这竹林深处，他们情相约，意相随，跳起平生最优美的舞蹈迎阿哥，请欣赏舞蹈《竹林深处》。（刀）五、银铃声声笑，花腰姑娘俏，爱美的小卜哨、小卜冒们以自己独特的运动方式保持着那健美的身材，下面请欣赏舞蹈《傣雅银铃操》。（文）六、"干黄鳝、腌鸭蛋、糯米饭，二两小酒天天干"，这是花腰傣的饮食文化，下面请看姑娘们是怎样在田间地头捕鱼的，请欣赏风情歌《田歌》。（文）七、如果说花腰傣小卜哨如花似玉，能歌善舞。那么花腰傣小卜冒多情潇洒，多才多艺，不信你看随便摘一片叶子，一张嘴就会流淌出优美的音符，下面掌声有请腊妹、洒陶为大家表演。（刀）八、沐村文化生态村，前傍红河上游漠沙江，后依巍巍哀牢山，村中有源于山涧的泉水穿流，一幢幢傣家土掌房掩隐在茂林秀竹中，是展示花腰傣民居建筑、历史文化、民风民俗的民族文化生态风情园，下面请欣赏舞蹈《傣乡韵》。（文）九、"竹"是非常有韵味的，通过傣族人民巧手的加工，竹子可以编织出许多既精美又实用的手工艺品，如鸡枞帽、黄鳝笼、秧箩等等，请欣赏舞蹈《竹舞》。（刀）十、花腰傣是勤劳、善良、智慧的民族。姑娘们不仅个个长得巧，而且人人能歌善舞。在傣乡，那是"一家养女百家求。"请欣赏舞蹈《跳南嘎》。（文）十一、花腰傣人民是非常热爱家乡、热爱生活、勤劳善良的，没过几年时间他们就用汗水和智慧把自己的家园建设得美丽富饶，生活过得幸福美满，接下来请我们的小卜哨为大家带来舞蹈《傣乡情韵》。十二、（刀）接下来是一个大众性的舞蹈《花腰舞》，希望各位游客能够勇敢地参与活动。①

三、沐村舞台边上巨幅广告牌

歌舞场边的巨幅广告牌文字内容为：

2004（后在"4"上盖上"5"就成了"2005"）年新平花腰傣"花街"文化旅游节

风情万种花腰傣　浪漫无限花街节

主办单位：

玉溪市旅游局

新平彝族傣族自治县人民政府

承办单位：

中共新平彝族傣族自治县委宣传部

新平彝族傣族自治县旅游事业局

新平彝族傣族自治县文化事业局

新平彝族傣族自治县漠沙镇人民政府

新平彝族傣族自治县戛洒镇人民政府

新平彝族傣族自治县腰街镇人民政府

全程策划：

新平彝族傣族自治县旅游开发服务中心

四、2007 年"十一"黄金周服饰设计比赛解说词②

女士们、先生们、来宾们、朋友们：下面将进行的是"花腰傣"经典服饰比赛

---

① （刀）指的是主持节目的阿塞，（文）指主持节目的阿文。

② 资料来源：新平县文化事业局，2007 年 10 月，笔者作了少量的文字修改，基本上保持原文原貌。

×××①服饰解说词：

1号第一套衣服：它是以傣雅传统而又华丽的盛装改制而成的，它简洁、方便而又艳丽，传统的构思、简单的工艺，让这套服饰体现出了"花腰傣"人民的聪明智慧和勇于创新的精神，体现传统与现代碰撞后产生的美。

2号第二套服饰：它融合了傣雅及傣洒的服饰特点，上衣以丝绸的面料体现出傣洒人的高贵典雅气质，而裙子艳丽的丝绸及纯棉的布料体现了傣雅的智慧及审美观，是傣雅、傣洒人民永远团结、和睦相处的见证。

3号第三套服饰：它结合了傣雅、傣卡的服饰特点。傣卡的帽子，傣雅的上衣和傣卡、傣雅服饰互相结合的围腰裙子体现出傣雅、傣卡互助的品格，是民族大团圆的象征。

"花腰傣"民族服饰店参赛服饰解说词：

> 鸡枞斗笠翘　彩裙随风飘
> 芝麻铃儿笑　秧箩系纤腰
> 花带七彩虹　三角巾更俏
> 铝泡银镯亮　风情舞花腰

从这首歌谣中我们就能领略到"花腰傣"服饰的华美艳丽，"花腰傣"少女的婀娜多姿。世居于新平的"花腰傣"随着花腰傣文化在全国及世界的传播，"花腰傣"那精美的刺绣、琳琅满目的银饰、光彩夺目的服饰也让世人为之倾倒。但凡见过"花腰傣"的人都会惊叹，只有他们的服饰才能将古朴与雍容华贵合二为一。"花腰傣"是古滇国贵族的后裔，我们庆幸古傣王朝那独特的文化习俗及绚丽多彩的服饰文化得以保存，也庆幸至今我们还能欣赏到他们那无与伦比的精美服饰。

接下来我们将欣赏到的"花腰傣"服饰是由位于新平县桂山镇庆丰路100号的"花腰傣"民族服饰店带来的12套风格各异的傣雅、傣洒、傣卡男女服装。店主×××师傅对服装的制作研究已有40多年，致力于本县特有民族——花腰傣——服装的制作已有10多年。最让×××师傅引以为豪的就是原国务院副总理李岚清视察玉溪时，敬献给李岚清副总理和夫人的两套"花腰傣"的傣雅服饰就是由他亲手制作的。

---

① ×××为人名——笔者注。

　　×××师傅精湛的技术赢得了众多的赞誉，经他制作的"花腰傣"服饰，曾在人民大会堂展示过、曾在中央三台"CCTV 模特大赛"和 2007 年 9 月在北京举行的第十届国际旅游节开幕式上展示过。他也为我县的专业艺术团体及各种表演团体制作过各类表演服装。这些服装在全国、全省及县上的各种比赛中都获得过大奖。如今，许多州、县的专业或民间艺术团体都慕名而来请他制作花腰傣服饰。由他制作的傣雅、傣洒、傣卡三组服装 2005 年在广交会上也展示过，受到了国内外人士的好评。

　　下面首先为大家展演的是傣雅服装：

　　4 号傣雅女装，面料是本土"花腰傣"自织自染的机织土布和手工织的土布，在黑色土布基础上，按传统的工艺，加上靓丽多彩的花边，本着便于着装的原则，分两层围腰、两层裙子，组合成一条，它古朴典雅、大方得体。

　　5 号是适合于中老年人穿的黑色的小褂，它完全保持了本土"花腰傣"民间传统服饰的风格，采用"花腰傣"手工纺织的土布，加用铝泡装饰花边缝制而成，该服装简洁、朴实大方而又不失成熟庄重之美。原国务院副总理李岚清视察玉溪时敬献给他及其夫人的服装就是这两个款式。

　　下面为大家展示的 6 号是四件套女便装。它上身是紧身背心，把传统的筒裙改装成了裙裤，该服装简便大方，洋溢着青春朝气，工作劳作时穿显得很方便。此款服饰玉溪市青少年宫的小朋友在上海国际少儿艺术节上展演过哦，当时他们就是着此装向上海市市长敬献礼品的。

　　7 号生活便装，按传统工艺制作设计，改变了原服装样式，裙子采用长短裙组合而成，天气热时收起长裙，天气凉时放下长裙带，长短裙收放自如，方便实用。

　　8 号生活便装，在保持原服饰的基础上，裙子做了小改动，面料选用棉、化纤混合面料按传统工艺精心制作，它透气性能好，穿着方便舒适，再佩戴上首饰则更能体现出"花腰傣"服饰华丽的一面。这套服装曾在人民大会堂展演过。

　　在保持原有的民间傣族服饰元素的基础上，设计者改变了传统的色彩搭配模式和用料，创新缝制了适合"花腰傣"少女穿着的新颖款式，精巧美观、简洁大方，色彩鲜艳靓丽，现代时尚，方便穿戴，各具风采的三种颜色：吉祥的红色、喜庆的黄色、生态环保的绿色，更显示出其服饰文化的独特。

　　9 号红色新娘装：外衣使用弹力花面料，内衣选用棉麻面料，后背改用拉链，前加芝麻铃装饰，显得靓丽典雅，新娘婀娜的身材得以充分展示。裙子一改传统单一的模式，改成长短结合的多功能混合结构，提起短裙时方便劳作，娱乐时放下长裙，又显得高贵典雅，特别是用在舞台表演时其变化效果更加引人注目，使新娘显得更靓丽动人。

10 号绿色套装：在保持原有的传统样式的基础上，创新改变内衣样式。外衣选用红色弹力花面料，裙子采用十字绣的挑花花边和手工机制花边，同时用两条裙子、一层围腰组合成一条裙。用传统铝泡和芝麻铃装饰精心制作，颇富美感，适用于生活和多种场合。

11 号黄色套装：外衣选用红色弹力面料，用棉麻混纺做内衣。领口夸张放大，形似项圈，用美丽的珍珠装饰，佩戴在少女的美颈上。裙子改变原式样，改用三片组合型，缩小围腰，加铝泡装饰花边，换装极为方便。最适合闲暇时穿戴，此款式曾在墨江"双胞节"上由玉溪市的一对双胞胎展示过。

以上三组靓丽的服装都有一个共性：不脱色、不起球、不缩水，透气性能好。它们线条流畅明快，图案精美，色彩搭配更协调，做工精细，特色鲜明，集生活、休闲、娱乐、表演为一体，体现出我们傣家哨女青春靓丽的风韵。帽子是把原有的竹编改编为白纱加上芝麻铃和精美的丝线小花等装饰制作而成，傣家小卜哨戴上它，更似天上的月亮，挥洒着温柔的银光。

下面为大家展示的是傣洒服装：

身着 12 号盛装向我们走来的傣洒少女，她们的服饰最为华丽，刺绣更为精美，琳琅的银泡、考究的着装，最为引人注目的是腰部装饰，因它靓丽、多彩而得了"花腰"之称，是最典型的"花腰傣"贵族身份的体现。这套五件套盛装全部采用上乘的绸缎面料，按传统工艺，用铝泡花边装饰精制而成，做工精细，华贵典雅，古朴自然。

13 号服装解说词：红色的短袖外衣、华美艳丽的短裙服饰，面料采用透气性能好的麻纱面料，改变了制作方法。它显得简洁、方便，是一套新颖大方而又不失传统效果的"花腰傣"美丽的女装，舞台效果极佳。此套服装在云南省旅游节开幕式和在北京举行的第十届国际旅游节开幕式上展示过。

接下来为大家展示的是傣卡服装：

14 号傣卡 6 件套女装解说词：它采用机织花边和挑花花边制作，制作时改变了传统的颜色和面料，选取质感好的棉、化纤混合面料，分两层裙、两层围腰，组合成一条裙，三角巾样式与其他的三角巾不同，格调显得更具特色。

15 号傣族男青年小褂解说词：按传统的样式、工艺制作，仅在原来的传统基础上，对襟背部做了新的花边装饰。此款面料易洗涤，不脱色，图案简练，线条明快，不仅体现了咱们傣族直爽乐观的民族性格，更显出青春帅气。

感谢大家观看本店的服饰展演。谢谢大家！

16 号—17 号服饰（×××）的解说词：

下面请欣赏来自聂耳母亲的故乡（漠沙线村）×参赛的二套"花腰傣"服饰，她参赛的服饰是轻便装。它根据传统服饰改制而成，手工与机织结合，线条流畅，色泽艳丽，漂亮大方，穿戴方便，体现出傣族小卜哨的美丽、浪漫、纯洁，洋溢着"花腰傣"风情。

18 号—19 号（×××）解说词（略）

20—22 号（×××）的参赛服装（来自竜村三家小组）解说词：

×××带来了三套服饰，它们的特点是：

一、分为两大部分，由上身的外衣、内衣和下身的裙饰组成，都以黑色布为主色。上身的内衣胸部、角边钉有芝麻铃、银泡或铝泡。外衣的袖口边和角边镶嵌有机绣花边和手工刺绣边花。

二、裙饰部分：裙下摆由原来传统的人工织条纹花、绸缎嵌边式样改为直接用人工织成的绸缎条纹花样，再镶嵌或机绣花边或人工刺绣花边缝制而成，既具有传统工艺的特点又具有创新的特点，穿着起来显得庄重典雅，美观大方，简洁实用，显示了傣雅"花腰傣"人民的智慧，是"花腰傣"人民爱美的象征。

23 号服饰是有漠沙沐村×××设计的。（解说词略）

24—25 号服饰是来自龙河沐村×××的两套传统款式的"花腰傣"服饰。

第一套是中年生活装，傣语叫"皮庄肖"［phi^{33} zhuan^{31} xiao^{33}］，整套衣服全部是传统手工制作，工艺精细，土靛染布，并且从绕线、纺线、织布、印染、挑花刺绣到缝制都是自己完成的。整套衣服从准备到缝制完成前后经历了20 年。制作者 12 岁就开始跟奶奶学习挑花，到了 15 岁时就已经非常熟练，20 岁时开始制作服装。她现在穿的这套中年生活装中就有自己 15 岁时候挑的花。花纹包括了双行称花、八角花、鸡冠花、酸角叶子花、蕨菜花、扇子花等。如果按这套服装的工艺重新制作一套，一个人的时间全部投入在衣服制作上，最少也需要一年半时间才能完成。

第二套是青年盛装，傣语叫"色吗劳寒"［ser³¹ma⁵⁵lao³¹hang³⁵］，这套服装是现代"花腰傣"少女装，上衣全部是手工制作，筒裙加入了部分现代衣料。这套服装上也刺绣有各种花纹，如八角花、鸡冠花、酸角叶子花、蕨菜花、扇子花等。如果按这套衣服的工艺重新制作一套，一个人的时间全部投入在衣服制作上，最少也需要一年的时间才能完成。

26 号服饰（来自竜村大新寨小组）的解说词：

一、这套服饰分为六个部分：外衣、内衣、长裤、围腰、头饰、三角带。

二、主要用料：傣雅织纹布，手工刺绣，千年民族传承工艺花边，镶嵌铝泡、芝麻铃等。制作者具有多年的服饰制作经验，既保留了传统服饰的特点，又考虑到现代人的穿着特点，风格庄重、典雅，是美与实用的结合，经精心设计制作而成。适于中、青、少年女性穿着，体现出女性爱美的天性和民族风格。

27 号×服饰（来自龙河丙乙小组）解说词：

一、服饰分为四个部分：头饰、上衣、裙饰、三角带。

二、主要用料：布料、刺绣、花边、铝泡、小鱼铃、芝麻铃等。此款服饰是按照傣雅传统的服饰特点，结合当今社会文化的发展和穿着时装的特点精心设计制作而成。这种组合的服饰不仅保留着传统服饰的特点，同时又简化了制作工序，穿着起来特别方便，既经济适用，又典雅靓丽，最适合中年、青年、少年和儿童女性穿着，是目前"花腰傣"女性认同和趋于流行的新款式之一。

五、大型原生态"花腰傣"园林实景演出《傣雅之梦》①

艺术定位：这是一首以园林实景为背景的原生态傣雅叙事诗，她以历史文化为基础，以高贵、典雅的服饰为亮点，具有历史性、广泛性、趣味性和观赏性。其园林实景采用艺术音响、灯光效果，紧扣主题，交织辉映，衬托完美的园林风光。通篇吸引眼球，古朴典雅，高潮迭起，令人思绪万千，热烈欢快的

----

① 资料来源：新平县花腰傣艺术团，2007 年 12 月。笔者作了少量的文字修改。有关数字按原文均未加改动。

气氛贯穿始终。

序：迁徙落伍

创意：

古滇国皇族被迫南迁至哀牢山下、红河谷畔，看到了这一片广袤肥沃的热土，王子、王后与弱势族人商议，在这里生息、繁衍……

开场：在雅摩的咒语中，王子、王后率众从林中舞出。

第一节：展示皇族在迁徙途中的艰辛场面。

第二节：主要表现皇族与大自然、野兽抗争的场面。

第三节：王子、王后在雅摩的引领下祭拜口树、族人纷纷在雅摩的带领下围着竜树翩翩起舞。

第四节：王子、王后指定族人在这里落脚生根。

第五节：王子、王后在雅摩的引导下向族人发放稻种、牲畜、树苗等。

一、服装：

王子、王后服饰 2 套×500 元 =1 000 元

侍卫服 20 套×150 元 =3 000 元

雅摩服 2 套×200 元 =400 元

群众 20 套×100 元 =2 000 元

二、道具：3 500 元

神坛祭拜物（鸡、鸭、猪、谷子等）

侍卫用刀、枪

雅摩道具（木铃、扇子）

三、音乐制作：5 分 30 秒×1 500 元 =7 950 元

合计：17 850 元

第一章　江枫渔火

创意：展示"花腰傣"特有的农耕文化的宏大场面。"花腰傣"人在哀牢山下，红河岸边劳作、耕耘、生息。

第一节：主要表现傣雅耕田、耙田、栽秧的场景。

第二节：主要表现傣雅捉黄鳝、捕鱼、撒网场景。

第三节：主要表现傣雅砍甘蔗、摘槟榔场景。

第四节：主要表现傣雅劳作之后回家的场景。

一、服装：用漠沙民间原生态服饰和艺术团原有服饰。

二、道具：

黄鳝笼 20 担 × 40 元 = 800 元

大鱼笼 20 个 × 30 元 = 600 元

土锅 10 担 × 50 元 = 500 元

渔网 20 个 × 50 元 = 1 000 元

大鱼网 10 张 × 300 元 = 3 000 元

借用：鸭子、大鹅、水牛、渔网等 300 元

三、音乐制作：15 分 30 秒 × 1 500 = 22 950 元

合计：29 150 元

第二章　傣雅恋歌

创意：主要体现傣雅特有的恋爱方式。表现傣雅万物有灵、崇拜自然的原始的宗教观念。傣雅依然保留着的古滇贵族的古老习俗。展示傣雅照电筒、打土电话、唱情歌、沐浴等恋爱场景。

第一节：主要表现傣雅沐浴场景。

第二节：主要表现傣雅照电筒场景。

第三节：主要表现傣雅情侣打土电话场景。

第四节：主要表现傣雅情歌对唱场景。

第五节：主要表现傣雅情侣吃秧箩饭场景。

一、服装：

舞蹈服装男 20 套 × 250 元 = 5 000 元

其他用原有服装

二、道具：

电筒 20 支 × 30 元 = 600 元

电池 20 盒 × 15 元 = 300 元

秧箩饭：500 元

竹楼 3 000 元

三、音乐制作：15 分 30 秒 × 1 500 元 = 22 950 元

合计：32 350 元

第三章　梦幻婚礼

创意：美丽的丝线织彩锦，高贵的靓丽显出来，美丽的傣雅卜哨把毕生的精力都织在彩锦上了。

第一节：主要表现傣雅织布、纺金线、刺绣等场景。

第二节：主要表现傣雅卜哨织锦比赛场景。

第三节：主要表现傣雅七彩织锦场景。

第四节：主要表现傣雅新娘穿戴嫁妆的场景。

第五节：主要是傣雅特有的迎亲队伍展示（夜间）。

第六节：主要表现傣雅婚礼场景。展示傣雅婚礼过程，其中突出几个亮点：拴红线、雅摩祝福、泼水等。

一、服装：用原有服装

二、道具：

织布机 5 台 × 400 元 = 2 000 元

织条若干米 1 000 元

彩锦若干米 2 000 元

迎亲队伍道具 3 000 元

伞 10 把 × 20 元 = 200 元

三、音乐制作：15 分 × 1500 元 = 22 500 元

合计：30 700 元

尾声：傣雅盛典

创意：傣雅是一个古老的民族，其服饰有着自己的独特之处，显示出高贵至尊、绚丽多姿的风格。

第一节：身着节日盛装的傣雅青年欢天喜地地歌颂红河谷这片热土，赞美世代生息繁衍的鱼米之乡。

第二节：全体演员营造七彩盛典。

傣雅之梦（歌唱加朗诵）

头顶一片天，彩虹系腰间；亭亭玉立，吸引眼球，伸手想摘满天星；银星装不满卜哨的秧箩……

喂啰……

一首首小诗，一棵棵挂满果子的槟榔树；嚼个槟榔吃口水，槟榔好吃那个回味甜。

头顶一片天，彩虹系腰间；

婀娜多姿、震撼心灵，就像星星在跳舞。

银星也点缀不了卜哨的斜角筒裙；

喂啰……

一首首情歌，一朵朵盛开的凤凰花，红花还要绿叶配，傣雅卜哨那个喜成双。

一、服装：用原有服装

二、道具：自带斗笠、秧箩等

三、音乐制作：10 分 × 1 500 元 = 15 000 元

合计：15 000 元

节目音乐共计：61.30 分钟

所需费用共计：125 050 元

配套工程费用预算：

（一）园林舞台（长 50 米，宽 6 米）铺设工程需在 9 月 10 日起前完成，建设须在 9 月 20 日前完成，观众看台（约容纳 8 000 人以上）。

（二）灯光、音响、舞美约 80 000 元；

（三）演员集中排练 10 天 × 200 人 × 15 元 = 30 000 元；

（四）道具搬运、演员交通费 8000 元；

（五）编导创作及办公费 10 000 元；

（六）各项合计：25.31 万元。

顾问：×××等

总策划：×××等

策划：×××等

艺术总监：×××

总导演：×××

演出总监：×××

编导：×××等

音乐监制：×××

作曲：×××

道具统筹：×××

舞美设计：×××等

灯光、音响：×××等

演出单位：云南新平花腰傣艺术团、沐村景区文艺表演队、漠沙镇河村村委会、漠沙镇勒村村委会等

六、"首届中国·新平花腰傣文化（服饰）节"活动方案①

（一）背景及意义

1. 背 景

漠沙镇有"花腰傣"人口约 21 100 人，是红河流域花腰傣最聚居的乡镇，素有"花腰傣之乡"的美誉，这里也是花腰傣"花街节"的发祥地。漠沙镇民族文化生态村旅游资源十分丰富，民风淳朴，文化底蕴浑厚，民族服饰绚丽多彩，自然生态景观醉人，饮食文化传奇迷人，交通网络四通八达，群众参与性甚高。长期以来，漠沙镇花腰傣以远古、原生型的民俗文化、浓郁的民族风情、绚丽多彩的服饰、别具一格的生产生活习俗，吸引了众多学者、游客前来考察、观光。2006 年县委在县第十届党代会上提出了"一河两村"的开发思路和决策，漠沙镇党委、镇政府围绕县委、县政府的思路，聘请知名专家为沐村量体裁衣，设计了开发方案，建设内容有停车场、沐浴瀑、歌舞广场、文化展馆、工艺作坊、观江亭、祭祀场、游道等，工程总投资 230 万元，现整个工程已竣工。

---

① 资料来源：漠沙镇人民政府，2007 年 9 月。笔者作了少量的文字修改。

2. 意　义

（1）举办中国"花腰傣"服饰文化节符合县委政府"一河两村"的旅游开发思路；

（2）为形成红河流域"花腰傣"文化走廊，构建新平三大旅游核心区提供平台；

（3）能加快漠沙集镇建设步伐，促进集镇繁荣，实现以集镇发展带动新农村建设的目的。

（4）能够进一步巩固和提高"花腰傣"知名度和影响力，树立漠沙旅游新形象。

（二）指导思想

按照县委、县政府"一河两村"旅游开发思路，以打造沐村"花腰傣"文化生态村为重点，以底蕴浓厚的"花腰傣"文化为核心，以"花腰傣"绚丽、尊贵的服饰展示为切入点，以节造势，以势引人，进一步挖掘、传承、展示"花腰傣"民族文化资源，推介"花腰傣"品牌，强力打造"花腰傣之乡"，树立民族文化旅游新形象，培育和提升文化旅游产业，扩大漠沙"花腰傣"文化知名度，搭建经济和社会发展新的平台，促进镇域经济和社会各项事业的全面发展。

（三）总体目标

抢救、挖掘、传承、展示和弘扬"花腰傣"民族文化，展示"花腰傣"尊贵的服饰文化和底蕴十足的文化，打造"花腰傣"文化旅游品牌，培育和做大文化旅游业。

（四）主办单位

本届艺术节由新平县人民政府主办，漠沙镇人民政府、玉溪深红壹佰广告公司和云南省社会科学院承办，县文化局、旅游局、云南"花腰傣"文化传播公司、新平县"花腰傣"学会和县文联协办。

（五）策划主题

吃农家饭，住农家院，展示尊贵的"花腰傣"服饰。

（六）活动时间、地点

1. 时间：2007 年 10 月 2 日—10 日 3 日

2. 地点：漠沙镇沐村"花腰傣"文化生态村

（七）主要活动内容

开展"花腰傣"服饰赛装个人赛和团体赛，开展民族歌舞表演、演唱民族小调、民风民俗展示，举行篝火晚会、民族民间手工艺品展销、风味美食品尝等活动，生动展示"花腰傣"底蕴丰厚的民族文化及其古老的历史渊源。

1. 表演类

（1）民族歌舞表演

"花腰傣"是能歌善舞的民族，通过歌舞体现"花腰傣"姑娘的窈窕多姿、美丽迷人，演示"花腰傣"风情习俗，展示"花腰傣"人欢乐祥和、团结进步的面貌。歌舞以"花腰傣"歌舞为主。

①《傣雅之梦》。专业演员 40 名、群众演员 200 名，园林实景演出，分为"序：迁徙落伍"、"江枫渔火"、"傣雅恋歌"、"梦幻婚礼"、"尾声：傣雅盛典"五章，以原生态型歌舞展现"花腰傣"迁徙、劳作、纺织、婚恋等场景。

②县"花腰傣"艺术团和其他 10 支县、乡镇文艺表演队歌舞表演。

③漠沙镇组建 7 支表演队，表演舞蹈《傣雅银铃舞》、《傣乡情韵》、《云之南》、《田歌》、《农忙》、《婉娜》、《竹林深处》、《帕织秧》、《小卜哨》、《斗笠》等"花腰傣"舞蹈节目。

④利村、头村、线村红塘梁子表演棕扇舞等。

⑤勒村钟底表演队狮子舞。

⑥圣村蚌岗表演队大鼓舞。

⑦竜村民间艺人表演三弦伴舞、民间小调等。

⑧"傣雅歌王"演唱"花腰傣"小调。

⑨镇老年文艺队表演歌舞。

（2）服饰穿戴过程表演

"花腰傣"服饰色彩鲜艳，华丽高贵，穿戴考究，是"花腰傣"最显著和最吸引人的外在特征。以背景音乐为衬托，有声有色地表演穿戴过程。游客可通过租借穿戴"花腰傣"服饰照相留念。

①"花腰傣"各个支系中选出 3 位"花腰傣"姑娘为表演对象，由 3 位服装师为她们穿戴服饰。

②穿戴结束后，演员在台上展示服饰。

（3）宗教祭祀表演

"花腰傣"信奉"万物有灵"的原始宗教，认为家有家神，寨有寨神，认为日、月、山、河、树、石等自然物和人类自身都有灵魂，应适时祭祀，以祈福禳灾。"祭竜"是其较具有代表性的宗教祭祀活动。由沐村村民小组组织，为游客表演"祭竜"活动。"祭竜"后现场杀牛。地点选择在江对面沙滩。

（4）沐浴活动

"花腰傣"是水的精灵，非常讲卫生、爱干净，他们有露天沐浴的习俗，每天劳动归来后都会不约而同地聚集到村旁的沐浴场，不分男女老少一起沐浴，成为一道靓丽的风景线。选择一定数量青年男女和小孩在沐浴瀑沐浴、嬉戏。

（5）游花街。全部演员由大鼓舞带头沿街表演。

2. 展示及参与类

（1）沐村"花腰傣"文化展馆开馆

通过实物、图片等资料展示"花腰傣"源远流长的古老历史文化和"花腰傣"人聪慧勤劳的性格特征。

（2）吃秧箩饭活动

吃秧箩饭是花街节中最具有浪漫色彩和乡土气息的活动，秧箩饭主要用干黄鳝、腌鸭蛋、酸肉、三色糯米做成，为傣族青年男女自由恋爱、约定情侣关系时共同食用，食用方式是男女双方用手互相喂到对方嘴里。

由镇文化服务中心组织自愿参加活动的"花腰傣"姑娘30人以上，着节日盛装，准备好秧箩饭，在规定场地等候，让游客体验与"花腰傣"姑娘共进秧箩饭的浪漫。向游客收取一定活动费用（一般为50元/人）。

（3）迎宾仪式

在细丫口搭建临时寨门，进寨门时举行迎宾仪式，为远方来的尊贵的客人套红线，唱祝酒歌，跳迎宾舞，对客人的到来表示最诚挚的欢迎。

（4）拴红线

在祭祀场由两名"雅摩"向游客念经诵调，为游客消灾除难，祈祷平安幸福，之后为其拴上红线，游客付费表示谢意。

（5）手工艺品、饰品和民族服饰制作展示

组织"花腰傣"妇女在指定的场地内展示"花腰傣"织布、挑花、刺绣、编织及制作秧箩、服饰的等活动过程。

（6）迎婚嫁娶表演

"花腰傣"迎婚嫁娶习俗与其他民族迥异，是一大看点。由河村村委会组织活动，加以讲解，引导游客参与。

婚俗表演人员由女性长者1人、新郎1人、新娘1人、伴娘1人、伴郎1人组成。节目主要表现卜冒走村串寨照电筒，找到心上人后，定亲、娶新娘的过程。表演结束后，可邀请游客参与活动，体验"花腰傣"奇婚异俗，做"傣家新郎"，"娶"傣家卜哨。

（7）照电筒

照电筒是"花腰傣"青年男女择偶的一种方式。每到傍晚时分，青年男女便会每人各执一个手电筒三个一群两个一伙在槟榔树林或沙滩上进行照电筒活动，用电筒互相对射，如双方有意，就会双双找个僻静的地方幽会。《傣雅之梦》演出结束之后，组织者把年轻的演员组织起来，每人分发一个手电筒，向竹林、槟榔树林深处走去，现场设置电筒销售点，引导游客购买参与体验。

（8）篝火狂欢夜

在舞台广场燃起篝火，由各文艺队带动游客共同跳起民族舞蹈，尽情狂欢。

（9）"花腰傣"夜宴

"花腰傣"饮食文化独特，"会动就是肉，一绿便是菜"是傣雅饮食文化的真实描绘和写照。2007年10月2日晚七点举行"花腰傣"夜宴，招引游客品尝牛肉汤锅、羊肉汤锅、狗肉汤锅、血鹅、麻辣螺蛳、腌肉、干黄鳝、腌鸭蛋、竜粑、细芽菜、甘蔗尖等傣家美食。

（10）产品展销

划定区域展销民族民间手工艺品、服饰和特色农产品，让游客自由选购。

3. 比赛类

（1）"花腰傣形象大使"竞选和赛装团体赛

爱美是人之天性，"花腰傣"小卜哨个个天生丽质，婀娜多姿，花街节是"花腰傣"未婚青年男女寻情问侣的大好时机，也是小卜哨们比美赛装的日子。

参赛选手从红河流域"花腰傣"女青年中选出，赛前请艺术指导老师进行适当培训，如走时装步、简单的表演动作，着"花腰傣"民族服装，表演民族舞蹈，竞选""花腰傣"形象大使"。邀请有一定知名度的专家组成评审组，"花腰傣形象大使"主要由专家评出。全体游客也可参与评选活动，现场设置出售小香包的摊位，观众可现场购买并参与评选活动。团体赛由8人以上组成，由各村或乡镇组队参与，由专家组评定。

（2）"花腰傣小调"比赛

从各乡镇"花腰傣"中选出在当地有一定影响、群众公认的"花腰傣"歌手30名（组），对调、唱歌、竞喉。要求歌手着民族服装，演唱民族民间小调，可采取独唱、对唱、合唱或联唱等形式，每名（组）参赛选手演唱一首歌曲，时间3~5分钟，伴奏乐器自带。同时，从其他民族中推荐20名具有一定实力的彝族、哈尼族民间歌手对唱。

（3）爬槟榔树比赛

沐村有全省面积最大的槟榔园，槟榔是傣家人一年四季中不可缺少的零食，犹如"口香糖"，而"花腰傣"男青年个个是爬槟榔树的能手。选出12支四男两女组成的队，选定两棵高度相当的槟榔树，每次由两组同时进行比赛，四位男青年分别爬到树顶，摘下一粒槟榔，四粒槟榔摘完后时间最短的队获胜。

（4）划竹筏（橡皮船）比赛

从大象渡口出发划至停车场沙滩后，再由队员把船抬至出发点，时间最短者获胜。

（5）打陀螺比赛

打陀螺是红河沿岸"花腰傣"人喜爱的一项娱乐活动，用的陀螺俗称"鬼头陀螺"，操作简单，游客易于掌握，容易发动群众参与。指定两人负责组织，主要组织尼村、塘村等村委会陀螺爱好者参加。

（6）捉黄鳝比赛

选定一块开阔的水田，比赛前天用旋耕机耙整后放入一定数量的泥鳅、黄鳝，在一定时间内谁捉的总重量最重为胜者，现场设有火炉，参赛人可将捉到的黄鳝现场制作成干黄鳝带走。让游客了解干黄鳝的制作过程。

（八）组织保障

为承办好"首届中国·新平花腰傣服饰艺术节"，保证服饰艺术节有序、顺利举行，成立由镇党政领导、有关部门人员组成的"首届中国·新平花腰傣服饰文化节"漠沙镇领导小组。领导小组人员组成如下：

　组　　长：×××（镇人民政府镇长）

副组长：×××（镇人大主席团主席）

　　　　　×××（镇党委副书记）

　　　　　×××（镇纪委书记）

　　　　　×××（镇人民政府副镇长）

　　　　　×××（镇党委委员、武装部长）

　　　　　×××（镇人民政府副镇长）

　　　　　×××（镇党委委员）

　　　　　×××（镇人民政府副镇长）

　组　　员：×××（镇党政副主任）

　　　　　×××（镇文化教育服务中心主任）

　　　　　×××（镇财政所所长）

　　　　　×××（漠沙派出所所长）

　　　　　×××（漠沙交警中队队长）

　　　　　×××（漠沙卫生院院长）

　　　　　×××（镇团委书记）

　　　　　×××（镇妇联主席）

　　　　　×××（镇宣传专干）

　　　　　×××（河村党总支书记）

　　　　　×××（河村村主任）

　　领导小组工作职责为在县领导小组的领导下，按照其要求为"首届中国·新平花腰傣服饰艺术节"做好前期工作，安排好细部事项等。

　　领导小组下设设施建设组、文体活动组、交通安全保卫组、市场管理组、接待服务组等十个工作小组，细化分工，明确职责，各司其职，各负其责，协调配合，保证节日活动健康、安全、有序进行。

　　1. 设施建设组

　组　　长：×××

　组　　员：×××等

　　（1）负责在节日15天内完成所有的基础设施建设项目；

　　（2）协助玉溪深红壹佰广告公司做好各个场馆、舞台场景的布置；

（3）做好景区各功能区划分及水、电、路的三通一平工作；

（4）协商租借橡皮船、铁皮船或制作竹筏等水上交通工具，确定漂流线路；

（5）制作、安放旅游标识系统；

（6）插挂标语、彩旗等；

（7）搭建迎宾寨门。

2. 文艺节目组

组　长：×××

组　员：×××等

（1）负责抽调、组建 160 名《傣雅之梦》的群众演员，并协助县文化局做好《傣雅之梦》等歌舞排练的工作；

（2）负责组建河村、勒村、竜村、线村、圣村、塘村、尼村、结村等村的"花腰傣"文艺队，以及利村、头村、线村红塘梁子等其他民族文艺队并编排节目，每支文艺队表演节目两个以上；

（3）组织好竜村文艺队、钟底狮子舞队、蚌岗大鼓舞文艺表演；

（4）协助抓好彩排期间其他乡镇文艺队的展演工作；

（5）组织年轻的"花腰傣"姑娘参加照电筒活动，并引导游客自购电筒参与活动。

3. 民俗展示组

组　长：×××

组　员：×××等

（1）组织条件较好的沐浴人员着沐浴装在指定的地点、时间准时沐浴；

（2）组织镇文艺队做好迎宾仪式；

（3）安排一名"雅摩"搞好祭祀活动，并在江边举行杀牛祭祀仪式；

（4）组织"雅摩"为游客祈祷，拴红线；

（5）选好新郎、新娘、长者、伴郎、伴娘及其他参与者，组织好迎婚嫁娶仪式；

（6）安排好"花腰傣"服饰穿戴过程展演；

（7）动员群众把纺织机统一集中到沐村进行展示；

（8）组织刺绣、编织秧箩能手现场展示；

（9）组织好大型篝火晚会和通宵跳乐活动；

（10）组织好吃秧箩饭活动。

4. 比赛项目组

组　长：×××

组　员：×××等

（1）做好划竹筏比赛、爬槟榔树比赛、捉黄鳝比赛、打陀螺比赛、唱小调比赛等比赛项目活动方案的制订工作，组织报名、登记、场地布置、道具购置、评委邀请和比赛工作；

（2）协助做好赛装团体赛和个人赛的报名登记等其他工作；

（3）策划其他比赛项目。

5. 交通安全组

组　长：×××

组　员：×××等

（1）负责制作路标和标识，并在交通道口和景区插放；

（2）指定进出会场的车辆行驶路线，维护交通秩序，保障道路顺畅；

（3）做好节日期间的社会治安管理、排查隐患、防火救灾等工作，防止突发事件发生；

（4）安排好漂流活动；

（5）燃放烟花。

6. 市场管理组

组　长：×××

组　员：×××等

（1）负责沐村各类饮食、娱乐、工艺品、农产品的招商引入工作，鼓励、引导饮食、娱乐经营户进驻沐村从事经营活动；

（2）对饮食区、娱乐区、商购区进行规划、划定、征订和收费管理等工作。

7. 接待服务组

组　长：×××

组　员：×××等

（1）负责做好农家乐的动员、排查、登记和改造提升工作，购买床单、被套，及时发放；

（2）预订镇域内的所有住宿房间，节日期间，在指定场所设置住宿工作接待站，做好住宿游客登记、住宿安排、住宿费收取及发放等工作；

（3）引导好旅游团队吃、住、行，安排管理好景区实习导游工作；

（4）做好领导、嘉宾、演员和工作人员的食宿、交通、医疗等后勤服务工作；

（5）组织好"花腰傣"夜宴活动；

（6）安排好沙滩夜宿活动事项；

（7）协助安排好"花腰傣"服饰学术研讨会会议场所、吃、住、行等事宜；

（8）接受游客的投诉及意见并及时妥善解决；

（9）节后做好游客数量、效益的估算统计工作。

8. 秘书宣传组

组　长：×××

组　员：×××等

（1）协助县委宣传部、玉溪深红壹佰广告公司、云南"花腰傣"文化传播公司和县旅游局做好外宣、推介工作；

（2）做好文化节的内宣工作，动员群众广泛参与，营造节日欢乐、喜庆、热闹的气氛；

（3）及时向各类媒体传递信息，邀请、联系外界媒体对节日活动跟踪报道；

（4）邀请玉溪电视台"旅游快车"做专题节目。

9. 环境整治组

组　长：×××

组　员：×××等

（1）动员群众清理从托竜集镇至沐村公路沿线乱堆乱占的杂物和垃圾；

（2）搞好沐村及周边环境卫生，改善村容村貌。

10. 食品卫生组

组　长：×××

组　员：×××等

（1）负责节日期间食品、饮食卫生的监管工作，对不符合饮食卫生的经营依法予以取缔；

（2）实施沐村景区及农家乐周围环境药物喷洒，做好文化节期间医疗救护工作。

（九）其他事项

1. 背景衬托

音乐背景：播放"花腰傣"民族音乐，渲染浓郁的民族节日气氛。

实物背景：舞台背景设计以与"花腰傣"紧密相关的图案为主。动员沐村及周边群众着民族服装参加活动。会场周围插挂标语、彩旗等，营造节日氛围。

2. 费用收取

这次活动收取门票10元/人，各饮食、娱乐、工艺品和农产品摊位费由市场管理服务组统一收取。

3. 规划布局

方案一：停车场设在能村江边沙滩，车辆由托竜集镇沿鹤街、能村路进入江边停车场，由能村路出，穿帽村沿那引路至集镇。①

集镇文化路、富民路、青年路、攀枝花路严禁车辆通行，文化路中段和文化站广场作为表演区，富民路作民族工艺品、农产品展销区，攀枝花路作为商购娱乐区。

方案二：若江边沙滩不退水，小车沿引村路经帽村进入至德村寨门口，沿乙村路边停放。大车则在鹤村集中停放，游客由景区客运车辆来回运送。②

漠沙镇人民政府
2007 年 8 月 13 日

---

① 这里的"村"指的是自然村。下同。
② 这里的"村"指的是自然村。

七、乐 谱①

酒 调

漠沙曼竜　　杨正祥　演唱

---

① 未注明演唱者的乐曲,是笔者根据沐村文艺队播放的舞蹈音乐整理而成的主旋律,以下不再一一注明。

酒　歌

漠沙龙河　　　　　杨秀美　演唱
　　　　　　　　　白立艳

1=C $\frac{4}{4}$ 稍慢

3 3212 3 3 5 | 01 66 232 12 | 33 0212 33· | 3 1 2 3 3 5 |

3 2·3 116 6 | 16 66 232 12 | 33 0212 33· | 3 1 2 3 3 5 |

3 23 116 6 ‖

树叶吹奏

漠沙龙河　　　刀晓华 吹奏

1=C $\frac{4}{4}$ 稍慢

6 3 2 1 | 6 - - i | 3 6 2 1 | 3 - - 0 | 3 33 5 6 |

23 12 2·0 | 1 5 2 1 | 3 6 3·0 | 0 6 3 5 | 3 3 6 - |

1 3 2 1 | 3 6 3·0 | 0 5 3 3 | 23 12 2·0 | 0 5 3 3 |

2·3 2 1 | 3 3 23 1 | 2·　0 | 0 5 3 3 | 2·3 2 1 |

3 3 6·0 | 1 3 1 #5 | 6　0 | 1 3 1 #5 | 6 3 6 0 ‖

树叶吹奏

漠沙龙河　　刀培林 吹奏

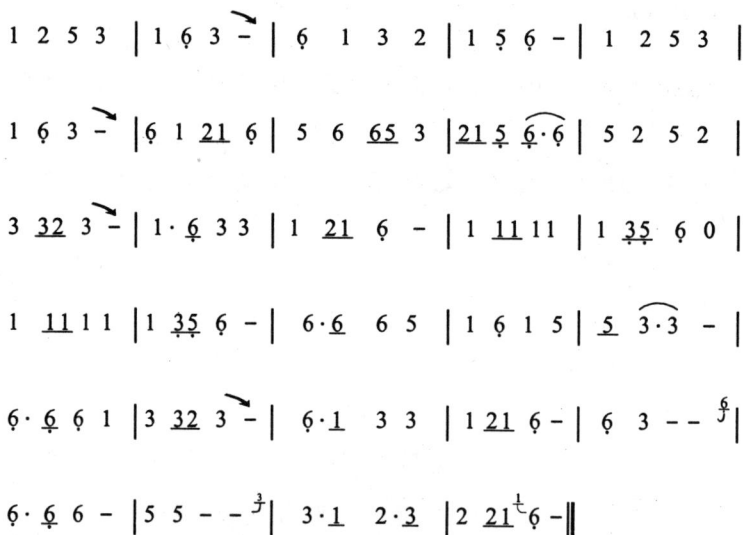

拴红线调

漠沙龙河　　杨秀美 演唱

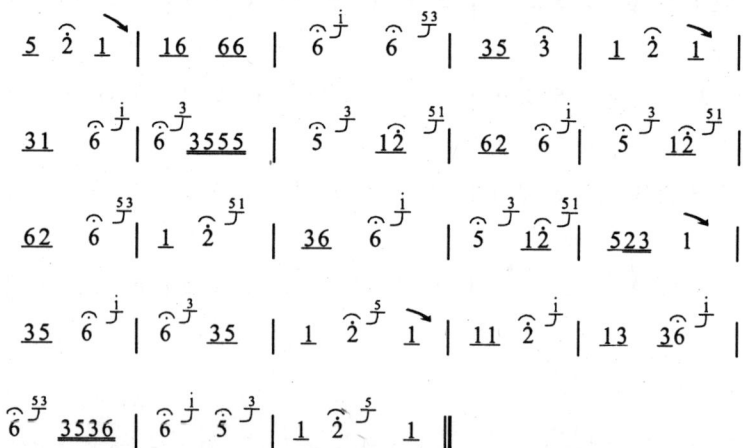

漠沙江情

1=C 4/4

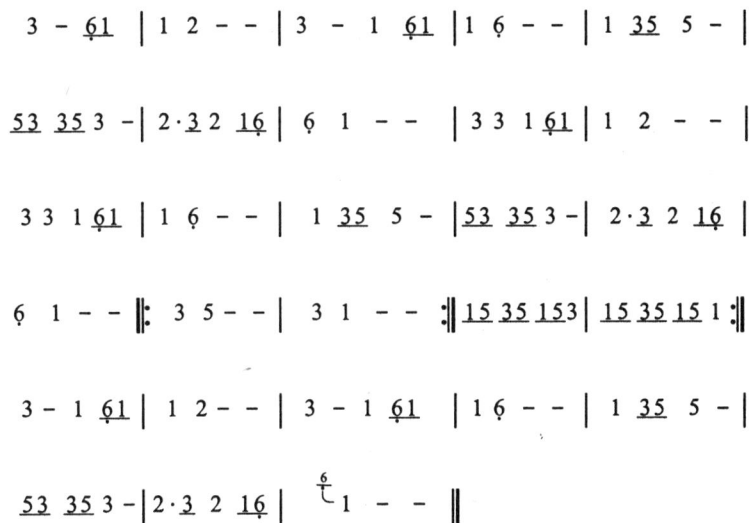

嘎　巴

1=F 2/4

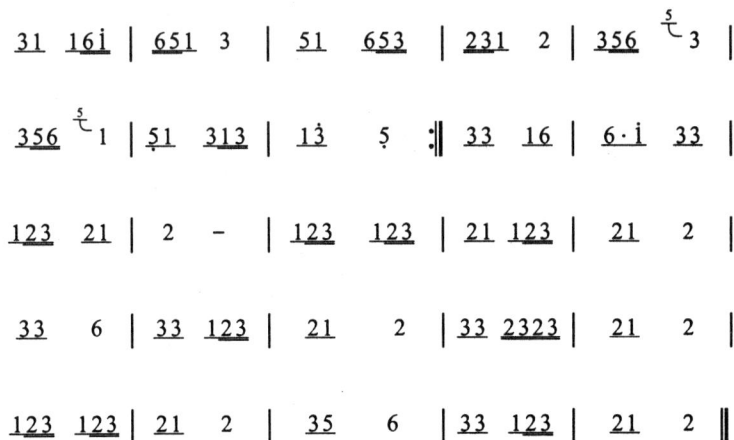

傣乡情韵

1=G $\frac{4}{4}$ 轻快地

$$3 \ \underline{35} \ \underline{35} \ 1 \ | \ \underline{35} \ 1 \ 3 \ - \ | \ \underline{35} \ 1 \ 3 \ - \ | \ 3 \cdot \underline{1} \ \dot{6} \ \underline{35} \ | \ \underline{35} \ 1 \ 2 \ - \ |$$

$$\underline{35} \ 1 \ 2 \ - \ | \ 3 \cdot \underline{1} \ 3 \ \underline{56} \ | \ 6 \cdot \underline{3} \ 6 \cdot \dot{1} \ | \ 6 \ \underline{56} \ 5 \ 1 \ | \ 3 \ \underline{31} \ 3 \cdot \underline{5} \ |$$

$$\underline{16} \ \underline{61} \ \underline{35} \ \underline{31} \ | \ 2 \ \underline{26} \ 2 \cdot \underline{3} \ | \ \underline{16} \ \underline{61} \ \underline{35} \ \underline{31} \ | \ \underline{16} \ \underline{66} \ 6 \ 0 \ | \ \underline{16} \ \underline{61} \ \underline{35} \ \underline{31} \ |$$

$$2 \ \underline{26} \ 2 \cdot \underline{3} \ | \ \underline{16} \ \underline{61} \ \underline{35} \ \underline{31} \ | \ \dot{6} \ - \ - \ 0 \ | \ 5 \ \underline{35} \ 3 \ 5 \ | \ \underline{53} \ \underline{35} \ 5 \ - \ |$$

$$6 \ \underline{35} \ 3 \ 1 \ | \ \underline{31} \ \underline{11} \ 3 \ - \ | \ 6 \ \underline{35} \ 3 \ 5 \ | \ \underline{53} \ \underline{35} \ 5 \ - \ | \ 6 \ \underline{35} \ 3 \ 1 \ |$$

$$\underline{31} \ \underline{11} \ 3 \ - \ | \ 3 \cdot \underline{1} \ 3 \ \underline{56} \ | \ \underline{56} \ 1 \ 3 \ - \ | \ \underline{56} \ 1 \ 3 \ - \ | \ 3 \ \underline{31} \ \dot{6} \ \underline{35} \ |$$

$$\underline{35} \ 1 \ 2 \ - \ | \ \underline{35} \ 1 \ 2 \ \dot{6} \ | \ 3 \ 1 \ 3 \ \underline{56} \ | \ 6 \ \underline{63} \ 6 \cdot \dot{1} \ | \ 6 \ \underline{56} \ 5 \ 1 \ |$$

$$3 \ \underline{31} \ 3 \ - \ | \ \underline{16} \ \underline{61} \ \underline{35} \ \underline{31} \ | \ 2 \ \underline{26} \ 2 \cdot \underline{3} \ | \ \underline{16} \ \underline{61} \ \underline{35} \ \underline{31} \ | \ \dot{6} \ - \ - \ - \ |$$

$$\dot{6} \ \underline{33} \ 3 \ 1 \ | \ 3 \cdot \underline{5} \ 3 \ - \ | \ 3 \ \dot{6} \ 1 \ \underline{23} \ | \ 2 \cdot \underline{32} \ 1 \ - \ | \ \dot{6} \ 2 \ 2 \ \dot{6} \ |$$

$$1 \ - \ 1 \ 3 \ | \ 1 \ 3 \ 2 \ \underline{16} \ | \ \dot{6} \ - \ - \ 0 \ \|$$

傣雅银铃操

1=F $\frac{4}{4}$

3 - - - | 1 25 53 32 | 3 - - - | X XX XX X | XX XX XX X |

3 - - - | 16 53 32 21 | 2 - - - | X XX XX X | XX XX XX X |

3 56 3 3 | 3 1 6 - | 5 3 5 1 | 2 - - - | X XX XX X |

X X X X X X | 3 - - - | X XX XX X | X X X X X X | 5 1 351 3 |

51 31 356 5 | 5 1 351 3 | 51 31 3512 | 5 1 351 3 |

63 53 351 2 | 5 3 53 5 | 356 63 513 | 356 3 3563 |

53 53 21 2 | X XX XX X | XX XX XX X | 5 1 351 3 | 51 31 3515 |

5 1 351 3 | 53 63 51 2 | 5 1 351 3 | 356 63 6535 3 |

356 33563 | 53 53 21 2 | X XX XX X | XX XX XX X | 1 - - 2 |

3 - - 5 | 1 - - 6 | 5 - - - | 3 - - 56 | 3 - - 5 |

2 - - 6 | 1 - - - ‖

竹 舞

1=C $\frac{4}{4}$ 稍慢

$\underset{5}{\,}$ 1 2 1 ｜$\overset{\,2\,}{\underset{t}{3}}$ - - 5 ｜3 1 $\underset{6}{\,}$ 1 ｜2 - - - ｜3·$\underline{5}$ 1 $\underline{21}$ ｜

$\overset{\,t\,}{\underset{6}{}}$ - - - ｜2 $\underline{23}$ 2 $\underline{16}$ ｜$\overset{\,6\,}{\underset{t}{1}}$ - - - ｜$\underset{5}{\,}$ 1 2 1 ｜$\overset{\,2\,}{\underset{t}{3}}$ - - $\underline{35}$ ｜

3 1 $\underset{6}{\,}$ 1 ｜$\overset{\,1\,}{\underset{t}{2}}$ - - - ｜3 $\underline{35}$ 1 $\underline{21}$ ｜$\overset{\,t\,}{\underset{6}{}}$ - - - ｜5 $\underline{51}$ 2 $\underline{32}$ ｜

1 - - - ‖

碗 那

1=G $\frac{4}{4}$ 轻快

$\underline{11}$ $\underset{6}{\,}$ $\underline{11}$ $\underset{6}{\,}$ ｜$\underset{6}{\,}$ 1 1 $\underset{6}{\,}$ ｜$\underline{33}$ 2 $\underline{33}$ 2 ｜$\underset{5}{\,}$ 1 $\underline{76}$ $\underset{6}{\,}$ ｜1 $\underset{6}{\,}$ - - ｜

1 $\underset{6}{\,}$ - - ｜3 2 - - ｜$\underset{5}{\,}$ $\underset{5}{\,}$ - - ｜1 1 $\underset{5}{\,}$ 1 ｜$\overset{\frown}{1}$ - $\underline{72}$ $\underline{76}$ ｜

$\underset{6}{\,}$ - - - ｜$\underline{11}$ $\underset{6}{\,}$ $\underline{11}$ $\underset{6}{\,}$ ｜$\underset{6}{\,}$ 1 1 $\underset{6}{\,}$ ｜$\underline{33}$ 2 $\underline{33}$ 2 ｜$\underset{5}{\,}$ 1 $\underline{76}$ $\underset{6}{\,}$ ｜

1 1 $\underline{56}$ $\underset{6}{\,}$ ｜1 1 $\underline{56}$ $\underset{6}{\,}$ ｜$\underline{33}$ 3 - - ｜2 - - - ｜1 - $\underline{72}$ $\underline{76}$ ｜

$\underset{6}{\,}$ - - - ｜$\underline{11}$ $\underset{6}{\,}$ $\underline{11}$ $\underset{6}{\,}$ ｜$\underset{6}{\,}$ 1 1 $\underset{6}{\,}$ ｜$\underline{33}$ 2 $\underline{33}$ 2 ｜$\underset{5}{\,}$ 1 $\underline{76}$ $\underset{6}{\,}$ ｜

1 1 $\underline{56}$ $\underset{6}{\,}$ ｜1 1 $\underline{56}$ $\underset{6}{\,}$ ｜$\underline{22}$ 2 $\underline{23}$ 4 ｜$\underline{22}$ 3 - - ｜$\underset{5}{\,}$ 1 - - ｜

$\underline{72}$ $\underline{76}$ 6 - ‖

多情的小卜哨

1=G $\frac{2}{4}$

$$\underline{6}\ \ 3\ \ |\ 2\ \ ^{\#}\underline{1}\ |\ \underline{7\dot{6}}\ \ \underline{7\dot{5}}\ |\ \dot{6}\ \cdot\ \dot{7}\ |\ \underline{5}\ \ \underline{3}\ :\|\ \underline{\dot{6}3}\ \ \underline{30}\ |$$

$$\underline{\dot{6}3}\ \ \underline{30}\ |\ \underline{\dot{6}3}\ \ \underline{3\cdot5}\ |\ ^{\#}\underline{1\cdot2}\ \ \underline{30}\ |\ \underline{\dot{6}2}\ \ \underline{20}\ |\ \underline{\dot{6}2}\ \ \underline{20}\ |\ \underline{\dot{6}2}\ \ \underline{2\cdot4}\ |$$

$$\underline{31}\ \ 2\ |\ \underline{32}\ \ \underline{36}\ |\ 1\ \ -\ |\ 7\ \ \underline{0\dot{3}}\ |\ ^{\#}\dot{5}\ \ \underline{\dot{6}7}\ |\ \dot{6}\ \ -\ |$$

$$\dot{6}\ \ -\ |\ \underline{\dot{6}66}\ \ \underline{66}\ |\ \underline{66}\ \ \underline{56}\ |\ \underline{\dot{6}33}\ \ \underline{33}\ |\ \underline{33}\ \ \underline{43}\ |\ \underline{32}\ \ \underline{36}\ |$$

$$1\ \ -\ |\ ^{\#}\underline{12}\ \ \underline{32}\ |\ ^{\#}\underline{12}\ \ \underline{32}\ |\ 2\ \cdot\underline{3}\ |\ 3\ \ -\ |\ 3\ \ -\ |$$

$$\underline{\dot{6}2}\ \ \underline{20}\ |\ \underline{\dot{6}2}\ \ \underline{20}\ |\ \underline{\dot{6}1}\ \ \underline{32}\ |\ \underline{12}\ \ \underline{2\cdot3}\ |\ \underline{7\dot{6}}\ \ \underline{7\dot{5}}\ |\ \dot{6}\ \ -\ |$$

$$6\ \cdot\underline{3}\ |\ 6\ \ \underline{54}\ |\ 3\ \ \underline{56}\ |\ 6\ \ -\ |\ 6\ \cdot\underline{5}\ |\ 3\ \ \underline{32}\ |$$

$$\underline{12}\ \ \underline{32}\ |\ 1\ \ -\ |\ 6\ \cdot\underline{3}\ |\ 6\ \ \underline{56}\ |\ 1\ \ \underline{25}\ |\ 3\ \ -\ |$$

$$6\ \cdot\underline{5}\ |\ 3\ \ \underline{32}\ |\ \underline{12}\ \ \underline{32}\ |\ 1\ \ -\ |\ \underline{73}\ \ \underline{30}\ |\ \underline{73}\ \ \underline{30}\ |$$

$$\underline{7\dot{6}}\ \ \underline{7\dot{2}}\ |\ 3\ \cdot\underline{5}\ |\ 7\ \ \underline{0\dot{3}}\ |\ ^{\#}\dot{5}\ \ \underline{\dot{6}7}\ |\ \dot{6}\ \ -\ |\ \dot{6}\ \ -\ \|$$

竹林深处

1=D $\frac{4}{4}$

$\underline{1}$ 2   3   2 | $\underline{15}$ $\underline{52}$ $\underline{21}$ $\underline{65}$ ：‖ 1 1 $\underline{232}$ $\underline{12}$ | $\overset{t}{5}$ − − $\underline{35}$ |

$\underline{135}$ $\underline{261}$ $\underline{12}$ $\underline{21}$| $\overset{t}{3}$ − − − | 1 1 2 $\underline{261}$ | $\underline{12}$ $\underline{21}$ $\overset{t}{3}\cdot\underline{5}$ |

$\overset{t}{2}\cdot\underline{5}$ $\underline{32}$ $\underline{22}$ | 1 − − − | $\underline{112}$ $\underline{15}$ $\underline{112}$ $\underline{16}$ | $\underline{112}$ $\underline{523}$ − |

$\underline{112}$ $\underline{15}$ $\underline{112}$ $\underline{16}$| $\underline{116}$ $\underline{12}$ 2 − | 1 2 2 6 | $\underline{12}$ $\underline{21}$ $\overset{t}{3}\cdot\underline{5}$ |

$\underline{12}$ $\underline{25}$ $\underline{32}$ $\underline{22}$ | 1 − − − ‖

八、舞蹈图片[①]

----

① 由杨天山绘制。

参考文献

一、译著文献

[英] 鲍尔德温等:《文化研究导论》(修订版),陶东风等译,北京:高等教育出版社 2004 年版。

[德] 本雅明:《迎向灵光消逝的年代:本雅明论艺术》,许绮玲等译,桂林:广西师范大学出版社 2004 年版。

[法] 波德里亚:《消费社会》,刘成富等译,南京:南京大学出版社 2000 年版。

[法] 布迪厄:《艺术的法则:文学场的生成和结构》,刘晖译,北京:中央编译出版社 2001 年版。

[法] 布迪厄等:《实践与反思:反思社会学导引》,李猛等译,北京:中央编译出版社 2004 年版。

[法] 德波:《景观社会》,王昭凤译,北京大学出版社 2006 年版。

[美] 迪萨纳亚克:《审美的人:艺术来自何处及原因何在》,户晓辉译,北京:商务印书馆 2004 年版。

〔美〕费斯克:《理解大众文化》,王晓珏等译,北京:中央编译出版社
2001 年版。

〔美〕弗里德曼:《文化认同与全球性过程》,郭建如译,北京:商务印书
馆 2003 年版。

〔美〕格尔茨:《地方性知识——阐释人类学论文集》,王海龙等译,北
京:中央编译出版社 2000 年版。

〔美〕赫兹菲尔德:《什么是人类常识:社会和文化领域中的人类学理论
实践》,刘珩等译,北京:华夏出版社 2005 年版。

〔英〕霍布斯鲍姆等:《传统的发明》,顾杭等译,南京:译林出版社 2004
年版。

〔英〕霍尔:《表征:文化表象与意指实践》,徐亮等译,北京:商务印书
馆 2003 年版。

〔美〕霍尔等:《文化:社会学的视野》,周晓虹等译,北京:商务印书馆
2002 年版。

〔英〕卡瓦拉罗:《文化理论关键词》,张卫东等译,江苏人民出版社 2006
年版。

〔美〕康纳顿:《社会如何记忆》,纳日碧力戈译,上海:人民出版社 2000
年版。

〔美〕考恩:《商业文化礼赞》,严忠志译,北京:商务印书馆 2005 年版。

〔美〕克兰:《文化社会学:浮现中的理论视野》,王小章等译,南京:南
京大学出版社 2006 年版。

〔美〕克兰:《文化生产:媒体与都市艺术》,赵国新译,南京:译林出版
社 2002 年版。

〔英〕克朗:《文化地理学》,杨淑华等译,南京:南京大学出版社 2003
年版。

〔美〕克利福德等:《写文化——民族志的诗学与政治学》,高丙中等译,
北京:商务印书馆 2006 年版。

〔英〕拉波特等:《社会文化人类学的关键概念》,鲍雯妍、张亚辉等译,
北京:华夏出版社 2005 年版。

〔英〕拉什等:《符号经济与空间经济》,王之光等译,北京:商务印书馆
2006 年版。

〔美〕莱顿：《艺术人类学》，靳大成等译，北京：文化艺术出版社 1992 年版。

〔美〕罗尔：《媒介、传播、文化——一个全球性的途径》，董洪川译，北京：商务印书馆 2005 年版。

〔英〕马凌诺夫斯基：《文化论》，费孝通译，北京：华夏出版社 2001 年版。

〔英〕莫利等：《认同的空间：全球媒介、电子世界景观和文化边界》，南京：南京大学出版社 2001 年版。

〔美〕纳什：《旅游人类学》，宗晓莲译，昆明：云南大学出版社 2004 年版。

〔美〕史密斯：《东道主与游客——旅游人类学研究》，张晓萍等译，昆明：云南大学出版社 2002 年版。

〔英〕史密斯等：《文化研究精粹读本》，陶东风编，北京：中国人民大学出版社 2006 年版。

〔美〕舒斯特曼：《生活即审美：审美经验和生活艺术》，彭锋等译，北京：北京大学出版社 2007 年版。

〔美〕索杰：《第三空间：去往洛杉矶和其他真实和想象地方的旅程》，陆扬等译，上海：上海教育出版社 2005 年版。

〔英〕威廉姆斯：《旅游休闲》，杜婧川等译，昆明：云南大学出版社 2006 年版。

二、中文著作文献

包亚明：《游荡者的权力：消费社会与都市文化研究》，北京：中国人民大学出版社 2004 年版。

陈庆德等：《人类学的理论预设与建构》，北京：社会科学文献出版社 2006 年版。

陈昕：《救赎与消费——当代中国日常生活中的消费主义》，南京：江苏人民出版社 2003 年版。

程金城：《文艺人类学的理论与实践》，北京：民族出版社 2007 年版。

高丙中：《民俗文化与民俗生活》，北京：中国社会科学出版社 1994 年版。

高发元：《云南民族村寨调查·跨世纪的思考——民族调查专题研究》，昆明：云南大学出版社 2001 年版。

高宣扬：《布迪厄的社会理论》，上海：同济大学出版社 2004 年版。

高宣扬：《当代社会理论》（上、下），北京：中国人民大学出版社 2005 年版。

《光明日报》书评周刊：《边地中国》，北京：中国社会科学出版社 2004 年版。

顾兆贵：《艺术经济学导论》，北京：文化艺术出版社 2003 年版。

郭建斌：《独乡电视：现代传媒与少数民族乡村日常生活》，济南：山东人民出版社 2005 年版。

黄平等：《当代西方社会学·人类学新词典》，长春：吉林人民出版社 2003 年版。

蒋原伦：《传统的界限：符号、话语与民族文化》，北京：北京师范大学出版社 1998 年版。

金星华：《民族文化理论与实践：首届中国民族文化论坛文集》，北京：民族出版社 2004 年版。

金元浦：《文化研究：理论与实践》，开封：河南大学出版社 2003 年版。

李鸿祥：《视觉文化研究：当代视觉文化与中国传统审美文化》，上海：东方出版中心 2005 年版。

李鹏程：《当代西方文化研究新词典》，长春：吉林人民出版社 2003 年版。

李伟：《民族旅游地文化变迁与发展研究》，北京：民族出版社 2005 年版。

林继富等：《解释民俗学》，武汉：华中师范大学出版社 2006 年版。

刘晖：《旅游民族学》，北京：民族出版社 2006 年版。

刘晓春：《仪式与象征的秩序——一个客家村落的历史、权力与记忆》，北京：商务印书馆 2003 年版。

罗钢等：《消费文化读本》，北京：中国社会科学出版社 2003 年版。

马翀炜等：《民族文化资本化》，北京：人民出版社 2004 年版。

马绍玺：《在他者的视域中——全球化时代的少数民族诗歌》，北京：社会科学文献出版社 2007 年版。

莫少群：《20 世纪西方消费社会理论研究》，北京：社会科学文献出版社 2006 年版。

彭兆荣：《旅游人类学》，北京：民族出版社 2004 年版。

宋生贵：《传承与超越：当代民族艺术之路》，北京：人民出版社 2007 年版。

陶东风：《文化研究：西方与中国》，北京：北京师范大学出版社 2002 年版。

陶贵学：《新平花腰傣文化大观》，北京：民族出版社 2004 年版。

陶贵学：《中国云南·花腰傣民间文学作品集》，北京：中国民族摄影艺术出版社 2007 年版。

陶贵学：《中国云南新平花腰傣文化国际研讨会文集》，北京：民族出版社 2003 年版。

王杰文：《仪式、歌舞与文化展演——陕北、晋西的"伞头秧歌"研究》，北京：中国传媒大学出版社 2006 年版。

王瑾：《互文性》，桂林：广西师范大学出版社 2005 年版。

汪民安：《文化研究关键词》，南京：江苏人民出版社 2007 年版。

王岳川：《发现东方》，北京：北京图书馆出版社 2003 年版。

王岳川：《后殖民主义与新历史主义文论》，济南：山东教育出版社 1999 年版。

王云才等：《乡村旅游规划原理与方法》，北京：科学出版社 2006 年版。

吴琼：《视觉文化的奇观：视觉文化总论》，北京：中国人民大学出版社 2005 年版。

徐赣丽：《民俗旅游与民族文化变迁：桂北壮瑶三村考察》，北京：民族出版社 2006 年版。

徐杰舜：《一方水土养一方人》，哈尔滨：黑龙江人民出版社 2004 年版。

杨慧等：《旅游、人类学与中国社会》，昆明：云南大学出版社 2001 年版。

杨魁等：《消费文化：从现代到后现代》，北京：中国社会科学出版社

2003 年版。

　　叶舒宪等：《人类学关键词》，桂林：广西师范大学出版社 2004 年版。

　　于平：《风姿流韵：舞蹈文化与舞蹈审美》，北京：中国人民大学出版社 1999 年版。

　　袁少芬：《民族文化与经济互动》，北京：民族出版社 2004 年版。

　　张国洪《中国文化旅游：理论、战略、实践》，天津：南开大学出版社 2001 年版。

　　张柠：《土地的黄昏——中国乡村经验的微观权力分析》，北京：东方出版社 2005 年版。

　　张庆善：《中国少数民族艺术遗产保护及当代艺术发展国际学术研讨会论文集》，北京：文化艺术出版社 2004 年版。

　　张士闪：《乡民艺术的文化解读：鲁中四村考察》，济南：山东人民出版社 2006 年版。

　　张晓萍：《民族旅游的人类学透视》，昆明：云南大学出版社 2005 年版。

　　张跃：《中国民族村寨研究》，昆明：云南大学出版社 2004 年版。

　　赵嘉文等：《民族发展与社会变迁》，北京：民族出版社 2001 年版。

　　朱国华：《权力的文化逻辑》，上海：上海三联书店，2004 年版。

　　王晓路等：《当代西方文化批评读本》，成都：四川大学出版社 2004 年版。

三、外文文献

　　Richard L. Anderson. *American Muse：Anthropological Excursions into Art and Aesthetics*，Upper Saddle River，New Jersey：Prentice – Hall，2000.

　　J. fiske. *Understanding the Popular Culture*，London，Sydney，Willington，1989.

　　Alfred Gell. *Art and Agency：An Anthropological Theory*，Oxford：Clarendon Press，1998.

四、地方文献

国家民委民族问题五种丛书之一"中国少数民族自治地方概况丛书"《新平彝族傣族自治县概况》，昆明：云南民族出版社 1986 年版。

黄富：《中国民族民间器乐曲集成·云南卷 新平县卷》，1988 年。

漠沙龙河村民委员会：《漠沙镇龙河村村规民约》，2002 年。

漠沙龙河村委会、新平红河源旅行社：《傣王宫遗址与大象渡口简介》。

漠沙龙河村委会、新平红河源旅行社：《傣雅服饰简介》。

漠沙龙河村委会、新平红河源旅行社：《傣雅花街节简介》。

漠沙龙河村委会、新平红河源旅行社：《傣雅饮食简介》。

漠沙龙河村委会、新平红河源旅行社：《古驿道简介》。

新平彝族傣族自治县旅游局：《花腰傣之乡——新平体验游》，昆明：云南大学出版社。

新平彝族傣族自治县史志办：《新平彝族傣族自治县 1998 年—2002 年国民经济和社会发展计划纲要》，德宏民族出版社 1999 年版。

新平彝族傣族自治县文化事业局：《新平民族民间传统文化读本》（送审稿），2005 年。

新平彝族傣族自治县文化事业局：《新平县民族民间传统文化传承人（艺人）调查报告》，2004 年。

新平彝族傣族自治县文化事业局：《新平县漠沙镇蚌岗村花腰傣大鼓舞调查报告》，2004 年。

新平彝族傣族自治县文化事业局：《新平县水塘镇花腰傣民间乐器四弦胡调查报告》，2004 年。

新平彝族傣族自治县文化事业局：《新平县腰街镇大寨村花腰傣土陶制作调查报告》，2004 年。

新平彝族傣族自治县志编纂委员会：《新平县志》，北京：生活·读书·新知三联书店，1993 年。

新平彝族傣族自治县文化事业局：《新平彝族傣族自治县花腰傣纺、织、染、绣系列工艺调查报告》，2004 年。

　　新平彝族傣族自治县文化事业局：《新平彝族傣族自治县花腰傣叙事长诗〈朗娥与桑洛〉调查报告》，2004 年。

　　新平彝族傣族自治县文化事业局：《云南省新平彝族傣族自治县戛洒镇大槟榔园村花腰傣传统文化调查报告》，2004 年。

　　新平彝族傣族自治县文化事业局：《云南省新平彝族傣族自治县戛洒镇土锅寨花腰傣土陶文化调查报告》，2004 年。

　　新平彝族傣族自治县文化事业局：《云南省新平县戛洒镇新鱼塘村花腰傣"跳老虎头"调查报告》，2004 年。

　　新平彝族傣族自治县文化事业局：《云南省新平彝族傣族自治县漠沙镇大沐浴村花腰傣传统文化调查报告》2004 年。

　　新平彝族傣族自治县文化事业局：《中国云南新平彝族傣族自治县花腰傣传统文化调查报告》，2004 年。

　　新平彝族傣族自治县文化事业局：《新平彝族傣族自治县文化产业发展规划（2006 年—2010 年）》，2006 年。

　　新平彝族傣族自治县文化事业局、文学艺术界联合会、旅游事业局：《中国花腰傣之乡——新平旅游景区景点览胜》，2005 年。

　　云南大学旅游研究所：《新平县大沐浴花腰傣文化生态旅游村开发修建性详细规划》（评审稿），2004 年。

　　政协新平彝族傣族自治县委员会：《新平彝族傣族自治县文史资料选辑·旅游专辑》（第六辑），昆明：云南大学出版社 1997 年版。

五、期刊文献

　　[美] 鲍曼：《美国民俗学和人类学领域中的"表演"观》，杨利慧译，《民族文学研究》2005 年第 3 期。

　　[美] 鲍曼：《民俗界定与研究中的"传统"观》，杨利慧等译，《民族艺术》2006 年第 2 期。

　　曹国新：《社会区隔：旅游活动的文化社会学本质——一种基于布迪厄文

化资本理论的解读》,《思想战线》2005 年第 2 期。

曹晋、曹茂:《从民族宗教文化信仰到全球旅游文化符号——以香格里拉为例》,《思想战线》2005 年第 1 期。

陈庆德:《人类经济发展中的民族同化与认同》,《民族研究》1995 年第 1 期。

陈永国:《互文性》,《外国文学》2003 年第 1 期。

陈元贵:《从仪式的惯例到审美的惯例——审美尺度的客观性》,《广西民族学院学报》(哲学社会科学版)2006 年第 4 期。

范秀娟:《民歌社会的现代情结和现代社会的民歌情结》,《文艺研究》2006 年第 4 期。

方李莉:《从艺术人类学视角看西部人文资源与西部民间文化的再生产》,《民族艺术》2006 年第 1 期。

方李莉:《西部民间艺术的当代构成》,《文艺研究》2005 第 4 期。

方李莉:《西部人文资源与西部民间文化的再生产》,《开放时代》2005 年第 5 期。

方李莉:《艺术人类学研究的当代价值》,《民族艺术》2005 年第 1 期

高丙中:《对节日民俗复兴的文化自觉与社会再生产》,《江西社会科学》2006 年第 2 期。

[美]格雷本:《旅游、现代性与怀旧》,张晓萍等编译,《民族艺术研究》2003 年第 5 期。

[美]格雷本:《艺术及其涵化过程》,张晓萍编译,《民族艺术研究》2002 年第 1 期。

耿波:《从现代性到后现代:中国乡民艺术的"去语境化"》,《齐鲁艺苑》2006 年第 4 期。

耿敬:《民间仪式与国家悬置》,《社会》2003 年第 7 期。

龚锐:《流变中的整合——西双版纳基诺族、哈尼族、傣族节日消费文化互动》,《思想战线》2002 年第 6 期。

何明:《直观与理性的交融——艺术民族志书写初论》,《广西民族大学学报》(哲学社会科学版)2007 年第 1 期。

何明等:《回到生活:关于艺术人类学学科发展问题的反思》,《文学评论》2006 年第 1 期。

何明等：《国家在民族民间仪式中的"出场"及效力——基于僾尼人"嘎汤帕"节个案的民族志分析》，《开放时代》2007 年第 4 期。

何明等：《从实践出发：开启艺术人类学研究的新视域》，《文史哲》2007 年第 3 期。

何明等：《基督教音乐活动与艺术人类学阐释——以云南芭蕉箐苗族为个案》，《云南师范大学学报》（哲学社会科学版）2006 年第 3 期。

何明等：《艺术人类学的学科基础及其特质》，《学术探索》2005 年第 3 期。

何明等：《中国当代美学的转型：从美的本质探求到艺术的文化阐释》，《云南民族大学学报》（哲学社会科学版）2005 年第 5 期。

洪颖：《共域的多重场景定义：仪式、表演或游艺——一个村落艺术活动的民族志反观》，《广西民族学院学报》2006 年第 6 期。

洪颖：《行为：艺术人类学研究的可能的方法维度》，《民族艺术》2007 年第 1 期。

洪颖：《艺术人类学行为研究的主要范畴刍论》，《民族艺术》2007 年第 2 期。

洪颖：《艺术人类学研究的民族志方法讨论》，《清华大学学报》（哲学社会科学版）2007 年第 4 期。

胡鸿保等：《人类学本土化与田野调查——元江调查四人谈》，《广西民族学院学报》（哲学社会科学版）1998 年第 1 期。

胡健：《艺术习俗：一种界定艺术的理论框架——论迪基的艺术习俗论》，《思想战线》2004 年第 2 期。

户晓辉：《作为过程的艺术》，《民族艺术》2002 年第 1 期。

胡阳全：《近十年国内傣族研究》，《云南民族学院学报》（哲学社会科学版）2002 年第 6 期。

黄念然：《当代西方文论中的互文性理论》，《外国文学研究》1999 年第 1 期。

黄泽：《人类学艺术研究的历程与特质》，《广西民族学院学报》（哲学社会科学版）2006 年第 4 期。

黄泽：《中国人类学的民俗学渊源及学术取向》，《广西民族研究》2001 年第 1 期。

黄泽等：《南方稻作民族的农耕祭祀链及其演化》，《思想战线》2001 年第 1 期。

李蕾蕾等：《旅游表演的文化产业生产模式：深圳华侨城主题公园个案研究》，《旅游科学》2005 年第 6 期。

李立新：《重审造物史生成含义：个体特色与地域色调》，《民族艺术》2004 年第 3 期。

李炎：《复制与定制：传统民族工艺的现代延展》，《民族艺术研究》2006 年第 5 期。

廖明君等：《大地飞歌：民族审美经验的研究方法及其理论意义——王杰博士访谈录》，《民族艺术》2005 年第 3 期。

廖杨：《象征符号与旅游工艺品中的民族文化认同》，《民族艺术研究》2006 年第 2 期。

林安芹：《大众传媒时代的民间文化传播——以大型舞蹈〈云南映象〉为例》，《民族艺术》2005 年第 1 期。

刘江：《红河流域傣族对自然界的传统认知和阐释——以新平县花腰傣的灵魂观为例》，《云南民族大学学报》（哲学社会科学版）2005 年第 1 期。

刘铁梁：《村落生活与文化体系中的乡民艺术》，《民族艺术》2006 年第 1 期。

刘晓春：《民俗旅游的意识形态》，《旅游学刊》2002 年第 1 期。

刘朝晖：《村落社会研究与民族志方法》，《民族研究》2005 年第 3 期。

刘正爱：《观光场域中历史与文化的重构——以恢复赫图阿拉城为例》，《思想战线》2007 年第 3 期。

路幸福等：《国外旅游人类学研究回顾与展望》，《安徽师范大学学报》（人文社会科学版）2007 年第 1 期。

路幸福等：《少数民族社区旅游的舞台化特征研究——以云南若干村镇为例》，《旅游学刊》2007 年第 2 期。

马翀炜：《文化符号的建构与解读——关于哈尼族民俗旅游开发的人类学考察》，《民族研究》2006 年第 5 期。

马翀炜等：《传统的驻留方式——双凤村摆手堂及摆手舞的人类学考察》，《广西民族研究》2004 年第 4 期。

马晓京：《国外民族文化遗产旅游原真性问题研究述评》，《广西民族研究》2006 年第 3 期。

[美] 梅里亚姆:《人类学与艺术》,《民族艺术》1999 年第 3 期。

纳日碧力戈:《作为操演的民间口述和作为行动的社会记忆》,《广西民族学院学报》(哲学社会科学版) 2003 年第 3 期。

聂乾先:《以本民族的舞蹈语言表现本民族的题材——"民族舞蹈作品"的基本特征》,《民族艺术研究》2005 年第 2 期。

彭兆荣:《"第四世界"的文化遗产:一个艺术人类学的视野》,《文艺研究》2006 年第 4 期。

彭兆荣:《"东道主"与"游客":一种现代性悖论的危险——旅游人类学的一种诠释》,《思想战线》2002 年第 6 期。

彭兆荣:《旅游人类学视野下的"乡村旅游"》,《广西民族学院学报》(哲学社会科学版) 2005 年第 4 期。

彭兆荣:《民族艺术研究中的人类学性》,《民族艺术》1997 年第 3 期。

秦海鹰:《互文性理论的缘起与流变》,《外国文学评论》2004 年第 3 期。

覃慧宁:《大众传媒背景下山歌的传承与传播机制——以广西宜州市为例》,《民族艺术》2004 年第 2 期。

覃乃昌:《从歌舞及其传授看壮泰民族文化的渊源关系》,《民族艺术》1996 年第 4 期。

[美] 琼斯:《手工艺·历史·文化·行为:我们应该怎样研究民间艺术和技术》,游自荧译,张举文校,《民间文化论坛》2005 年第 5 期。

邱萍:《论少数民族服饰艺术观念的构建——广西少数民族服饰研究》,《贵州民族研究》2006 年第 5 期。

施惟达:《民族村寨文化的现代建构》,《民族艺术》2004 年第 4 期。

施惟达:《民族文化的价值及其经济化》,《思想战线》2004 年第 3 期。

施惟达:《民族文化,在阐释与建构中发展》,《思想战线》2002 年第 6 期。

石奕龙:《经济趋同与表意文化的特化——中国现代化过程中少数民族发展的双重性》,《思想战线》2004 年第 4 期。

谭昕:《现代背景下的少数民族歌舞》,《民族艺术研究》2005 年第 4 期。

[美] 特纳:《旅游景点的文化表演之研究》,杨利慧译,《民族艺术》2004 年第 1 期。

Pierre L. Van den Berghe and Charles F. Keyes：《旅游和民族性的再创造》，徐赣丽译，《民俗研究》2006 年第 1 期。

王建民：《田野工作与艺术人类学、审美人类学学科建设》，《广西民族学院学报》（哲学社会科学版）2004 年第 5 期。

王建民：《艺术人类学理论范式的转换》，《民族艺术》2007 年第 1 期。

王杰：《略论民族艺术在当代文明冲突下的作用》，《山东大学学报》（哲学社会科学版）2003 年第 6 期。

王杰：《民歌与当代大众文化——全球化语境中民族文化认同的危机及其重构》，《广西民族大学学报》（哲学社会科学版）2006 年第 6 期。

吴昊：《"互文性"与"语境"——20 世纪文学研究思想发展的共同趋势》，《天府新论》2007 年第 1 期。

吴钦敏：《理性看待我国少数民族文化的兴衰、发展和保护》，《贵州民族研究》2006 年第 3 期。

吴伟峰：《关于民族文化展示》，《广西民族研究》2002 年第 2 期。

肖青：《民族村寨文化的复兴历程——以云南石林月湖村撒尼文化变迁为例》，《思想战线》2006 年第 2 期。

徐赣丽：《民俗旅游的表演化倾向及其影响》，《民俗研究》2006 年第 3 期。

徐赣丽：《生活与舞台——关于民俗旅游歌舞表演的考察和思考》，《民俗研究》2004 年第 4 期。

徐新建：《节日、礼仪、乐舞与族群凝聚》，《民族艺术》1997 年第 3 期。

徐迎新：《心灵的亲证：中国艺术人类学探寻历程》，《广西民族学院学报》（哲学社会科学版）2006 年第 4 期。

薛群慧：《民俗旅游村：活态文化保护与开发的一种载体》，《思想战线》2007 年第 3 期。

杨慧：《民族旅游与族群认同、传统文化复兴及重建——云南民族旅游开发中的"族群"及其应用泛化的检讨》，《思想战线》2003 年第 1 期。

杨利慧：《表演理论与民间叙事研究》，《民俗研究》2004 年第 1 期。

杨曦帆：《商业社会中的传统艺术》，《民族艺术研究》2001 年第 1 期。

杨振之等：《旅游的"符号化"与符号化旅游——对旅游及旅游开发的符号学审视》，《旅游学刊》2006 年第 5 期。

杨志明：《论云南少数民族传统文化的艺术化》，《思想战线》1999 年第 3 期。

张勃：《从传统到当下：试论官方对传统节日的积极干预》，《民俗研究》2005 年第 1 期。

张海超等：《舞台展演与文化存续——以〈云南映象〉为个案的探讨》，《云南社会科学》2006 年第 6 期。

章建刚：《全球化进程与民族艺术研究的新课题》，《民族艺术研究》2002 年第 1 期。

张军：《对民俗旅游文化本真性的多维度思考》，《旅游学刊》2005 年第 5 期。

张士闪：《从参与民族国家建构到返归乡土语境——评 20 世纪的中国乡民艺术研究》，《文史哲》2007 年第 3 期。

张士闪：《村落语境中的艺术表演与文化认同——以小章竹马活动为例》，《民族艺术》2006 年第 3 期。

赵士林：《"全球化"：文化的视角》，《民族艺术》2003 年第 3 期。

郑晓云：《"花腰傣"的文化及其发展》，《云南社会科学》2001 年第 2 期。

郑晓云：《论全球化与民族文化》，《民族研究》2001 年第 1 期。

朱炳祥：《"文化叠合"与"文化还原"》，《广西民族学院学报》（哲学社会科学版）2000 年第 6 期。

祝秀丽：《家乡民俗研究者的角色冲突》，《民俗研究》2006 年第 2 期。

宗晓莲：《布迪厄文化再生产理论对文化变迁研究的意义——以旅游开发背景下的民族文化变迁研究为例》，《广西民族学院学报》（哲学社会科学版）2002 年第 2 期。

宗晓莲等：《解构纳西古乐神话——对一项民族文化资源转化为文化商品的人类学分析》，《广西民族学院学报》（哲学社会科学版）2005 年第 4 期。

邹威华：《后殖民语境中的文化表征——斯图亚特·霍尔的族裔散居文化认同理论透视》，《当代外国文学》2007 年第 3 期。

后 记

　　本书是笔者在博士学位论文的基础上修改而成的。由于各种俗事的困扰，论文写作尽管拖了五年时间仍是匆匆搁笔，近一年后再来修改仍是草草而就，还有许多不成熟之处。但是，它毕竟是我几年的田野经历和思考的结晶，是我学术生涯通过仪式的标识，所以还是带着遗憾让书稿出版了。

　　论文的写作是一次痛苦而快乐的学术旅程，在一路前行的过程中，我得到了很多的帮助与鼓励，对此，心中一直充满着无限的感激。

　　感谢导师何明教授对我学术和人生的启迪与帮助。先生躬行人类学意旨，知行合一，高尚的人格与敏锐的学力并存，无论人生赋予他怎样的角色，先生总能守住性情中人的那份执著与随缘、责任与宽容、规范与人情、倾情与释然中拿得起放得下的洞察与从容。先生执教的严谨，思维的活跃，思想的深刻，表述的晓畅，使每一次座无虚席的课堂都令人记忆深刻；系统的学科知识梳理、前沿的学术讲座、生动活泼的讨论、影像志的交流批评、集体团结攻关、师生共进田野、同门学友互帮互助以及课堂、茶室或电话、邮件等不拘一格的指导，都凝聚着先生为人师的苦心经营。在几年的求学中，先生不仅以其人格感染着我，更以其特有的尊重与宽容接纳了我的愚钝和懈怠，鼓励、帮助我度过人生中那些最困惑最艰难的日子，同时，在我知识积累、论文选题、田野调查、思路厘清、阶段性成果展示以及最后定稿的整个论文写作中都倾注了先生的智慧与心血。师恩如海，铭刻于心！

感谢段炳昌教授、施惟达教授、黄泽教授、王卫东教授、王文光教授、陈庆德教授、和少英教授、马翀炜教授、已故的赵仲牧教授，或在课堂或开题或答辩的每一次相遇中所给予我的教诲与启迪；感谢高丙中先生、刘世哲先生、杨福泉先生以大家的宽容在论文答辩会上所给予的肯定和积极的建议；感谢洪颖、和晓蓉、吴晓、李笑频、陶琳、马创、李昕、黄凌飞、陶书霞、黄静华、董秀团、陈艳萍、迟燕琼、肖青等同门好友对我学习生活的关心和帮助；感谢我所在单位的同事潘红、赵继华、洪波、付永寿、侯云峰、周翔、张霞、石钦、李豫凤、熊焰等老师在我就读博士期间所给予的工作量的减免和生活上的关心；感谢身边各位朋友对我生活、工作、家庭的关心和每一次援手。

感谢在新平家乡默默工作着的各位朋友，他们是：潘泉、欧光荣、陶贵学、罗开德、吴建伟、封云中、白剑、刀绍辉、刀明贵、廖正荣、王卫东、王晓燕、白云、黄跃平等，在各种文献资料的获取、田野消息的告知与地方性理解的交流碰撞中，他们给予了我无私的帮助。

感谢沐村所有村民，他们的淳厚、善良使我顺利地完成了田野调查；他们的自然、随意让我更懂得了生活的真实原本就在于无数的起落与悲喜间。感谢云南大学"云南少数民族村寨跟踪调查与小康社会建设示范基地"沐村建设与研究点在我田野调查中所提供的便利。

感谢我的先生和儿子，我们三人十几年牵手同行的无数个日出与日落中，缘定的挚爱让我们在平淡的每一天都拥有无尽的温馨与感动。无论何时，你们都是我生活着的最深刻的理由。

最后，要感谢云南艺术学院把书稿纳入学院艺术学重点学科建设著作出版系列，并为此提供了经费支持和承担了出版事宜的接洽工作；感谢编辑冯峨女士，在她的辛勤付出下，书稿才得以付梓问世。

魏美仙

2009 年 5 月